MW01672559

Historia de la vida privada

Historia de la vida privada

Dirigida por Philippe Ariès
y Georges Duby

Traducción de Francisco Pérez Gutiérrez

taurus

UNA EDITORIAL DEL GRUPO
SANTILLANA QUE EDITA EN:

ESPAÑA
ARGENTINA
COLOMBIA
CHILE
EE. UU.
MÉXICO
PERÚ
PORTUGAL
PUERTO RICO
VENEZUELA

Título original: *Histoire de la vie privée*

Primera edición en rústica: mayo 1991
Reimpresiones: septiembre 1991, enero 1992, marzo 1992

TAURUS EDICIONES

Elfo, 32. 28027, Madrid
ISBN: 84-306-9793-4 (tomo 4)
ISBN: 84-306-9982-1 (obra completa)
Depósito Legal: M. 7.144-1992
PRINTED IN SPAIN

Tomo 4

El individuo en la Europa feudal

Por Dominique Barthélemy,
profesora de la Universidad de París IV,
Philippe Braunstein,
«directeur d'etudes» en la escuela de estudios superiores en ciencias sociales,
Philippe Contamine,
profesor de la Universidad de París X,
Georges Duby,
miembro del Instituto,
profesor del Colegio de Francia,
Danielle Régnier-Bohler,
«maître de conférences»
en la Universidad de París III.

Volumen dirigido por Georges Duby

1
Ficciones

Danielle Régnier-Bohler

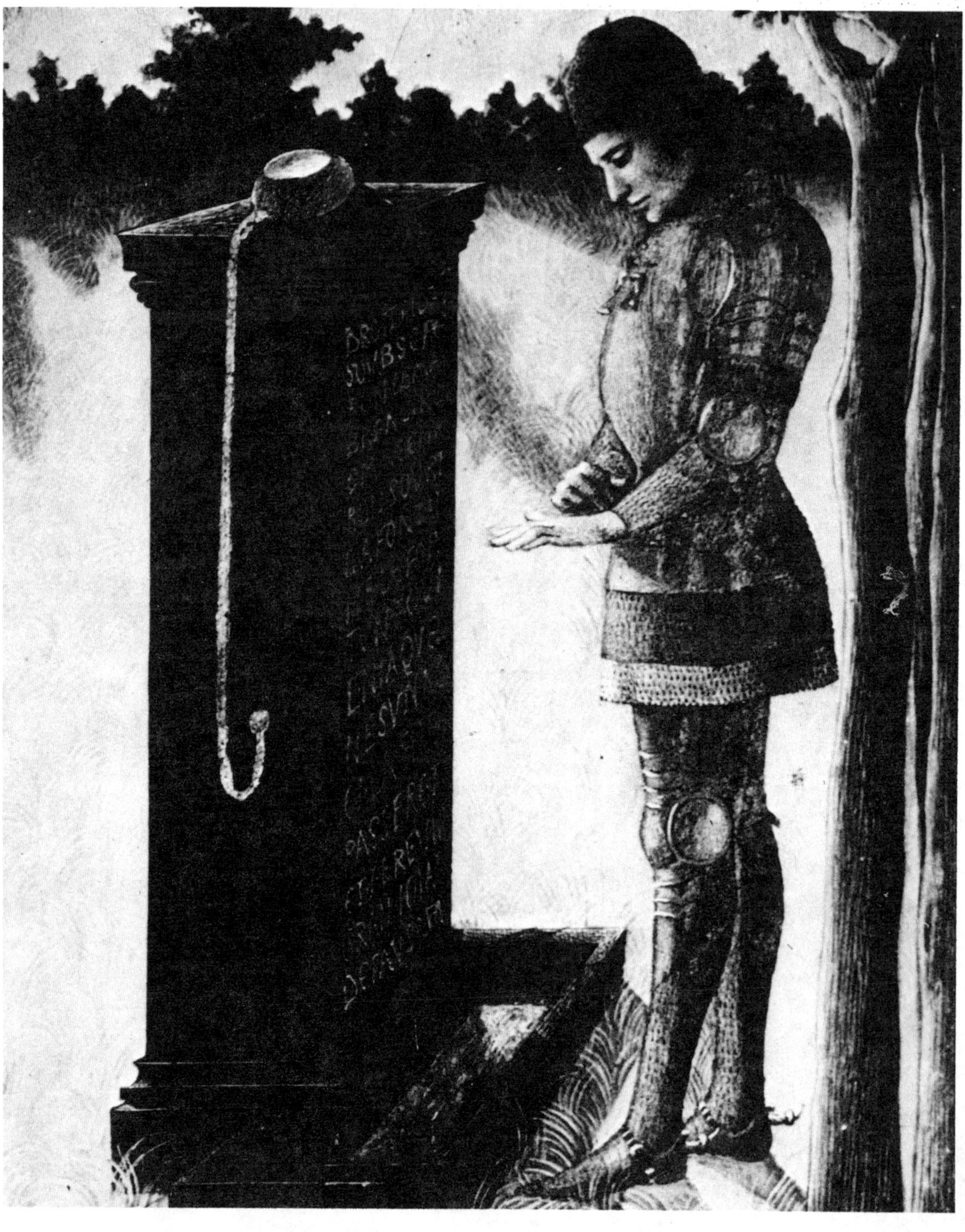

Exploración de una literatura

Emergencia de lo «privado», toma en cuenta del individuo, delimitaciones nuevas de dominios que van a considerarse en adelante como secretos o reservados: las fuentes literarias, lo mismo si son de la lengua d'oïl que de la d'oc, invitan a un uso prudente. Algunas veces se despertarán ciertas ilusiones de ver surgir un mundo «cotidiano privado»: la nostalgia de los *realia* tendrá no obstante que tener en cuenta que este tipo de fuentes presenta lugares, grupos humanos regidos por códigos literarios y que la intimidad que parece entregarse corre en realidad por cuenta de la metáfora. Sin embargo, las ficciones pueden pretender otra forma de verosimilitud, en este caso narrativa, cuyas leyes no carecen de coherencia. La literatura sabe dar vida a simples bocetos del espacio, real o soñado, a determinados protagonistas privilegiados: de uno a otro lugar, de un conflicto a sus conciliaciones, la literatura colma lo que en apariencia había borrado. Bajo la forma de escenarios fantasmáticos, sugiere una evaluación extremadamente sensible de las relaciones entre individuo y colectividad, y es la matriz de sus fluctuantes y utópicas fronteras: en efecto, el individuo puede verse excluido y proscrito del espacio colectivo; como puede también excluirse a sí mismo a fin de arraigarse, voluntariamente, en un espacio reservado; incluso podrá —en el mismo seno del espacio y de los valores comunitarios— buscar verdades «privadas». Si la célula familiar, bajo la fuerza de los poderes funestos, parece disolverse, el fin del relato desemboca con mucha frecuencia en la restauración de la unidad inicial, mejorada y enriquecida.

En las páginas que siguen, se han privilegiado algunos aspectos de estas problemáticas, y sólo se han podido asediar algunos puntos neurálgicos a los que ha dado voz lo imaginario, los itinerarios de exclusión que permiten al individuo progresivas reintegraciones cuyos signos culturales se hallan grávidos de sentido; la obsesión por el Doble y la conciencia de las rivalidades familiares que adoptan en las ficciones los rasgos de una ejemplar conciliación; el vestido, el adorno, la desnudez que tienen que ver, en sus modalidades, con el código colectivo ocultado, olvidado, reaprendido por el individuo; los lugares en fin que, simbólicamente, se asignan a los grupos que se reparten la casa donde reina, prisionero con

Págs. 8 y 10
René de Anjou, *El Corazón de amor prendado.* (Viena, Bibl. nac.)

«Muy cerca se hallaba una ciudad rodeada enteramente de murallas. No había casa, ni sala, ni torre, que no pareciera ser toda de plata...» María de Francia, *Yonec* (París, Bibl. nac., ms. fr. 20127.)

frecuencia, el gineceo. Ni sombra de una ampliación de esos detalles que constituirían una historia de lo cotidiano, una serie de cuadros de género: en cambio, no faltará una evaluación constante y frágil del estatuto del individuo, de ese personaje errante de la literatura cortés que, como un brote, se desprende del grupo y vuelve a implantarse en él después de un itinerario fecundante, recuperando una estructura comunitaria que, aunque legendaria, no se halla nunca amenazada de desintegración. A pesar de la transgresión trágica que se ha convertido en uno de los mitos de Occidente, a pesar del profundo trastorno que sufre el mundo artúrico cuando en él se instala la sospecha, la figura real, Marco o Arturo, no queda en absoluto mancillada. Sin embargo, en el curso del siglo XIII, en *La Castellana de Vergi,* el poder se compromete en el drama privado, y si en otros relatos predomina la exaltación de la vida de corte y de la alegría colectiva, la intriga se resuelve en una anécdota «privada». Todavía más tarde, el universo ficticio puede traicionar una sensible dislocación de la posición del individuo frente a lo colectivo: la mentira y la máscara alteran en ella sus relaciones. La prueba del mundo artúrico que aunaba amor y aventura, que vinculaba al héroe a la comunidad, cede el puesto al secreto. La excelencia de Juan de París, fundada en un afortunado uso del *gab,* le hará conquistar a la bella por medio de una intendencia de orden visual a la que ya no aporta nada el cumplimiento de sí.

Paralelamente, y a lo largo de una prolongada duración, la evolución del conjunto de la literatura marca una lenta emergencia de las representaciones del individuo. La poesía deja sitio a la expresión de una conciencia solitaria, a un lirismo más «individualizado» que parece desmarcarse de los *topoi* cultivados a sus anchas por los trovadores y los poetas. Por lo que se refiere a la literatura de testimonio, Memorias y *Chroniques,* revela el vivo deseo de poner al autor en escena mediante marcas de enunciación que pretenden descartar la neutralidad del discurso.

Relaciones entre el individuo y lo colectivo: las fuentes literarias saben evocarlas todavía a través de los tiempos de apariencia biológica, a través de gestos realmente «privados». Así, la función del sueño forma parte de una duración simbólica del ser, traumatizado amnésico que, para verse restituido al orden humano, debe pasar precisamente por esta ganga, la oscuridad de la conciencia, el sueño fetal que le permite renacer a la vida colectiva. Pero, a la luz de la desconfianza que la Edad Media ha manifestado con frecuencia con respecto a la soledad, puerta abierta a Satanás, nos sensibilizaremos a cualquier signo de una valoración del espacio íntimo, del repliegue sobre uno mismo, al despliegue del área mental, a ese fenómeno tan singular del sueño como marco de una ficción literaria, a los tanteos obsesivos de las certidumbres o de las sombras de la conciencia. Ninguna tentación por tanto de ver en estas fuentes unos reflejos, unos textos-espejos. Eludiendo cualquier esquema cronológico demasiado riguroso, en la medida en que prevalece para lo imaginario ese principio de producción de textos que es la toma en consideración del horizonte de espera que condicionaba modificaciones y repeticiones, será necesario por el contrario interpretar las ficciones como puestas en escena que responden a obsesiones, a pulsiones, y a tensiones hacia soluciones satisfactorias para las conciencias, ecos de lo que aflora en los textos normativos que pretenden asignar al individuo, y sobre todo a la mujer, su puesto en lo colectivo. Si se invocan las ficciones en una arqueología literaria de lo privado, habrá de ser en los términos del estatuto imaginario asignado a quien, poco a poco, se designa como el individuo que tiene derecho a la palabra y al silencio, a la identidad y a la máscara.

Arturo le dice a Melión: «Poseo un castillo sobre el mar, que en el mundo no tiene igual. Es magnífico, rodeado de bosques, de ríos y de esos montes que tanto te gustan.» *Lai de Mélion* (París, Bibl. nac., ms. fr. 8266.)

Espacio y mundo imaginario

Del opresor encierro a la dulzura de hallarse dentro

Confrontado con la bipolaridad de las representaciones de la clausura, el lector oscila entre amenaza y protección. Clausura-prisión tal como Rutebeuf describe la morada de Avaricia, que encarna la anti-convivialidad, dispositivo de captura que somete al visitante al capricho de la dueña de aquellos lugares, «más muerta que viva», clausura también peligrosa de esas casas demasiado cerradas que un Roberto de Blois opone a las grandes puertas abiertas, y si *el Sueño del infierno* de Raúl de Houdenc nos dice que en Francia todo el mundo, ¡ay! cierra su puerta, mientras que en el infierno se sabe comer a «puertas abiertas», en *Blancandin y la Orgullosa de amor* se echan de menos con más simplicidad aquellos tiempos pasados en que nadie apostaba un portero a su puerta. El cierre aparece por tanto como una barrera al ideal de la sociabilidad, a la libre circulación de bienes y seres, y en particular a la libertad de sentarse juntos a la mesa. Porque, «la comida, sabedlo, es el fundamento de la amistad», nos recuerdan las *Enseñanzas* de Roberto de Ho.

En oposición a semejante representación negativa de la clausura, es significativo advertir, entre los textos que hablan en favor de las mujeres, que un informe del siglo XIII echa mano de un argumento de orden espacial: a las mujeres «les tocó en suerte la dicha de nacer dentro». El Señor coloca al hombre en el seno del paraíso. Le hace dormir y de su flanco extrae la costilla de la que emerge Eva, provista de una doble clausura, la del paraíso y la del flanco del hombre. Encierro lleno de valor a los ojos del autor, que opone entre sí el espacio de dentro y el espacio de fuera: «Juzgad pues si Dios no le manifestó un amor más grande que al hombre, puesto a este último lo creó en el exterior.»

El espacio poseído por la mirada

Cuando el espacio aparece como objeto de una posesión global por obra de la mirada provista de omnividencia, se trata de una representación en general muy tranquilizadora de una estratificación de cierres: de tales vistas panorámicas surge un espacio elaborado y habitado, espacio «total», protegido y construido, que conduce fácilmente a la percepción de un espacio estético: «Esta plaza no teme ningún asalto venido de parte alguna: imposible rendirla por hambre. Ha sido fortificada por el rey Evrain, que la ha mantenido exenta todos los días de su vida y la seguirá conservando mientras viva. Si ha hecho rodearla de muros, no se ha debido a que temiera cualquier asalto, sino porque así está la ciudad más hermosa» *(Érec y Énide).*

Protección que no deja de ser funcional: el traidor que, en *Cligès,* traiciona a Arturo, fortifica el castillo con un doble recinto amurallado, «empalizadas, fosos, puentes levadizos, zanjas, trancas y barreras, puertas de hierro con corredera y gran baluarte de piedra de sillería», hasta el punto de que no es necesario acudir ya a una puerta cerrada: clausura protectora y defensiva que, en algunos escenarios privados, puede recibir incluso un relevo vegetal. En *Le Vair Palefroi,* por ejemplo, la casa fortificada, que se yergue sobre una roca, se halla rodeada por un foso, por un vallado de espinos y, a mayor abundamiento, por el «bosque solidario y espeso».

Lo imaginario insiste de buena gana en la noción de clausura que emerge de un amplio espacio, con algunos componentes que ilustran no solamente la fuerza y la protección, sino también lo prohibido. En los *Lais* de María de Francia, traspasados de esquemas míticos, lo prohibido de orden institucional adquiere una sorprendente precisión, mientras que las leyes narrativas de tales relatos, como es bien sabido, son muy rigurosas. Así, en *Guigemar,* el caballero herido llega a un mundo prohibido donde el esposo ha encerrado a su mujer: un recinto cerrado por un muro de mármol verde, provisto de una sola entrada, vigilada de día y de noche, y en el recinto, una alcoba excavada para la esposa. En *Yonec,* un bellísimo panorama de ciudad proporciona un espacio iniciático a la joven mujer que quiere encontrar al misterioso amante-pájaro, una ciudad enteramente rodeada de bastiones, provista de construcciones soberbias y, al otro lado de ellas, de marismas y bosques; y finalmente de un río. Las arquitecturas imaginarias se hallan frecuentemente —como en un espejo— calcadas sobre el espacio feudal, como lo ilustra el *Lai de Guingamor* donde aparece el castillo del hada. La ciudad fortificada del emir que posee el arte de *«encantamiento»,* en *Floire y Blancheflor*, es una ciudad ancha en extensión, de altas murallas de mortero resistente, con ciento cuarenta puertas y setecientas torres; en medio, se alza una torre de doscientas toesas, hipérbole de volúmenes y materiales, que aparece como constante de los espacios utópicos.

Hay otros textos que añaden a los signos del poder notaciones económicas. En *El Hermoso Desconocido,* el castillo se halla rodeado de molinos, de ríos, de praderas y de viñedos, y en la Gaste Cité, los héroes divisan, con una sola mirada que lo abraza todo, desde los torreones de altos muros, las numerosas construcciones de la ciudad, un espacio rodeado de bosques, de viñas y de prados. Por lo que hace a los relatos de Chrétien de Troyes, puede comprobarse a lo largo del siglo XIII una multiplicación de estas representaciones espaciales. Por cierto que el punto de vista asignado a la mirada no es fortuito en la medida en que el acceso al conjunto significativo de los recintos cerrados, con frecuencia difícil o mezquinamente concedido, concierne al personaje de la ficción. Los recintos establecen en efecto deliberadamente diferencias entre los que están fuera y los que reciben autorización para habitar dentro, entre los admitidos y los rechazados. Entrarán también en juego algunos espacios tradicionales, los que atraviesa por ejemplo el héroe de los relatos de origen céltico: espacio descubierto, landa, bosque espeso y vasto que atraviesa un río, donde aparece la cierva que arrastra a Graelent hacia la landa. En *La Demanda del Santo Graal,* el recinto cerrado puede ser de origen divino. Al llegar al castillo del Graal, sólidamente construido, Lancelot consigue franquear una puerta guardada por dos leones. Subiendo por la calle mayor del castillo, accede a la fortaleza: no hay un alma viviente. Se dirige entonces a la sala principal y tropieza con una puerta cuidadosamente cerrada, clausura simbólica que impide al héroe el acceso al Graal. Las puertas de la sala se cierran «sin que nadie las haya tocado», lo que se considera como una «extraordinaria aventura».

Las zonas de encerramiento pueden no obstante deshacerse, y si la ciudad aparece como un castillo, si el castillo se ofrece como espacio urbano, el espacio de las ficciones se convierte en el signo de un poder no raras veces sometido a una viva interrogación: en efecto, el espacio abierto que se abre ante el héroe que abandona el mundo feudal no hace sino desembocar en un nuevo encerramiento, el del amor y sus interdicciones, que adopta la forma de un espacio social, porque el hada es con frecuencia una «dama» de «otra tierra». De la problemática individuo/colectividad que se encuentra en el corazón mismo de las novelas de aventuras, no podrá nunca descartarse la presencia de un paso liminal ni la fluidez de fronteras reservada a ciertos elegidos. Lejos de ser un simple telón de fondo, el espacio colectivo de los siglos XII y XIII se centra en recintos de los que el héroe puede escapar, de los que se le puede expulsar, o que puede conquistar. Las referencias espaciales se injertan en una muy apretada red de recintos cerrados, y hasta un lugar tan íntimo como el vergel, reservado en principio a los amores, puede ser el significante de un poder ejercido por el Otro Mundo, como sucede en la prueba final de *Érec y Énide*.

La angustia de un mundo desierto

El ensanchamiento de los espacios de habitación que exaltan el trabajo manual y la imaginación de un arquitecto pone de relieve la extrañeza de los espacios desiertos así como la redundancia de las ausencias y las carencias. En medio de su arriesgada búsqueda, Érec y Énide no han bebido ni comido, «porque no había, en toda una jornada de camino a la redonda, ni castillo, ni aldea, ni torre, ni fortaleza, ni abadía, ni refugio, ni albergue». En *El Caballero de la carreta,* la doncella que ha partido en busca de Lancelot, se lanza a la ventura: «Antes de que lo consiga y logre saber algo de él, yo creo que no habrá dejado de explorar en todas las direcciones innumerables parajes. ¡Pero para qué serviría enumerar sus altos en la noche y sus largas jornadas! Fue inútil que emprendiera mil caminos distintos, al cabo de todo un mes no consiguió saber ni más ni menos que al principio: todo ello no había servido absolutamente para nada. Un día en que al atravesar un campo avanzaba ella melancólica y pensativa, advirtió en lontananza, sobre la ribera, al borde de un brazo de mar, una torre solitaria: no se veía ni rastro de ninguna otra vivienda, choza o mansión, en una legua a la redonda (...).»

El hombre solitario

En el universo medieval, el hombre solitario se considera que está en peligro. En el *Tristán* de Béroul, tras haber advertido la presencia de la pareja adúltera en el bosque de Morrois, Marco hace venir a sus seguidores para anunciarles que quiere partir solo: «¿Partir así completamente solo? le responden. ¿Se vio jamás un rey más imprudente?» A lo que responde Marco: «Iré por tanto sin escolta y dejaré mi caballo. No llevaré conmigo compañero ni escudero. Por una vez, no quiero vuestra presencia.» Situación excepcional y de peligro de la que se hacen eco las reflexiones del padre de Érec, que le suplica lleve consigo al menos una parte de sus caballeros: «¡Un hijo de rey no debe andar solo!» Algunos relatos del siglo XIII ofrecen de los peligros a los que uno se expone así una representación con frecuencia muy realista. En *La Hija del conde de Pontieu,* el marido deseoso de reforzar la escolta de su esposa tira en el bosque por el mal camino: habrá de sufrir el espectáculo de la quíntuple violación de su mujer. Si en *El palafrén enjaezado* la muchacha logra reunirse con su amante y casarse con él, es porque se ha visto «mal conducida» por el cortejo nupcial. Por lo demás, una mujer que viaja sola puede convertirse, como para el héroe de un lai anónimo, en una inquietante aparición: se casará con ella, para su mayor desgracia.

Hay sin embargo soledades buscadas y prolongadas. Bajo la forma de una habitación que comprende celda y dependencias, con notaciones de apertura al mundo exterior, la soledad voluntaria recibe un anclaje espacial preciso e implica una función del recluso con respecto a lo colectivo abandonado por él. El ermitaño se halla siempre muy lejos al margen de todo grupo humano. En el bosque del Morrois donde los *forbannis* (bandidos) han construido un alojamiento miserable, la ermita de Ogrin ni se describe siquiera: el relato insiste por el contrario en el alejamiento espacial y las inacabables caminatas por la floresta antes de llegar a ella. Sólo después de mucho andar encuentra Yvain una reducida casucha con una estrecha ventana donde el ermitaño deposita la comida destinada al errabundo. En *La Demanda del Santo Graal,* los numerosos encuentros con ermitaños y reclusos se hallan siempre precedidos de una localización específica, un camino perdido, una capilla, una ermita sobre una colina, durante un momento de retiro, al anochecer, en el tiempo de hablar. Perceval extravía así su camino: «Sin embargo, tomando la dirección que le pareció mejor, acabó por llegar a la capilla y llamó al ventanillo de la reclusa. Esta abrió enseguida, porque no dormía nunca y, asomándose con dificultad, le preguntó quién era». La reclusa explicará que se había retirado después de la muerte de su esposo a aquel rincón salvaje porque temía por su vida, y que se había hecho construir una casa para su capellán y sus gentes y, para ella misma, una celda.

«... no hay, según parece, ni castillo, ni fortaleza, ni casa, ni torre donde puedan habitar seres humanos...» *La Demanda del Santo Graal.* (Armas y blasones de los caballeros de la Tabla Redonda, París, Bibl. nac., ms. fr. 1438.)

Gauvain y Héctor, que llegan al pie de una montaña, siguen un estrecho sendero que conduce a la cima, camino tan áspero que quedan agotados, y sólo entonces advierten la proximidad de una pobre casa y de una pequeña capilla, junto a las que hay un huertecillo donde el ermitaño recoge ortigas para su alimento. Evocada de este modo por el espacio que ha de recorrerse hasta alcanzarla, la soledad se muestra sólidamente protegida.

Soledad y sentido

Las características de los territorios recorridos por las múltiples demandas de los caballeros de la Tabla Redonda tienen que ver fundamentalmente con el valor de la sumisión de lo «terreno» a lo «celestial», y, como los lugares de la reclusión voluntaria son portadores de sentido, no es fortuito que su sentido se haga buscar, camuflándose en espacios secretos y poco accesibles. A finales del siglo XIV, irá acentuándose la inaccesibilidad de los lugares. Raimundino, el esposo de Melusina, tras haber obtenido del papa el perdón por su perjurio contra su esposa, acude a visitar las ermitas de la abadía de Monserrat: se trata de una roca escarpada donde a medida que se asciende se escalonan siete ermitas —de las que Raimundino ocupará la cuarta— tan alejadas de cualquier habitación que, vistas desde lo alto, la abadía y la iglesia parecen absolutamente minúsculas.

Los encuentros con los solitarios de Dios no son nunca fortuitos en los relatos: el que ha escogido la soledad ha determinado lazos muy particulares con los valores de la colectividad deliberadamente abandonada. Si, en *Yvain,* el ermitaño es el enlace del solitario con la vida colectiva, en *Tristán,* Ogrin, que habla el lenguaje del Bien y del Mal, sabe también restituirle a Iseo las señales exteriores de su reintegración en lo social: se convierte en el instrumento de la reconciliación, se dirige al Mont-Saint-Michel de Cornouaille, adquiere allí pieles y vestidos de seda, a crédito o regateando, y le lleva a Iseo la vestimenta que conviene a una reina. En *La Demanda del Santo Graal*, el sentido de las aventuras se oculta entre las manos de los ermitaños y las reclusas: si toda aventura la percibe el héroe como poseedora de un sentido, por más que él no sepa manipular sus signos (E. Baumgartner), los ermitaños sí que están en el secreto de las interpretaciones, lo que constituye el origen de los largos discursos y las múltiples confesiones del relato. Es lo que ocurre en particular con la interpretación de los sueños, área de lo íntimo. «Advierte, le dice a Lancelot el ermitaño, que esta visión es mucho más rica de sentido que lo que muchos podrían pensar. Y ahora, escúchame si quieres, y te contaré el origen de tu raza.» Como intermediarios indispensables entre Dios y los buscadores del Graal, los ermitaños y las reclusas tienen encerrado en su palabra solitaria el sentido mismo de las aventuras.

Lugares simbólicos

En el mundo imaginario de las ficciones hay algunos espacios frecuentemente evocados que están dotados de modo más particular de funciones simbólicas, lo que sucede con el vergel y con la torre, y si el tabicamiento y la distribución del espacio interior en

La danza del vergel: «Entonces habríais visto moverse la danza y a las gentes danzar su divertido baile y dar innumerables y hermosos pasos y vueltas sobre la hierba fresca.» Guillaume de Lorris, *Roman de la Rose* (París, Bibl. nac., ms. fr. 19153.)

sala y alcoba parecen poseer una funcionalidad real, a un objeto como el lecho se le confiere una polivalencia de significaciones muy próximas al símbolo.

La torre

Como símbolo que es del poder, la torre significa la conquista. Al contrario que la *Canción de Rolando,* que transcurre casi del todo en espacio abierto —con algunas zonas cerradas, como aquellos vergeles donde Carlos y Marsilio reúnen respectivamente a sus vasallos—, *La Toma de Orange* presenta un interesante cerco de la torre en el espacio interno en el que penetra Guillermo, disfrazado, con sus compañeros. Se dirigen por de pronto a la sala de recepción, situada en la torre, la atraviesan y luego acceden a la torre Gloriette, cuyos «pilares y paramentos de muralla son de mármol», donde no penetra ni un rayo de sol, ni un soplo de viento. En el mismo seno del poder del Otro, Guillermo se dirige a lo más privado del Otro, puesto que en uno de los lados de la alcoba se ha dispuesto un arriate de plantas: y es aquí donde descubre el objeto codiciado, la mujer. Símbolo del poder anhelado por el conquistador, la torre es a un mismo tiempo espacio defensivo, espacio habitable y espacio de placer.

Lugar también de cautividades, la torre significa la autoridad ejercida indebidamente, como lo saben bien las heroínas de las canciones de rueca. A veces, sin embargo, la torre puede adoptar una función protectora y, en el marco de una arquitectura imaginaria favorable a los amantes, representa un papel absolutamente bienhechor. Polivalencia de los recintos del espacio feudal: al tiempo que para las batallas, sirven también a situaciones de orden privado, en el ejercicio de las prohibiciones proferidas por la autoridad; en el *Lai du laostic,* la pared se convierte en el emblema de las prohibiciones institucionales y sociales, en el límite de lo inverosímil. La joven y su amante viven sus amores en la interdicción... y la proximidad. «Contiguas se hallaban sus casas así como las amplias salas de sus fortalezas. No había otro obstáculo, ni otra separación que un gran muro de piedra gris.»

El vergel

Lugar de lo privado, lugar de la sociabilidad, el jardín da testimonio a su vez de una obsesión por las delimitaciones y la ambivalencia de las fronteras. La clausura del jardín hace de él ante todo el lugar ideal para el encuentro de los amantes, el lugar de la seducción y del secreto: espacio circunscrito, teatro donde se exponen los encantos de la mujer como en el *Lai de Aristóteles,* recinto cerrado en que se exhalan las lamentaciones de ciertas canciones de rueca, lugar para el espionaje, lugar que, a fin de escapar del juicio caído sobre los amores prohibidos, ha de cubrirse de un silencio mágico, como en el *Lai de Tydorel* donde el *faé,* el ser procedente de un mundo maravilloso, se encontrará con la reina estéril. Cuando el vergel —prohibido el tránsito, prohibida la salida, un espacio que hay que conquistar— se convierte para Érec en el lugar de una prueba iniciática postrera, puede hallarse marcado por la ambivalencia, porque es al mismo tiempo un lugar de delicias. Sin embargo, el vergel de los amantes es sobre todo un lugar protector: el que abrigará por largo tiempo los amores de la castellana de Vergi. También es capaz de ser un lugar de sociabilidad, reservado siempre a un exiguo grupo y concerniente en este caso de modo más especial a las mujeres, como en el *Lai de Ignauré* en el que, mientras juegan al confesionario, las damas se enteran de que son todas ellas amantes del mismo seductor, o como también en el *Lai de Tydorel,* ya que después del almuerzo la reina y las jóvenes tienen por costumbre comer en él la fruta y entregarse a la siesta.

«Más que nunca me complacían sus ademanes dulces y mesurados que me dejaban mudo...» Christine de Pisan, *El Dictado de los verdaderos amantes.* (París, Bibl. nac., ms. fr. 836.)

Paraje íntimo por excelencia desde que los amantes se adueñan de él para ellos solos, el vergel es un lugar frágil, el punto focal de la mirada indiscreta y hostil; pero en el *Lai de la sombra,* el lugar de la intimidad amorosa puede, en el siglo XIII, cristalizarse hasta el infinito en el agua de ese pozo donde la amante evasiva encuentra a su Doble, esa sombra que, a su vez, no rechaza el anillo que le ofrece el amante.

El paraíso de los sentidos

Con independencia de su función simbólica como lugar secreto de los amores corteses, muy alejados también de los jardines que se ofrecen a la trasgresión y que juegan a la vez con la seducción y con el peligro, ciertos vergeles se nos presentan como paisajes encantados en los que la invención humana se combina con la naturaleza y la enriquece. Teatro de los sentidos, escenificación de un goce y de una fiesta perpetuos, el jardín de artificio nacido de la tradición del *locus amoenus* (en las ficciones de los siglos XII y XIII como *Flores y Blancaflor,* el *Lai del pajarillo, El Hermoso Desconocido* o incluso en *Huon de Burdeos,* donde corre a través del vergel una fuente de vida y de juventud) permite la exploración de un espacio ideal y clausurado, que no es sino la escenificación profusa de las virtualidades sensoriales. Tales vergeles, paraísos artificiales, sabrosos espacios ricos en invitaciones a los sentidos, designan la pura dicha de una pausa sensorial en la que se conjugan todos los objetos con el fin de solicitar las virtualidades perceptivas del hombre: disposición del jardín, flores, emanación de aromas y de sonidos. Anunciador de esas apoteosis de la percepción que habrán de ser los jardines manieristas, el vergel medieval ofrece la imagen de una dicha sin amenaza de ruptura, con lo que se resuelve en evidencia el problema de la permanencia ilimitada en su duración a causa del inagotable aflujo de sensaciones. El universo floral del jardín es una naturaleza impulsada hasta su paroxismo: mundo elaborado de virtudes salvadoras, no solamente rico de todas las esencias, sino también pródigo en «buenas hierbas», cuidados de un misterioso herborista que estimula una naturaleza capaz de negar la enfermedad y el paso del tiempo. La mano del hombre o la de un mago ha allanado en él el suelo. El vergel del *Pajarillo* aparece como el fruto de una *nigromancia.* La luz carece en él de agresividad, el pájaro dispensa en él un canto de olvido, el canto del deseo, el canto de juventud así como la ilusión de la perennidad. Mundo hiper-estésico que otorga a lo efímero una temible primacía, puesto que en defintiva el paraíso es una eternidad muy frágil: una vez desaparecido el pájaro que canta, el vergel se deseca y la fuente enmudece.

La Ofrenda del corazón, tapicería. (París, museo de Cluny.)

Abolición del tiempo o tiempo del eterno retorno: en el *Pajarillo* está explícita la fábula social que condena el desorden del tiempo y la inversión de los propietarios del vergel, caballeros y damas reemplazados por el villano. Esta función de suspensión y de retención del tiempo está perfectamente evocada por el entorno sensorial del cenotafio en *Flores y Blancaflor:* la muerte queda aquí trascendida por la locura de los sentidos, por la reiteración —gracias al capricho y al ritmo de los vientos— de los gestos del deseo. ¿Existe en efecto una manera más hermosa de negar el transcurso del tiempo que exaltar las virtualidades de todos los goces posibles? Lejos de ser un simple motivo ornamental, lejos de reducirse a un teatro del mundo sensorial, el vergel hace que la apoteosis del placer traspase la percepción misma del tiempo.

En semejante utopía de los sentidos, el color se halla cuasi ausente; paradójicamente la función de hacer perdurar la dicha se les asigna a las aves, a la fragancia de los árboles y de las plantas. Frágil como el cuerpo, el vergel violado languidece.

El espacio interior: sala y alcoba

Cuando introduce en escena capas diferentes de la sociedad, la literatura evidencia una distribución y una diversificación también diversas de las compartimentaciones del espacio habitado. Se ha subrayado la escasez de diversificaciones del espacio en las viviendas plebeyas que evocan los cuentos *(fabliaux):* el espacio es exiguo, y se reduce con frecuencia a una sola pieza; en la casa del molinero de un cuento, por ejemplo, se amontonan los toneles, los cofres y el lecho. Si hay que poner a buen recaudo a la hija del molinero, se la encierra en un arcón cuya llave guarda el padre.

«Hubiese sido verdaderamente difícil decidir cuál de ellas era la más hermosa y la más elegante.» *Lai du mantel.* (Fiesta en la corte del rey Arturo, Bibl. de Dijon, ms. 527.)

Por el contrario, en los relatos que introducen en escena una sociedad aristocrática, la distribución de los espacios interiores se afina mucho más. Sala y alcoba: se siente la tentación de asignar a la primera una función de despliegue de lo colectivo o, cuando menos, de expansión de lo privado gregario, y a la segunda la función de un uso más secreto y más íntimo. Sin embargo, hay intersecciones perturbadoras. La sala, ciertamente, es el lugar reservado a la vida colectiva; separada de la calle, es el lugar usual de las reuniones, el lugar por excelencia de la sociabilidad. Examínese el espacio adjudicado a un personaje mítico como Arturo, y se verá que la gran sala es de uso casi esencialmente social. Constituye en particular el espacio de los grandes acontecimientos es-

«Por lo demás, como sabéis, allí donde existe la caballería, sea en tierra de paganos o de cristianos, sus miembros acuden a la Tabla Redonda y, si Dios les otorga la gracia de encontrar un puesto, se consideran más cumplidos que si tuvieran el mundo entero en su poder.» *La Demanda del Santo Graal.* (El Libro de *messire* Lancelot del lago, siglo XIV, París, Bibl. nac., ms. fr. 120.)

pectaculares: ya en la *Canción de Rolando,* Carlos, que regresa a Aquisgrán, sube al palacio y se dirige a la sala para comunicarle a Aude el duelo que lo abruma, la muerte del héroe. Es en la sala donde se reúnen los vasallos para los asuntos importantes: así en *Le Charroi de Nîmes,* donde Guillermo, al volver de cazar, conoce de labios de su sobrino la ingratitud de Luis. Precipitándose al palacio, «atravesó la sala con tal ímpetu que rompió las cañas de su calzado de cuero. Todos los barones se sintieron aterrados. Al verlo, el rey se levantó para ir a su encuentro». La sala sin embargo es también un lugar de esparcimiento, al margen de las reuniones ligadas a una fecha ritual en las que se comprueba la cohesión del grupo. Con ocasión de la fiesta de la Ascensión, el rey Arturo celebra una magnífica sesión de corte, la sala rebosa de barones; y a ello se añade la presencia de la reina y de las damas. El desafío del caballero que rapta a Ginebra en *El caballero de la carreta* se dirige a la asamblea como totalidad. El final de los relatos utilizará también la sala como el ámbito colectivo de la glorificación del héroe. Con ocasión de la coronación de Érec, el banquete se celebra en cinco salas a la vez «llenas hasta el punto de que sólo a duras penas se podía pasar entre las mesas. En verdad, no había mesa sin un rey, un duque o un conde». Lugar privilegiado para el anuncio de la aventura, no nos ha de llamar la atención que, en los lais paródicos, la sala se preste a las hipérboles; en el *Lai del cuerno,* son nada menos que treinta mil los caballeros que se instalan en la sala para el banquete, acompañados de sus respectivas treinta mil doncellas.

En las ocasiones en que el alojamiento es más modesto, la sala es también el lugar donde se come: el caballero de la carreta y Gauvain siguen a un enano hasta una fortaleza donde se les ofrecerá albergue, y luego Lancelot seguirá a una joven que lo acoge en su mansión, un «recinto fortificado cerrado por altos muros». «Para vivir ella misma, había hecho construir junto con una sala de vastas proporciones numerosas alcobas excelentemente decoradas», sala en la que se ofrece un suntuoso almuerzo: «Las tinieblas habían desaparecido de la sala. A pesar de que las estrellas brillaban ya en el cielo. Pero una infinidad de antorchas retorcidas, gruesas, encendidas, difundían allí una orgía de claridad.» A la sala se reservan por tanto los grandes momentos de acogida. Cuando llega Énide, el rey la conduce a la gran sala de piedra, y luego la reina la introduce en su regia alcoba *(maistresse chambre)* donde la hace vestir con paramentos reales. Las mujeres se reúnen entonces con el rey en la sala donde los numerosos caballeros se levantan a su llegada. En un día de regocijo como éste, con ocasión de la fiesta nupcial, se suprime toda clausura, no se cierran las puertas ni los postigos, se dejan libres las entradas y las salidas durante toda la jornada, hasta el punto de que nada separa a pobres y ricos, como efecto de la cohesión del grupo que lleva consigo provisionalmente la desaparición de toda defensa.

En cuanto a la alcoba, es preferentemente el lugar de la soledad. ¿Pero qué significa la soledad? En *Érec y Énide,* Arturo se hace sangrar, y la sangría aparece como un momento estrictamente privado: ahora bien, «solamente tenía consigo, en sus habitaciones, a quinientos barones de su casa: jamás en ninguna circunstancia se había encontrado el rey tan solo, y se hallaba enojado por no tener más gente en su corte». ¿Es que la imagen real no era concebible sola? ¿Equivaldría de hecho a la mirada que otro dirige al rey? Arturo aparecía en todo caso y siempre como el centro de un proceso febril de aglomeración de seres humanos.

Sin embargo la alcoba es por excelencia el lugar en que uno escapa a las miradas de otro, el lugar por tanto donde puede expresarse el dolor. Atormentados por la aflicción, los personajes se retiran a su alcoba. En términos muy generales, ésta es un lugar de aislamiento y de protección de la mujer. En *Guillaume de Dole,* la heroína permanece en su alcoba: «Ningún hombre puede verla, desde el momento en que no está aquí su hermano.» A pesar de que «(...) no soy libre, se queja la joven a la que ama Milon, según nos cuenta María de Francia, tengo no sé cuántos guardianes que siguen mis pasos, viejos y jóvenes, mis criados». La alcoba se abre también al hombre herido o agotado. Las referencias a la salubridad, al sosiego y al aislamiento son entonces numerosas: la alcoba en que se acoge a Érec es «agradable, lejos de todo ruido y bien ventilada» y, en *El Caballero de la carreta,* tras la dura prueba de su cautividad, Lancelot encuentra «aire salubre y tranquilidad asegurada» en casa de la joven que lo alberga.

También la alcoba puede prestarse a formas de sociabilidad y de diversión más refinadas. Música íntima, relatos, juegos: el padre de Guilliadon, en *Éliduc,* se dirige a los apartamentos de su hija, inicia una partida de ajedrez con un caballero de ultramar, y enseña a

«... se hizo sentar a cuantos habían venido en compañía del rey, a condición de que fuesen caballeros.» *La muerte del rey Arturo.* (Siglo XIV, Turín, Bibl. nac.)

Guiron le Courtois, El juego de ajedrez. (Hacia 1370-1380, París, Bibl. nac., ms. n. a. fr. 5243.)

jugar a su hija, sentada al otro lado del tablero. Como puede advertirse, las fronteras entre lugares colectivos y lugares reservados al individuo son porosas, y a los hombres puede serles accesible un espacio reservado más específicamente a las mujeres. En *El Dictado del ciruelo,* del siglo XIV, después de comer, se lavan las manos, y la señora ofrece vino y golosinas. La tertulia se forma en la alcoba: «La dama, que se sabía todas las vueltas para enamorar a un joven, reunió a todo el mundo en torno suyo para jugar al "rey que no miente" (...). Ella fue la reina del juego, porque quería saber lo que pensaba cada uno, y así tenían que pasar uno tras otro a contarle sus secretos de amor.» En cuanto al conde de *L'Escoufle,* «tenía una costumbre que era para él fuente de enorme placer: casi cada noche, cuando se hallaba rodeado sólo de sus gentes, hacía encender un vivo y hermoso fuego en la alcoba de las doncellas. Y dirigía allí sus pasos para tomar su postre y estar a gusto. La bella y joven Aélis conocía muy bien el arte de agradarle. Se instalaban camas y lechos alrededor del fuego, para acomodarse en ellos. El conde había dado orden de que así se hiciera la noche en que se produjo el acontecimiento. Después de la cena, el conde se dirigió a la alcoba para su placer y, mientras se le preparaba su fruta, se desnudó a fin de que le rascaran, quedándose en bragas».

El lecho

¿Dónde se duerme, en la sala o en la alcoba? ¿Se duerme solo o en compañía de otros? ¿Se comparte el lecho con algún íntimo o con alguien del mismo sexo? De todas maneras, y a juzgar por las prácticas nocturnas, la promiscuidad parece haber sido un hecho admitido. Para la cita que le da a Lancelot, Ginebra indica a las claras que no duerme sola: «No podemos pensar en unirnos: frente a mí, en mi alcoba, se acuesta Keu, el senescal, que todo llagado, no cesa de suspirar.» Sumido en el sueño, no puede decirse que el herido estorbara a los amantes. Joufroi de Poitiers y la reina se encuentran: como ésta dice que no puede introducir al conde en su alcoba, hace instalar en la gran sala de piedra dos lechos, uno para el conde con el que ella vendrá a acostarse, y el otro para su compañero.

Cuando un personaje disfruta de un lecho individual, ello quiere decir que se trata de asegurarle un mejor reposo. Así, Érec recibe del rey Arturo un lecho para él solo: «El rey sentía un gran afecto por Érec; le hizo acostarse en un lecho separado, al no querer que nadie se acostara con él, en contacto con sus heridas.» En la alcoba vecina, Énide y la reina, codo con codo, duermen juntas. Una vez curado, Érec volverá a dormir con la esposa «en el mismo lecho». Por el contrario, la pareja del lai *Équitan* parece disponer de dos lechos, ya que los amantes se entregan a sus placeres «en el lecho del marido». También puede disfrutarse de un lecho individual en señal de honor: en *La Demanda del Santo Graal,* Arturo, «en homenaje a su alto nacimiento», conduce a Galaad a su alcoba y le ofrece su propio lecho; en cuanto a él, va a juntarse con Lancelot

Aquí comienza el testamento de maestro Jean de Meun... (Estocolmo, Bibl. real.)

Christine de Pisan, *El Dictado de los verdaderos amantes.* (Siglo XV, París, Bibl. nac., ms. fr. 836.)

y los restantes barones. Luego —señal de que el relato atribuye tácitamente a Arturo una existencia en soledad—, se dice que a la mañana siguiente Arturo se dirige a la alcoba en que han dormido Lancelot y Gauvain.

Como una península de lo privado, el lecho acrecienta el placer de la soledad: ofrece la única ocasión de dejar irrumpir los sentimientos. Así, en *La Demanda,* Ginebra, «para no mostrar en exceso la amplitud de su pena», cuando los caballeros parten, regresa a sus habitaciones y se arroja sobre su lecho, presa de la aflicción. Pero el lecho puede cargarse también de un simbolismo culpable: puede ser en efecto el lugar de las sombras, del crimen, el lugar que marca para siempre jamás la imposibilidad de poner en claro lo que allí ha ocurrido realmente. El lecho es el objeto que propicia las maniobras y las sustituciones, en particular para esas mujeres acusadas de traer al mundo hijos monstruosos y de convertir al padre en un desconocido. El lecho se vuelve así un lugar de subterfugios y de manipulación de lo real: en lugar de Iseo, Brangien sirve a Marco de esposa virgen y, en los relatos de Dobles, el lecho es precisamente el recinto oscuro en que la esposa engañada no podrá distinguir entre los hermanos.

También lugar del crimen, es el espacio privilegiado del error, y la verdad sólo con dificultad podrá esclarecerse. Por el contrario, en él puede intentarse el adulterio, en la medida en que el lecho despliega sus signos.

Entre la cama de Tristán y la del rey, «no media más que una lanza». Cuando, una vez que su tío se ha dormido, intenta Tristán hablarle a la reina, se abre de nuevo su herida, brota la sangre y se manchan las sábanas. Del mismo modo, la sangre de Lancelot manchará el lecho de la reina Ginebra, lo que permitirá que se acuse a esta última de haber acogido en su cama al senescal herido. Ambigüedad de las pruebas, de unas pruebas que no lo son en realidad: el lecho, como se ve, puede convertirse con facilidad en el espacio del peligro.

Finalmente, al evocar la separación entre el día y la noche, el lecho hablará también de la sociabilidad nocturna como de un signo inquietante. La ausencia de sueño, y por consiguiente la ausencia de sueños, acaba por hacer de Tydorel —el héroe del lai que lleva su nombre, la criatura medio embrujada cuyos ojos no se cierran nunca— un ser inepto para lo social y para el ejercicio del poder. Se encontrará con su padre embrujado en un mundo del que se ha ausentado el tiempo: parábola de la alternancia obligada de los ritmos diurno y nocturno, de la sociabilidad y de la necesaria interrupción de la sociabilidad. En numerosos relatos, la gente se acuesta tarde en medio de las alegrías de la convivialidad, pero raras veces se dice que no se ha dormido. La vigilia puede ser además fuente de mal, como lo atestiguan esas confidencias arrancadas por la noche al marido por la esposa del *Caballero del cisne*. Impulsada por el diablo, ésta planteará la pregunta fatídica, y será también en el lecho donde la duquesa le arranque al esposo el secreto que va a precipitar en la muerte a la castellana de Vergi y a su amante. El lecho se muestra así como el centro mismo de la vulnerabilidad, el lugar donde se oculta con facilidad la identidad, el de las graves

Troilo se hallaba sumido en la melancolía: «En unos instantes, su alcoba se llenó de damas y damiselas con toda suerte de instrumentos de música...» *(Roman de Troïlus,* París, Bibl. nac., ms. fr. 25528.)

trasgresiones, presuntas o reales, incluida la de la palabra, como si, pronunciada en la noche, no pudiese ser otra cosa que fuente de desgracia.

La sociabilidad

En las obras literarias, el espacio se escenifica casi siempre como investido por un grupo doméstico: parejas, hijos, generaciones coexistentes, subalternos, campo familiar sometido a frecuentes fluctuaciones, mesnada artúrica, en resumen, una sociedad doméstica fundada en una jerarquía en torno a la cual se mueven intrigas y relaciones de poder. Desaparición de las madres con ocasión de un nacimiento, desaparición de los padres, hijos perdidos, reencuentros, a veces asesinatos: hasta cuando reanudan la tradición de los cuentos, los escenarios familiares dejan hablar, con sus mismas redundancias, a fantasmas que poseen a veces el estatuto de universos coherentes. A la cohesión del linaje en las canciones de gesta le sucede, en la novela, un universo más familiar donde puede suceder que una forma de corrupción corroa las relaciones entre los seres, o que ciertos papeles en la célula nuclear se fijen con carácter maligno (madrastra o suegra, a veces concubina o senescal), o, también con frecuencia, con estatuto de víctimas, como en general el hijo y la joven esposa. Hay poderes que se muestran también en ejercicio y, en el universo doméstico, el gineceo aparece muy en particular como un lugar en el que la autoridad marital y paterna se ejerce sobre el mundo femenino, si bien éste, al filo de los relatos, no dejará de encontrar posibles arreglos de supervivencia y de desenvolvimiento. No tendrá por qué sorprender que un debate —bastante secreto— sobre los derechos del primogénito o del benjamín pueda llegar a escenificarse en los relatos de gemelos, reales o ficticios, en los que el significante de la gemelidad funda un tipo de asociación afectiva, una forma de fraternidad. De este modo, las ficciones ofrecen, si no un cuadro de la realidad de lo privado en la época en cuestión, sí al menos los puntos más neurálgicos que pueden concernir a la vida comunitaria y al estatuto del individuo. En particular, los lugares y los rituales de la sociabilidad, de la convivialidad sobre todo, plantean los jalones de una integración necesaria y difícil del individuo en el grupo.

Lo privado: uno mismo y los otros

Fronteras

Si, en el interior de la sociedad doméstica, la diversificación del espacio señala con frecuencia la dificultad para el individuo de escapar a la mirada del otro, puede verse sin embargo cómo en torno de aquél se van edificando poco a poco unos muros que le permiten, al margen de los otros, disfrutar de una libertad de sí mismo. Los relatos de Chrétien de Troyes adoptaban ya de buena gana la estructura de un trayecto iniciático que le permitía al individuo cambiar el espacio colectivo por la errabundez solitaria de la que habría de regresar, devuelto a una glorificación asegurada en el seno de lo colectivo. Por otra parte, durante el siglo XIII, el cuerpo aparece cada vez más como una posesión privada y un punto de referencia al que se remiten los discursos normativos, porque se lo percibe como susceptible de abuso en la atención dirigida al Yo y, por consiguiente, como generador de perturbaciones en la vida del grupo, estatuto conflictual en el que los textos confían poner orden.

El papel creciente de la palabra escrita. (*Roman de Troïlus*, París, Bibl. nac., ms. fr. 25528.)

Emerge de esta forma la noción de lo «privado ajeno», espacio en el que se llevan a cabo otros gestos distintos de los que se proponen a la mirada exterior. Así, la discreción en el seno de la comunidad se verá explícitamente exigida en el *Escarmiento de damas* de Roberto de Blois: no penetrar con la mirada en el espacio del otro, *privacy* que no es, precisamente, la de todo el mundo, y es significativo que estas consignas de respeto de lo privado conciernan más particularmente a la persona femenina, como si constituyera el punto neurálgico de todas las faltas posibles y el punto focal de todas las virtudes deseadas: «Siempre que paséis ante la casa de los demás, tened cuidado de no deslizar en ella vuestras miradas y de no deteneros. Quedarse con la boca abierta y rondar ante la casa de otro no es un comportamiento sensato ni cortés: hay actos que se hacen a veces en privado, en la propia casa, y que no se desea exponer a las miradas ajenas, en caso de que alguien se presentara ante la puerta. Y si queréis entrar en la casa, tosed discretamente al penetrar en ella, a fin de que se advierta vuestra llegada, mediante un carraspeo o con alguna palabra. Dicho en pocas palabras, nadie debe entrar sin advertirlo.»

Aislarse

¿Cómo se aísla uno en medio de una existencia privada gregaria? Los componentes del espacio muestran a las claras una distribución de ciertos lugares «más públicos» y de otros «más privados». Ahora bien, el aparte concierne precisamente a la manera como dos individuos se aíslan por propia voluntad para comunicarse lo que no está destinado a un grupo más amplio, situación confidencial en que se da expresión a lo secreto.

(París, Bibl. del Arsenal, ms. 5117.)

Los modos de comportamiento en el seno de lo privado gregario de las ficciones atestiguan hasta qué punto parece difícil disponer de un lugar y de un momento convenientes para entretenerse, a salvo de los oídos indiscretos, con un interlocutor. Y no tiene nada de llamativo que los textos propongan ciertas constantes de apariencia realista para situar por una parte el aislamiento de uno mismo, y por otra el tiempo del silencio. Así Cligès, el héroe, hace venir a Juan su siervo en privado a fin de solicitarle un refugio para sus amores. El siglo XIII será particularmente rico en situaciones de aparte. Si se la compara con el hermoso ordenamiento del mundo artúrico en Chrétien de Troyes, *La Muerte del rey Arturo* a comienzos del siglo XIII —en que la aventura se vuelve rara, en que el universo de la Tabla redonda se fragmenta trágicamente— es el teatro de las intrigas y las denuncias; y, en *El Palafrén enjaezado,* el sobrino deseoso de convencer a su tío, que debiera ser, piensa aquél, un buen abogado ante el padre de la muchacha, busca para el encuentro un lugar adecuado, una «logia» (¿una pieza reducida encima de la puerta, una alcoba en lo alto de la casa?), en resumen, un lugar retirado.

En *Guillaume de Dole,* relato de la sociabilidad exaltada como virtud del buen soberano, el aparte posee una verdadera funcionalidad y es la manifestación refinada de las relaciones con otro. El menestral amigo del emperador es su objeto privilegiado. Queriendo escuchar de sus labios un hermoso cuento, el soberano ase el caballo de Jouglet por el freno, y los dos abandonan el camino. «¡Cuéntame, querido amigo, una historia que pueda despertarme!» Lo mismo en plena naturaleza que dentro de un espacio construido, el aparte exige un lugar retirado, un ámbito que resulte acogedor. También en otro aparte, «en un balcón», el emperador le anuncia al senescal su proyecto de matrimonio, y, más tarde, el propio emperador —del que se acaba de decir que se encuentra «en íntima compañía»— invita al héroe Guillermo a venir a divertirse con él en el jardín, lugar de un último encuentro. A solas consigo mismo: habiéndose enterado de la calumnia de la que es víctima la joven

Lienor, el emperador se aleja y parte solo a través de los campos, con el corazón oprimido por la tristeza. En cuanto al senescal, se verá engañado gracias a un último aparte: mientras se halla todo el mundo reunido en plena asamblea, el mensajero de Lienor lo conduce «fuera del palacio, cerca de la alta muralla», para poder estar seguro y al abrigo de todas las miradas, espacio-trampa en la que al fin se dejará coger el felón. Y así es como las intrigas de palacio, haciendo de rincones del secreto, han reemplazado la bella transparencia del mundo artúrico. Los alféizares de las ventanas, en el *Lai del caballero blanco,* del siglo XIV, o en el *Jehan de Saintré,* más tarde, se convierten en el resguardo por excelencia de los secretos, en los lugares donde pueden sorprenderse negocios a veces poco honorables.

El lenguaje secreto de los signos

El espacio colectivo ve nacer hacia fines del siglo XII una red apretada y secreta de los modos de comunicación: obsequios que sellan los lazos entre dos amantes, prendas de amor que los etnólogos reconocen todavía hoy, creciente papel del escrito como medio de comunicación, proliferación de los mensajes transmitidos, perdidos, devueltos, manipulados. Cualquier cosa que sirva para guardar algo, simples receptáculos de joyas, de vestidos, de armas, adquieren un nuevo valor, el estatuto de relicarios preciosos, de metáforas de secretos del amor cortés, a veces también de elementos de intriga y de pretextos para ademanes de apertura y de desvelamiento.

Los signos de la alianza amorosa, unos son ostensibles, pero otros son más deliberadamente secretos: signos de la intimidad que los demás perciben como significantes remitidos a su contingencia inicial. En el siglo XIII, el mundo cortés se halla invadido por signos secretos: el perrillo, en apariencia personaje fortuito del espacio doméstico, le anuncia al amante de la castellana de Vergi los momentos favorables para el encuentro. Intercambios de signos que ya sellan en María de Francia los encuentros del *Lai de la madreselva:* Tristán enrolla la madreselva en torno de la vara de avellano cuya corteza arranca y donde graba su nombre, signo secreto de su amor que dice: «¡Hermosa amiga, eso es lo que nos pasa: ni vos sin mí, ni yo sin vos!» Otro signo es también ese nudo que la amiga de Guigemar hace en la túnica de éste de tal suerte que ninguno otro podría desatarlo, al tiempo que el amante rodea con un cinturón la carne desnuda de su amiga, un cinturón cuya hebilla nadie será capaz de romper ni de cortar, lenguaje secreto de los signos que determinan una intensidad y un espacio afectivo prohibidos a otro. Más tarde, en el universo de las máscaras del *Jehan de Saintré,* la educación del joven en la cortesía comprende la iniciación en un lenguaje secreto, en un código oculto, que duplica la utilización de los espacios de retiro donde pueden transmitirse los secretos.

«Si queréis tenerme a vuestro lado, no me preguntéis jamás quién soy, no me preguntéis jamás el nombre de mi tierra...» *La Canción del caballero del cisne.* (Munich, Bayerische Staatsbibliothek.)

Susceptible por el contrario de comprensión por la mirada ajena, la prenda de amor es un don, aderezo o anillo. Como elemento de la representación del Yo, el anillo es al mismo tiempo el signo más marcado por la sexualidad, apuesta de importancia en los relatos en los que intervienen las prohibiciones: la relación amorosa con el hada se disuelve desde el momento en que el héroe le revela al ermitaño el secreto de la seducción ¡Y he aquí que el anillo ha desaparecido! En cambio se hallan mejor integrados en los signos de la sociabilidad esos rosarios ofrecidos por la amante al amado, y cuyo gesto sigue perpetuándose en Guillermo de Machaut. La doncella «se apresuró a entretejer una preciosa corona de flores que me pareció rebosante de dulzura, porque estaba hecha de nueces moscadas, de rosas y de violetas. Cuando la hubo terminado, vino a colocarla sobre mi cabeza», lazo vegetal que prolonga el cinturón que la muchacha hará con sus dos brazos.

La palabra prohibida

La ley del secreto es un componente bien conocido del amor cortés, ella es precisamente la que —transgredida— inaugura la tragedia de la castellana de Vergi: «Sucede aquí que quien ha traicionado el secreto pierde su dicha, porque cuanto más intenso es el amor más afligidos se ven los amantes perfectos cuando uno de ellos sospecha que el otro ha revelado lo que debía guardar en secreto. Y con frecuencia es tal la desgracia que de ello nace, que el amor concluye forzosamente en medio del dolor y el oprobio.»

En los encuentros entre mortales y hadas, las numerosas prohibiciones, si bien pueden tener que ver con el acto de beber y de comer cuando la prohibición designa cualquier participación en el mundo de este lado del río, conciernen con más frecuencia al secreto: no revelar la existencia del hada, no plantear la pregunta sobre los orígenes en el *Lai de Tydorel* o en la *Canción del caballero del cisne*. Los relatos sobre hadas llevan al extremo la prohibición de dar a conocer a una colectividad la existencia de un ámbito privado, por más que sea de otro mundo. Melusina jugará con estas prohibiciones, ocultando su identidad de mujer-serpiente, echando mano para ello del tabú, de la mirada, de la prohibición del conocimiento y del mantenimiento de la opacidad, de la que protege precisamente la puerta en la que fijará su retina culpable para siempre Raimondino.

En las ficciones, la importancia de lo escrito se añade a las comunicaciones filtradas o prohibidas. Ahora bien, este tipo de mediación se intensifica en el siglo XIII, y, en *Flamenca,* los amantes se buscarán durante largo tiempo a través de los instantes furtivos, de los mensajes de palabra o escritos, del juego de los signos. En el *Tristán* de Béroul la carta era ya objeto de circulación, por ejemplo cuando Marco se hace leer por el capellán la misiva de Iseo: la carta se ha convertido en objeto de una comunicación pública. El capellán rompe la cera, lee el texto, y luego enuncia línea por línea su contenido. Marco hace que se convoque inmediatamente a los barones y da orden de leer el texto.

En *La Muerte del rey Arturo,* es el mismo Arturo quien lee el mensaje de la doncella cuyo cadáver desciende a la deriva por el río en la barca misteriosa. En ambos casos, la función del escrito es la de transmitir algo que, sea efectivamente privado o sólo simulado (como dice Ogrin: «Para atenuar el oprobio y evitar el escándalo, es útil mentir un poco»), está destinado a ser hecho público. Por lo demás, la imagen puede tener el privilegio de una

Roman de Flamenca. (Segunda mitad del siglo XIII, Bibl. de Carcassonne.)

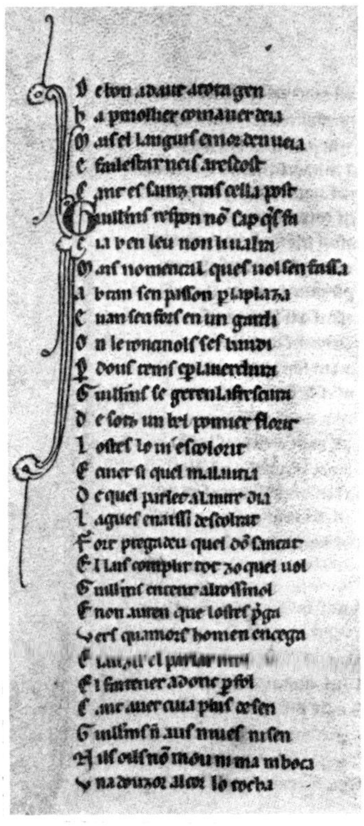

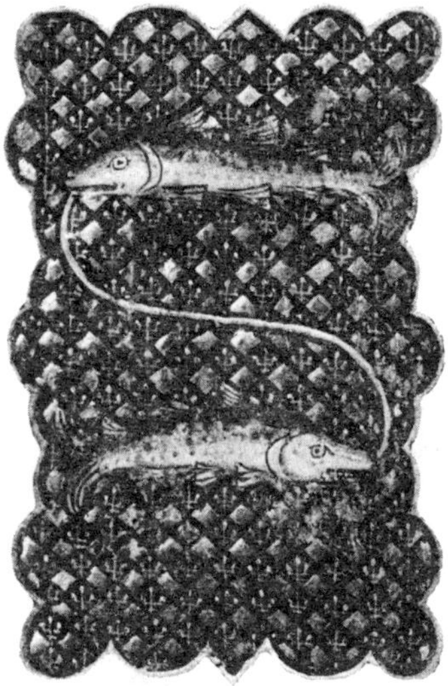

«Encontraréis en su estómago como la huella de su guante; es el lugar en que se ha conservado la mano, a lo largo de inviernos y estíos.» *La Manekine*. (Bibl. de Cambrai.)

triste revelación de lo que era privado. Cuando sale el sol, Arturo, recibido en el misterioso castillo de su hermana Morgue, contempla las pinturas que Lancelot ha trazado en su cautividad. Entonces es cuando descifra su propio infortunio. En la *Filomela* atribuida a Chrétien de Troyes, la pobre muda, que ha encontrado en un arcón unos ovillos *(eschevaux)* y unos husos *(fusées)* cuenta con hilos de color su historia, la violación que sufrió, su mutilación, y su prisión, un mensaje que su hermana sabrá leer. La imagen dirá lo que nadie ha osado decir, lo indecible de la transgresión.

De la proliferación del empleo de la palabra escrita en la comunicación tenemos una prueba en la *Novela del castellano de Coucy,* comunicación que en este caso se halla particularmente mediatizada, lo que ayuda a hacer comprender en particular la función de las inserciones líricas y la problemática fundamental de la novela, así como los intermedios reducidos de los intercambios entre el amante y la dama, en pocas palabras, el «difícil trayecto de la palabra y de la información» (Ch. Marchello-Nizia). La palabra escrita prolifera también en los escenarios de las jóvenes sobre las que pesa una amenaza de incesto, donde se violan los sellos, y las cartas se sustituyen lo mismo por el anuncio de la mala noticia de un monstruo (con apariencia de precioso niño) que por las medidas de clemencia adoptadas por el esposo abrumado, medidas que se sustituyen por la orden de hacer quemar a la esposa y a la monstruosa criatura que se supone ha llevado en su seno.

Por parte del hombre emboscado en quien se hallan ausentes la razón y la memoria, el escrito se encargará de anunciar a los pasajeros el origen de la insensata desgracia. El héroe del *Dictado del lebrel* huye al bosque, lleva consigo tinta y pergamino, y escribe su aflicción, los largos años de espera, el desvío de la dama. Como único instrumento desde entonces de una posible memoria, el escrito se fija en un árbol, a fin de que todos puedan tomar conocimiento de su contenido.

El recipiente

Los recipientes representan el júbilo de lo oculto que sale progresivamente a la luz. Así por ejemplo, las cajas se abren para entregar aderezos; hay cofres de los que emergen los regalos que han de ofrecerse al duende que ha regresado a su forma humana en *Guillermo de Palermo;* un cofre de viaje oculta una cota hecha de un verde brocado con la que el hada atavía al emboscado, rito de reintegración en el *Dictado del lebrel.* El recipiente o receptáculo puede convertirse en un verdadero actante del relato: la escarcela robada en *L'Escoufle* es fuente del drama, pero también de los reencuentros. Ya antes, en *La muerte del rey Arturo,* no sólo el escrito desvelaba el secreto de la hermosa muerta, sino que el mensaje constituía el objeto de una exploración de un espacio diversificado: barca, tapices, escarcela. En el juego de la sociabilidad, es frecuente que los presentes sean recipientes, lo que favorece la proliferación de los ademanes de la apertura.

Más simbólico aún, el recipiente puede convertirse en relicario, como el cofrecillo en que se ha encerrado el cadáver del ruiseñor, del «laostic», en María de Francia, metáfora de la perennidad del secreto, relicario guardián de una quintaesencia y de una memoria:

el esposo ha matado al ruiseñor y, para hacer que el amante sepa lo que ha ocurrido, la dama envuelve el pajarillo en una pieza de brocado, con su historia bordada en hilo de oro. Como hombre cortés, el amante hace construir «un cofre de oro puro» enriquecido con piedras preciosas y lo hace sellar. Hay otros relicarios que marcarán gustosamente el alcance simbólico del contenido, como ese «cestillo» que guarda milagrosamente fresco el brazo de la bella Helaine, y sobre todo como el extraño relicario que, durante largos años, ha conservado la mano cortada de la Manekine, ¡el estómago del esturión que difunde efluvios tan suaves que todo el mundo siente su corazón rebosante de dulzura!

La sociedad doméstica: fluctuaciones y restauraciones

Dispuestos de acuerdo con una firme estructuración familiar, los relatos medievales dejan traslucir a flor de texto los problemas internos de las familias, sugiriendo —lo que por lo demás ha podido obsesionar la conciencia de la época actual— la preocupación por las rivalidades entre herederos de intenciones análogas. Sólo que las narraciones rompen a menudo el circuito cerrado de la familia, que al final se verá restaurada por un itinerario exogámico de diversa naturaleza. Si las referencias familiares son extremadamente complejas, no es imposible despejar de entre ellas en este particular algunos ejes y, en primer lugar, la frecuencia de los escenarios sexualizados: seducciones de tipo incestuoso (padre/hija, madrastra/hijastro, cuñado/cuñada), rivalidades en torno de la misma mujer, calumnias de naturaleza sexual que llevan consigo el destierro de las madres jóvenes, en una palabra, un conjunto de querellas domésticas que otros relatos, prudentemente, ocultan por medio de una ejemplaridad a veces un tanto rígida.

El campo familiar

Que la pareja sea la sede de disonancias y desunión es un hecho que conocen bien los cuentos. Chrétien de Troyes, en cambio, pone deliberadamente el acento sobre la realización de la pareja en el matrimonio, demostrando paso a paso que el amor cortés se vive en el seno de la institución. En su novela del anti-Tristán, el adulterio retrocede ante la libre elección en la legitimidad, mientras que en la sociedad doméstica de las ficciones son más frecuentes las tensiones y los desentendimientos de la pareja. Por el contrario, fuera del engranaje del adulterio, fuente de celos, hay otras parejas que pueden atestiguar una perfecta armonía, amenazada temporalmente, pero recobrada más tarde; así, en el breve relato de *La hija del conde de Pontieu,* el esposo traumatizado por la violación de su mujer, que él se ha visto forzado a presenciar, se refugia en una ruptura de las relaciones sexuales, mientras que es el padre quien asegura una forma de punición (punición oscura en su causa), o también en las historias de incesto como la *Manekine,* en que los esposos que se encuentran dominan temporalmente, durante la Semana santa, su deseo y vuelven a partir para una vida nueva.

De la ternura hacia el hijo dan testimonio numerosos textos, desde la *Manekine* hasta *Tristán de Nanteuil* en que nada menos que un milagro viene a liberar la leche demasiado parsimoniosa en su fluir a los ojos de una madre que prefiere suicidarse antes que ver sufrir a su hijo. En un marco más específicamente jerárquico, Ida, condesa de Boulogne, no le deja a nadie el cuidado de amamantar a sus hijos: cuando advierte que en su ausencia uno de sus hijos, hambriento, lo ha sido por una nodriza, poseída de una santa cólera, toma al niño, lo sacude, le hace devolver el alimento subalterno, y lo amamanta con su propia leche. Basada en el vínculo, en torno del niño, de la madre y de la domesticidad femenina, esta secuencia del *Caballero del cisne* liga el mundo privado del gineceo a la dimensión de la grandeza del linaje. El gineceo se vuelve el lugar simbólico de la función primordial de la madre, en el seno de la célula doméstica, en un tiempo de experiencia vivida en que la transmisión biológica de la leche materna se convierte en un acto sagrado: la madre es en él la única proveedora de alimento digna de la gloriosa progenitura.

La desatinada búsqueda del padre

Los relatos medievales se hallan obsesionados por los problemas de la ascendencia, por la función del hijo y la importancia casi demencial de las relaciones padres-hijos. Los lazos con el padre, como ya puede adivinarse, constituyen el objeto de una febril preocupación en los relatos en que la esposa calumniada se ve acusada de haber traído al mundo un monstruo que evidentemente no puede ser hijo legítimo del marido; pero esos lazos aparecen aún con más fuerza a través de los riesgos mortales (y simbólicos) que representan los combates de los hijos contra los padres, adversarios trágicos que no se conocen o no se reconocen, por ejemplo *Gormont e Isembart,* en que el hijo renegado hiere a su padre en medio de la pelea, *Doon de la Roche, Baudoin de Sebourc, Florent y Octavien,* etc. La novela tardía *Valentín y Orson* ilustra el parricidio: Valentín, que sostiene un escudo sarraceno, se ve atacado por su padre; chocan con tal violencia que la lanza del hijo atraviesa el cuerpo del padre: «¡Acabáis de matar al padre que nos ha engendrado!», le grita al homicida Orson, su hermano gemelo.

Tíos y sobrinos

La interrogación por los vínculos de la sangre pone de manifiesto implícitamente hasta qué punto, en las conciencias medievales, era frágil la certeza de las filiaciones. Es por lo demás en los linajes procedentes de encantamientos donde la fascinación del padre por el hijo, y viceversa, se vuelve particularmente explícita, puesto que la misma disonancia de sus vidas, la del uno perteneciente al mundo feudal, la del otro a Otro Mundo, hace de ellos unos seres a la vez próximos e ignotos, en el *Lai de Désiré* por ejemplo, y más fantasmáticamente aún en *Tydorel* donde, tras haber conocido su origen embrujado, el rey Tydorel, abandonando su poder terreno, picando sus espuelas, se precipita con todas sus armas en las profundidades del lago de donde su padre había emergido para engendrarlo.

Los grandes héroes de las canciones de gesta y de las novelas corteses es frecuente que no tengan hijos, o que estos hijos hagan un mal papel, como el débil Luis del *Charroi de Nîmes.* Como

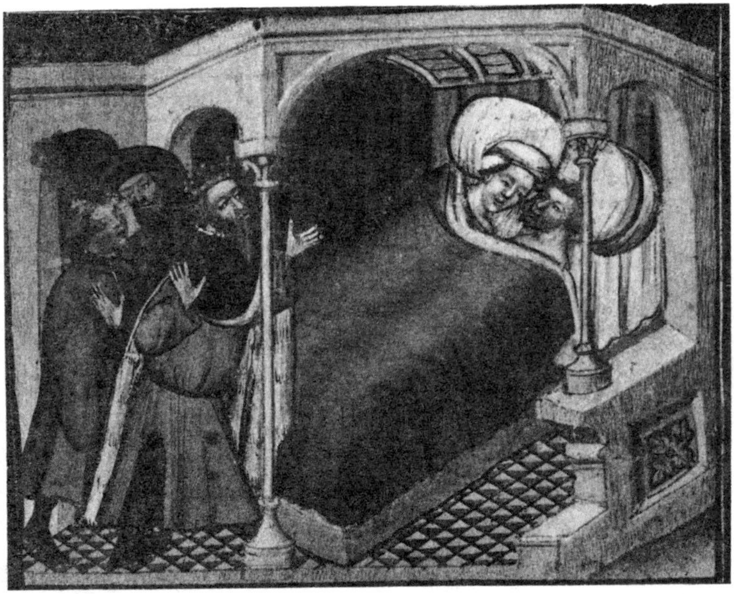

«Cuando Gauvain se hubo dormido, la muchacha, que era joven y rolliza, se durmió igualmente, acunada por la tierna proximidad de su amigo.» Entonces fue cuando el rey de Norgales sorprendió a su hija en los brazos del caballero. (París, Bibl. del Arsenal, ms. 3479.)

El rey Arturo y la reina Ginebra abandonan el banquete. (Siglo XIV, Turín, Bibl. nac.)

figuras sustitutivas, los sobrinos se verán vinculados al tío mediante lazos privilegiados, fenómeno que R. Bezzola subrayaba como muy nuevo con respecto a las mitologías griega, romana, germánica y celta. A la relación padre-hijo, cuyo fuerte valor simbólico cabía adivinar, se añade lo que puede ofrecer el sobrino en una relación de estrecho parentesco que excluye sin embargo la sucesión inmediata: extremadamente próximos al tío, disfrutando por parte suya de un afecto particular y provistos —como es el caso de los sobrinos de Guillermo de Orange— de una sólida individualidad, los sobrinos son personajes «señalados». A pesar de lo cual hay una ambigüedad que empaña las relaciones entre tío y sobrino, como las de Rolando con Carlos. Único sobrino del emperador, se le confía a aquél una misión individual, pero «¿no se habría tratado más que de un sobrino?, ¿no habría sido su propio hijo?» (Bezzola). Según una saga nórdica, Rolando, al que la *Canción de Rolando* no atribuye por lo demás sino un padrastro, habría sido el hijo de Carlos y su hermana Gisela, pero semejante ascendencia incestuosa no se verá atestiguada por los textos franceses antes del siglo XIV. En cuanto al tema del sobrino como «hijo del amor», lo encontramos en primer plano en la historia de Tristán tal como nos la presenta Gottfried de Estrasburgo: educado por padres adoptivos, secuestrado por unos mercaderes nórdicos, es acogido por Marco, que se entera de que es su sobrino. El amor del tío por el hijo de su hermana será tan profundo que no querrá engendrar ningún sucesor, como si Tristán fuera su propio hijo... La ambigüedad se ha posesionado también de la pareja antinómica de Gauvain y Mordred, sobrinos de Arturo. Fiel compañero y consejero íntimo de Arturo, el hombre cortés se opondrá a Mordred, el traidor, que quiere arrebatarle a Arturo esposa y reino. Una versión de la leyenda pretende que Mordred sea el fruto del amor incestuoso de Arturo por su hermana, mujer del rey Loth de Orcania y madre de Gauvain. Falta inocente por otra parte, puesto que Arturo, en el momento del acto, ignorante de quién fuese hijo, ignoraba en consecuencia que Anna era hermana suya.

Los destierros

En la elaboración del campo familiar, el cerco del destierro se halla estrechamente ligado al problema de las relaciones del individuo con lo colectivo que le rodea y que —al tiempo que le impone sus límites— le confiere un estatuto. Resulta particularmente interesante en el caso de las mujeres, como aquella hija del conde de Pontieu maridada del modo más satisfactorio, ya que se ha casado con el hijo de la hermana de su padre. Sin embargo, al ser estéril, pierde honor y validez social, y se la abandona al mar en un tonel. Al final, encontrará estatuto y fertilidad en el país musulmán. De estéril se vuelve fecunda mediante una iniciación que se inaugura con un atentado a su cuerpo, mediante la transgresión de una tentativa de asesinato, de la que no se arrepentirá jamás, así como por su tránsito a la ley pagana. ¿Será preciso imaginar que el trayecto exogámico ha sido para ella necesario y fecundo, puesto que después de todo acaba por recuperar el mundo de sus orígenes, como si hubiese sido necesario que se quebrara temporalmente el mundo familiar y social que la rodeaba? El destierro, por otra parte, es frecuentemente la consecuencia de persecuciones incestuosas, y si el deseo del padre queda apenas sugerido en *El Palafrén enjaezado,* y más explícito en *Los dos amantes* de María de Francia («Fue pedida en matrimonio por poderosos vasallos que la hubiesen tomado de buena gana por mujer, pero el rey no quería acceder a ello, porque no podía prescindir de su presencia. Era su único refugio, y permanecía junto a ella de día y de noche»), la demanda perversa es del todo precisa en la *Manekine* o en la *Novela del conde de Anjou.*

Amor cortés y celos

Uno de los motores —y no de los menores— de las tensiones del universo doméstico, es el de los celos, que se apoya sobre el lado institucional del amor cortés, elaboración fantasmática si la hay, que se sirve de los mismos cuadros de lo prohibido, porque es el marido quien en todo ello hace que el amor sea a la vez peligroso y posible. Si en el mundo artúrico la figura real queda en definitiva poco afectada (Arturo no aparece en absoluto celoso ni se ve alcanzado por la sospecha en esa novela del adulterio que es *El Caballero de la carreta),* a partir del siglo XIII sí que se manifiestan en relación con lo privado las incidencias de los amores adúlteros: en la *Novela del castellano de Coucy,* donde el marido celoso le hace devorar a su esposa el corazón embalsamado de su amante muerto en tierra de cruzada, así como también, ya con el sentido de una hipertrofia paródica, a través de la venganza de los doce esposos del *Lai d'Ignauré,* en *La Castellana de Vergi,* donde los celos de la duquesa llevan a la profanación del amor, y sobre todo en *Flamenca,* donde los celos alcanzan rasgos patológicos, y donde el cuerpo celoso aparece como descompuesto, repugnante y anti-cortés.

Visita de un caballero a su dama, siglo XV (Chantilly, museo Condé.)

Las mujeres acusadas

Ciertos escenarios familiares, ampliamente representados en la tradición del cuento, han sido objeto de tal cantidad de relatos novelescos durante la Edad Media, que es imposible que, en el plano fantasmático, y aunque no fuese más que a título del alivio que procura cualquier desenlace en forma de *happy end* después del levantamiento de las amenazas que pesan sobre el universo doméstico, no procuraran otra cosa que un divertimiento anclado en el reconocimiento de una tradición: que es lo que ocurre con el motivo de las mujeres acusadas, en el que la calumnia invade concretamente la alcoba, y sobre todo la alcoba de la mujer que acaba de dar a luz, que se convierte en espacio culpable, al manchar de ilegitimidad, incluso de monstruosidad, el nacimiento de un hijo; calumnia también de la mujer casta codiciada por su cuñado, objeto perseguido y luego rehabilitado con unas constantes en la constelación familiar que hacen del pretendiente rechazado el hermano del marido, o que se resuelven en el desenlace del perseguidor de la heroína, abrumado por una enfermedad y luego curado por la propia víctima, tras haber confesado su fechoría. Nunca podrá exagerarse la importancia de la confesión pública, comunitaria, del deseo erróneo íntimamente buscado, confesión que puede llegar incluso, en la estructura final del relato, en *Florence de Rome* por ejemplo, a convertirse en objeto de obsesivas reiteraciones. Son frecuentes las acusaciones de amores monstruosos, y si bien se las puede poner en relación con tradiciones populares, es claro que en la mayoría de los casos se las debe insertar en las vastas representaciones de la sexualidad y de la fantasmática genital. En *El Caballero del cisne,* la reina Beatrix ha hablado mal de una mujer que ha sido madre de gemelos: luego ella misma da a luz una camada de seis hijos. En el relato más tardío *Theseus de Cologne,* la reina se ha reído de un lisiado: dará a luz un ser monstruoso, y un enamorado preterido la acusará de haber mantenido relaciones con un enano. El indignado marido condena a su esposa a la hoguera, pero el recién nacido obtiene de Dios la belleza, y el enano, en combate singular, triunfa del calumniador. A la acusación de las madres se vincula la suerte de los hijos, muy pronto expulsados de un universo familiar y legítimo, sometidos a un destino que los convierte en desconocidos y desheredados.

Los hermanos en el grupo familiar

Del siglo XII al XV, se asiste con frecuencia en la ficción literaria a la puesta en funcionamiento de un modelo nuclear de familia con dos hermanos en bastantes casos gemelos, modelo que parece ofrecer una solución ideal al antagonismo fundamental que opone a dos sostenedores del poder, a dos ocupantes del mismo espacio privado. Sirviéndose del antiguo enigma del nacimiento dual, los relatos de hermanos (un conjunto muy bien representado) parecen responder a ese rasgo de la sociedad feudal que consiste en poner en el camino de los jóvenes un mundo infinito de frustraciones; y, al deslizar la estructura de las fratrías en el molde de los gemelos, los relatos le proporcionan al hermano desfavorecido una igualdad y un éxito comparables, o incluso le aseguran la superioridad, porque a veces acaba por suplantar a su Doble, con el completo acuerdo de éste.

En algunos relatos en los que aparecen gemelos ficticios, el uso de la metáfora gemelar permite sugerir situaciones que no se osa expresar en las historias de hermanos reales. La fusión de los Dobles es entonces una solución, ya que, integrados en el mundo feudal, los gemelos reciben una función valorativa en contacto con las realidades más tangibles. Así, las ficciones que tienen por objeto este modelo de fratría evocan tensiones graves y pueden interpretarse en términos de «terapéutica social» (G. Duby). Si se lee en ellas en filigrana la reivindicación de los derechos de la ultimogenitura, demuestran que la coexistencia y la similaridad son cosa que han de vivirse. El sosia deja de amenazar la identidad, el Doble recibe derecho de ciudadanía. Basadas en el sentido más crucial de la identidad, las ficciones medievales que le otorgan un lugar al Doble racionalizan un conjunto de fantasmas que son propios de la conciencia individual.

Algunas parejas de hermanos medievales viven historias sangrientas, en particular la que recoge la historia de los descendientes de Edipo, la *Novela de Tebas,* o, rápidamente bosquejada en un prólogo a la *Novela de Athis y Prophilias,* la historia de Rómulo y Remo, así como, en un contexto más feudal del siglo XIII, *Florence de Rome:* en todas ellas se lucha por los muros de una ciudad, se arrancan unos a otros el poder, y se puede llegar a la muerte. En relatos como éstos en que se expresa el odio, ligado a un problema que el modelo de los dos hermanos permite plantear sin rodeos, la pareja de hermanos se presenta siempre como compuesta por uno mayor y otro más joven, y en cada caso la querella tiene por objeto los derechos de la primogenitura frente a los de la ultimogenitura. El fratricidio es el resultado de un enfrentamiento entre mayor y menor, jamás entre gemelos.

Por el contrario, los gemelos se sitúan siempre bajo el signo de la ejemplaridad. Son frecuentemente víctimas de una expulsión fuera de una matriz humana y social, y los relatos cuentan su itinerario hacia una progresiva socialización. Su madre —la reina de Inglaterra en *Guillermo de Inglaterra,* la bella Helaine, la hermana de Pepino en *Valentín y Orson,* y hay otros casos por el estilo— se halla desterrada, y los hermanos nacerán a veces en un mundo salvaje donde perderán a su madre y serán recogidos por un animal o transferidos a un mundo social diferente del grupo original, a un mundo de villanos o de traficantes. Es evidente que la unión con la madre presenta rasgos de esquemas arcaicos: guiados por un fuerte tropismo materno, los gemelos permanecen vinculados a la madre en virtud de un lazo matricio, particular testigo de lo cual será el brazo cortado de la bella Helaine que su hijo Bras —a cuyo cuerpo se ha atado el brazo de la madre— conservará fresco hasta la adolescencia, llevándolo como una reliquia hasta el momento en que, cumplidos los avatares del relato, su hermano, el futuro san Martín, reintegre milagrosamente al cuerpo materno este sagrado cordón umbilical.

«La osa sentía un gran afecto por el niño, y lo amamantó durante todo un año. A causa de semejante lactancia, el niño se volvió tan velludo como un animal salvaje, devoraba la carne cruda...» (Manuscrito ilustrado por J. Bourdichon, siglo XV, París, Escuela de bellas artes.)

En estos relatos abundan también los rescates y los reencuentros, en particular bajo la forma de una rehabilitación de la madre. Los gemelos son así los grandes reunidores de la célula padres-hijos, y como son siempre los únicos factores de semejante restauración del grupo parental, su historia posee claramente una estructura centrípeta: de una célula familiar desorganizada a una célula restaurada. Los hijos por el contrario conservan un nombre siempre desajustado con respecto a su identidad recuperada —una de las versiones de *Valentín y Orson* atribuye a Orson, alimentado por una osa, el nombre de *Nameless* (Sin Nombre) que él habrá de conservar—, como si el misterio de su nacimiento, y su expulsión fuera de la colectividad humana le hubiera dejado algo innombrable... Los relatos de gemelos son relatos de aculturación: antes de volver a encontrar padre y madre, los gemelos tienen que reconocerse como hermanos. *Valentín y Orson* ofrecen un proceso particularmente interesante de la conquista del niño salvaje por el hermano ya aculturado; es el testimonio de una forma de alivio que reconoce a Valentín como señor: «Orson tendió las manos hacia su hermano Valentín pidiéndole mediante signos su perdón e indicándole que en adelante se hallaba dispuesto a obedecerle y darle satisfacción. Y le dio a entender también por signos que nunca habría de fallarle ni en lo concerniente a su persona ni en lo referente a sus bienes.»

Una paradoja aparente: la existencia de un eventual hermano mayor entre los gemelos. Parece que no cabe una situación más igualitaria que la de los gemelos. No obstante, *Guillermo de Inglaterra* indica bien a las claras que hay un primer nacido, y ello nos recuerda aquel artículo de las costumbres del Beauvaisis según el cual los testimonios de las mujeres no han de aceptarse, salvo en el caso en que una mujer tenga que declarar cuál de sus hijos varones nació primero. «Porque no hay ningún procedimiento para llegar a saber cuál es el mayor, salvo por el testimonio de las mujeres, y por esta razón *en este caso* habrá de creérseles.»

La gemelidad ficticia

Los gemelos metafóricos son la hipérbole de los gemelos reales. En tal caso es otro el origen de su gemelidad, son nuevos los contratos que la acompañan y nuevas también las pruebas que atestiguan su validez. Por el contrario, es idéntico su papel de bienhechores para la comunidad, y del todo comparable la visión ideal y ejemplar de su indefectible solidaridad. Semejantes gemelos son artificiales, porque la gemelidad es el fruto de circunstancias particulares; un contrato asociativo los vincula para siempre, paralelo a los documentos de hermanamiento que tan bien conocen los historiadores. Pero el contrato en cuestión es de tipo puramente afectivo, al no ser los contratantes ni de la misma sangre ni de la misma tierra; Ami y Auvergne son el origen de Ami y Amile, y Athis y Prophilias proceden de Roma y de Atenas respectivamente. En un relato del siglo XV la procedencia es El Algarve y Castilla. Una fórmula explícita de contrato sella sus relaciones desde los primeros instantes del encuentro y su expresión suele ser muy firme: «Y así que empezaron a conocerse, los entrelazó un amor tan perfecto que hicieron juntos alianza, firmeza y compañía, prometiéndose el uno al otro que jamás habría nada que pudiera separarlos, salvo la muerte. Porque exceptuada la voluntad de Dios Nuestro Señor, era para ellos evidente que no sería posible jamás que hubiera odio o malevolencia donde había tan gran amor y buena compañía» *(Historia de Olivier de Castilla y Artus de Algarve)*.

Desde el mismo día, los contratantes presentarán *«un mismo semblante y unos mismos ademanes»*, una apariencia idéntica, la reproducción de los rasgos y la posible confusión de los mismos se consideran como la resultante del contrato precedente. Hasta los padres vacilan en la identificación de los dos mancebos. Por lo demás, para ser válido, un contrato ha de hallarse testificado, a veces por una demanda del Doble gracias a un signo de reconocimiento, porque la separación es insostenible. Sin embargo la prueba esencial es la apuesta femenina: en favor de Prophilias, que desfallece de amor por la futura esposa de Athis, este último imagina un subterfugio que hace que se pueda desposar con la joven al tiempo que la cede durante la noche de bodas, y aun luego durante largos meses, a su Doble. La prueba puede consistir igualmente en la entrega de los hijos, o mejor de la sangre de los hijos, puesto que en algunos relatos de este tipo, uno de los gemelos que ha contraído la lepra se cura gracias a la sangre de los hijos de su hermano: posible recuerdo de los ritos tradicionales del intercambio de sangres, signo redundante del discurso contractual y del contrato incondicional de fidelidad.

Hermanos y poder

Las parejas de gemelos, reales o asociativas, tienen siempre que ver con problemas de poder, y se puede considerar legítimamente este tipo de asociación de apariencia estrictamente familiar como base de una vinculación privilegiada y comunitaria. Si la avaricia devoraba a los hijos de Edipo y a los hermanos fundadores de Roma, los gemelos medievales están por el contrario ligados a la prosperidad de los reinos y a su expansión. La comunidad artúrica extiende ampliamente sus conquistas alimentadas por la pareja carismática de Claris y Laris. Como el hermanamiento literario se halla provisto de una función dinámica, la literatura medieval parece haber resuelto el espinoso problema del Doble en términos de acciones solidarias, y el Doble se convierte así en un reforzamiento del ser. Sin embargo, los gemelos pueden renunciar también, conjuntamente, al poder. Ami y Amile van a acabar piadosamente sus días en Lombardía; Valentín y Orson viven un final cuasi hagiográfico. El sereno abandono de los bienes parece entonces el mejor medio de hacer que se extingan los gérmenes de una peligrosa rivalidad. Incluso en la *Historia de Olivier de Castilla,* novela territorial perfectamente anclada en las miras de la corte de Borgoña durante el siglo XV, el que se halla en la posición del primogénito tiene la excelente idea de desaparecer rápidamente de la escena narrativa, legando a su hermano todos sus reinos.

La fraternidad, real o ficticia, puede también sentirse como la vuelta del odio, como una solución satisfactoria para los conflictos latentes sublimados en unos relatos donde no se encuentra nunca nada que no sea ejemplar y perfecto. Traslación de la indivisión original y de la herencia de una matriz común: los gemelos difunden por el mundo un clima de conciliación, de relaciones firmemente anudadas, de comunidad recuperada, y sus homólogos metafóricos proceden de las mismas utopías.

El gineceo

Si se quiere extraer de las obras líricas y narrativas elementos con los que representarse lo que puede denominarse el gineceo, la agrupación de las mujeres en un espacio reservado, las células específicamente femeninas, las fuentes afluyen con abundancia: canciones de rueca, canciones de gesta, novelas e incluso veladas de mujeres en la literatura más tardía. ¿Cuál es por tanto la estructura, y cuál la función de estos grupos en el seno de la sociedad doméstica? Los grupos de mujeres ponen en movimiento algunas constantes: del siglo XIII al XV, el recorrido diacrónico permite delimitar, de una parte, el despliegue de un espacio, explícito o tácito, propio de las mujeres, y de otra, determinadas leyes de funcionamiento en el esquema narrativo. De este modo, la red de variantes e invariantes atestigua una permanencia de estructura que le confiere al gineceo el aspecto de un módulo doméstico cuyo espacio y cuyos protagonistas parecen hallarse relativamente fijados. ¿Cuáles son no obstante los límites de su variación o de su inmutabilidad? ¿Cuáles las situaciones que justifican el mantenimiento o la disolución del gineceo? Cuestiones que atañen muy de cerca a las relaciones de un espacio privado (de la mujer solitaria, de una pareja de mujeres o de una célula femenina) con el campo colectivo, o al menos con el campo gregario de lo privado.

Los datos espaciales son escasos y a veces sólo alusivos; en cambio se expresa nítidamente la percepción de una frontera que separa el mundo de dentro de un espacio de fuera, el tiempo interno del espacio femenino opuesto a una temporalidad externa que le confiere su estatuto. En las canciones de rueca, la noción de frontera queda señalada por una situación de dependencia de la mujer y una rebelión virtual frente a la institución de un matrimonio temido y realizado: el tiempo es el de la espera, y el acento se sitúa sobre una temporalidad desesperadamente interna. A veces, en la *Novela del conde de Anjou,* por ejemplo, hay mujeres que transgreden su espacio privado, si se halla amenazado, y emigran hacia otra parte, creándose de nuevo un espacio propio y un tiempo a la vez idéntico e inédito. En ciertos casos, cuando se ha violado la clausura del espacio femenino, es la mano de una mujer maldita la que lleva a cabo el gesto, como esa favorita *(maistresse)* de la bella Euriaut en la *Novela de la Violeta.*

Por el contrario, en la *Canción del caballero del cisne,* la noción de clausura se ve enérgicamente valorada, porque abarca el mundo de las mujeres encargadas de la calidad del linaje, y se exalta en él la cualidad de la mujer-madre en un espacio y un entorno en el que el hombre puede penetrar legítima, aunque sólo provisionalmente; y resulta muy significativo que no haya ninguna referencia espacial allí precisamente donde la parte femenina del grupo familiar se introduce en escena en la pluralidad de sus funciones (dama, doncellas, nodrizas). Se trata allí del mundo de la primerísima educación del niño, en que la segregación es funcional, en que el tiempo interno del gineceo y el tiempo externo, el de los hombres, se hallan en relación de recíproca fecundación.

Más tarde, sobre un esquema de cambios puramente verbales —la obra es desde luego heredera del *Decamerón* y precursora de un género floreciente en el siglo XVI—, los *Evangelios de las ruecas* son el fruto de unas veladas que el narrador refiere así: «Es cierto que a la noche después de cenar, durante las largas veladas entre Navidad y la Candelaria, el año pasado solía dirigirme a la casa de una muy anciana señorita, mi vecina más cercana, donde me acostumbré a acudir para charlar, ya que muchas vecinas de los alrededores iban también allí a hilar y a charlar de mil cosas menudas y divertidas, con que yo tomaba gran solaz y placer.» La conversación femenina, que el narrador se considera obligado a consignar, le asigna al grupo una especificidad muy marcada; se presenta como una frontera: voluntariamente constituida al abrigo de la comunidad masculina, la conversación de las mujeres expresa un saber cuasi mágico y una forma de asumir el mundo comunitario. El tiempo del gineceo es aquí un tiempo englobante, una matriz propiamente hablando.

Ciertas situaciones reservadas a protagonistas femeninas presentan modalidades —desde el mundo aristocrático de las novelas al mundo rural de las veladas— bastante variables; a estas protagonistas se les asignan determinados gestos y sobre todo el acto de hablar, que actúan como signos de un retiro, de un encerramiento espacial, emotivo o ritual. Juegos de signos cuya economía revela el funcionamiento del código literario, estos elementos lo que hacen precisamente es relevar las raras notaciones espaciales. Así, en las canciones de rueca o de hilanderas, el espacio privado de las mujeres aparece como lugar de ensoñación, de disponibilidad, de espera y de confidencia. Si el encuadre visual es moderado, el nivel de la gestualidad (las notaciones verbales) sugiere precisamente dos espacios, el de lo privado femenino que existe en relación con el otro, del que todo lo aguarda. Las heroínas de las canciones de rueca parecen vivir en un umbral, el de la ruptura con el mundo autoritario de las leyes. Algunos encuadres sugieren este obstáculo liminar que atraviesa la mirada: ventana o almena de la torre, puntos de encuentro de fuera y de dentro. Por el contrario, el jardín, lugar abierto, indica con frecuencia, en este corpus lírico, que el espacio privado va a disolverse, que el gineceo está ya deshecho. Es en el vergel donde el amante encuentra a Bella Beatris para llevársela en su fuga.

Otra constante: las actividades específicas del grupo femenino que subrayan una forma de repliegue. Si a veces la heroína aguarda, si a veces se recluye en sí misma con la lectura, lo que sobre todo se las ve haciendo es lo que se tiene por labores de mujeres, y esto lo mismo en la lírica que en las novelas, como pasa en *Guillermo de Dole, L'Escoufle* o la *Novela del conde de Anjou.* Hay mujeres sentadas que cosen, cantan o charlan, a veces con una organización del espacio y del tiempo que no deja de incidir sobre la función, en el gineceo, de la memoria colectiva. Así por ejemplo, la madre y la hermana de Guillermo interpretan para ellas solas una situación de canción de rueca, sentadas en actitud de bordar, como dice la canción que canta Lienor para recibir al mensajero del emperador. Del mismo modo, al hilo de las seis veladas de los *Evangelios,* resulta llamativa la redundancia de los objetos, y cada una de las veladas se introduce y concluye con una mención de las actividades manuales de las mujeres: «(...) todas ellas habían traído sus ruecas, el lino, los husos, y demás utensilios para su arte.»

En las obras narrativas, la permanencia, la constitución o la disolución del gineceo se representan de forma más particular a través de las figuras contrastadas de esas mujeres que, en la sociedad doméstica, llevan a cabo alguna función de gobierno. En la *Novela del conde de Anjou* o en la *Novela de la Violeta,* esas figuras funcionales dan pruebas de la solidaridad más ejemplar o de la malevolencia más absoluta. En el primer relato, la muchacha, acompañada de su gobernanta o ama de llaves, huye de la casa paterna. Las fugitivas se ocultan en la casa de una pobre mujer donde viven de sus plegarias y de su trabajo, porque son unas hábiles bordadoras. Forzadas a huir de nuevo, logran que se les encomiende la enseñanza del bordado a las dos hijas del señor de un castillo. El ama, llamada «la señora buena», que se dirige a la joven llamándola incluso «hija», es su confidente, ha sido quien la

La memoria del gesto. Boccaccio, *Sobre clérigos y nobles damas.* (Hacia 1403, París, Bibl. nac., ms. fr. 598.)

«La vieja lo conduce hasta el agujero que ella había hecho: el conde mira y advierte sobre el seno derecho la violeta...» *Roman de la Violette.* (Siglo XV, París, Bibl. nac.)

ha embarcado en la huida, es quien conocía la intendencia de la casa, la que preparó el oro y la plata que había que llevar. Sus habitaciones dan a un jardín que tiene una salida al bosque. Más tarde, cuando perseguida por la malevolencia de una madrastra que hace creer que ha traído al mundo un monstruo, la heroína se ve condenada a ser arrojada a un pozo con su recién nacido, el ama morirá de pena, figura de madre ejemplar que sugiere que la amenaza de incesto y la calumnia alcanzan de hecho al estamento femenino entero. El individuo-mujer es esencialmente el grupo, puesto que, lo mismo en este relato que en otros, el grupo funciona mediante dobletes femeninos: la bella Helaine de Constantinopla se ve «doblada» en dos ocasiones por otra mujer que se deja quemar en su lugar. La *Novela del conde de Anjou* presenta por otra parte una inversión redundante del trabajo manual: gracias a su trabajo es como las mujeres obtienen mantenimiento *(manentise)* y albergue *(herbergage),* y es precisamente la función de trasmisión del saber a las dos jóvenes aprendizas, hijas del señor del castillo, lo que aporta seguridad y reintegración en la colectividad. Así es como se reconstruye el gineceo: gineceo ambulante en el que la cohesión se mantiene mediante la memoria del gesto. Amenazado por la transgresión, el espacio cerrado de las mujeres se disuelve, pero se busca un nuevo espacio de libertad, y se sufre una migración hasta la reconquista de un nuevo espacio privado y cerrado. Bajo el signo de una posible dependencia, el gineceo, gracias a una suerte de amugronamiento, vuelve a plantarse en otro sitio.

La *Novela de la Violeta* ilustra por el contrario el esplendor del gineceo. Al favorecer la violación del espacio cerrado, la nodriza encarna la desolidarización respecto de la célula íntima de las mujeres: acecha el deseo naciente del hombre, se entromete, le arranca a la muchacha el secreto del signo íntimo —la violeta—, y luego horada el tabique, tabique simbólico cuya fragilidad pone de manifiesto una hendidura en los valores utópicos del gineceo, en el plural armonioso de las mujeres.

En los *Evangelios de las ruecas,* se sale en apariencia de la sociedad doméstica, en el sentido del grupo aristocrático, pero las matronas sabias y prudentes que deciden un día salir a escena («una de nosotras comenzará su lectura, y recitará sus capítulos, en presencia de cuantas se hallen allí reunidas, a fin de mantenerlas en perpetua recordación»), se entregan con sus máximas y los comentarios aportados a y por la experiencia cotidiana, a una gestión mágica de la sociedad doméstica. Como algunas de ellas han tenido algo que ver con las ciencias ocultas, mezclarán las recetas inmemoriales para hacer productivas las tierras y fecundos los animales con otras recetas más grávidas de supersticiones, como por ejemplo aquellas que alejan las pesadillas *(cauquemares).* Como su reclusión se halla relacionada con un momento de holganza activa y con un rito colectivo, lo repetitivo es aquí soberano: momento de un tiempo cíclico que une el pasado, el presente y el porvenir. Erigida como sociedad organizada —una presidenta elegida por rotación, un auditorio femenino que crece día tras día, una secretaria que consigna los minutos—, este tipo de agrupación de mujeres en ambiente rural es depositario de un saber secreto, como lo atestigua la abundancia de las señales de interpretación, la relación de los «signos» que esas mujeres descifran, la lectura de las apariencias cuyo oculto sentido interpretan. Este intercambio de saberes funda la coherencia del grupo, porque los secretos sólo se difundirán entre sujetos femeninos: «(...) ellas le dieron las más rendidas gracias a la señora Abonde por sus Evangelios verdaderos, prometiéndole que nunca los dejarían llegar a oídos de necios, sino que los divulgarían y publicarían entre su sexo, a fin de que de generación en generación se vieran continuados y aumentados.»

De este modo, el gineceo puede convertirse en generador de gineceos futuros, y el devenir social se ve asumido por la palabra autoritaria y reguladora del gineceo que intenta una forma de control de todos los dominios de la vida individual y colectiva, desde la domesticación de los animales hasta el acto sexual, desde la querella conyugal hasta el doblegamiento por arte de magia de las relaciones afectivas: «Si una mujer quiere que su marido ame más a uno de sus hijos que a otro, si le hace comer la mitad de los dos extremos de las orejas de su perro, y la otra mitad a su hijo, tan cierto como el Evangelio, que se amarán tan intensamente que apenas podrán permanecer el uno sin el otro.» La función mágica, oracular, fue reivindicada enérgicamente por el gineceo, lo que el «secretario» comprendió muy bien: «Consideraban que el mundo, debía ser gobernado prácticamente por ellas, por medio de sus constituciones y capítulos (...).»

Cercado por fronteras en ciertos casos impuestas, el gineceo puede ser a su vez creador de fronteras, motor de una vigorosa dialéctica de lo de dentro y lo de fuera, que puede fecundar el campo colectivo. En este caso el gineceo conquista el estatuto de

Boccacio, *Sobre mujeres nobles y famosas.* Con gran habilidad, Marcia ejecuta su propio retrato con ayuda de un espejo... (Siglo XV, París, Bibl. nac., ms. fr. 598.)

una matriz soberana. A través de las distintas visiones contrastadas, desde el siglo XIII al XV, del encerramiento sufrido, quebrantado o voluntariamente aceptado, el gineceo aparece siempre cercado por la palabra, por la desgracia o por el poder, pero como dueño de una tonicidad que —a través de la misma segregación— lo preserva, lo reconstruye y lo erige en módulo inexpugnable de la sociedad doméstica.

La pareja en la intimidad

Estereotipada con frecuencia hasta el siglo XIII, la representación de la pareja en sus relaciones cotidianas se afina en el XIV y el XV, en particular en los textos normativos. Los mandamientos del caballero de La Tour Landry se dirigen a las mujeres tentadas de no obedecer a su marido «especialmente ante los demás», pero, añade, «no digo lo mismo, cuando os halléis *en privado y mano a mano,* porque entonces podéis alargaros a decir o hacer más vuestra voluntad, de acuerdo con el trato que tengáis con él». De esta forma se definen un espacio privado y un tiempo de lo privado en que las relaciones se vuelven más íntimas y más libres, como si, ante los restantes habitantes de la casa, fuese conveniente mantener una fachada de corrección y de respeto, que no debe desmentirse pero que puede conceder la licencia de una manera de expresarse menos refrenada. En *El administrador de París* aparecen algunos bellos ejemplos de intimidad conyugal: el esposo de la joven casada trata de responder a una de sus demandas recordándole el momento en que —en privado— ella le ha rogado que la corrija con ternura: «Me suplicasteis humildemente en nuestro lecho, lo recuerdo muy bien, que por el amor de Dios, no os reprendiera jamás de modo desagradable ante extraños ni ante nuestros criados, sino que os hiciera las advertencias pertinentes cada noche, día tras día, en nuestra alcoba y os recordara las faltas de conducta o las ingenuidades cometidas durante la jornada o las jornadas pasadas, y que os indicara cómo comportaros y os diera consejos a este propósito; que de este modo no dejaríais de cambiar vuestro comportamiento siguiendo mis consejos y haríais lo mejor posible lo que yo os pidiese.»

En su «Quinto artículo», *El Administrador* establece una jerarquía de la intimidad que aparece como un espacio relacional concéntrico cuyo centro es el marido: «(...) habéis de mostraros *muy amorosa y muy privada* con respecto a todas las demás criaturas vivas, *moderadamente amorosa y privada* con vuestros buenos y próximos parientes carnales y con los parientes de vuestro marido, *sólo en muy raras ocasiones privada (a fin de manteneros a distancia)* con todos los demás hombres, y *ajena por completo (a fin de manteneros absolutamente al margen)* respecto de los jóvenes presumidos y ociosos (...).» La representación de una afectuosa conyugalidad se precisa en una descripción del «Séptimo artículo» en que tanto el cuerpo como una distribución de las funciones y del espacio impartidos a uno y otro sexo ocupan una amplia extensión. Los buenos cuidados concedidos al cuerpo, la dulzura que la esposa ofrece al marido «entre sus pechos» son comparables a la identificación que ciertos niños experimentan con quienes saben quererlos, con aquellas personas junto a quienes encuentran «los amores, las

Aquí comienza el libro que el caballero de La Tour Landry dirige a sus hijas, «todavía muy jóvenes y desprovistas de prudencia...» (Siglo XV, París, Bibl. nac., ms. fr. 1190.)

solicitudes, las intimidades, alegrías y placeres», lo que algunos llaman «seducción». Encantadora intimidad que *El Administrador* aconseja con viveza, recordándole a la mujer el proverbio rural «que dice que tres cosas son las que acaban con la autoridad del propio hogar, tener casa al descubierto, chimenea que arroje mucho humo y mujer burlona».

La mujer en el espacio y el tiempo de la comunidad

Los textos normativos en lengua vernácula nos dan una buena idea de la estrechez a que el individuo se hallaba sometido en lo colectivo, en particular aquellos que, al dirigirse a las mujeres, tienen como finalidad la constitución de seres destinados a llevar a cabo, en el seno de la comunidad, una función que se juzgaba conveniente. A la mujer se la invita de este modo a preparar en lo privado la imagen de sí propuesta a lo colectivo, y, en particular, a evitar que su imagen quede abusivamente expuesta a las miradas ajenas. Como el mal uso de lo privado (cuerpo, sueño, palabra) repercute funestamente sobre el desempeño de las funciones colectivas, la mujer es un instrumento que ha de prepararse con una cuidadosa regulación.

Así pues, a las mujeres es también a quienes se dirigen esos consejos que, en *El escarmiento de damas,* conciernen a conveniencias y actos de sociabilidad, y, a través de las fronteras de lo que puede denominarse lo privado, a la zona de una cierta libertad que implica siempre la mirada de una amplia comunidad. Fragilidad del estatuto femenino: Roberto de Blois no vacila en subrayar lo difícil que es que las mujeres rijan su propia conducta en la sociedad, ya que, si se muestran acogedoras y corteses, corren el riesgo de una interpretación abusiva por parte de los hombres; si, por el contrario, faltan a la cortesía, se las tendrá por orgullosas. A cada paso,

«Y por esto habréis de amar la persona de vuestro marido con todo esmero, y os ruego que lo tengáis siempre con ropa muy limpia, porque esto ha de ser cosa vuestra, y porque a los hombres les corresponde ocuparse de las cosas de fuera, y han de vacar a ellas, ir, venir y andar de acá para allá, a través de lluvias, vientos, nieves y hielos, unas veces calados, otras secos, unas veces sudando y otras temblando de frío, mal alimentados, mal albergados, mal calentados y sin lecho. Y pasan por todas estas calamidades porque les reconforta la esperanza que tienen en los cuidados que las mujeres se tomarán por ellos a su regreso, las satisfacciones, las alegrías y los placeres que ellas les darán o harán que les den en su presencia; descalzarse ante un buen fuego, lavarse los pies, ponerse luego calzado fresco. Bien comidos, bien bebidos, bien servidos, bien respetados, bien arrebujados en blancas sábanas y con gorros de dormir, bien cubiertos de buenas pieles, y rodeados de otras alegrías y solicitudes, de privanzas, amores y secretos que me callo. Y a la mañana siguiente, ropa interior y vestidos nuevos.» (Ménagier de París, *«Séptimo artículo».)*

conviene que la mujer se muestre irreprochable, que manifieste constantemente el control de su cuerpo, puesto que se halla siempre expuesta a las miradas y los ojos —como es cosa bien sabida— son fuente de mal. Así es cómo debe evaluar las situaciones en que habrá de dejarse ver, a menos que tenga alguna fealdad que ocultar. Hasta en la iglesia ha de saber hacerse ver, sin dejar por ello de manifestar una actitud piadosa: no reírse, no hablar y, sobre todo, y siempre, vigilar las errabundeces de sus miradas.

En el *Libro para la enseñanza de sus hijas,* el caballero de La Tour Landry les dirige a éstas, todavía *«pequeñas y desprovistas de sentido»,* un «espejo de antiguas historias», libro de virtud ejemplar compuesto de ágiles capítulos capaces de despertar el interés de sus jóvenes espíritus. Como un eco de Roberto de Blois, se despliega aquí, aunque más matizada, la visión de una enmienda de la naturaleza femenina a través de un buen uso del cuerpo que no debe contrariar el tiempo adjudicado a los gestos de lo cotidiano y a los ritos comunitarios. De acuerdo con semejante regla de vida profana, respetar el tiempo propio de cada cosa —en particular el del sueño y la comida— es la base del equilibrio en la vida. La piedad, que engloba todas las actividades, y que se manifiesta desde la mañana hasta la noche, se convierte en la fuente de un buen sueño. «Comer en horas oportunas entre la de prima y la de tercia, y cenar a hora conveniente, según la época del año», y saber incluso ayunar, para mejor doblegar la carne, tres días por semana, tal es la lección que se extrae del capítulo VI que introduce en escena a una muchacha cuya vida transcurre «disoluta y desordenadamente desde la mañana a la noche», que ventila a toda prisa sus devociones, se esconde en el guardarropa donde traga «sopa o leche» y, cuando sus padres están acostados, no puede resistir tampoco el impulso de seguir atracándose. Este comportamiento bulímico y excesivo, que no vacila en invertir el tiempo propio de los distintos gestos cotidianos, se perpetuará indefectiblemente en la vida conyugal. Otro ejemplo del mal uso del tiempo se nos muestra en la anécdota de un caballero y una dama que, desde su juventud, se complacen en dormir a pierna suelta, faltando así a la misa y, lo que es más grave aún, haciéndosela perder a las gentes de su parroquia.

En esta representación del tiempo privado que no deja de tener incidencias sobre el tiempo comunitario, el significado de una conducta que evitar o que seguir se basa en una sorprendente mezcla de consejos que conciernen a la conducta moral y a una gestualidad de apariencia muy anecdótica. Así, las formas de la compostura femenina adquieren una notable importancia: «Al rezar vuestras horas en la misa o en otra parte, no os parezcáis a la tortuga o a la grulla; se parecen a la tortuga o a la grulla las que vuelven para todos los lados su rostro, tendiendo el cuello, y agitan su cabeza como una comadreja. Mantened la mirada y la postura firmes como la hembra del perro de caza, animal que mira hacia delante de sí sin volver la cabeza a un lado ni a otro. Manteneos erguidas mirando de frente ante vosotras, y si queréis dirigir la mirada a un lado, volved cuerpo y rostro a la vez.»

El orden de lo humano consiste en una juiciosa ponderación de la relación más íntima con el cuerpo y de la atención que ha de

prestarse a la comunidad: el mal uso de lo social rebota retroactiva, y punitivamente, sobre el cuerpo. Sede de una exaltación falaz, el cuerpo se tornará asiento del castigo: de un mal uso del cuerpo testifica en el capítulo XXVI la mujer que, para una festividad de Nuestra Señora, no quería ponerse unos hermosos vestidos, alegando que no iba a encontrarse allí con gente importante. Hinchada, paralizada, como castigo, no tarda en arrepentirse y les dice a todos en una especie de confesión pública: «Yo tenía un cuerpo hermoso y atractivo, era lo que todos me decían para halagarme, y a causa del orgullo y el placer que tales expresiones me procuraban, me ponía bellas prendas y hermosas pieles bien adornadas, y hacía que fueran muy ajustadas y estrechas; con lo que sucedía que el fruto de mi vientre sufría por ello grandes peligros, y yo hacía todo esto por disfrutar de la gloria y la alabanza del mundo. Porque cuando escuchaba a los hombres que querían agradarme: "¡Mirad qué espléndido cuerpo de mujer, digno de que lo ame todo un caballero!", mi corazón rebosaba todo él de júbilo.» Expresiones de arrepentimiento que la harán recobrar su forma anterior e inaugurar con respecto a los adornos y ante las miradas ajenas una actitud más mesurada.

Refractaria a los tiempos adecuados para cada cosa, la mujer es por otra parte siempre susceptible de una precipitación perjudicial, la que por ejemplo la impulsa por delante de la moda: activar el tiempo puede llegar a ser tan peligroso como desviarlo. El capítulo XLVII introduce en escena un grupo de mujeres que acuden a la iglesia, muchas de las cuales están vestidas a la última moda. El obispo les demuestra que se parecen a babosas con cuernos y a unicornios. Y se sienten muy abrumadas cuando comprenden que sus *cointises* (coqueterías), *contrefaictures* (artificios) y *mignotises* (afectaciones) se asemejan a la estrategia de la araña que teje su tela para atrapar las moscas. Sin embargo, el caballero de La Tour Landry sabrá modular sus advertencias: a veces es necesario seguir-

Saber *dónde* dedicarse a la oración, encontrar «el lugar secreto y material» parece haber sido un problema de una singular urgencia para las mujeres medievales. Es objeto de consejos en ocasiones muy individualizados, como lo demuestra el texto siguiente: «*Ni del tiempo, ni del lugar, ni de la forma de estar corporalmente diré nada como norma, sino sólo como sugerencia de simple consejo, y con razón. Encuentro esta regla recomendada por los antiguos contemplativos, a saber que cada uno encuentre la manera que le parezca mejor para realizar antes sus anhelos. Son muchos los que prefieren el lugar secreto, oscuro, estrecho y lejos de cualquier sonido o palabra. Y tales gentes permanecían antiguamente en cavernas y sepulcros. Pero esto no es bueno para gentes débiles como lo seréis vos, hija mía. Otros prefieren el lugar amplio, hermoso y claro y elevado donde pueden ver el cielo; y por eso prefieren los jardines, los desiertos o los vergeles. Hay también otros a los que nada les molesta sino que al contrario todo les aprovecha, sea escuchar el viento y el ruido de la corriente, o el canto de los pájaros o el son de las campanas que alaban a Dios, como dice David:* Laudate Dominum in tympano et choro; *y lo que para muchos se convertiría en ocasión de esparcimiento carnal, para éstos se vuelve ocasión de honestidad y devoción. Incluso hay algunos, aunque pocos, para quienes todo el aparato de nupcias, danzas, arpas y otros instrumentos, y todo el vistoso movimiento de la gente, los vinos, los manjares y las grandes fiestas se les truecan en su corazón en maravilloso y alto exceso de contemplación; y reciben gran provecho de aquello mismo que a los demás les causa gran quebranto. Y así, para los que aman perfectamente a Dios, todo contribuye a su ayuda y ventaja. La buena vendedora saca ganancia de todas sus mercancías; la buena abejita encuentra buena miel en cualquier florecita.*» (Manuscrito anónimo, Arsenal, 2176.)

«Aquí comienza *El Libro de la Ciudad de las Damas,* cuyo primer capítulo dice por qué y por cuál motivo fue escrito...» (Hacia 1405, París, Bibl. nac., ms. fr. 607.)

Las dichosas ciudadanas de la Ciudad de las Damas o reino de Mujerío. Christine de Pisan, *El Libro de la Ciudad de las Damas.* (Siglo XV, Chantilly, museo Condé.)

le al mundo la corriente y hacer como los demás: «(...) puesto que atenerse al propio estado y seguir la novedad es cosa corriente y unánime y todas lo hacen». Como ejemplo de distorsión infligida al curso de las estaciones, el exceso de preocupación por la elegancia llevará alternativamente a una muchacha y a un joven a vestirse en contra del sentido común en días muy fríos. Es preciso saber evitar *«un comportamiento descabellado y absurdo* contra la naturaleza del tiempo».

De los consejos de pudor emana también una muy cuidadosa evaluación de lo lícito y lo ilícito: Betsabé se lavaba y se peinaba junto a una ventana en la que el rey David podía verla, funesto exhibicionismo cuyas consecuencias son bien conocidas: «(...) este pecado tuvo como origen el hecho de peinarse y de envanecerse de su hermosa caballera, lo que constituye una fuente de múltiples males. Por eso cualquier mujer ha de procurar ocultarse, peinarse y vestirse en privado, sin envanecerse de su atractivo, ni mostrar, para complacer al mundo, sus hermosos cabellos, ni su cuello, ni su busto, ni nada de lo que conviene mantener cubierto.»

De la reflexión en torno a un cuerpo debidamente controlado por el respeto a las horas y a las estaciones, y a un aderezamiento controlado y apropiado a las circunstancias sociales y estacionales, emergen aquí y allí consejos sobre la proximidad corporal, en particular en el transcurso de un debate que opone amablemente al caballero y a su esposa. Más conciliador, el padre tomaba en consideración algunos contactos; pero la dama se muestra de una extremada prudencia: «En cuanto a mis hijas, que están aquí, yo les tengo prohibidos los besos, las caricias sobre el pecho y otras familiaridades» *(le baisier, le poetriner et tel manieres d'esbatement),* términos que revelan hasta qué punto la promiscuidad podía interpretarse de acuerdo con un código que no dejaba de ser ambiguo. Ya en el siglo XIII, *Flamenca* introducía precisamente en escena ciertos gestos de familiaridad que podían ser objetos de dos interpretaciones. El rey introduce «familiarmente» la mano en el seno de la joven: «Creía hacerle honor al señor Archambaut cuando, en su presencia, abrazaba y besaba a su mujer; lo hacía sin mala intención»; pero si el gesto carnal puede interpretarse en términos de normalidad, siempre puede llegar a sugerir, en el mismo instante, la transgresión de una frontera.

Calor y luz en la vivienda

Entendido como señal de una compañía deseada y centro de sociabilidad (salvo cuando fuego y luz son dispensación de seres del Otro Mundo cuya hospitalidad puede ser ambigua), el fuego forma parte de los ritos de acogida, y el lugar más cerca del fuego se le otorga al visitante. Érec es recibido en el hogar del hidalgo, padre de Énide, mientras el fuego arde con gran viveza y resplandor ante todos. «Resplandeciente y sin humo», como se dice con insistencia en los cuentos, el fuego es garantía de calor físico y moral, al tiempo que alivia de las fatigas y sufrimientos del viaje. En las escenas en que los esposos recostados sobre un cojín disfrutan de esmerados manjares que se asocian al calor como un elemento de la dicha doméstica, la imagen de la vida conyugal se centra inequívocamente en el hogar, signo de convivialidad.

Guiron le Courtois. (Hacia 1370-1380, París, Bibl. nac., ms. n. a. fr. 5243.)

En su ambigüedad, la luz o su ausencia permite en los cuentos sustituciones y equívocos, utilizada en esos casos con parsimonia, de acuerdo con su rareza en la realidad, por oposición al derroche utópico de luminosidad en los relatos aristocráticos. En la imagen de la vida conyugal, el uso de la luz es a veces el signo de una ocupación del espacio íntimo en función de la legitimidad o la ilegitimidad de los amores. Así, por ejemplo, en el *Libro* del caballero de La Tour Landry, con ocasión de una querella que opone en el juego ante el tablero a un gentilhombre y a una doncella, acontece que las palabras suben de tono. Él le dice a su pareja que, si fuera sensata, no acudiría por la noche a las habitaciones de los hombres para «abrazarlos y estrecharlos a oscuras en sus lechos». En otro lugar, la esposa cuyo rijoso marido tiene siempre a mano una o dos mujeres suplementarias se comporta en forma ejemplar; cuando aquel regresa de sus retozos, de sus «desahogos», según dice, encuentra la candela encendida, una toalla y agua para lavarse las manos. Según se halle o no bañado en oscuridad, el espacio íntimo designa aquí su ilegitimidad o afirma su legitimidad.

El hecho de que en los cuentos sea la mujer quien se ocupe del fuego alimenta el mito de la mujer todopoderosa en la casa, que conspira para alejar de ella al hombre y que está a punto de conseguirlo (M.-Th. Lorcin). Y si, en el universo misógino de los *Quince gozos del matrimonio,* el hombre se ve llevado a ocuparse del fuego, ello se debe a que en su casa las cosas van muy mal. En la estela de los escritos que se ensañan con la mujer y con el matrimonio, esta colección de relatos de finales del siglo XIV (o de comienzos del XV) introduce en escena un universo doméstico en que esposa, suegra y sirvientas conspiran para fabricarle al marido un mundo sin ilusiones cuyo espacio, «una estrecha prisión, dolorosa y llena de llantos», como lo describe la introducción, se distribuye simbólicamente en dos polos, alcoba y sala, pero sobre todo en dos esferas táctiles que alcanzan a lo más profundo del ser, el

«... un librito que habría de titularse *Los Evangelios de las ruecas,* en memoria y recuerdo duradero de esas mujeres, y dedicado a todas las mujeres por venir.» (Siglo XV, Chantilly, museo Condé.)

calor y el frío. Por lo demás, en esta obra, no hay escapatoria del encierro de la casa inhóspita, y el jardín sólo aparece como lugar de sociabilidad antes de caer en la «trampa» del matrimonio. La mujer, diestra en sus astucias, se refugia en la alcoba; y es en la alcoba donde se desenvuelve una cordial sociabilidad, alrededor de la recién parida o cuando se trata de poner en marcha una estrategia cuya finalidad radica en hacer callar las sospechas del marido. Consenso sin réplica ni convivialidad: las mujeres beben y tragan. Al hombre, al esposo, se le reserva la soledad: lejos del fuego, se va a veces a dormir sin cenar, helado, empapado y entumecido; se levantará al día siguiente sin fuego ni luz. En un mundo subvertido en que el esposo ha de atizar el fuego para su mujer, en el que, mientras ella se emperifolla, él ha de preparar la comida, la distribución de las tareas trastorna el orden del mundo doméstico. Cuando sus padres y allegados vienen a visitar al esposo, se le niega la sociabilidad. Mientras aleja a los sirvientes de la casa, la esposa le prohíbe los gestos de la acogida. A él no le queda sino llevarse a sus huéspedes a una sala sin fuego ni acondicionamiento que, desprovista de su función de ámbito social, ya no es otra cosa para el marido que un lastimoso refugio. Por el contrario, la cohesión del grupo femenino —esposa, doncella, madre, hermana o prima que se reúnen en torno de un buen fuego en invierno o en verano bajo la enramada— está asegurada por el saber y la participación en la «vieja danza», la canción. De este modo, el espacio doméstico se nos muestra como un universo tabicado que le designa al individuo, hombre o mujer, su estatuto correspondiente, sumisión o poder. Aislado en su alcoba, sometido al hambre, a la sed y al frío, relegado a la sala helada, privado de toda sociabilidad, el esposo vive una pesadilla, la trampa del matrimonio. La familia es el lugar de los conflictos permanentes; hijos y esposas se confabulan contra el padre, en particular el primogénito que quiere hacerse con el mando y a cuyos ojos la muerte del padre se retrasa demasiado. En vano tratará el padre de dictar una carta del orden doméstico; ni sus términos ni su tono le permitirán escaparse de la trampa.

El entorno bueno y el malo

Lejos de reducirse a simples figurantes en la sociedad doméstica, los subalternos tienen una función para la que se halla muy sensibilizada la cohesión del grupo familiar. Así por ejemplo, en *La Bella Helaine de Constantinopla,* a fin de trasmitir la misiva falsificada, la suegra acude a *gentes extrañas,* sin vinculación con la familia, y, en *L'Escoufle,* el emperador olvida la promesa de matrimonio que obligaba a Guillermo y a Aélis bajo la influencia de malos consejeros: en efecto, a la muerte del padre de Guillermo, el soberano se rodea de consejeros perniciosos *(noviax conseilliers),* de traidores, de aduladores *(losengiers),* y el texto subraya que el emperador habría hecho mejor en arrancarse uno de los dos ojos, porque lo único en que piensan los consejeros es en *«desorientar y hacer el mal».*

En el universo estrictamente doméstico, cabe recordar aquellos consejos que *El administrador* dirigía a la joven esposa sobre la elección juiciosa de la servidumbre doméstica, pero ya un *Dictado* del siglo XIV muestra a esa misma esposa como víctima de un entorno mal escogido. Una buena compañera induce a la esposa al bien, no vacila en reprenderla, en desaconsejarle talantes y apariencias chocantes *(folz maintiens* y *foles samblanches),* y se guarda sobre todo de halagarla. Pero a esta buena influencia, a esta presencia formativa, le sucede una mujer que pasa por eficiente *(preude),* pero que ejerce de hecho una influencia absolutamente nefasta al aconsejarle a la esposa que se eche un amigo a fin de aprovecharse de su juventud *(Lai del caballero blanco).*

La mujer: vida activa y contemplativa

El descubrimiento reciente de una decena de reglas de vida cristiana presentadas en forma de «jornadas», escritas en francés entre el siglo XIII y comienzos del XIV, a las que vienen a añadirse algunos textos italianos y españoles, permite hacerse una idea del empleo del tiempo de una mujer que quiere asegurarse la salvación. En este terreno, los trabajos de Geneviève Hasenohr, de los que aquí se han tomado numerosas formulaciones, han hecho ver hasta qué punto, en las normas dictadas, se han silenciado o han sido objeto de reservas determinados aspectos de la vida familiar y conyugal. La vida del grupo doméstico y la vida del individuo, la sociabilidad y la expansión natural del yo aparecen en ellas relacionadas entre sí como tensiones virtuales. De este modo, el esclarecimiento aportado por estos textos clericales a la lectura de moralistas laicos como el caballero de La Tour Landry, *El administrador de París* y Christine de Pisan resulta ser de primerísima importancia. En la sociedad femenina tal como la ven los clérigos, el esquema tripartito —mujer casada, viuda o virgen— somete el estado matrimonial al estado de castidad, y de esa forma la vía real es entonces la vida contemplativa (G. Hasennohr): ahora bien, semejante valoración da origen a escritos de dirección espiritual que, al tener que ser en adelante accesibles a «personas sencillas», durante los siglos XIV y XV, se hacen eco de los sermones franceses del siglo XIII.

«La vida de los contemplativos es mejor que la de los activos», subrayan las *Siete condiciones de una mujer excelente:* en comparación con las viudas y las vírgenes, la mujer casada, cargada con un pesado handicap, no puede disponer con facilidad de sí misma y de su tiempo, y si es cierto que la pastoral propone a veces a la esposa un modelo de vida activa, cabe no obstante advertir en todo ello la inequívoca resolución de insertar en un marco de vida activa un proyecto de vida contemplativa. En relación con la emergencia del individuo a través de la progresiva constitución de un área mental reservada que en este caso se trata de organizar desde la perspectiva de la salvación, ¿cómo poner de acuerdo el estatuto de una mujer perteneciente por naturaleza a la vida activa y la perfección de vida cristiana que tiene como instrumento privilegiado la contemplación? Quien quiera asociar la vida contemplativa a la vida activa —enseña el *Stimulus amoris* atribuido a san Buenaventura, texto muy ampliamente difundido en traducciones desde comienzos del siglo XV—, ha de recogerse todo él en su corazón, explorar su fondo último, *las entrañas de su corazón,* en una palabra, perderse por completo en Dios. Injertar la vida contemplativa en la vida activa:

se han subrayado con toda razón las inevitables tensiones que no pudieron menos de surgir en la vivencia cotidiana entre la aspiración a la vida espiritual y la sumisión a los deberes temporales, despreciados por la espiritualidad del *contemptus mundi et carnis*. Ciertos programas de vida como el *Decor puellarum* dan testimonio de una organización muy rigurosa que encierra a las mujeres de la mañana a la noche, en particular cuando se trata de sustraer a las miradas ajenas las manifestaciones corporales de la piedad. En el seno de los *impedimentos* de la vida cotidiana, habría de bastar con regresar «al arca de la oración contemplativa, porque cuanto más crecen las aguas de la tribulación, tanto más ha de elevarse en alto el arca de la oración». Así, la hora más conveniente para la plegaria será el corazón de la noche: «Yo creo, mi muy querida hija, que la hora de mayor provecho para vos y para nosotros sería la de media noche, después del sueño, después de la digestión, cuando los trabajos mundanos quedan lejos y abandonados, y cuando tampoco los vecinos nos verán, ni nadie nos verá salvo Dios, no habrá nadie que pueda advertir nuestros gemidos, lágrimas y suspiros surgidos de lo profundo del corazón, como tampoco los amargos clamores, llantos y lamentaciones interrumpidos por fuertes suspiros, las postraciones y genuflexiones de humildad, los ojos húmedos, la faz estremecida y sudorosa, ya encendida, ya demudada.» (Manuscrito anónimo, Arsenal, 2176.)

Si el tiempo ideal para la meditación es la noche, después de la cena, la jornada entera se halla jalonada por faenas de interiorización y de dominio de la vida personal: para reemplazar la lectura monástica durante las comidas, se le propone a la esposa un programa de oraciones mentales o de meditaciones; por cierto que hay que subrayar que el cónyuge apenas si hace acto de presencia, sobre todo en el momento de acostarse, porque —al igual que las viudas— las esposas se acuestan solas y en silencio.

«... la historia de Griselidis y de su sorprendente paciencia; tiene por título "El espejo de las mujeres casadas".» *(La Historia de la marquesa de Saluce en forma dialogada,* 1395, París, Bibl. nac., ms. fr. 2203.)

Mantener en la vida activa un estado de devoción y de recogimiento que debe santificar todos los momentos de la jornada: este ideal de huida del mundo conduce a formas de reclusión en la casa familiar o en el domicilio conyugal, y, en el interior mismo de la casa, a una reclusión en la alcoba, último refugio contra la vida «mundana» y laica (G. Hasenohr). Así por ejemplo, la *Opera a ben vivere* de san Antonino, en el siglo XV, asegura un puesto cuidadosamente medido a la lectura y a la oración mental. Después de la comida, la mujer se retirará en cuanto le sea posible a su alcoba («en el retiro de vuestro cuarto, ocupaos útilmente, leyendo, rezando o meditando hasta que suenen las vísperas»). Para la mujer que quiera vivir espiritualmente, el trabajo manual no debe ser sino un paliativo del hastío y de la falta de fervor. Se advierte así mismo una delimitación normativa de cuanto tenga que ver con la vida del grupo doméstico, con la constante solicitud de preservar la parte de libertad personal, condición del mejoramiento del yo espiritual. En el *Decor puellarum* de Juan el Cartujano, los consejos insisten de buena gana en el hecho loable de sustraerse a una sociabilidad de chismorreo: permanecer en oración hasta que toda la familia se haya acostado, asegurarse —clausura simbólica del alma concienzudamente cerrada a cualquier tentación exterior— de que puertas, ventanas y arcones estén bien cerrados, y así es como de retiro en retiro se elabora un universo interior autárquico donde el ser, vuelto todo él hacia Dios, se encuentra consigo mismo, en el más íntimo deslizamiento hacia el corazón de la noche.

Finalmente, el puesto otorgado a la lectura, ya que se prescribe la lectura todos los días de al menos «una página o dos de algún libro devoto para la refección de vuestra alma», aproxima las jornadas femeninas a las reglas de vida destinadas a los recogidos y reclusas. Fechada a fines del siglo XIII o a comienzos del XIV, una carta de dirección espiritual sobre «la recta forma de vivir» que ha de observar el alma, insiste en particular sobre la negación de sí mismo en la propia casa: hay que mantenerse «lo más recluidamente que puedas en tu alcoba, porque fue también en su alcoba donde la virgen recibió la salutación angélica y donde concibió al hijo de Dios».

El cuerpo

En las representaciones literarias, el cuerpo se halla sometido a un sistema de figuraciones totalmente codificado: las convenciones dictan en él su estatuto y sus gestos. De este dominio emergen poco a poco los lineamientos de una conciencia de sí en la que el cuerpo no es sólo el signo de una exaltación de la persona como disfrute ante el Yo y el Otro, sino también la sede de un buen uso y de un mal uso de sí. Hay visiones contrastadas que adoptan el cuerpo como objeto de una descripción hiperbólica y de una enmienda deseable, pero también de una amenazadora condenación. Lejos de reducirse a un elemento fortuito de verosimilitud narrativa, el cuerpo habla ampliamente de las problemáticas del individuo frente a lo colectivo: es un modo de aprehensión del mundo, lo mismo a través de la valoración de la belleza que a través del rechazo de la fealdad y de las propuestas de maceración. Desde la perspectiva de la salvación, la carne es algo que pertenece íntegramente al presente. A finales del siglo XII, Hélinant de Froidmont, cuyos versos dejan transparentarse los indicios de una subjetividad naciente, interpela a la muerte en estos términos: «(...) tú que te apoderas de las tierras libres / Y que te sirves de los blancos cuellos / Como de piedras de amolar» *(Versos de la muerte)*.

Las representaciones del cuerpo

Modelos y seducciones

La exaltación del cuerpo es un patrimonio recobrado por la literatura de entretenimiento. En forma paralela a la escultura gótica que jugaba abundantemente con la torsión y la dislocación, cuyas incidencias sobre las relaciones del cuerpo con el fondo transformado en superficie cóncava son bien conocidas, la literatura presenta un código absolutamente específico, así como la recurrencia de un *topos* que asigna al cuerpo femenino los componentes de una belleza canónica: blancura de la tez, realzada por un toque rosado, cabellera rubia, disposición armoniosa de los rasgos, rostro alargado, nariz aguda y regular, ojos vivos y reidores, labios finos y bermejos. A semejante estereotipo le corresponde un doble masculino que hace a veces del muchacho, Cligès o Aucassin, el doblete de la mujer que ama. El *topos* del cuerpo femenino se presta gustosamente a la metáfora: así, la trayectoria de la flecha de amor le permite a Chrétien de Troyes atribuir elementos de la anatomía femenina a cada parte de la flecha. De modo más explícito, y más en concreto durante el siglo XIII, se puede detallar también el cuerpo: unos senos firmes se comparan a nueces, por ejemplo, y si bien en el código literario no aparece la dislocación de la escultura, la cadera femenina se subraya no obstante como una suerte de cesura, en la medida en que el vestido ajustado marca el talle, con aberturas que dejan adivinar las articulaciones del cuerpo.

En lo tocante a la belleza masculina, si la canción de gesta la representaba mediante fórmulas fijas que establecían la excelencia muscular, los relatos corteses no se muestran avaros por lo que se refiere a las ventajas del cuerpo del varón. Al amante de Flamenca se le introduce así en escena: «La rosa de mayo, el día en que abre, no es más bella ni de tan vivo resplandor como lo era su tez que combinaba en los lugares convenientes color y blancura. Nadie fue jamás de piel más hermosa. Tenía las orejas bien hechas, grandes, firmes y bermejas; la boca atractiva e inteligente, amorosa en todo lo que ella expresaba. Sus dientes eran muy regulares y más blancos que marfil de elefante; el mentón bien dibujado y un poco hendido para mayor gracia. Tenía el cuello derecho, grande y poderoso, en el que ni nervios ni huesos resaltaban. Era ancho de espaldas, y éstas eran tan fuertes como las de Atlas. Sus músculos estaban bien torneados, sus bíceps desarrollados, y sus brazos eran de un tamaño razonable. Tenía las manos grandes, vigorosas y duras; los dedos largos y de juntas lisas; el pecho ancho y el talle esbelto. En cuanto a las caderas, ¡no era precisamente cojo! Las tenía fuertes y robustas; los muslos redondeados y anchos en el interior; las rodillas muy lisas; las piernas sanas, largas, derechas, bien unidas; los pies arqueados por encima, combados por debajo y nervudos: ¡nadie pudo darle nunca alcance en la carrera!»

En retratos como éstos, basados en estereotipos perpetuados a placer en la literatura novelesca, se percibe la importancia de la tez para la apariencia corporal. La carnación ideal, blancura ligeramente teñida de rosa, expresa el ser y ofrece el indicio de una complexión física. Por lo demás, en la descripción de los temperamentos, el sanguíneo es el privilegiado, porque hace la tez clara y el semblante sonriente, mientras que el melancólico —el saturniano— se inclina del lado de lo oscuro. Así por ejemplo, cuando Chaucer presenta a los peregrinos de Canterbury, hace notar que uno de ellos es un guapo prelado «que no tiene la palidez de un fantasma atormentado», mientras que de otro peregrino, el *franklin,* nos dice que es de complexión sanguínea: auténtico hijo de Epicuro, gusta de tomar por la mañana sopas con vino. Según el caballero de La Tour Landry, el buen amante, aquel que tiene todas las probabilidades de verse bien acogido y no corre el riesgo de presentar «mal color» por andar mal vestido en tiempo de invierno, es «rojo como un gallo», lo que aprecia mucho la dama cortejada, ya que su color encendido la parece signo de virilidad y salud.

No habrá de resultar por tanto en absoluto sorprendente que la exaltación del cuerpo masculino pueda dar lugar a sabias escenas de seducción. Ver y ser visto se hallan en estrecha relación; y en un cierto número de escenas —en *Flamenca,* por ejemplo—, se presenta al sujeto masculino con una clara conciencia del partido que puede sacar de su cuerpo, de su ornato, del descuido estratégicamente manejado con vistas a una seducción. Se revela en estos casos una conciencia muy viva de las situaciones de libertad del cuerpo que uno puede permitirse en determinadas circunstancias, las de una dimensión privada que se ofrece a las miradas. Saber jugar con el propio cuerpo aumentando la indecisión de la relación entre el cuerpo y el vestido es algo que se vinculará estrechamente al erotismo, como lo atestiguan las escenas de juegos campestres en *Guillermo de Dole* donde, desde por la mañana, se invita a la hermosa concurrencia a ir a retozar a la fuente y a juguetear allí «desnudos los pies, las mangas flotantes», ya que las camisas de las damas hacen de toallas, lo que permite que los galanes puedan «tantear muchos blancos muslos». De este modo, del juego entre los encantos ofrecidos por la naturaleza, de la asociación del cuerpo con el vestido que sabe desordenarse y entreabrirse, nacen las fiestas del gesto, que son al mismo tiempo fiestas del corazón...

La naturaleza corregida

Textos narrativos y tratados médicos convergen a propósito del lugar atribuible a los cuidados estéticos que hacen intervenir a la vez a la medicina y a la coquetería. En Henri de Mondeville, las partes del cuerpo se describen gustosamente como otros tantos atavíos, como si el vestido, marca de lo social, se viera solicitado para describir los secretos del cuerpo: la piel se describe como vestidura, las membranas interiores como ropas, y el interior del cuerpo como una envoltura de tejidos, encajes que hacen de la arquitectura general del cuerpo una amplia metáfora social (M.-Ch. Pochelle).

Por lo que hace a los personajes de ficción utópicamente mimados por la naturaleza, en ellos el maquillaje resulta superfluo: así, en el *Roman de la Rose,* Amor se instala junto a una dama que se llama Belleza, brillante como la luna ante la que las estrellas no son sino reducidas candelas: no está «ni acicalada ni maquillada», no necesita aderezos ni artificios. En cambio, cuando se trata de quienes no han sido tan favorecidos por una naturaleza que actúa al margen de la literatura, el aderezamiento y las diferentes enmiendas son necesarios para proporcionar o devolver la seducción. Según Mondeville, el mundo de las mujeres se pone en movimiento para trasmitirse unas a otras recetas de seducción, depilatorios diversos (cal viva, depilación con pinzas, con ayuda de los dedos impregnados en pez, o también —paciente tarea—, agujas calientes clavadas en el bulbo piloso), o prácticas que parece preferible no mencionar, aunque sea en la intimidad conyugal. En caso de quemaduras, Mondeville sugiere decirle al marido que la doncella calentó demasiado el agua del baño... También habrá que suplir la palidez del semblante: en *Les trois Méchines,* en que tres muchachas se preparan para el baile del pueblo, una de ellas emprende un largo viaje para procurarse un polvo mágico que, según se dice,

«... Ella tomó un hermoso espejo muy claro para mirarse y vio en él su rostro agradable y de buen color, la forma de su blanca garganta...» *Beuve de Hantone.* (Chantilly, museo Condé.)

hará que la sangre ascienda desde los pies al rostro, y Roberto de Blois, en *El escarmiento de damas,* aconseja a las mujeres que tomen por la mañana un buen desayuno, porque es algo que hace maravillas en el cutis.

Componente importante de la seducción: el olor, o al menos la neutralidad olfativa de la persona. Henri de Mondeville trasmite numerosas recetas para evitar el olor de la traspiración y aromatizar los cabellos con ayuda del almizcle, del clavo, de la nuez moscada y del cardamomo. En un lai alegórico, los que viven en el paraíso de los buenos amantes tienen la cabeza cubierta de coronas de rosas y de escaramujos por lo que difunden un suave olor. Dama Ociosa, en el *Roman de la Rose,* posee como triunfo de seducción un «aliento dulce y perfumado» y, en *El escarmiento de damas,* se aconseja aspirar o desayunar anís, hinojo, o comino, que parecen ser altamente eficaces. Por otra parte —un consejo de buena sociabilidad— mantenerse un tanto lejos de los interlocutores permite no importunarlos: «En el transcurso del combate amoroso, no os dejéis abrazar, porque el olor desagradable incomoda mucho más cuando estáis más caliente.»

En *El cuento del molinero,* de Chaucer, el guapo enamorado Absalón se levanta al primer canto del gallo, se peina, y masca cardamomo y regaliz para tener un buen olor; con la intención de seducir a la muchacha, le dirige una metáfora olfativa rebosante de connotaciones de dulzura y placer carnal: «¡Mi precioso pajarito, mi dulce canela!» También los vestidos son igualmente objeto de consejos cuyo blanco es la satisfacción del sentido del olfato: Mondeville aconseja lavarlos de tiempo en tiempo con lejía, perfumarlos con gran cantidad de flores de violeta, y humedecerlos con agua fresca en la que se habrá macerado raíz de lirio molida muy fina.

Cuidados para el cabello

En la percepción del cuerpo, el pelo es un elemento importante de la conciencia de sí y de la representación de la persona*. El color rubio es un elemento canónico, como lo atestiguan las numerosas denominaciones del mismo y esas heroínas cuyo mismo nombre evoca su condición de rubias, tales Clarissant, Soredamor o Lienor. Si las obras narrativas privilegian el cabello rubio, hay mujeres presentadas como muy elegantes de las que sin embargo puede decirse que son *un poi brunete,* un tanto morenas *(Novela de la Violeta).* Laudine es rubia, pero su doncella de confianza Lunete es una *avenante brunete,* una graciosa morena. Los otros colores pueden tener un destino interesante, así el rojo que se especializa en el terreno moral. En *La gesta de los Narbonenses* de los tres hijos de Aymeri, el que encarna la tercera función, la función nutricia, es pelirrojo, y a este color parece atribuírsele un cierto valor peyorativo (J. Grisward):

> Muy cierto es lo que he oído decir,
> Que no es posible hallar un pelirrojo pacífico,
> ¡Todos son violentos: tengo de ello la prueba evidente!

En el *Lancelot en prosa,* Méléagant es pelirrojo y está lleno de manchas rojas.

* *Le doy las gracias en particular a Michèle Perret por haberme comunicado su documentación a este propósito.*

Hay recetas que permiten devolverles su color rubio a los cabellos encanecidos: hay que recubrirlos durante toda una noche de una pasta hecha de ceniza de sarmientos de vid y de fresno macerados y cocidos durante medio día en vinagre. Un texto anglo-normando del siglo XIII, el *Ornatus mulierum,* nos proporciona una abundante información: este texto —más o menos contemporáneo del célebre cuadro a cargo de Adam de La Halle que opone los encantos de su esposa en los días de su matrimonio a los estragos de la edad que han empañado los hermosos cabellos «relucientes como el oro, fuertes, ondulados y tornasolados» y los han vuelto ahora «escasos, negros y lacios»— pone el acento más insistente sobre la cabellera que hay que conservar a todo trance y en ocasiones procurar que se mantenga abundante. Sus consejos combinan el cuidado del color y la higiene: lavado, tinte, rojo, negro, castaño; suavidad del cabello, uso del aceite de oliva; y lucha en fin contra la caspa y los piojos. La profesión de lavadora de cabeza se menciona ocasionalmente en los relatos: en *L'Escoufle,* la hermosa Aelis logra sobrevivir en Montpellier lavando la cabeza de las gentes importantes *(haus homes),* y se alaba particularmente su competencia.

Trenzas o cabello suelto

Hay otras formas de enmendar la naturaleza y de hacer trabajar el capital de que dispone la mujer. Así por ejemplo, las trenzas alabadas con frecuencia por su largura (Chaucer: «En su espalda una trenza que medía un metro») pueden convertirse en arquitecturas: en el *Roman de la Rose,* Dama Ociosa, con un espejo en la mano, ha trenzado ricamente su cabellera con una preciosa cinta, y Juan de Meung le da a la mujer estos consejos: «¡Si no posee un bello rostro, que ofrezca al menos a las miradas, con discreción, sus hermosas trenzas que caen sobre la nuca, puesto que ella sabe muy bien que su cabellera es bella y bien trenzada! ¡La belleza del cabello es un espectáculo muy agradable!» Por el contrario, los cabellos sueltos tienen un fuerte valor erótico, y el hada Melusina podría ser perfectamente el emblema de este juego de seducción. Cuando el pelo deshecho está hirsuto, expresa la tristeza. El per-

«Por dos razones ha de mirarse una dama en el espejo, la primera para ver en él su rostro, y la otra para ver en él su conciencia...» *El adorno de las damas en verso,* por Olivier de La Marche. (Siglo XVI, París, Bibl. nac., ms. fr. 25431.)

sonaje alegórico Tristeza del *Roman de la Rose* se tira de sus cabellos y los arranca bajo los efectos de la cólera y del pesar. También es signo de duelo: bajo la mirada de Yvain —y no era un triunfo de seducción desdeñable—, Laudine se arrancaba de pena sus rubios cabellos, y, en la *Novela de la Violeta,* la bella Euriaut, que se desespera de la pérdida de su amigo, introduce violentamente sus dedos en su trenza y deshace su peinado.

Cuidados corporales, peligros del cuerpo

Una colección surgida de la tradición ovidiana durante el siglo XIII, la *Clave de amor,* asocia con los consejos concernientes al código de la sociabilidad (canto, juego, maneras de mesa) ciertas anotaciones sobre la higiene y la valoración del cuerpo, por cierto muy interesantes para la historia del fetichismo: hay que saber mostrar los pies, o usar el escote... Se aconsejan algunos artificios: los bustos abundantes ganarán en interés con ropa ajustada, mientras que los vestidos amplios permiten enmendar la delgadez. En el *Escarmiento de damas,* Roberto de Blois se muestra muy firme sobre los cuidados de las manos y de las uñas que no han de sobresalir, precauciones que deben considerarse desde el punto de vista de las conveniencias corporales (y por tanto desde el de la mirada de los demás) mejor que desde el ángulo de una posible seducción: «Una dama adquiere mala reputación si no se muestra bien limpia. Un aspecto cuidado y agradable vale más que una belleza descuidada.»

Sin embargo, en este mismo contexto, la valoración del cuerpo se acompaña de consejos destinados a desanimar cualquier tentación de exhibicionismo intempestivo. Frente a los peligros de los juegos de la carne, frente a la posible captación de las miradas, la valoración sobria y controlada de las partes del cuerpo que se pueden lícitamente mostrar es suficiente para sugerir que el conjunto del cuerpo que no se ve es efectivamente hermoso: «No es bueno para una dama desvelar su blanco cuerpo a otros que no sean sus íntimos. Una deja entreverse su pecho a fin de que pueda advertirse qué blanco es su cuerpo. Otra deja voluntariamente que se muestre su costado. Una tercera descubre demasiado sus piernas. Un hombre sensato no ve bien esta forma de comportarse, porque el deseo se apodera astutamente del corazón del prójimo cuando se enreda en ello la mirada. Razón por la cual el prudente tiene costumbre de decir: "¡Ojos que no ven, corazón que no siente!" Un blanco seno, un blanco cuello, un semblante blanco, unas blancas manos indican —a mi juicio— que ese cuerpo es bello bajo sus vestidos. La mujer que descubre esas zonas no se comporta inadecuadamente, porque una dama debe tener muy en cuenta este principio: se comporta mal la que ofrece su cuerpo a las miradas de los demás.»

Prácticas corporales: el baño y la sangría

Entre los cuidados corporales, lavarse las manos, acto que precede y sigue a la comida, se halla constantemente evocado en los textos medievales, y la ausencia de semejante uso puede llegar a constatarse con consternación: en el curso de un periplo que le lleva desde Escocia hasta Noruega, Sone de Nansay, héroe de una novela del siglo XIII, se entera de la relatividad de las costumbres: entre

Un agua a temperatura agradable. *(Tacuinum sanitatis,* h. 1390-1400, Lieja, Bibl. general, ms. 1041.)

«... en una gran bañera de mármol, con escaleras que descendían hasta el fondo, se estaba bañando Melusina...» *La novela de Melusina o la Historia de los Lusignan.* (París, Bibl. nac., res. Ye 400.)

otras extravagancias, en Noruega, ¡no se lava uno las manos después de comer! No obstante, es el baño lo que constituye el objeto de frecuentes comentarios en los relatos, y es al baño al que se le atribuye, estructuralmente, una importante función simbólica. En la representación de lo privado, el baño delimita el espacio y el tiempo de la intimidad, un área espacial y un tiempo reservado a lo íntimo. A diferencia del aderezamiento colectivo al que se entrega el grupo de las damas en la corte en *La Castellana de Vergi,* la «toilette» aparece como un acto solitario. Por otra parte, la expresión del pudor y la voluntad de soledad en la muchacha, en *La Novela de la Violeta,* por ejemplo, muestran la ocasión de la transgresión, y el baño se verá espiado. El baño permite así que aflore el erotismo, y se comprende que las estufas y baños públicos hayan sido objeto de una regulación y de determinada vigilancia: acudir a las estufas comunes parece haber llevado consigo ciertos riesgos y, a veces a causa de los celos del marido, solían instalarse estufas privadas.

En el terreno narrativo, el erotismo parece estrechamente vinculado a la humedad típicamente femenina que sugiere el vapor, cuyo alcance subrayan las palabras de la Vieja en el *Roman de la Rose,* cuando ve a Bella Acogida «mirándose para ver si su *chapeo* le sienta bien»: «Estáis aún en la infancia y no sabéis lo que vais a hacer, pero yo sé muy bien que en un momento cualquiera, tarde o temprano, atravesaréis la llama que todo lo hace arder, y os bañaréis en la cuba donde Venus calienta a las mujeres. ¡Lo sé muy bien, entonces experimentaréis lo que es el fuego! Así pues, os aconsejo que os preparéis, antes de ir a bañaros allí, de acuerdo con los consejos que os dé, porque el hombre que no tiene a nadie para enseñarle toma un baño peligroso.»

La novela *Flamenca* hace de los baños de Bourbon-l'Archambault el punto focal del relato, ya que las estufas aparecen en él como lugar de encuentro de los amantes que se andan buscando. Se trata de baños terapéuticos cuyas virtudes precisa un cartelón colocado en cada baño.

A ellos afluyen enfermos, cojos y lisiados de todas partes: en cada baño hay una fuente de agua hirviente y agua fría para templarla. Cada baño está cerrado y aislado; unas habitaciones contiguas permiten descansar después del tratamiento. Los baños se toman de acuerdo con las fases lunares: Flamenca que dice hallarse enferma, le comunica a su esposo que le gustaría bañarse al miércoles siguiente: «La luna está en su último cuarto, pero, dentro de tres días más, se habrá oscurecido, y habrá mejorado mi estado.» Su futuro amante oye a su huésped proponerle unos baños: «Hoy, le dice, no voy a usar de ellos, porque estamos muy cerca de las calendas: vale más aguardar; mañana es el noveno día de la luna, y será un buen momento para bañarme.» Es así como puede uno disfrutar de momentos de soledad, así como de una sociabilidad a veces poco deseable: el entorno femenino de Flamenca se dirige con ella a los baños, llevando consigo palanganas y ungüentos.

El subterfugio que va a permitirle a la heroína encontrarse con su amante consistirá en invitar a las damas de la corte a bañarse con ella y, como se trata de manantiales de origen volcánico cuyo olor no es muy agradable, aquellas renunciarán a su proyecto. Este documento narrativo resulta así particularmente rico como escenificación de una forma de sociabilidad y de un explícito erotismo. Si, en la realidad, se pretendía evitar la promiscuidad sexual mediante la imposición de horas alternas para hombres y mujeres, y luego con la construcción de establecimientos con estufas estrictamente especializadas, semejante vigilancia demuestra hasta qué extremo el lugar era un punto delicado de la vida comunitaria, hasta qué extremo se consideraba afectada la vida moral. Por lo demás, en la ficción occitana, el esposo de Flamenca encerraba a su mujer en los baños y, cuando quería salir, tenía que hacer sonar una campanilla.

En los ritos de recepción, el baño es un elemento no desdeñable

La lechuga alivia el insomnio y la gonorrea, pero perjudica al coito y a la vista, efecto que puede moderarse si se le añade apio. (*Tacuinum sanitatis,* h. 1390-1400, París, Bibl. nac., ms. n. a. lat. 1673.)

de confort corporal. Así por ejemplo, la hija del conde Anjou es acogida con su hijo por la mujer del «alcalde» que le hace preparar inmediatamente un baño en una tinaja, y del mismo modo, en *El caballero de la carreta,* la joven que lo ha liberado le dispensa a Lancelot hábilmente baños y masajes. ¿Acogida? ¿Terapia? ¿Erotismo? Por lo general es el hombre el objeto de estos atentos cuidados y de esta proximidad corporal, como lo atestiguan numerosos textos, por ejemplo *Érec y Énide, L'Escoufle* o *Sone de Nansay*. Después de los torneos, los combatientes se dirigen a las casas donde disponen de la apreciada agua caliente que se les ofrece para bañar sus cuellos magullados, así en *Guillermo de Dole*. En el *Lai del caballero blanco,* del siglo XIV, el ignoto vencedor del torneo, al volver a su casa, «se bañó y se aplicó ventosas». Finalmente, en los cuentos, el baño tiene que ver gustosamente con la comida: «baño caliente, capón en el asador», placer que saben apreciar las tres canonesas de Colonia cuando se bañan en la cuba, comiendo y bebiendo mientras escuchan a un juglar.

La sangría. (*Tratado resumido de medicina e Imagen del mundo*, siglo XIV, París, Bibl. nac., ms. fr. 12323.)

En cuanto a la sangría, inaugura un tiempo de retiro en el espacio privado, retiro que puede por lo demás no hallarse desprovisto de exageración paródica: así, en *Érec y Énide,* Arturo se hace sangrar: «Nunca, en ninguna sazón, se había encontrado el rey tan solo, y se sentía enojado por no tener más gente en su corte»... Y eso que el relato dice que tenía en sus apartamientos, «en privado», nada menos que quinientos barones de su casa, singular reducción de su entorno habitual. En María de Francia, la sangría sirve explícitamente de estratagema para las citas de Équitan con la mujer del senescal. Cuando el rey anuncia que se someterá a «una sangría sin testigos», se cierran las puertas de su cámara. Durante este tiempo, el senescal es quien preside la corte. Lo privado se vuelve en este caso culpable, y la escena pública permite una sustitución en la jerarquía de las funciones. A fin de poder desembarazarse definitivamente de su marido, la esposa le dice al amante que venga a alojarse en el castillo y que se haga sangrar: los dos hombres tomarán así un baño al mismo tiempo. Es bien sabido lo que viene después, la preparación de las dos cubas, y el desenlace de la estratagema. Siempre en el terreno del castigo, el Bello Ignorado, transgresor en doce ocasiones de la institución marital, conocerá igualmente baño y sangría.

Descubrir el cuerpo, jugar con él

Las situaciones de simple soledad implican ya otra conciencia del cuerpo, y cuando lo que se quiere es jugar con la situación de soledad, la seducción, como verdadera escenificación, se basa en un atuendo descuidado: en el *Lai de Aristóteles,* la muchacha, decidida por de pronto a demostrarle al viejo filósofo que es tan falible como el joven Alejandro, se pasea por el jardín como si estuviese sola, sin nada bajo su camisa, porque el día está muy suave; mientras su ropa flota con la brisa, va cantando... Juego teatral que utiliza los signos de una situación privada, revelador de los componentes de un fetichismo impreciso. El cuerpo medieval sabe por otra parte jugar con los elementos que se muestran y los que se ocultan: el hada que seduce a Lanval se halla tumbada sobre un lecho magnífico, su cuerpo armonioso se sugiere por el hecho de que muestra «el costado descubierto», lo mismo que el rostro, el cuello y el busto. Frente a los discursos normativos que enseñan un uso prudente del cuerpo, frente a la tradición patrística referente al adorno femenino, los relatos son con toda evidencia, para la mirada imaginaria, lugares de libertad.

Una preocupación: estar desnudo o mal vestido

Los relatos medievales hablan ampliamente de la exposición del cuerpo desnudo a la propia mirada, de su captura por la mirada ajena, de la ambigua función del vestido (¿protección? ¿pudor? ¿adorno?), de la percepción y del uso de la desnudez en la práctica social de las comunidades de ficción. El recurso al vestido aparece en ellos como revelador de pulsiones exhibicionistas y de un sentimiento virtual de vergüenza. A través de la preocupación de «estar desnudo o mal vestido», la literatura saca a escena el sentimiento de malestar que experimenta el sujeto que está desnudo, la reprobación explícita o implícita, por parte de los demás, que podrían, en el mismo instante, recubrir una forma jubilosa, al menos en el caso de los desnudos masculinos, de la representación del Yo. Mediante la introducción de la desnudez y la evocación de la vergüenza individual, de la mirada ajena y de la relación con el grupo, las representaciones del cuerpo desnudo han cercado con insistencia la noción de un exilio y de un rechazo temidos. Por medio de la relación íntima con el cuerpo y, paralelamente, de la relación con el mundo ordenado según leyes, los desnudos medievales, siempre impregnados de vergüenza, ostentan el sello de unas prohibiciones y tabúes que entran en acción de acuerdo con una separación de niveles sexuales. Por ello, en principio, el desnudo femenino lo mismo que el masculino se ofrecen siempre en una fase de segregación, en una forma de ruptura con la vida colectiva, a veces simplemente en lo referente al terreno de los ritos privados (el baño), pero más en particular bajo la forma de una fase gozne para los hombres que se han vuelto salvajes y que rechazan el vestido.

El hombre desnudo: valor simbólico de la desnudez

La criatura que ha nacido al margen de la sociedad o que se ha visto muy pronto expulsada de ella —Tristán de Nanteuil alimentado por la cierva, Orson recogido por la osa— recupera simultáneamente el vestido y la integración en la comunidad humana: a los relatos de aculturación se añaden las numerosas ficciones en las que un ser perfectamente integrado (como Yvain en la Tabla redonda) sufre un traumatismo y se aleja, a causa de la locura, del grupo de origen, así como también los relatos de metamorfosis en hombres-lobo. Como las segregaciones que sufre el hombre de las ficciones se extienden siempre a lo largo de mucho tiempo (años...), el individuo no podrá salir de ellas más que a través de las etapas de un rito específico. La mujer desnuda vive a su vez una forma de segregación, más instantánea a pesar de todo, una escena de

En el curso de su búsqueda, Corazón y Deseo encuentran a la enana Envidia, de brazos velludos y cabellos hirsutos, vestida con dos pieles de león... René de Anjou, *El Corazón de amor prendado.* (Viena, Bibl. nac.)

género del espacio privado: así la bella Euriaut, en la *Novela de la Violeta,* se ve espiada en el baño, lo que representa una infamante intrusión de la mirada masculina.

¿Testimonios sobre el pudor? Revelar el cuerpo desnudo reservado a la clausura, a la soledad, a la mirada de un círculo restringido, es fuente de embarazo, de vergüenza y de fragilidad: no sorprenderá por tanto ver a quienes encuentran al hombre desnudo en su camino actuar como sanadores que favorecen la recuperación del vestido. Planteado siempre en términos de exilio con respecto a un mundo de autoridad y orden, el desnudo masculino significa destrucción de un orden anterior, incluso oposición a un estado anterior ordenado, una *an-arquía* cuyas señales son el abandono del vestido, la destrucción de la apariencia, a veces con el añadido de la pilosidad, la abolición de las leyes del comportamiento, desorden gestual e incoherencia del psiquismo: el desnudo masculino es el significante de una ruptura. Por el contrario, el desnudo femenino se sitúa casi siempre en la recta lógica de una ley erigida en absoluto, usanza de rey o voluntad de un emperador: «Nosotras cumpliremos vuestra legítima voluntad», admiten las jóvenes en la *Novela del conde de Poitiers,* cuando el emperador exige que sean exhibidas aquellas entre las que habrá de elegir su esposa. Por lo demás, en los relatos del *Ciclo de la apuesta,* el desnudo femenino, víctima de una ilícita penetración en lo privado, tiene a veces como compensación un beneficio material, tierras por ejemplo. El único caso de un funcionamiento autárquico y dichoso de la desnudez femenina se encuentra en relatos de coloración matriarcal en los que la mujer utiliza su desnudez como un reclamo.

Situación de tránsito: si los niños salvajes emergen del reino animal, progresando hacia el mundo de la cultura, los otros desnudos masculinos han salido todos ellos de una verdadera regresión en relación con los signos culturales del grupo. El Bisclavret y Mélion regresan a la forma humana después de un tiempo de exclusión durante el que han sabido conservar el pensamiento y la memoria humanos, y de los traumatizados por el amor se dirá a veces que se asemejan en todo a duendes, a seres de otro mundo. Si volver a vestirse es el primer ademán de una gloriosa reintegración en el grupo (y es entonces cuando Yvain reemprende la serie de aventuras que le conducirán a la apoteosis del castillo de Pesme Aventure), la fase de transición es una verdadera amnesia: pérdida de las señales sociales de identidad y pérdida de las leyes de un comportamiento codificado. Rechazado por una desdeñosa joven que le ha impuesto ciertas pruebas vanas, el héroe del *Lebrel* rompe su espada, desgarra sus vestidos y se lanza fuera de sí al bosque. Yvan rehúye cualquier compañía, acecha la caza, come la carne cruda. Amadas llega a acostarse sobre la desnuda piedra. La anámnesis, el retorno a la memoria, aparece entonces como domadura y amansamiento: el gemelo del salvaje Orson, que conduce a la corte la extraña criatura velluda, le da a entender que «se está comportando mal, lo que llena a Orson de vergüenza». En el traumatizado se acusan particularmente la agresividad y la ruptura de toda comunicación (el *torbellino* de Yvain); al mismo tiempo —y esto es significativo— desaparecen los valores de la ética caballeresca, la proeza, la sinceridad y el vasallaje. Como signo de un auténtico movimiento de báscula hacia el reino animal, se hace un amplio uso del paradigma hirsuto/velludo: el hombre salvaje se muestra así a la vez desnudo y vestido, en verdad más disfrazado que desnudo, como si los textos narrativos apenas si se atrevieran a proferir la expresión «el hombre desnudo». La nueva piel reproduce la función del vestido, remeda las apariencias espaciales, las del espacio habitable y las de las estructuras de la sociedad. La apariencia civilizada aparecerá más tarde como lo que habrá de domesticarse, recortarse y pulirse, de una naturaleza que se ha vuelto exuberante y mal controlada. Los ritos de reintegración suponen en efecto actos precisos de reducción de la excrecencia anormal: en ocasiones se le propondrán al héroe formas de exhalación, de exudación y de purgación, porque el retorno (o la recepción) del salvaje ha de pasar necesariamente por la expulsión de los elementos nefastos. Comparable al tratamiento que el propio Yvain extrae de la «rabia y la melancolía», he aquí esta terapia que el hada dispensa al héroe del *Lebrel:* habiendo plegado por la mitad su toca, aplica a la frente del joven unas hierbas cuya virtud es tal que éste empieza a transpirar abundantemente, lo que elimina la locura: el durmiente se despierta: «¡Señora, le dice, he recobrado mi razón, / Bendito sea quien me la ha devuelto!»

Hombres y mujeres salvajes. (Jean Wauquelin, *Historia de Alejandro,* h. 1448, París, Bibl. nac., ms. fr. 9342.)

El rito del baño, elemento indispensable de la reintegración, aparece también en casi todos estos relatos. Enamorada de Orson, una muchacha lo encuentra admirablemente bien hecho y piensa que, «si estuviera bañado y lavado, su carne sería blanca y tierna».

El sentimiento de vergüenza que sobrecoge al héroe vuelto a la conciencia proviene del hecho de que se da cuenta, adivinando la loca gesticulación de su tiempo de amnesia, de la grave dislocación de un código: devuelto a sí mismo, se encuentra brutalmente confrontado con la mirada ajena que cristaliza los valores colectivos. Cuando Amadas toma conciencia de la vida «repugnante y vil» que ha llevado en la ciudad, la designación del espacio colectivo no es del todo fortuita: la incongruencia de su apariencia le lleva al héroe a reconstruir una pesadilla, el comportamiento caótico bajo la mirada del otro. Por otra parte, para evaluar el alcance de estos relatos dentro de la simbólica de la relación con lo colectivo, es preciso subrayar, en la reintegración del exiliado, la parte activa del grupo que tiene que dejar bien claro, con su discreción, con su sentido de lo íntimo y del secreto, que sabe reintegrar al ausente y merecer su retorno: tendrá que presentarse como una envoltura tranquilizadora y protectora. En los relatos de hombres-lobo, se insiste de modo particular en la habitación que le permite al hombre-lobo, en el momento del retorno a la apariencia humana, no exponerse desnudo a las miradas: en el *Lai de Mélion*, Gauvain, el hombre cortés, le aconseja a Arturo: «Condúcele a una alcoba en privado, en secreto, a fin de que no sienta vergüenza ante la asistencia.» Puede incluso llegar a establecerse una cadena comunitaria donde, de un espacio secreto a otro, el héroe recobra la integración final *(Dictado del ciruelo)*.

Los estratos del vestido

A la fase de los cuidados corporales le sucede el reajuste del cuerpo en envolturas materiales, ya que los estratos del vestido aparecen como una totalidad detallada, verdadera metáfora del cuerpo social, metáfora por lo demás explícitamente desarrollada en un relato de Balduino de Condé, *Li Contes dou wardecors*, donde los fieles vasallos del señor, que saben protegerlo, se comparan con un parapeto, con una pieza de seguridad. Al retorno del hombre-lobo a la forma humana, al retorno del traumatizado a la memoria corresponde siempre el detalle de un guardarropa que culmina con la operación de vestirse. Ex-amnésicos y hombres-lobo reciben vestidos suntuosos, y, en el *Dictado del ciruelo*, el héroe se encuentra con que se le entregan «prendas de vestir, caballos, dineros y compañeros», con lo que resulta ser aquí muy significativa la asociación de los signos del rango con los componentes de la sociabilidad, instrumentos todos ellos de largueza y entorno humano. Si el vestido aparece como el signo estratificado de la envoltura social, si a la inversa la matriz social se considera como vestido protector contra la asocialización, ¿cabrá entender la desnudez masculina como la forma carnal de los fantasmas de desocialización o de aquel exilio que tanto le había llamado la atención a Freud en el material onírico? Ciertos pasajes de *Amadas e Ydoine* dejan pensar que la colectividad se halla ampliamente implicada en el proceso de locura reservado en apariencia al individuo escindido del grupo: como víctima ritual, Amadas, que se ofrece cada día a toda clase de golpes en la ciudad, ¿estaría cargado con una falta colectiva fantasmática? Desde este ángulo, los relatos de hombres-lobo, los más fijados en su trama narrativa como lo atestiguan los relatos del folklore, tal vez se percibieron como parábolas del individuo rechazado, inepto para lo social, y luego reintegrado. Mediante la reiteración de

Gloriosa Culminación: su perfección y su belleza son la recompensa del autor. *(Las Doce Damas de retórica,* por el señor de Montferrand, París, Bibl. nac., ms. fr. 1174.)

gestos y ritos, les proporcionan una clave a esos hombres conducidos a resocializarse mediante un auténtico ceremonial. De este modo, el desnudo masculino parece servir de prueba iniciática a lo social: al trascender el simple estatuto de testigo del código y del pudor, el desnudo masculino sirve a la problemática de la inserción conflictiva en el grupo. La anamnesis —y apenas si cabrá en ello motivo de sorpresa— se ve acompañada por el compendio de la verdadera integración que es la aptitud para el ritual amoroso: al dejar de ser un animal salvaje en huida, Tristán de Nanteuil recibe de su bella una instrucción que tiene que ver al tiempo con el vestido, el amor y el mundo.

«Vergüenza es ver mujer desnuda»

«Vergüenza es ver mujer desnuda», exclama una de las muchachas condenadas a verse expuestas al desnudo bajo la mirada escrutadora de un emperador con ganas de casorio. Como lo privado, por su fragilidad, es siempre susceptible de verse expuesto a las miradas del grupo, es en el seno mismo del marco social donde la mujer se encontrará desnuda, y el despojo del vestido hace de ella una presa que la mirada de un hombre puede ilícitamente capturar. Al contrario que el hombre desnudo, la mujer está siempre sometida a la trayectoria de un deseo naciente o confirmado. El proceso de desnudamiento puede sugerirse en términos violentos: en la *Novela del conde de Poitiers,* el emperador ordena en presencia de las treinta jóvenes: «¡Se desnudará a cada una de ellas, quedarán

tan desnudas como cuando salieron del vientre de su madre!», y añade: «¡Es una orden, no una petición!» Pero cuando la mujer entra con voluntad plena en el juego del exhibicionismo exigido por el esposo, entonces acepta convertirse en una de las señales que fundamentan el poder masculino, como en el *Lai de Graelent,* donde los vasallos tienen que reconocer una vez al año la belleza de la reina. Como el vestido, modo de representación del yo, le parecía al hombre la única forma lícita de exhibición, la mujer desnuda se mostraba en este caso en situación de relevo. Por otra parte, en *El hogar peligroso,* la desnudez femenina se halla explícitamente ligada con la afirmación del poder viril.

Por el contrario, la función del desnudo masculino parece explícitamente vinculada a los ritos de sociabilidad y a las señales de cohesión del grupo, y sometida a pruebas repetitivas: la tendencia exhibicionista en el hombre pasa por una total asunción del vestido. A la mujer, en cambio, se le atribuye por lo general una situación de vergüenza («ser vista») y se le reserva un modo desgraciado de exhibicionismo, porque la mujer desnuda parece vivir una socialización mediatizada del cuerpo en la medida en que —paralelamente al vestido que es para el hombre el signo de la integración del Yo recubierto por la colectividad— ella no parece ser más que un signo entre otros. El proceso del desnudo al vestido, metáfora del encajamiento deseable en lo social, se presenta todo él cargado de simbólica colectiva: expulsión y reintegración rituales constituyen las etapas significativas del hombre medieval en relación con su cuerpo. En modo menor, la mujer queda excluida de esta problemática: desnuda, admirada, castigada, sirve para hacer nacer el deseo y constituye para el hombre uno de los triunfos de la afirmación jubilosa de sí.

Pudor e impudor

Sin embargo, esta desnudez había poseído, en el tiempo anterior al pecado, la hermosa función de la veste de inocencia: «Y por haber pecado, Adán perdió la veste de inocencia y conoció la vergüenza. Y entonces el ángel los expulsó fuera del paraíso terrenal, en medio de la vergüenza; y se hallaron desnudos de toda gracia» *(Ci nous dit,* cap. VII).

En una era entregada en adelante a la vergüenza, el pudor se expresa claramente —como ha podido verse— con ocasión de los retornos a la apariencia humana, y queda aún más de manifiesto en las mujeres expuestas al desnudo por orden, con la excepción de aquella reina altanera que, en el *Lai de Graelent,* no busca otra cosa que reunir confirmaciones de su belleza. Pues aquellas que, en el palacio del emperador, han de desnudarse (sometidas de hecho a un test de virginidad), oponen a la inicua orden un proceso de despojo del cuerpo forzado y lo más lento que les es posible: arrancan sus cinturones, desgarran sus cordones de seda, tiemblan al quitarse el broche del cuello hasta el punto de romperlo. Por contraste, cuando el baño se convierte para el hombre en prueba de virilidad, y confirmación de su condición de varón, queda excluido todo pudor: así, en *Tristán de Nanteuil,* Blanchardin consigue una demora de cuatro días antes de consumar su matrimonio. La esposa hace preparar una cuba para un baño público, pero «el esposo» se escapa. Entonces aparece un ángel que le propone una elección: seguir siendo mujer o convertirse en hombre. Se adopta la segunda proposición, y el transexual se prepara para el baño de la prueba: «(...) así que se desnudó del todo, se dirigió hacia la tina; en presencia de todas aquellas doncellas, se metió en ella desnudo y su miembro apareció, sólido y pesado.»

Los atavíos, objeto de seducción que subraya la pertenencia sexual de la persona ataviada, pueden —paradójicamente—, al igual que un talismán sexual, convertirse en protección del pudor. El deseo, una vez provocado, se reduce enseguida a la nada: Aye de Avignon y la esposa de Dieudonné de Hungría se verán protegidas por una joya: anillo de ilusión, sortija o broche; en *Florence de Rome,* el broche produce explícitamente la impotencia. Esta virtud de la joya aparece igualmente en *Le Moniage Guillaume* donde el camino está infestado de bandidos, y el monje pregunta qué hará, puesto que los monjes no pueden luchar. A todas estas preguntas, sus compañeros le responden que no será preciso defenderse, salvo si hay que defender las bragas. El veterano cierra entonces las suyas con la ayuda de un broche de piedras preciosas, muy adecuado para tentar a los bandidos, lo que le proporciona la ocasión con que sueña, la de hacerlos pedazos. Se trata de una forma de rito de integración, puesto que, a raíz de este episodio, los monjes se ven obligados a admitir a este individuo muy cercano aún al hombre salvaje.

La seducción femenina. *(Los cuatro Hermanos Aymon,* París, Bibl. del Arsenal, ms. 5073.)

El individuo

Ficciones de la interioridad: nuevos deslindes

De la toma de conciencia de una identidad del ser y del área íntima que constituirá en adelante el objeto de un examen atento nos ofrece pruebas el dominio creciente de los repliegues del ser sobre sí mismo, la importancia por ejemplo de la lectura, que le procura al ser tal absorción que se modifica en el objeto mismo de su embargo, o el éxtasis que arranca de lo real al héroe al que sus sentidos abandonan a favor de una dicha indecible. La representación del universo onírico —el marco del sueño es un procedimiento retórico muy ampliamente privilegiado durante los siglos XIV y XV— introduce en escena el área mental en que el Yo desdoblado vive una búsqueda amorosa y se convierte, más tarde, en el testigo de debates que pretenden desenvolverse durante el sueño, pero que conciernen estrictamente a lo político. De la aprehensión de una singularidad del ser participa también la angustiosa definición, en los textos literarios, de lo real y de la ilusión, la angustia de los durmientes que no logran entender el sentido de sus sueños, las incertidumbres de la conciencia cercadas en ese estado de duermevela *(dorveille)* en que el héroe no sabe si es o no es. El espejo, lago de perdición u objeto simbólico de una remisión del ser a su

«Todos los cantos que yo componía, los hacía en su honor.» Guillaume de Machaut, *El Remedio de Fortuna*. (París, Bibl. nac., ms. fr. 1586.)

propia imagen enmendada, pone delante en fin el registro ilusionista cuya mirada puede volverse culpable a través de los peligros de una visión supuestamente verídica. Por lo que hace a la emergencia del «yo» en la escritura, tiene que ver con un código literario perfectamente asediado por estudios recientes: subjetividad de señuelo que desemboca, hacia el final de la Edad Media, en la multiplicación de las instancias poéticas que establecen nuevos deslindes del territorio individual. Memorias y *Crónicas* hacen entrar con más precisión en la representación del Yo los elementos de la duración vivida personalmente y, en forma paralela a las tentativas de definición del individuo por sí mismo, aflora en la poesía tardía la presencia obsesiva del tiempo, la percepción de un tiempo perdido.

Ensimismamiento

Replegado sobre sí, disponible al azar, ausente del mundo que lo rodea, del individuo de las ficciones se dice a veces que está «pensativo», absorto en y con su pensamiento. Así por ejemplo, el caballero de las Pastorelas partía «meditabundo», soñando por el páramo, entre los brezos y los helechos, hasta el instante en que se ofrece a sus miradas la pastora. Bajo la mirada de Perceval, Arturo, abismado en sus pensamientos, permanece quieto al extremo de una mesa, «pensativo y silencioso», mientras sus caballeros charlan alegremente *(«El rey pensaba y no decía una palabra», «el rey piensa mucho y no se le oye una palabra»)*. Más tarde, por ejemplo en Carlos de Orléans, estar «pensativo» se convertirá en una forma de morosidad asociada a veces a la melancolía y, en el siglo XV, el héroe del *Corazón de amor prendado* se considera «pensativo y melancólico»: acaba de encontrar, efecto de simbiosis particularmente acusado en este relato alegórico, a dama Melancolía que aparece como una vieja desgreñada, «taciturna y pensativa», sentada con las manos apretadas junto al hogar. Estado de disponibilidad o rechazo de comunicación, ser «pensativo» puede designar lo mismo la vacilación del pensamiento que anda en busca de un objeto, que un estado de cerrazón y de anti-sociabilidad, marcado por un reprensible repliegue sobre sí mismo.

Hay otras situaciones de repliegue designadas por la lectura, acto solitario que favorece la proyección hacia un «en otra parte» o hacia un «por venir». En una canción de rueca, Belle Doette «lee en un libro, pero su espíritu está ausente»: por medio de la lectura, se mediatiza lo vivido, y el repliegue sobre sí que aquélla implica puede ser la matriz de una conmoción fantasmática y de una actividad de lo imaginario que, no por hallarse temporalmente encomendada a la inmutabilidad de los rostros es menos violenta. En los relatos del siglo XIII se vuelve muy evidente la relación de causa a efecto: se lee, se ama. En *Claris y Laris,* uno de los héroes se vuelve apto para la confesión amorosa mientras lee la muerte de Píramo y Tisbe, y para Flamenca que, prisionera en la torre, oye hablar de amor por los libros, la lectura equivale a una suspensión del tiempo. Gracias a la valoración, en las ficciones, de un espacio de meditación y de instantes de silencio en torno de lo escrito, y en virtud de un distanciamiento basado en la autarquía temporal, aun cuando frágil, del individuo, el tiempo presente se ve «abismado» desrealizado o sobrerrealizado.

La escritura: emergencia del «yo»

Determinados trabajos se han propuesto como objeto el «yo» que se expresa en la lírica medieval: trovadores y poetas llevan a cabo en ella la confesión dolorosa y exaltada de la situación más íntima, la del amor y la carne. Pero ese «yo» supuestamente único y actualizado en la situación del deseo es de hecho un «yo» universal: habitada por motivos indefinidamente repetidos, la lírica no es susceptible de someterse en ningún caso al análisis de una voz a partir de la cual pudiera diferenciarse el individuo, así fuese por medio de esas *Vidas* o *Razos* vinculados con posterioridad al nombre o a la obra de un poeta (Paul Zumthor). El «yo» lírico es el del eterno retorno y el de un señuelo mantenido a todo lo largo de la producción medieval. Incluso en lo que parece, como es el caso de Villon, la confesión más punzante de sí mismo, sigue reinando un conjunto de convenciones. A pesar de todo lo cual, durante el último decenio del siglo XII, parece a veces dejarse escuchar una voz más singular: cuando dirige sus vehementes invocaciones a la muerte, Hélinant de Froidmont invoca imágenes corporales que, si no designan al propio poeta, ponen de relieve al menos que el individuo en su totalidad, en cuerpo y alma, se siente atañido por su fin:

> Oh muerte, que me has aprisionado para despojarme
> en esta estufa en que el cuerpo extirpa sudoroso
> los excesos que otrora cometiera en el mundo,
> tú levantas sobre todas las cabezas tu maza,
> pero, sin embargo, nadie cambia de piel
> ni transforma sus viejas costumbres.
>
> *(Versos de la muerte)*

A fin de significar la enmienda deseada, el movimiento del alma se asimila a los malos sudores y a la purgación bien conocida de las antiguas terapias.

Unos testimonios en ocasiones invocados como de una revelación más «personal», las *Despedidas de Arras* hablan efectivamente de una realidad aparentemente más individualizada: antes de ver cerrarse tras ellos las puertas de las leproserías, Jean Bodel, en 1202, y más tarde Baude Fastoul y Adam de La Halle (este último con ocasión de una partida menos trágica) se entregan a un género literario que es a la vez poesía personal y poesía de circunstancias. Aparecen aquí rasgos de los llamados «realistas», que evocan la carne corrompida presa de la descomposición, así como los estados de ánimo psicológicos, inquietud, depresión y soledad. En cuanto a la poesía amorosa, se ha hablado a veces del paso de las canciones estereotipadas a una lírica más subjetiva, pero la imagen dejada por Villon, el muchacho descarriado, «estereotipo del anarquismo poético», resulta de hecho comparable a la que nos legó en el siglo XIII Rutebeuf, poesía que pretende cantar la vida del poeta, poesía de las confidencias falsas. Se trata de un sueño dispuesto por una relación referencial que condiciona el modelo cultural: en lo que se denomina evolución de la poesía lírica, lo que le sucede a una poesía de abstracción generalizadora, ligada a la existencia del canto, es otra poesía basada en la confidencia, que se hallaría ligada preferentemente a la lectura. En el primer género, que tiene que ver con las grandes generaciones de trovadores y poetas, el intérprete se identifica, según parece, con la subjetividad que en él se expresa, con algo que no es precisamente él mismo, pero que podría serlo; cuando desaparezca el canto que permitía al público una simbiosis y un acceso al universo poético, el poeta tratará de volver imposible el proceso de apropiación, permitiendo de este modo lo que se ha llamado «una dramatización concreta del Yo»; por lo demás, la aportación de las *Vidas* y *Razos* parece haber aumentado la separación entre el lector y la subjetividad del poema, en la medida en que estas ficciones se convierten en una «novela del yo» (M. Zink).

Paralelamente al nacimiento del escrito personal, Memorias y *Crónicas*, se asiste en la lírica misma a un verdadero esfuerzo de definición del individuo: las antiguas perífrasis impersonales ceden el lugar al giro «Yo soy aquel que...» poniendo así de relieve la tentativa de introducir en escena al individuo: los ejemplos son numerosos en Carlos de Orléans *(«Yo soy aquel del corazón vestido de negro»)*. Por lo que hace a los personajes alegóricos a los que presta vida el poeta, conducen a una especie de fragmentación retórica que quizás no tiende tanto a ocultar el Yo real como a hacer resaltar la apropiación de un territorio poético por la multiplicación del Yo. Semejante proceso desemboca en René de Anjou en una misión que se delega a una parte del Yo, ese corazón nacido de una sinécdoque que tiene como misión llevar a buen término la demanda de amor. Por otra parte, en las postrimerías de la Edad Media, el área de la subjetividad se espacializa de forma muy particular. Si ya, en el siglo XIII, Thibaut de Champagne describía su cautividad amorosa como una prisión hecha de deseo, cuyas puertas consistían en bellas miradas y cadenas de buena esperanza, Carlos de Orléans introducirá en escena, de forma aún más visual, «la ciudadela del Yo», «las ermitas del pensamiento», o la hostería acogedora. Si Christine de Pisan y Alain Chartier insistieron a su vez en la clausura de las puertas de la interioridad, en Carlos de

Orléans resulta aún más nítida la valoración de la soledad y del repliegue en sí mismo:

(...) Tristeza
me ha tenido por tanto tiempo en su poder
que he acabado por relegar del todo mi Alegría.
Más vale que me aleje de mis semejantes:
quien se halla sumido en la aflicción sólo puede desconcertar
[a los demás.
Por ello, lo que haré será encerrarme en mis pensamientos (...)

Signo de los tiempos: en el *Voir dit,* correspondencia compuesta por un intercambio de cartas y de poemas que se dirigieron entre sí el poeta ya viejo y una muchacha muy joven, los mensajes que recibe Guillaume de Macahut constituyen el objeto de una apropiación obstinadamente secreta —escenificación de lo íntimo:

Las cartas recibí y abrí
pero a nadie descubrí
el secreto que contenían,
sino que las leí entre dientes.

La vivencia personal del tiempo: Memorias y Crónicas

El asedio a la vivencia personal del tiempo como motor de la escritura es un hecho importante en escritos como las *Crónicas* y las Memorias, cuya producción se multiplica a partir de Joinville: estos relatos se basan en la superposición de dos duraciones, la de una narración y la que el narrador quiere relatar. Como autor de la primera autobiografía en lengua vernácula, Joinville se acreditó con una verdadera inauguración, la de «la irrupción estrepitosa del sujeto en la literatura francesa». Como garantía de la verdad de su narración, el cronista que quiso escribir *«un libro sobre las santas*

«Una noche del mes pasado...» René de Anjou, *El Corazón de amor prendado.* (Viena, Bibl. nac.)

David Aubert escribe bajo la atenta mirada de Felipe el Bueno. *La Historia de Olivier de Castilla y Artus de Algarbe.* Manuscrito ilustrado por Loyset Liédet, siglo XV. (París, Bibl. nac., ms. fr. 12574.)

palabras y los buenos hechos de nuestro santo rey Luis», ocupa él solo la escena y se ofrece a sí mismo como materia de su libro. A esta individualización del escritor se añade la insistencia sobre la autentificación del testimonio, con ayuda de pruebas y cauciones que nos parecen un poco extrañas, pero que por lo visto no suscitaron especiales problemas en su época; si bien es cierto que Joinville asume en parte sus testimonios, también lo es que relata hechos de los que él mismo no pudo ser observador, pero no por ello deja de sentirse «extremadamente consciente de la gravedad y de la seriedad de su función testimonial» (M. Perret). Es por otra parte cosa sabida, a propósito de la relación de la toma de Damieta, cómo redactaba sus notas, con toda serenidad, con ayuda de calendarios y de documentos (J. Monfrin).

El individuo en escena: la *Crónica,* que florece durante los siglos XIV y XV, pone de relieve de modo muy particular en el prólogo, para lo que ha convertido a éste en el lugar donde el que habla se instala en su estatuto de autor, la preocupación por definir al individuo, y ello por medio de una fórmula casi invariable que, a partir de 1300, inaugura la mayor parte de los prólogos del género: *«Yo, Juan Froissars, tesorero y canónigo de Chimay»,* o «Yo, Christine de Pisan, mujer sumida en las tinieblas de la ignorancia si se la compara con las claras inteligencias (...).»

Lo mismo ocurre con Enguerran de Monstrelet, Georges Chastellain, Olivier de La Marche o Jean Molinet: pronombre de la primera persona, seguido de nombre propio y sobrenombre, título y calidad que sitúan socialmente al que habla, y verbo que indica el acto de escribir. El individuo se designa así como un ser singular, en un «contexto social preciso», conjunto al que se añade la pretensión de veracidad. Escribir y «escribir la verdad» parecen en efecto una sola y misma cosa que posee un aspecto cuasi jurídico, al tiempo que los autores se refieren a la misión recibida de hacer obra de historiógrafos (Ch. Marchello-Nizia).

Paralelamente a los escritos del tiempo vivenciado, Memorias y *Crónicas,* la toma de conciencia del tiempo, o sea la presencia obsesiva de su vivencia, caracteriza a la poesía tardía, transformando considerablemente la herencia literaria de los siglos XIII y XIV. Ya Rutebeuf, bajo la apariencia de una confidencia, utilizaba imágenes de la destrucción y la desaparición de los amigos arrebatados por el viento; y, más adelante, Eustache Deschamps parece haberse sentido particularmente obsesionado por la inestabilidad y la fragilidad, por la vejez y la vanidad de las cosas humanas, por la percepción del «ciclo de la vida, a semejanza del reloj que se acaba de inventar». Amansado en Carlos de Orléans, no sin alguna amargura, el tiempo personal, que parece concordar con las estaciones y con el ritmo cósmico, es a veces objeto de una constatación dolorosa: el poeta se nos muestra rebuscando en «el cofre de su memoria», consciente del espectáculo divertido que ofrece a los demás el anciano que se lanza al camino que los jóvenes andan con mucha más facilidad, *«el camino del amor».* Obsesión del tiempo en Michault Taillevent, para quien «el tiempo pasado jamás retorna»; para Pierre Chastellain, que escribe un *Contra el tiempo que pasa,* que más tarde titulará *Mi tiempo perdido,* historia de su vida interrumpida por digresiones que amplificará en un breve libro titulado *Mi tiempo recobrado:* los poetas van a estar en adelante muy atentos a la duración profunda del Yo, «ministerio del tiempo perdido», en Villon, «magisterio del tiempo reencontrado», en

«... porque ella (Fortuna) no es segura, ni estable, ni justa, ni leal, ni veraz. Se la cree caritativa, pero es avara, dura, cambiante y espantosa.» Guillaume de Machaut, *El Remedio de Fortuna.* (París, Bibl. nac., ms. fr. 1586.)

«Por su aspecto, parecía inestable, o al menos fácilmente mudable; tenía los ojos vendados como el dios Cupido. En su mano derecha sostenía un cetro real y, en su mano izquierda, una rueca que no cesaba de girar.» Pierre Michault, *La Danza de los ciegos*. (Chantilly, museo Condé.)

Pierre Chastellain, en quien empiezan ya a adivinarse algunas señales del tiempo del Renacimiento (D. Poirion).

La palabra interior

El género novelesco desarrolla escenarios amorosos de los que es parte integrante la representación de la soledad y, por ende, de la palabra interior. Si Rolando dirigía ya a Dios, en su agonía solitaria, las tres plegarias tan conocidas, es sobre todo en la llamada novela antigua, y más en particular en Chrétien de Troyes, donde se desarrolla la técnica narrativa del monólogo interior al servicio de un trabajo de dilucidación del yo, de un autoanálisis, de un proceso de sí ante sí mismo. Los largos monólogos paralelos de Soredamor y de Alejandro en *Cligès* sirven para asediar, en el curso de una investigación secreta, los tropismos afectivos que el sujeto quiere definir: escena interior, teatro del sentimiento, alegría, delirio, color, matices del humor que la lírica cortés, por su parte, desarrolla a placer de acuerdo con las modulaciones del tiempo de espera, de la esperanza y de la desesperación.

Danza macabra. (París, Bibl. nac., ms. lat. 1402.)

El siglo XIII verá desarrollarse una forma elaborada de monólogo interior en que el acento puesto sobre lo íntimo por el narrador puede duplicarse con otra voz en la expresión del Yo, por medio de un relevo de cultura, la cita lírica. Modalidades diversificadas del monólogo interior: las expresiones solitarias de Guillermo enamorado de Flamenca son a la vez una lamentación sobre la fuerza del amor y la travesía precisa hacia un proyecto ya racionalizado, el subterráneo que le permitirá juntarse con Flamenca en el baño. Es sin embargo esencialmente en el momento de la muerte, soledad por excelencia, cuando el individuo, al abandonar poco a poco todos los territorios de una posible comunicación, la que le ligaba al ser amado, acusado —con razón o sin ella— de abandono y de traición, y la que lo vinculaba a una comunidad de la que se sabe amputado para siempre, se entrega a la palabra de su propia muerte, palabra proferida, y por consiguiente no interiorizada, en *La castellana de Vergi,* ya que una doncella oculta en una alcoba será su testigo y se la transmitirá al amante que, sobre el cuerpo de la amada, se quitará la vida. Si en la *Canción de Rolando* era la muerte la ocasión de un último discurso en el que el «yo» se duplicaba con un «nosotros», el discurso de la castellana es el de una soledad trágica, comparable a la de la Dama de Fayel que, al escuchar el último mensaje del amante muerto por una flecha envenenada y saber que ella misma ha comido, gracias a un cruel ardid del esposo, el corazón de su amante, pierde el conocimiento y, cuando lo recobra, toda pálida, llama a la muerte. Conciencia de la muerte acompañada por otra parte de una gestualidad tipificada, brazos apretados contra el pecho para arrancarle al cuerpo el último aliento de la vida.

La identidad

El mundo de la imaginación literaria se halla obsesionado por los problemas de la identidad: identidad extraviada, desconocida, que hay que encontrar o recuperar, que es preciso enmascarar y cuyas señales se diseminan a fin de que su sentido brote más tarde a la plena luz, como otras tantas modalidades de los juegos con la percepción de la identidad.

La clandestinidad

Hacer hablar al propio cuerpo, o no hacerlo hablar: emisor de un discurso, por medio del gesto, del vestido, del sentido de las conveniencias, el cuerpo sabe también cómo no hablar e interpretar una ausencia. En las ficciones, esta ausencia engendra sentido. Retirarle al cuerpo las señales de una posible identificación: hay numerosas situaciones que muestran cómo se modifica la apariencia, cómo desaparece por ejemplo, transformado por una yerba mágica, el rostro; cómo se calla la identificación. Bajo la amenaza de un matrimonio con un rey pagano, Nicolette, según el relato, en prosa y verso, del siglo XIII, se embadurna con una yerba cabeza y rostro, hasta el punto de volverse negra del todo y perder su esplendor. Bajo la apariencia de un tocador de zanfonía, y una vez que ha conseguido llegar adonde su amigo Aucassin, arranca una yerba llamada «éclaire» (¿la quelidonia?) y se embadurna con ella su cuerpo recobrando así su belleza anterior. También puede camuflarse el cuerpo con una piel: en *Guillaume de Palerme,* unos amantes que huyen se procuran en las cocinas donde se está desollando ciervos y osos, las pieles de dos osos blancos y la de una serpiente, *patchwork* en la que mediante costuras encierran sus cuerpos logrando engañar así a cuantos los ven.

Como si se tratara de la proposición de un enigma a la vista, mediante el empleo de la monocromía, el individuo puede concentrarse, reducirse a un color, convertirse por ejemplo en «Caballero Bermejo» o «Caballero Blanco», con lo que los valores cromáticos encierran de discurso legible, ya que el rojo designa un personaje animado de perversas intenciones, el verde un ser fogoso, el negro, provisionalmente polivalente, se torna poco a poco peyorativo, y el blanco aparece en situaciones de incógnito como un valor real para poner de manifiesto la naturaleza de los personajes, como lo demuestra Froissart en el *Dictado del caballero azul* (M. Pastoureau).

En ciertas circunstancias, redundantes si se tiene en cuenta el conjunto de los relatos, hombres y mujeres pueden rehuir temporalmente —y esto pone de relieve un particular sentido de la relación con la comunidad— la expresión de su identidad: tal es el caso, y a lo largo de numerosos relatos, de esas muchachas que, entregadas al capricho incestuoso del padre, no encuentran otra salvación que la huida, mientras que su silencio se halla tal vez teñido por el deseo de enmascarar el espacio privado alcanzado por una amenaza que podría mancillar la memoria familiar. Para el héroe de la poesía cortés, por ejemplo Lancelot, en *El Caballero de la carreta,* la ausencia temporal del nombre significa que se busca una adecuación entre el nombre y la realización de la aventura que la comunidad aguarda del héroe. El individuo de la ficción desea así pues una retención de sí mismo, y esto concierne a la larga tradición de la novela de aventuras, hasta el siglo XV, en que el héroe, en la *Historia de Olivier de Castilla,* se niega a manifestar su identidad al vencedor; los heraldos han de contentarse entonces con proclamar vencedor al «caballero rojo, negro y blanco». La clandestinidad viene a ser así una intimidad transportada consigo mismo como un bagaje secreto que no se desvela más que en el momento escogido, excelente manera, por lo demás, para conferirle al relato el suspense necesario. En cuanto a los aparecidos, en *Ricardo el Hermoso* o en *Olivier de Castilla,* seres de tránsito en este mundo, saben también cómo mostrarse clandestinamente.

Tristán en prosa. Caballero monocromo. (1463, París, Bibl. nac., ms. fr. 99.)

Las armas y blasones de Bohort, caballero de la Tabla Redonda. (*Lancelot en prosa,* mediados del siglo XV, París, Bibl. nac., ms. fr. 115.)

La lectura de los signos

«Tal fue Cligès que poseía sabiduría y belleza, largueza y fuerza; que, en una palabra, lo tenía todo»: la disonancia percibida entre la conjunción engañosa de la apariencia y del ser se experimenta con un cierto malestar. En particular, la mujer es objeto de probanzas que oponen los componentes ideales del retrato a su ser íntimo, por ejemplo en *Galeran de Bretaña* o en el *Dictado del lebrel*

Boccaccio, *Sobre mujeres nobles y famosas.* Hija y discípula del pintor Cratin, Irene sobrepasa el talento de su padre. (Siglo XV, París, Bibl. nac., ms. fr. 598.)

en el siglo XIV, en que una muchacha de dulce semblante posee un corazón orgulloso y lleno de «melancolía».

En las ficciones, hacerse reconocer equivale a veces a un juego de rastreo. Si las armas de un héroe son otras tantas proposiciones secretas con vistas a una andadura hermenéutica, si la monocromía es capaz de «hablar» con el mismo título que las armas explicitadas, el tema del caballero enmascarado parece haber sido en las novelas del siglo XIII el motivo privilegiado de una dialéctica entre el anonimato deliberado, la pérdida del rango social y la reconquista de la mirada del otro ante todo por medio del valor físico de la hazaña que propone una identidad que, inmediatamente después, vendrá a coronar el nombre. Para verse reconocido y justipreciado, el individuo se diría que tiene que pasar por una fase de enmascaramiento. El incógnito podría significar entonces que toda identidad ha de conquistarse y, una vez conquistada, demostrarse ininterrumpidamente. A lo largo de las novelas de Chrétien de Troyes, el incógnito, en toda la trayectoria iniciática, tiene que ver muy de cerca con las relaciones que conciernen a la nominación. El propio Perceval no conocerá su nombre sino en la corte del Rey Pescador, después de haber omitido hacer la pregunta que habría curado al rey y salvado de la desolación la Tierra Baldía: «Y él, que no conocía su nombre, tuvo como una revelación del mismo y dijo que se llamaba Perceval el Galés. No sabía si estaba en lo cierto o no, y sin embargo acertaba, aunque no lo sabía (...).»

Contienen también mensajes sobre la identidad esos secretos que aguardan su desciframiento, las inscripciones misteriosas, las tramas bordadas, los retratos que esperan que se los identifique: en *La bella Helaine de Constantinopla,* la reproducción del rostro de la heroína da a entender su búsqueda, llevada a cabo por el padre culpable, así como por el marido que, involuntariamente, la ha perdido. Signos esparcidos que aguardan su reconocimiento y confesión de una culpabilidad: el padre ha hecho pintar sobre la columna del palacio del papa, en Roma, la efigie de su hija; el marido lleva sobre el escudo el retrato de la esposa perdida. Si la redundancia del motivo tiende a hacer del padre y del marido una misma figura sometida a una disyunción, la imagen de la esposa reproduciría a su vez un ser separado de su identidad: Helaine, heroína *incognita,* sin identidad, es entregada a la mirada pública por el padre y por el marido, simultáneamente.

El retrato

Hecho extraño: apenas si alguien se hace reconocer por los rasgos (si se exceptúa el retrato). Así, frecuentes en los relatos en los que acaba restaurándose la célula familiar que primero se ha deshecho, los reencuentros entre padres e hijos no se efectúan jamás por la lectura de los rasgos, sino en primer lugar en virtud de un tropismo afectivo, en el *Lai de Doon,* por ejemplo, o en el *Lai de Désiré* en que el hada envía a un hermoso niño a que conozca a su padre, ya que éste ignoraba su nacimiento que se le había ocultado. Es también el caso, en un contexto menos maravilloso, del extraño afecto que el rey experimenta por el hijo de la Manekine recogido por un senador romano y que aquél ignora que es hijo suyo, fascinación que no cabría interpretar sino como «voz de la sangre». Sin embargo, el retrato es un buen sustituto del ser, porque les recuerda a los amantes los rasgos queridos. Tristán venera en la sala de las imágenes la estatua de Iseo: «Les dice todo lo que se le ocurre a las imágenes y no quiere dejarlas. Su mirada cae sobre la mano de Iseo que le tiende su anillo de oro, y vuelve a ver el rostro desfigurado de su amiga cuando recibe su adiós.»

Sutiles avatares de la imagen: Guillermo se sirve audazmente del marido para hacerle llegar un mensaje a Flamenca: compone un poema (un «saludo») supuestamente dirigido a una misteriosa belleza. El mensaje encierra dos imágenes, dibujadas «con tanta perfección que parecían verdaderamente vivas. La del primer término se hallaba arrodillada y suplicaba a la otra, situada frente a ella. Una flor que le brotaba de la boca alcanzaba a tocar la primera palabra de cada verso». Estas pinturas no reproducen los rasgos de los amantes: pero a Flamenca le basta con plegar las hojas del poema y volverlas a desplegar, dando entonces «mil verdaderos besos a la imagen de Guillermo y otros mil cuando doblaba los saludos, porque entonces una imagen parecía besar a la otra». Reduplicación de los amantes, simulacro fantasmal del abrazo, el retrato sabe mentir y colmar a la vez. Dichosa relación que mantiene por su parte Guillermo de Machaut con la «dulce imagen», con el «dulce semblante» que su criado le ha transmitido. En cuanto recibe el retrato de su dama, «me fui, dice él mismo, con toda presteza, completamente solo, sin ninguna compañía, y me encerré en mi cámara». Coloca encima de su lecho «la imagen grata y pura representada en la pintura», para poder contemplarla, pero también para tocarla y adornarla. Como sustitución del ser lejano, el retrato tiene una función carnal y un soberano poder de evocación.

El sueño

Área íntima, universo afectivo, brumas y claridades: el individuo puede verse absorbido por la dinámica de su mundo singular. Durante el siglo XIII, el estado en el que el individuo se halla sumido en sí mismo se describe, en *Flamenca,* de manera casi clínica como una trayectoria de los sentidos que, sometidos al corazón, se alían con su «señor» y «padre», de forma que el hombre queda sin conocimiento, completamente alelado, privado de la vista, del oído y de la palabra: «(...) el corazón es el señor y el padre; si le sobreviene por tanto un bien o un mal, cada uno de los sentidos acudirá a él para conocer enseguida su voluntad, y cuando están así reunidos en su interior, el hombre no ve nada en el exterior, y queda como alucinado. Y puesto que el bien y el mal los hacen así retornar cerca del corazón, no me sorprende que la alegría amorosa, cuando se halla en el corazón, y puesto que se compone de bien y de mal, los haga acudir al galope hacia su señor, si éste los requiere. Y todos los sentidos actúan de tal modo que, si uno de ellos lleva a cabo su mensaje, los otros no se ocupan de otra cosa que de poner todo su cuidado en ayudarlo y servirlo, de suerte que todos ellos no tienen sino una sola solicitud. Por eso sucede que alguien que está preocupado ve menos, siente menos, habla menos y entiende menos. Y aunque no se le sacuda precisamente con demasiada dulzura, no sentirá siquiera el golpe. Esto es algo que todo el mundo comprende por su propia experiencia.»

«Me había acostado una noche, como de costumbre, y dormía profundamente, cuando tuve un hermosísimo sueño...» Guillaume de Lorris, *Roman de la Rose.* (Chantilly, museo Condé.)

«... el rey Nabucodonosor vio en sueños cosas que habrían de verificarse enseguida, y con frecuencia las cosas que hemos pensado durante el día aparecen durante la noche mientras soñamos.» Philippe de Mézières, *El sueño del vergel.* (Siglo XV, París, Bibl. nac., ms. fr. 12442.)

El sueño va a prestarse de modo muy particular a una escenificación que asedia al durmiente en su substancia corporal y le asigna un espacio y una pesquisa. De todos es conocido que las preocupaciones suscitadas por el sueño —relación entre los sueños y las visiones, naturaleza del sueño y responsabilidad del durmiente, relaciones entre la vida corporal y la naturaleza de los sueños— fueron muy vivas en los penitenciales, y muy privilegiadas en las *Claves de los sueños* de los siglos XII y XIII. Los textos literarios por su parte hacen frecuentemente referencia a Macrobio, y la vida onírica resulta muy familiar para las novelas y los textos alegóricos. Vida que escapa a la conciencia, pero no a la responsabilidad: precisamente por haber omitido hacer su señal de la cruz, es por lo que la doncella, madre de Merlín, le proporciona a Satán la ocasión de engendrar un hijo; el sacerdote que le impone la renuncia, hasta el fin de sus días, al pecado de la carne, especifica: «(...) salvo en sueños, ¡porque el hombre no puede nada contra los sueños!»

Rehuyendo en apariencia cualquier investigación voluntarista, enroscado en el dominio más íntimo del ser, el sueño se ha visto expuesto con frecuencia por las ficciones medievales: no deja de ser incluso un fenómeno muy singular una constante utilización como ésta, durante cerca de tres siglos, del «sueño como marco de una ficción literaria»: lo demuestra una gran abundancia de textos entre el inicio del siglo XIII y el del XVI (Ch. Marchello-Nizia). Si bien ya en la *Canción de Rolando,* en el camino de retorno a Francia, Carlos es el sujeto de varios sueños: se ve agredido por Ganelon, atacado por un leopardo o un verraco. Mientras se halla aún dormido, un ángel le anuncia que se librará una batalla cuyos signos le muestra, tempestades, truenos, tormentas, vientos y hielos, fuegos y llamas. El ejército del emperador es presa de monstruos, de dragones, de demonios y de grifos, premoniciones angustiosas y espectáculos de terror que no interrumpen el sueño cuya continuidad se subraya con insistencia.

En la *Demanda del Santo Graal,* los sueños son la fuente de una auténtica dinámica del relato, ya que suscitan una propulsión hacia otro, hacia aquellos, ermitaños o recluidas, que poseen su sentido. Muy prolijo en lo referente a la angustia de los soñadores, brotada de una percepción privada del embargo de una significación, el relato introduce en escena a Perceval quien, después de «la extraordinaria visión» de las dos damas, alegorías de las dos leyes, se siente «muy turbado». Sigue durmiendo hasta muy entrado el día y encuentra a un sacerdote: «Señor, le dice, al final, después de haber hablado largamente con él, explicadme, os ruego, un sueño que he tenido esta noche, un sueño tan extraño, según creo, que no me sentiré tranquilo hasta que haya averiguado su sentido.» Más adelante, agotado por el ayuno y las vigilias, Lancelot, vencido por el sueño, ha visto acercársele un hombre circundado de estrellas acompañado de siete reyes y dos caballeros. Llegado a una ermita, Lancelot se entera por el ermitaño de que «tal visión es mucho más rica de sentido que lo que muchos podrían pensar». En cuanto a Gauvain y Héctor, acogidos al abrigo de una vieja capilla, tiene también cada uno de ellos sueños «tan extraordinarios que no cabe sino relatarlos; hasta tal punto se hallan cargados de significación»; Héctor se despierta «todo angustiado, dando vueltas de un lado y de otro, incapaz de dormir»; Gauvain le dice entonces: «He tenido un sueño tan extraño que me ha despertado, y no me quedaré tranquilo mientras no logre saber lo que significa.» De este modo, cada término y cada figurante de los sueños requieren un saber más global de los valores que se hallan en juego en la alegoría: las significaciones representadas en lo más íntimo del ser aguardan su esclarecimiento. Como objeto virtual de una interpretación, el sueño no se concibe solamente como un mundo en sí mismo, sino que en él late una lucha por una significación que se despliega, que aguarda de una mayéutica apropiada la afloración a la conciencia y la adquisición de sentido por parte de sus elementos.

Ensueño-engaño

La tradición alegórica, y en particular el *Roman de la Rose,* inviste suntuosamente al Yo que —sin dejar de decir «yo»— se compromete a veces en la más peligrosa de las aventuras, aquella cuya área mental se encuentra ligada a un espacio recorrido y a la superposición de dos temporalidades, la del sueño (la verdadera) y la de una conciencia perfectamente despierta (pero ficticia). He aquí, en el *Roman de la Rose,* cómo se nos ofrece este umbral del sueño: «Una noche, fui yo a acostarme como de costumbre y, mientras dormía profundamente, tuve un sueño que era muy hermoso y de lo más impresionante (...). Soñé, una noche, que me hallaba en ese tiempo maravilloso en que todas las criaturas se sienten arrebatadas por el anhelo amoroso. Entonces, mientras dormía, me pareció que era ya por la mañana; entonces me levanté enseguida de mi lecho, me puse mis calzas y me lavé las manos.»

Teatro de una enseñanza benéfica en la *Demanda del Santo Graal,* y objeto de una evaluación discursiva de su verdad, como podrá verse, el sueño es un ámbito peligroso en el que la ilusión puede apoderarse del durmiente, y en el que quien se cree despierto no abraza sino una sombra: los sueños se vinculan con la angustiosa definición de lo real y de la ilusión. El tío de Cligès, que pretende desposarse con Fenice, la poseerá en sus noches pobladas de ilusiones, mientras ella duerme intacta a su lado, ilusiones paralelas, según parece, a la del abrazo de un ser amado producida por la obsesión amorosa, en *Claris y Laris,* por ejemplo, donde la confusión onírica engendra un infernal juego de espejos. Fronteras frágiles de la conciencia, de la culpabilidad, de la patología, de los sueños: en el siglo XV se ve aparecer, espectáculo íntimo puesto que sólo lo alcanza el sujeto poseído por el deseo, un sueño en el que una madrastra incestuosa prolonga mientras duerme los encantos de su hijastro, haciéndole presentarse como un diabólico bailarín que no cesa de perseguirla...

Sueño y niebla interior se funden con los estados de ausencia de sí, con los estados secundarios del éxtasis y el olvido. De la incertidumbre experimentada frente al registro del sueño, frente a ese territorio que parece escapar al Yo consciente, los mejores testigos —los que prueban por lo demás que lo real, áspero y acre, se halla muy próximo— son esos sueños eróticos, por ejemplo el tan chusco del monje que ve desfilar, mientras duerme, series de sexos femeninos y que —cruel disonancia cruzada entre el deseo y su objeto— al tender la mano hacia el objeto de su impulso, la pone sobre un haz de espinos. Pero, en la literatura cortés, el sueño aparecía a veces como un auténtico don del Amor. Sin haber podido poseer a su dama, Guillermo de Nevers, cuando siente que se aproxima el instante de dormirse, implora al Amor *(Flamenca):* «Amor, dormidme, hacedme soñar como sabéis hacerlo. Mostradme, al menos en sueños, a aquella que no puedo ver cuando estoy en vela. De vos es, Señora mía, de quien quiero hablar, y si puedo dormirme en vos, de ello me vendrá bien y provecho. Por eso exclamaré sin cesar: "¡Vos, vos! ¡A vos, señora, os llamaré siempre mi Dama, mientras esté despierto. Si mis ojos se cierran, por fuera, yo veo que mi corazón vela por dentro en vuestra compañía; sí, con vos, Señora mía, con vos!" Y ya no pudo pronunciar la *s* de vos, porque se había quedado dormido, y contemplaba a placer a su dama sin ningún obstáculo. Por lo demás, suele acontecer que se vea en sueños lo que se desea ver cuando uno se ha dormido con este pensamiento.»

Si no siempre la gestión del sueño resulta tan racional, no es infrecuente que la evasión onírica posea una eficacia comprobada: en la novela que lleva su nombre, Guillermo de Inglaterra es el juguete de las indecisas fronteras entre conciencia e inconsciencia.

Sueña con una escena de caza y, al ausentarse de toda sociabilidad, entra en un estado de tan profundo olvido que el narrador considera conveniente decir: «No me toméis por un mentiroso, ni os dejéis poseer por el asombro, porque no es raro que alguien sueñe en estado de vigilia. ¡Lo mismo que los sueños, los pensamientos pueden ser verdaderos o falsos!»

De este modo, el sueño de Guillermo precede y es causa del encuentro con sus dos hijos perdidos desde la infancia, forma de revelación obsesiva gracias a la cual el sujeto recobra su estatuto familiar cuando pone en escena, en la realidad, lo que el sueño le ha proporcionado de antemano.

En el umbral del sueño, en el *Roman de la Rose,* se discute el valor del proceso onírico como mensaje transmisor de verdad: «Un sueño es una manera de anunciar a los humanos acontecimientos propicios o nefastos; la mayor parte de la gente sueña de noche, en el secreto de su espíritu, con muchas cosas que después se ven manifiestamente.» En la tradición del sueño amoroso, es precisamente una ficción del siglo XV, *El corazón de amor prendado,* la que hace del Corazón una parte disociada del Yo, un verdadero personaje; su autor, René de Anjou, insiste en la frágil evaluación de la verdad del sueño. Se describe en su lecho, abrumado, atormentado, profundamente absorto en su pensamiento, todo él poseído por el amor:

(...) tan confuso
me vi que cerca de morir estuve,
porque bien se tratara de imaginación,
bien de sueño de durmiente,
bien fuese visión, o bien ensueño,
se me había advertido y sin engaño
que Amor ponía mi corazón fuera del cuerpo (...).

Ahora bien, semejante entrada en la matriz del sueño se ve objetivada por el hecho de que el autor (que, en las partes en prosa entrelazadas con las partes en verso, asume en primera persona la narración, novísima estructuración de las instancias del relato en relación con el modelo, que no es otro que el *Roman de la Rose)* se describe al final a sí mismo como saliendo del sueño, lleno de tristeza y de angustia: abre los ojos, llama a su capellán que duerme no lejos de él, y le manifiesta su temor al ver su corazón arrancado de su pecho: «Temo que Amor haya hurtado mi corazón y se lo haya llevado consigo, porque toco mi pecho con la mano y me parece que el corazón no está ya en su sitio. ¡En verdad, no logro escuchar sus latidos!» El capellán, que hace traer una candela, instrumento de verdad, establece un rápido diagnóstico: el pecho de René está intacto. Le aconseja, pues, al Soñador que vuelva a dormirse serenamente, lo que no deja de ofrecer su dificultad. Al día siguiente, René toma un papel y consigna su sueño *«de la manera más exacta posible»,* según dice, signo de un embargo a la vez humorístico e inquieto, de un proceso imaginario que no tendrá otra realidad que la de la escritura únicamente. Sueño borrado por la ligera irrisión y el gesto que hace desvanecerse la ilusión de la verdad en los vapores que se merece: la evaluación del sueño, su reducción a un estado objetivo, el señuelo que invoca la sonrisa, la redundancia de la testificación (no se sabe si se duerme o se vela...) confieren al sueño el estatuto, casi irrisorio, de un teatro que remite a su propia retórica, la metáfora. Ahora bien, de la metáfora a lo real, la ligazón es a veces muy tenue. Verdad mejor cercada, ilusión descartada, distanciación gracias al humor cotidiano de un despertar después de una pesadilla, la demanda cortés se convirtió, en *El corazón de amor prendado,* en el mal sueño de una impotencia, lo que tal vez nunca dejó de ser.

El estado de duermevela *(dorveille)* explicaba por lo demás de manera satisfactoria la sensibilidad de la ambigua franja que separa la vigilia del sueño, la incertidumbre de la conciencia, o aquella duda entre «ser y no ser». Así era como Raimondino, el futuro esposo de Melusina, erraba por el bosque bajo el choque producido por la muerte accidental de su tío: «A medianoche llegó a una fuente llamada la Fontana de la Sed, así como también, por algunos, la Fontana encantada, porque habían sucedido allí, en tiempos pasados, muchas aventuras maravillosas, y aún volvían a suceder de tiempo en tiempo. La fuente brotaba en un paraje sobrecogedor: una salvaje escarpadura, con enormes rocas encima, y una hermosa pradera a lo largo del valle, cerca del alto boscaje. La luna lucía clara, y el caballo de Raimondino le llevaba a su capricho, adonde quería, porque su dueño, aniquilado por la tristeza, se hallaba privado de toda voluntad como si estuviese dormido. Llegó junto a la fontana donde tres damas retozaban. Lo que ahora vamos a contar de esta historia procede de labios de una de ellas, la más noble, señora de las otras dos. Según la historia, el caballo llevaba, pues, a Raimondino, pensativo, desgraciado, desesperado por lo que le había acontecido; ya no era él quien conducía su caballo, sino su caballo el que le llevaba a donde quería; no tiraba de la brida ni a derecha ni a izquierda: había perdido la vista, el oído y el entendimiento. Y así pasó también ante la fuente donde se encontraban las tres damas, sin verlas (...)»

Más tarde, un poeta de la corte de Borgoña, Pierre Michault, describe en la *Danza de los ciegos* su teatro interior como un estado particular en el que, en el corazón de una noche limpia y clara, se sosiega la «sensualidad» (las percepciones sensoriales), en el que la extrema concentración («la asiduidad y frecuentación de mi punzante pensar») hace surgir bajo forma humana su Entendimiento, si bien, para que llegue a realizarse esta disociación, tan racionalista como pueda serlo, es necesaria la muerte de los sentidos.

Aún queda otra racionalización, la que propone el sueño político, verdadero debate al que pretenden servir de decoración los secretos del inconsciente. El sueño se convierte en instrumento de una artimaña, ya que el sueño político es el lugar de una fábula sobre el poder. En menos de medio siglo, una buena docena de ficciones, *El sueño de pestilencia, El sueño del viejo peregrino,* el *Cuatrílogo invectivo* de Alain Chartier, *El sueño del vergel,* y varios más, utilizan el universo onírico para una reflexión sobre las estructuras del poder: la tradición retórica sirve para volver a poner en cuestión el equilibrio de las funciones sociales, y, «en estos casos, más vale hacer creer que se sueña». La forma canónica del sueño (la fórmula *«se me hizo saber»* seguida del imperfecto de indicativo, ya que el propio soñador se halla concernido por el proceso del sueño) se desvía en beneficio de un proceso en el que el soñador es «la sede, y luego el redactor de una visión que hace siempre referencia al poder real». De este modo, la forma del sueño permitía garantizar una cierta impunidad, puesto que el autor, el soñador, pretende no ser el inventor de su relato (Ch. Marchello-Nizia).

El espejo

En un libro de instrucción cristiana a base de ejemplos morales aparecido hacia 1320, su autor nos cuenta que una dama había hecho que su camarera comprara un espejo; como el espejo no le gustó, había enviado en busca de otro. La doncella le trajo entonces un cráneo diciéndole: «Aquí tenéis, miraros en él, ¡no hay en el mundo entero un espejo de cristal donde os podáis mirar tan bien!» Si con más sencillez Dama Ociosa, en el *Roman de la Rose,* emplea este objeto para llevar a cabo los cuidados de su belleza, el espejo es no obstante objeto frecuente de una enseñanza moral. En el *Libro* que dirige a sus hijas el caballero de La Tour Landry, el espejo utilizado abusivamente acaba concentrando todos los horrores diabólicos. Encantada con su propia contemplación y pasándose una cuarta parte del día en el cuidado de su apariencia, una dama exaspera a los que aguardan en la iglesia: «¿Pero es que esta mujer no va a acabar nunca de peinarse y mirarse en el espejo?» Funesto espejo: «Y como quiso Dios darle un escarmiento, en el instante en que se estaba mirando, vio en el espejo al enemigo que le mostraba su trasero, tan feo, tan horrible que la dama perdió la razón, como poseída por el demonio» Si no deja de servir para comprobar las imperfecciones del tocado y del cabello, el espejo, con más pertinencia aún, designa la imperfección moral y el exceso de narcisismo. Hay abundantes textos que hacen del espejo un instrumento de edificación, y, si ha de serlo de virtud, cabe la posibilidad, a fin de conjurar el engaño y la duplicidad, de hacerlo doble. Así sucede en Jean de Condé, en el *Dictado del espejo,* donde conviene que el hombre tenga un doble espejo a fin de mirarse en él «al derecho y al revés»; hay en efecto un espejo «de maravillosa especie», que tiene que estar presente noche y día, y cuyo reverso es «oscuro y diverso», espejo de contraste en el que resulta provechoso mirarse, porque puede sacarse provecho de las malas acciones de otro:

Del espejo por doble manera
Puedes tu ver la obra plena.

Sin embargo, el espejo es capaz de ser instrumento de seducción, como en el cuento en que una dama, que recibe la visita de un escudero que le anuncia la visita de su amo, le pide al mensajero que le sostenga su espejo a fin de que ella pueda ajustar su camisolín, ¡gesto narcisista que la hace tan irresistible que infaliblemente alguien se anticipará al amo!

Boccaccio, *Los casos de los hombres y mujeres ilustres.* Cleopatra ante su espejo. (Bibl. de Bergues, ms. 63.)

Roman de la Rose, La fuente de Narciso. (París, Bibl. nac., ms. fr. 12595.)

Paralelo al ambiguo estatuto del espejo y amenaza virtual para lo real que duplica, el reflejo del ser (la sombra), al retirarle a la realidad una parte de su existencia, le promete a lo efímero la condición de lo real. Así por ejemplo, como la esencia de esto último —al menos en el amor cortés— consiste en desaparecer, el reflejo en el *Lai de la sombra* absorberá, elegantemente, la realidad. Rechazado largo tiempo por su dama, un caballero se encuentra con la devolución de su anillo y, en vez de ponérselo de nuevo en su dedo, lleva a cabo gracias al reflejo el ademán que le garantiza la dicha. Al apoyarse en el brocal del pozo y ver claramente en el agua la bella y pura sombra de la que ama más en el mundo, se dirige a ella: «Tomadlo, dice, mi dulce amiga. Puesto que mi dama no lo quiere, ¡vos lo aceptaréis sin discusión!» El agua se quiebra a la caída del anillo y, cuando la sombra se desvanece, admirada ante tan hermosa cortesía, la dama otorga por fin su amor. Al desaparecer, pero vuelto a sí por su propia reduplicación, lo real se convierte finalmente en posesión.

Si ha de creerse al dios Amor, el *Roman de la Rose* habría debido llamarse el *Espejo de los enamorados,* ejemplaridad de la fábula ilustrada por las dos fontanas de la novela. Una de ellas contiene en el fondo de sus aguas el espejo peligroso y letal donde Narciso encontrará su muerte; por el contrario, la fontana del parque, circular, es fuente de conocimiento, porque cuantos se inclinan sobre ella, cualquiera que sea el ángulo de su visión, adquieren perfecto conocimiento de todo lo que pertenece al jardín. Si la primera fuente es una «abismación» de lo real, la segunda duplica, como un espejo, la unidad total de la novela. Juego de óptica, la absorción de la imagen es la devolución dichosa de un saber, aunque en el «Libro de las miradas» que se ha dicho se hallaba incluido en el *Roman de la Rose* «como un espejo en el espejo», Naturaleza denuncia «los espejos deformantes así como todas las ilusiones que engendran en la mirada la debilidad de los ojos, el espejismo de la distancia, las visiones de la vigilia y del sueño, sin excluir la contemplación, (...) advertencia contra toda mirada que pretendiera presentar su visión como verídica» (R. Dragonetti).

La muerte de Narciso

Al inclinarse entonces sobre la fontana,
vio en el agua clara y limpia
su semblante, su nariz y su fina boca;
y entonces se sintió asombrado,
porque su sombra lo había traicionado:
creyó haber visto en el agua
la figura de un doncel extremadamente hermoso.
Entonces Amor supo muy bien vengarse
del enorme orgullo y la arrogancia
que Narciso había manifestado en contra suya.
Entonces se le pagó con creces su salario:
tanto tiempo se entretuvo junto a la fuente
que se enamoró de su propia imagen
y al fin allí murió por ello.

Como un espejo, la fontana sirve para la duplicación de lo real así como para un simulacro de creación. Mediante el reflejo, el Otro se ausenta, y el Mismo revive, peligro de muerte. Peligro también para el poeta, porque ha sido en el espejo donde ha visto los rosales cargados de flores y donde, entre todas las demás, ha descubierto la rosa cuya fragancia llena aquellos parajes.

La Rueda de Fortuna, colección de dibujos, siglo XV. (París, Bibl. nac., ms. fr. 24461.)

2

Problemas

Dominique Barthélemy
Philippe Contamine
Georges Duby
Philippe Braunstein

Las instalaciones del espacio privado

Siglos XI-XIII

La guerra que hace estragos durante los siglos XI y XII, que destruye las parejas, que acaba con los linajes, ¿acaso no saquea al mismo tiempo, en el sentido más material, el marco de existencia de la aristocracia? Es la guerra lo que fuerza a las familias a apretarse en las torres fortificadas —en las que apenas si se atreven a abrir ventanas, por miedo a los tiros o a los asaltos con escalo, y donde a fin de obstaculizar el acceso, se condena las puertas al nivel del exterior para no dejar sino unas estrechas entradas, a seis u ocho metros del suelo, servidas por escalas amovibles o escaleras no menos peligrosas. La sombra de la fortaleza deja sentir su peso, en estos siglos de hierro, sobre la vida privada lo mismo que sobre la vida pública: impresiona, sin duda, a los vasallos y a los enemigos de la clase señorial, y produce la impresión, sobre todo, de haber mantenido encerrados en la falta de comodidad y en la promiscuidad a los caballeros, a sus mujeres y a sus hijos. Esta imagen pesimista ha penetrado en la historia de Francia (y de Inglaterra) en el capítulo del feudalismo y se ha convertido en un lugar común. ¿Hay que darle crédito? ¿Hay que desmentirla? Si se la quiere revisar, habrá que tener muy en cuenta lo que hayamos de ver, pero también el modo como lo miremos.

A nuestros ojos, las fortalezas son los vestigios mejor conservados de la arquitectura profana de la época: se lo deben a sus materiales, la piedra, a su prestigio y también al azar, ya que unas fueron abandonadas, y por tanto dejadas a merced de la degradación, y otras reconvertidas, conservadas por tanto, pero también deformadas. No es raro que determinadas redistribuciones de la baja Edad Media, o de más tarde, se interpongan entre los tiempos feudales y la arqueología contemporánea. Ésta, sobre todo, tiene derecho a preguntarse si lo que tiene entre manos son los vestigios más típicos, si las habitaciones en piedra duradera reproducen con exactitud la estructura y el aspecto de aquellas en las que la madera, al presente podrida o quemada, constituía lo esencial. La arqueología se propone conocer el conjunto de las formas de habitación de una región y de una época y, más que pulir de nuevo los

Pág. 90

Crónicas de Hainaut, siglo XV. La enseñanza del maestro a sus discípulos: la transformación del paisaje y del entorno por la acción humana. (París, Bibl. nac., ms. fr. 20127.)

Restormel, Cornouailles: coronando una mota cuya forma circular adopta (¿por economía en los costes de construcción?), esta fortaleza de finales del siglo XII es característica de la preocupación por las instalaciones residenciales. A cielo abierto, la sala (¿de guardia?) y las reducidas habitaciones.

El trabajo de los arqueólogos en Doué-la-Fontaine (Maine-et-Loire): en el suelo de la gran sala, la excavación hace aparecer vestigios de varias épocas:
0: arcilla del suelo natural;
1: cimientos del muro oeste del edificio;
2: muro oeste (h. 900);
3: capa de ocupación anterior al edificio;
4: capa de ocupación del edificio (h. 900-950);
5 y 6: agujeros de postes que pertenecieron a una construcción de madera anterior al edificio.

enlosados y restaurar los muros, de lo que trata es de leer la huella de los pasos sobre los niveles de tierra apisonada e identificar la de los agujeros de los postes en los suelos endurecidos.

¿Pero cómo resucitar en su integridad la vida cotidiana, los recorridos de hombres y mujeres, el ordenamiento que cambiaba de uso las distintas piezas? Lo que no hay que hacer ante los castillos es soñar, como lo hizo el siglo XIX. La arqueología de esta época, después de haber analizado a la perfección las técnicas de construcción, se dejaba llevar de puras impresiones, hablando de tristeza, de estrechez, de rudeza, sin pararse a pensar si sus habitantes experimentaban de veras aquellas contrariedades, o bien desplegando, consciente o inconscientemente, toda una ideología, como sucede en la página de Émile Mâle que se leerá más adelante. Más activos y no menos apasionados, los investigadores actuales son también más prudentes: las más de las veces, sus informes y sus síntesis prefieren detenerse en el umbral de la inaprehensible intimidad de los hogares. Precisamente porque les parece fundamental el conocimiento exacto del modo de vida, evitan prejuzgar con expresiones definitivas las funciones de tal pieza o tal construcción, y renuncian a la tentación de reconstruir estéticamente las viviendas derrumbadas y los sentimientos muertos.

Sin embargo, no estamos considerando aquí una de esas civilizaciones fascinantes y prácticamente incognoscibles, como la minoica o la tolteca, a propósito de las cuales la ausencia de textos provoca aventuradas hipótesis y arrastra a los más brillantes a las delicias y los delirios de la imaginación. La escritura es un testigo efectivo en los tiempos feudales: y en definitiva, unas fuentes suficientemente ricas han permitido trazar el primer «cuadro» de este libro. Hay crónicas y biografías que elogian a un constructor, y que explicitan sus dibujos más oficiales: hay relatos al hilo de los cuales, súbitamente, penetramos en las mansiones del feudalismo. Pero, aún con más frecuencia, los personajes mismos, las relaciones anudadas y las distinciones establecidas entre ellos interesan más que el decorado. La lectura de los documentos puede completar el análisis de los restos; aunque no deje de haber entre ellos una cierta separación, una zona de desconocimiento para el historiador escrupuloso.

La dificultad más irritante es la que impide atribuir a tal o cual espacio su nombre medieval exacto; términos como *turris,* la torre o la fortaleza, y *domus,* la casa, o también como *camera,* la cámara o alcoba, y *sala,* la sala o salón, aparecen empleados lo mismo en oposición que uno en lugar de otro. ¿Es que las gentes medievales eran incoherentes, o incapaces de traducir al latín los términos de su lenguaje? Hay que dudar de tal cosa: semejante explicación condescendiente es inaceptable. Tiene que haber una real y significativa ambigüedad en cada uno de estos pares de términos. Y si bien se piensa, ahí radica toda la historia de las formas de habitación noble: ¿se hallaba acaso la aristocracia condenada a vivir recluida en la fortaleza, hasta el punto de que se toma ésta por su mansión por excelencia, y no fue capaz de atenuar al menos sus inconvenientes? Por otra parte, instalada como se hallaba en la estrechez, ¿se vio impedida para instituir la separación, fundamental a nuestros ojos, entre la pieza de recepción, de comedor, y la de intimidad, de dormir, así como cualquier otro tipo de sutileza en el ordenamiento de ambientes de aislamiento y de lugares de encuentro?

La torre y la casa

Para este primer desarrollo del tema, el dilema clásico entre residencia y fortificación nos proporciona una cómoda intriga: ¿hasta qué punto ha constituido la norma la segunda de estas exigencias en los «castillos», desde el siglo XI hasta el XIII? ¿Eliminó siempre o contradijo a la primera?

Surgen las torres

Torres o fortalezas se levantan, a partir de mediados del siglo X, bien en medio de conjuntos residenciales anteriores, bien en asentamientos nuevos cuyo elemento único o principal constituyen a veces. Pero, tanto en un caso como en otro, no se trata forzosamente de edificaciones habitadas de modo permanente.

En cambio, los organismos palaciales, heredados de la alta Edad Media o construidos en tiempos más recientes, se integran en una ciudad o en una aglomeración: se levantan a sus costados y la presiden, separándose de ella mediante un muro «interno», mientras que la muralla principal las encierra al mismo tiempo. Es la misma disposición que se daba en lo que los textos de los siglos X y XII denominan *castrum,* el castillo mayor, o mejor aún el núcleo protourbano cuyo crecimiento se convertirá, hacia 1200, en una verdadera ciudad: la residencia señorial, castillo en sentido restringido, constituye su punto focal y se sitúa, con frecuencia, en el corazón de un sistema de recintos concéntricos.

Estos conjuntos desempeñan numerosas funciones. En la superficie relativamente extensa (de una a cinco hectáreas), ovoide o poligonal, delimitada por terraplenes y fosos, se despliegan en orden no muy rígido construcciones poco elevadas entre las que quedan numerosos espacios descubiertos. Hay además una corte propiamente dicha *(aula),* a saber una pieza de recepción, un hall, levantada sobre una bodega semienterrada, flanqueada a veces por lo que los comentaristas llaman, con razón o sin ella, «aposentos», y todo ello comunicado con una capilla: es lo que Carlomagno levantó, majestuosamente, en Aquisgrán, y que se encuentra también en otros muchos sitios, por el simple hecho de la imitación o, sencillamente, en virtud de idéntica funcionalidad. Y vienen luego los anejos reservados al trabajo, al almacenamiento de víveres y de armas, las caballerizas, eventualmente otros alojamientos aristocráticos, y una colegiata: la presencia y extensión de estos otros elementos permiten medir la importancia y la polivalencia de la localidad en cuestión. Todo esto se encuentra por ejemplo en el *burg* condal de Brujas, notablemente amplio, teatro de los dramas que narra Galberto. En cambio el primer palacio de los Capetos en París resulta ya más apretado, aunque desde luego presenta con toda claridad la sala del rey adosada a la muralla de la ciudad, una vivienda contigua en ángulo recto y una capilla.

Doué-la-Fontaine: puerta principal del edificio (h. 900).

La torre, en estos dos sitios, tarda un poco en hacer su aparición. En Brujas donde, como es frecuente, se equilibran material y simbólicamente la parte laica y la parte clerical, todavía en 1127 es el campanario de la colegiata de San Donaciano el que les sirve de refugio final a los asesinos de Carlos el Bueno, pero sin embargo son también los dueños de su *aula,* cuando los vengadores los acosan. En París, el rey aguarda hasta casi el siglo XII para levantar una fortaleza al costado de su sala o *aula* —y lo hace sin duda más por prestigio que por defensa. En cambio, desde el siglo X, en tiempos de Luis IV de Ultramar, los Carolingios tenían una torre en su palacio de Laon— o un *aula* muy fortificada. En todos estos lugares, hay ciertamente espacio suficiente, pero ni lujo ni sosiego, y el placer no es tanto el de las alcobas confortables como el del poder exaltado, mediante la ostentación del hall y del balcón: *aula* y fortaleza son dos lugares privilegiados de la representación del poder.

De una a otra puede darse una continuidad genética: las excavaciones de Michel de Bouard en Doué-la-Fontaine (Anjou) ofrecen un tipo cuasi ideal. A comienzos del siglo X, un rectángulo de 23 metros por 16, al nivel del suelo y con muros de altura modesta (de 5 a 6 metros): *aula* espaciosa, residencia secundaria del príncipe de esta comarca, Roberto. Después de un incendio, se le añade, hacia 940, un piso, con acceso por el exterior: fortaleza del tipo más elemental. Finalmente, con posterioridad al año mil, se sepulta

Doué-la-Fontaine (Marne-et-Loire): despliegue del *aula* del siglo X sepultada en una mota del siglo XI: aquí, muro oeste y puerta de entrada; a la izquierda, se ve el corte de la mota.

todo ello en tierra de acarreo, convirtiéndose los dos primeros niveles en subsuelo, bodegas y calabozos, y se instala encima una torre (baluarte o fortaleza) sobre una mota de antología... que incendian a mediados del siglo XI. Está por tanto claro que puede darse una continuidad arquitectónica entre la «corte» y la «torre», entre la época carolingia y la de los señoríos banales (siglo XI). Y es muy posible que las torres de los palacios de Compiègne, Rouen y otros sitios, por esta misma época, hayan sido también *aulae* progresivamente fortificadas.

En cualquier caso, la inserción de torreones o fortalezas en las ciudades señoriales se lleva a cabo por lo general de manera progresiva e incompleta. Hay variantes regionales: así, las ciudades del Mediodía, con sus enormes castillos, prescinden de aquéllas. La tierra predilecta de los torreones parece haber sido el noroeste de Francia, ante todo Normandía y el valle del Loira, ricos en excelente piedra y sedes de principados poderosos, de señoríos compactos. El más antiguo de los que se mantienen todavía hoy en pie, Langeais, data de 994 y se debe a la iniciativa del conde de Anjou, Foulque Nerra. Pero, si se lo estudia con detención, como lo ha hecho Michel Deyres, las intenciones del conde no fueron siempre las mismas: quiso al principio que fuese un bastión para la guerra, y luego lo acondicionó para residencia, antes de que sus sucesores, a finales del siglo XI, le volvieran a dar, rodeándolo de una cubierta,

Langeais (Indre-et-Loire): construcción cuadrangular, edificada en 994 y reforzada más tarde con contrafuertes, llamada el «baluarte de Foulque Nerra», por el nombre del famoso y terrible conde de Anjou.

Montcuq (Lot): baluarte que data del vez del siglo XIII, cuyo rudo aspecto muestra que no todas las construcciones de esta época se beneficiaron de la tecnología más avanzada.

un destino propiamente militar. En esta misma zona geográfica, el caso más frecuente consiste en un emparejamiento del torreón con un cuerpo contiguo de viviendas, de las que se puede acudir a aquel a refugiarse en caso de necesidad; pero el torreón no juega un papel central ni verdaderamente activo en la defensa de las plazas fuertes: es más bien un reducto protegido por su aislamiento o su descentración respecto de las otras defensas. Sólo en la Inglaterra normanda de después de 1066, apéndice de la Francia del Noroeste, donde los conquistadores viven durante mucho tiempo a la defensiva, se levantan inmensos e imponentes torreones que sirven de residencia permanente, aunque ello no suceda ni siempre ni exclusivamente. La Torre de Londres es un modelo repetido con frecuencia.

Una breve ojeada a los asentamientos señoriales de segundo orden, que el crecimiento de la población y la multiplicación de las guerras locales hacen proliferar en el siglo XI, muy especialmente en las inmediaciones de los *pagi,* o antiguos condados, y de las castellanías. La prospección arqueológica, desde hace tres decenios, ha descubierto las huellas o inventariado las ruinas de un gran número de motas y torres, peraltadas sobre ellas o asentadas a sus costados: aisladas, integradas tan sólo a trancas y barrancas en un plano de encuadramiento del territorio, están expuestas de forma más regular a los peligros y se las emplea más fundamentalmente como guaridas de botín que los conjuntos señoriales.

Pero estas fortificaciones secundarias, totalmente artificiales o resultantes de un acondicionamiento de terrazas o contrafuertes cerrados, no son necesariamente lugares de residencia, ni en el Mediodía ni en el norte de Francia. Cuando, a pesar de todo, abrigan a la «familia» de un caballero, tienden a disociar la forma de habitación más privada de la torre. Es lo que ocurre en Grimbosq, en Cinglais: el punto más alto de la mota de Olivet no está ocupado por la residencia; la casa se asienta tan sólo en una corte o patio bajo y reducido, entre la torre y la parte menos vulnerable del recinto; otra corte baja, más ancha y menos defendible, acoge algunos animales domésticos y, sobre todo, sirve de palenque para los ejercicios ecuestres. La residencia, cuyo carácter aristocrático está ampliamente atestiguado por las joyas y las piezas de juego, tiene la forma de un *aula:* un espacio rectangular de 17 metros por 7-10 metros; su armazón descansa sobre un murete de piedra. La cocina está separada de ella —signo distintivo también de la vivienda noble— y, por otra parte, hay una capilla y una segunda construcción yuxtapuestas. Nos hallamos, en suma, ante el modelo reducido de un conjunto principesco o señorial: las mismas distinciones funcionales, la misma vecindad con respecto a la casa y al bastión. Son también de interés, en relación con las comarcas occitanas de la misma época (siglo XI), las indicaciones de los relatos de *Milagros de santa Fe* de Conques: tienden a pre-

Houdan (Yvelines): baluarte cilíndrico (15 metros de diámetro, 30 metros de altura) erigido a comienzos del siglo XII por Amaury III, señor de Montfort; está rodeado por cuatro torres una de las cuales (a la derecha, en la foto) encierra una escalera de caracol por la que se accede al primer piso. La puerta se halla a 6 metros sobre el suelo. El interior está ordenado en torno de la sala central («estructura de Ardres»).

sentar la torre como la guarida exclusiva de los guerreros, al tiempo que las esposas reinan en una casa, *mansio,* contigua o más alejada.

El emparejamiento de la torre y la vivienda, separadas y complementarias, se nos presenta por tanto como el caso normal en toda la gama de las mansiones aristocráticas, moléculas palaciales y señoriales, o átomos cuyos núcleos son motas y torreones. Entonces, ¿por qué los textos confunden a veces *domus* y *turris?* Cabe entender la cuestión de varias maneras:

a) La torre es la metonimia de la mansión, si la parte prestigiosa se toma por el todo.

b) La torre es el porvenir de la casa, si el *aula* se eleva y se transforma en fortaleza progresivamente. Eso es lo que sucede con las viviendas rurales habitables en su planta baja, pero cuya concepción recuerda la de la fortaleza (Pierre Héliot, al comentar el caso de Longueil en Caux, residencia de una gran familia a comienzos del siglo XII): tipos impuros que justifican las vacilaciones de la pluma.

c) La torre, finalmente, es una parte de la casa: la que sirve de refugio en caso de peligro, desde luego, como sucede en el castillo de Loches; pero también aquella donde habita permanentemente una parte de la familia, la masculina: la torre es entonces el *aula* cuyo «apartamento» anejo está representado por la casa. Pero este caso no es general: en no pocos palacios y castillos no es otra cosa que el flanqueo militar y, sobre todo, simbólico de una casa que es preciso seguir denominando *aula.*

La impronta de la guerra sobre las mansiones de los nobles, la presión de los proyectos político-militares sobre su vida cotidiana, son muy reales, dentro y fuera de la torre. Porque el *aula,* aunque separada, participa un poco de la fortaleza. Tanto en Francia como en Inglaterra hay numerosas construcciones cuya denominación exacta siguen poniendo en duda, discutiendo y rectificando los especialistas de la arqueología.

Los tres pisos del castillo de Hedingham (Essex), h. 1140: 1: primer piso: suspendido sobre una planta baja murada, tiene acceso por un cuerpo delantero; 2: segundo piso: sala central, que ocupa de hecho dos niveles, porque hay una galería abierta sobre ella; 3: piso superior (el cuarto): serie de habitaciones.

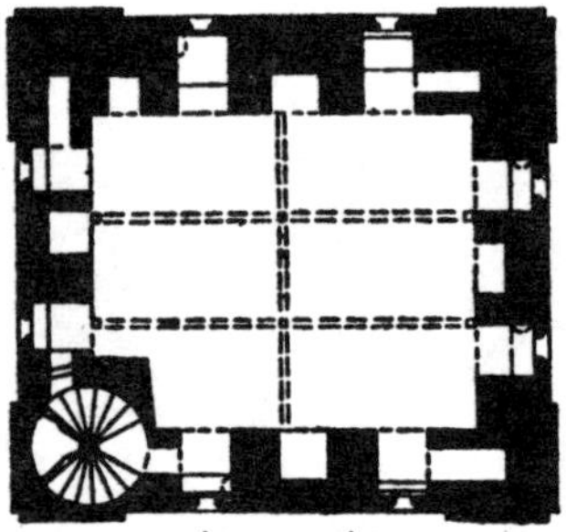

piso superior
habitaciones

2.º piso

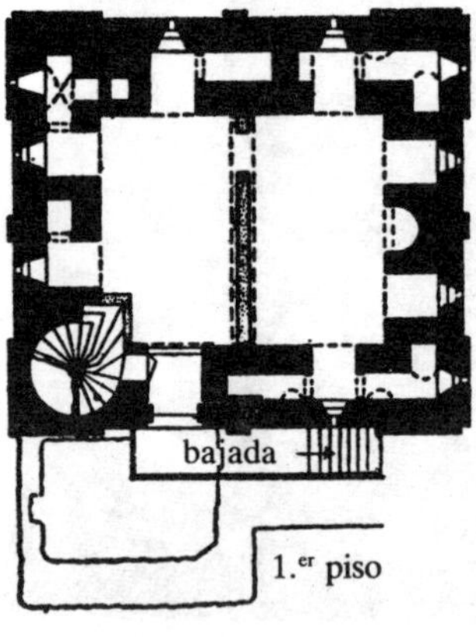

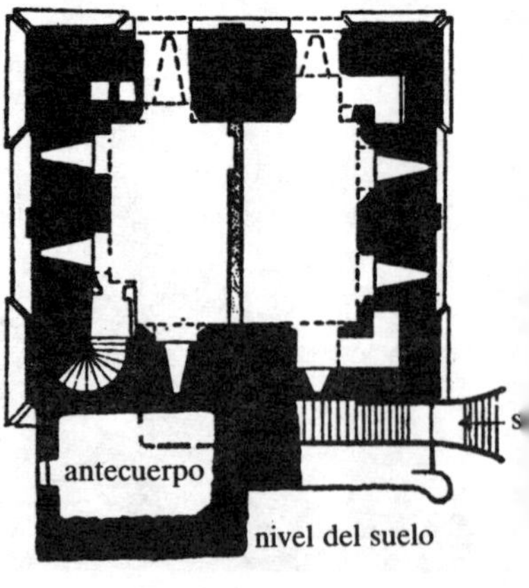

Rochester (Kent): fortaleza real edificada hacia 1130 (primer siglo de la Inglaterra normanda), característica de la serie de «fortalezas-palacio» inaugurada por la torre de Londres: cubos macizos de alrededor de 25 metros de arista, con tres plantas y acceso por un «pequeño baluarte» (aquí a la izquierda).

Los grados de la incomodidad

Entre *aula* y fortaleza se roza con frecuencia la indistinción. Añádanse unos contrafuertes a la primera, tápiesele la puerta al nivel del suelo: ya tenemos una fortaleza. Ábranse unos vanos en las plantas altas de la otra o dispónganse unas escaleras en el espesor de los muros: y se la habrá emparentado con un *aula*. Aunque no deja de ser posible enunciar de una forma precisa algunos criterios de diferenciación: espesor de los muros, estrechez y dispersión de las ventanas, y acceso al piso alto muy sobreelevado, constituyen la auténtica fortaleza; el abandono del plano rectangular por un módulo cuadrado o cilíndrico y, naturalmente, el crecimiento en altura la alejan también del *aula*. Pero hay rasgos de ésta que reaparecen en la fortaleza clásica, desigual: no hay por qué vacilar en llamar *aula* a una gran sala, generalmente en el piso

Doué-la-Fontaine (Maine-et-Loire): cocina contigua a la sala central y chimenea mural, h. 900-930.

superior (menos expuesto) en la que se ha decidido abrir anchas y bellas ventanas «románicas» geminadas.

Las fortalezas-palacios anglo-Normandas, según la denominación de Pierre Héliot, merecen con razón este nombre doble porque sus dimensiones en plano son las mismas que las de las *aulae* principescas (unos 20 metros por 13 de superficie interna) y porque, en su elevación, concentran muchas de las funciones de los conjuntos anteriormente dispersos a ras del suelo, incluyendo por ejemplo la capilla en el primer piso, y la vivienda aneja en las plantas superiores. En estas poderosas construcciones de finales del siglo XI y del XII, la función militar dista de acapararlo todo: se trata solamente de la custodia de los accesos —concretamente de la escalera exterior, verdadero bastión denominado en ocasiones «pequeño torreón»— y de las posiciones en lo más alto, terraza almenada a la que se accede a veces por unas escaleras independientes practicadas en la muralla. No obstante, aquí como en cualquier vivienda, pequeña o grande, cuya concepción se aproxime a la de la fortaleza, la rudeza de la vida constituye un problema.

La tendencia pesimista, en otros tiempos dominante entre los arqueólogos, hacía dudar inclusive del carácter original de algunos elementos de instalación interna: chimeneas, vaciados en los muros, letrinas... Sin embargo, excavaciones recientes tienden a contradecir semejante escepticismo; la hermosa chimenea de Doué-la-Fontaine y las de los halls del siglo XI, la presencia de tres hogares y de dos letrinas en el primer piso de la fortaleza primitiva (siglo XI) del castillo de Gante: he aquí otros tantos testigos de un esfuerzo precoz, al menos en las residencias de los príncipes, principales o secundarias, por mejorar el confort. En las proximidades del año 1200 aparecen conducciones de agua a los pisos, mientras que los paramentos de muro (en Gante, imitación de un hermoso aparejo de albañilería) se vuelven más elegantes. Hay por tanto algunos motivos para discutir lo sostenido por el autor de un bello libro sobre la arquitectura militar (1953), Raymond Ritter, que hace penetrar demasiado tarde y con cierta ingenuidad algunos rayos de la gran claridad de la Edad Media central en el interior de las torres: «A finales del siglo XII, los feudales de más categoría comienzan apenas a descubrir la horrible tristeza de las viviendas, tan mal iluminadas y aireadas, donde se apretujan con sus familias y su servidumbre en la más extraña promiscuidad*.»

La impresión siniestra, repitámoslo, sólo la han sentido los modernos. Y, aun cuando se denote aquí una verdadera diferencia antropológica con nuestro tiempo, ¿el término «promiscuidad» no resulta demasiado desvalorizador? Proviene de un mundo, el nuestro, en que las familias viven a veces un extraño aislamiento; y el hombre o la mujer, una horrible soledad... Sobre todo, la creencia en el refinamiento del gusto de los señores es muy arbitraria: ante todo, porque hacen aquello para lo que cuentan con medios, y, luego, porque en realidad este momento es aquel en el que vienen a vivir, cada vez más, en fortalezas o mansiones inspiradas por ellos. En Inglaterra, a finales del siglo XII, se transforma en residencias muchas fortalezas que han caducado militarmente.

Sin duda tuvieron que abrirse muchas ventanas en los muros de su residencia de Vendôme para que el conde de Anjou, Geoffroi Martel, al despertarse una mañana junto a su esposa, en 1032, pudiera abarcar con su mirada todo el paisaje de alrededor y un cielo de estrellas fugaces. Los huecos no faltan en ninguna *aula,* ni en ningún piso de la fortaleza utilizado como *aula.* Sin duda alguna el interior de las salas presenta un aspecto triste: hay pocas decoraciones murales, apenas una hilera de capiteles que sostienen elegantes columnillas y algunos paramentos que animan el relieve de las paredes —todo ello en los palacios de mayor prestancia. Pero hay que imaginarse también las numerosas tapicerías que cubrían los muros o permitían compartimentar el espacio interior, limitando así la «promiscuidad»; y casi siempre, todo un mobiliario, merecedor más que ahora de su nombre, puesto que se lo desplazaba de casa en casa, al hilo de aquellas idas y venidas tan normales entre parentelas principescas y señoriales. La rudeza es cierta, por tanto, pero la tristeza y el amontonamiento lo son mucho menos —como ya habrá ocasión de subrayar de nuevo más adelante, a propósito de las alcobas.

Lo inconfortable de las viviendas no es siempre tan acusado; varía por grados: según, por ejemplo, que el carácter de vivienda se marque más o menos en relación con el de baluarte y que haya o no en ella damas y damiselas; de acuerdo también con los pisos, porque los más altos se hallan, en las grandes fortalezas, mejor iluminados y sin duda mejor caldeados que las salas bajas. Finalmente, cabe pensar que en el curso de los siglos XI y XII, se introdujo en las fortalezas un progreso muy gradual —por más que la

Chevreuse (Yvelines): caída exterior de las letrinas.

* R. Ritter, *Châteaux, Donjons et Places fortes. L'architecture militaire française,* París, 1953, p. 99.

creciente habitabilidad de algunas de ellas, a finales del siglo XII, se debiera principalmente al hecho... de que se las habitaba, o sea a un brusco (aunque no irreversible) cambio de función. De todas maneras, hay que situar con seguridad en estos años un umbral importante en la historia de la cultura material. Detengámonos un momento en él.

El cambio del final del siglo XII

Es entonces —lo ha indicado Georges Duby en su «Cuadro»— cuando los castillos, concentrándose en los puntos fuertes de la defensa, cambian de aspecto. Pero los comentaristas modernos de esta evolución se sienten perplejos. Por un lado, les parece que las preocupaciones militares no se afirmaron nunca con tanta intensidad, hasta llegar a enajenar la vida privada de los grandes: la fría geometría de los ángulos de tiro va a presidir en adelante el trazado de estas fortalezas-residencias. Por otro, tienen que constatar, como Raymond Ritter, que los acondicionamientos progresan: no se trata aún del pleno desarrollo del confort y de la alegría de vivir —esto se verá mejor en el siglo siguiente, a menos que no se haya de aguardar al «Renacimento»—, pero nos encontramos en cualquier caso con una austeridad mejorada... ¿Cómo conciliar semejantes comprobaciones? Con ellas prosigue el debate entre lo militar y lo residencial.

Un texto esclarecedor, muy preciso, relata los trabajos ordenados y financiados entre 1196 y 1206 en el castillo ancestral de Noyers (Borgoña) por el obispo Hugo de Auxerre, tutor del joven señor, sobrino suyo. Entusiasmado con el arte militar, hace de la fortaleza un todo orgánico: el torreón, en vez de ser un reducto masivo y pasivo como en la época precedente, se convierte en la cabeza activa y operativa de la defensa; ésta obliga a concentrar la atención sobre el *praesidium principale,* la parte principal de la fortaleza, cima del promontorio que domina el valle del Serein: se disponen, delante de ella, fosos defensivos y plataformas de tiro para las máquinas; de este modo el *castrum,* distinto ya del burgo sobre el que se levanta a pico, se escinde en dos mediante un muro interior. «Fuera del recinto de esta parte principal, prosigue el biógrafo, construyó un palacio de gran belleza que completaba su defensa: grata residencia señorial, que decoró con numerosos ornamentos y con gusto. Hizo unas galerías subterráneas que conducían de las bodegas —instaladas bajo el torreón— al palacio situado más abajo, a fin de que, para procurarse vino y otros víveres, no fuera necesario entrar en la parte principal de la fortaleza ni salir al exterior (...) Además, equipó de manera notable la parte principal de la fortaleza con armas, máquinas de guerra y otros ingenios necesarios para la defensa. Adquirió, por una elevada suma, las casas de los caballeros y las otras casas que estaban dentro del recinto de la fortaleza superior e hizo retrocesión de su propiedad en favor de su sobrino: de este modo, tanto en esta parte de la fortaleza como en el cuerpo de habitaciones del palacio, como medida de prudencia, la presencia de quienes acudiesen a ver al señor en su palacio situado fuera del recinto de la parte principal de la fortaleza no corría el riesgo de suscitar sospechas y, a consecuencia de la exclu-

Château-Gaillard, Andelys (Eure): la ciencia de las fortificaciones.

sión de cualquier extraño en período de peligro, el señor del castillo no tenía por qué dejar entrar a nadie en el interior del recinto superior, si no estaba plenamente seguro de su fidelidad (...)*.»

La ejemplaridad de esta operación es tal que en mi opinión pueden encontrarse en ella casi todos los aspectos del cambio de la segunda mitad del siglo XII.

1.° Desde el caso meridional y precoz de Carcassonne (hacia 1130, sin torreón) hasta las superproducciones septentrionales de Château-Gaillard (en torno a 1190) y de Coucy (hacia 1230), se integran cada vez mejor torreón, torres y murallas en un sistema defensivo único. El propósito estratégico domina, también aquí. Pero el «palacio», residencia normal de los señores, y no del todo desprovisto de valor militar, se halla un tanto al abrigo de este imperio de la balística. Del mismo modo, en Château-Gaillard, la «mansión» de Ricardo Corazón de León se halla situada fuera y por debajo de la ciudadela. Residencia y bastión, como en la época anterior, son a la vez complementarios, comunicantes entre sí y totalmente distintos. Y el progreso de las técnicas de construcción sirve tanto a la una como al otro.

2.° El obispo Hugo, de hecho, decora suntuosamente el palacio: de modo que no van a parar al equipamiento militar todos los

* Traducción según G. Fournier, *Le Château dans la France médiévale,* París, 1978, pp. 335-336.

fondos disponibles. Fuerza y *suntuosidad* han de ser mostrados y exaltados igualmente.

3.° Los caballeros del castillo de Noyers venden sus casas de la «parte principal», interna en adelante. Se les ha debido de inducir a semejante transacción con tanta mayor facilidad cuanto que la tendencia habitual en las castellanías por esta época se dirige hacia la desintegración de este grupo dominante: dejan de residir y de estar de guarnición en el castillo mayor, al precio eventualmente de una tasa de reemplazo de la guardia o del *estage* (permanencia), y van a vivir a sus tierras, inaugurando así la segunda etapa del señorío banal. La convivialidad en el castillo de la primera, un tanto ficticia y conflictiva, deja una huella de nostalgia, a finales del siglo XII en algunos poetas; y justifica, en este caso como en otros, el estrechamiento y reducción de la familia del señor.

4.° Al mismo tiempo, hacen su aparición una cierta cerrazón moral y física y un clima de suspicacia creciente ante cualquiera. Sin duda que hubo demasiadas fortalezas entregadas por la astucia y la traición de visitantes decididos. Relata Orderico Vital cómo, en 1141, se apoderaron Ranulf de Chester y Guillaume de Roumare de la fortaleza real de Lincoln, estratégica entre todas: enviaron a sus esposas de visita ante la señora del castellano y se presentaron ellos mismos en la zona más privada, en el corazón del edificio, ¡con el pretexto de reprenderlas! Así mismo, hay más de un milagro de santo en favor de cautivos que explica un rasgo sociológico de las *familiae* antiguas: la barahúnda, la multiplicidad de gente que entra y sale, a la que no se puede prestar continuamente atención. Por contraste, se hace más patente el deseo de seguridad de los señores feudales del siglo XIII.

Queda en pie el hecho de que no hay castillo, ni cofre, que se hallen al abrigo de la traición y la sorpresa. ¿Por qué entonces la nobleza del siglo XIII se encierra en sí misma cada vez más? Son el fantasma de la inseguridad y el del orgullo, en un siglo en que la paz ha mejorado y la monarquía se ha fortalecido: dos hipótesis plausibles para una aproximación clínica a los «grandes feudales».

Pero, en todo caso, no es una contradicción tener en cuenta durante el mismo tiempo, o sea en torno al año 1200, un acrecentamiento concomitante de las posibilidades militares para hacer frente a asedios mucho más eficaces —y de las capacidades residenciales— con el fin de asegurar un tren de vida y un confort superiores, bien en construcciones vecinas, o bien en las mismas. Todo ello participa efectivamente de un mismo progreso. Dos observaciones pueden precisar y concretar esta misma idea:

1.° En Gante, hacia 1178, el conde Felipe de Flandes remodela su castillo: restringe la superficie utilizada, para mejor aislarlo y defenderlo mediante los fosos del Liève; instala dos grandes salas superpuestas en lo alto de un torreón desigual de 26 metros por 10, y concentra en torno de ellas dos viviendas contiguas. El proceso de integración de los elementos hasta entonces informalmente dispuestos es por consiguiente paralelo al que impone la racionalidad

Gante (Flandes): el castillo, modernizado después de 1180 por el conde Felipe de Alsacia, se yergue sobre las aguas del Lième.

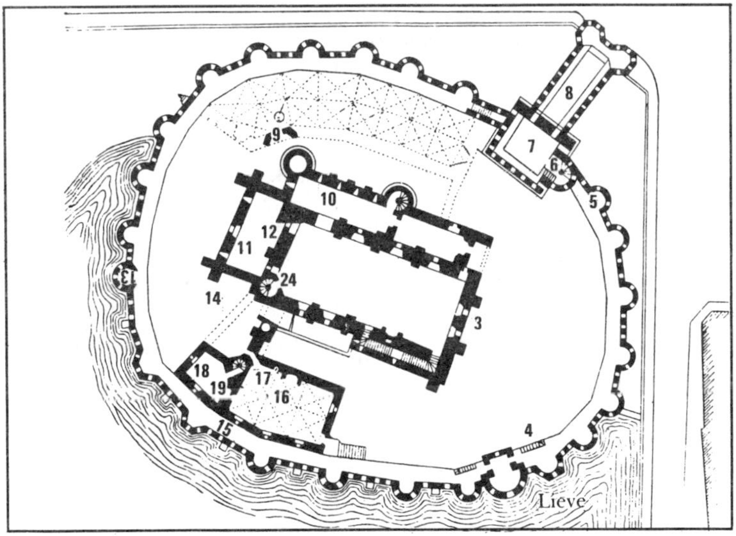

Plano del conjunto, que se extiende sobre media hectárea:
Puerta de entrada: 8.
Puerta de entrada, parte trasera: 1.
Muralla: 4, 5, 13, 15.
Fortaleza de 1180: 3, 24.
Anejo del siglo XIII a la fortaleza: 11, 12.
«Galería románica»: 10.
«Habitación del conde» y anejos: 16, 17, 18, 19.
Galería que une la «habitación del conde» a la fortaleza: 14.
Gran bodega a la entrada: 9.

Soussey (Côte-d'Or): torre cuadrada de tres pisos, con planta baja abovedada; es el elemento más antiguo de un «castillo» de la baja Edad Media.

de los ingenieros en materia de defensa; en este caso se volvió evidentemente necesario a causa de la falta de espacio, ¿pero, ya que no la consecuencia, no sería al menos la ocasión de un ordenamiento más estricto de la mansión? A partir del inicio de la tendencia a la transformación de la residencia en fortaleza, ¿no permiten acaso los pisos superiores una vigilancia y una jerarquización más cómodas de los habitantes?

2.° Lo que es válido para la ordenación de conjunto puede verificarse también en los rasgos de detalle. Se empieza a construir, en el siglo XII, corredores acodados o angulares, en la mira de tiro de las troneras e interrumpidos por obstáculos, de forma que si el enemigo se atreviera a franquear la estrecha puerta de la fortaleza no estuviese en situación sin más ni más de poder invadirla, o incendiar el conjunto. Pero estos nuevos esquemas, ¿no son los mismos que Lambert de Ardres describe instalados en el armazón del castillo de Guines, *diversoria* («peraltes») en los que esos seres al aire libre, los caballeros y las doncellas, descubren la cortesía en los recodos deliciosos de las estancias de Dédalo? En donde el arte de modular los matices de la vida privada progresa rápidamente, de creerse al testimonio de la literatura.

Proponemos aquí la conclusión, bastante optimista, de que el siglo XIII ha aprendido a dominar mejor *a la vez* la exigencia militar y la exigencia residencial. Sus fortalezas son más habitables y mejor defendibles. Si uno se siente más seguro, ¿no es normal que se meta en gastos de mejora de las instalaciones?

El tiempo de las casas fuertes

A finales del siglo XII, los caballeros de Noyers, como los de Coucy y de numerosas castellanías francesas, dejan de residir en los grandes castillos. Ya con anterioridad no pasaban en ellos más que una parte del tiempo, divididos como se hallaban entre éstos y sus casas rurales. Es una época en que se ve prosperar a los pequeños señoríos de segundo orden —o ficciones de señoríos... Una vez vulgarizado, el término *dominus* se aplicará en adelante a señores de aldea, una decena de hidalgüelos por castellanía, y ya no al dueño único del gran castillo. Ahora bien, quien aspira a ser *dominus* tiene que reforzar el prestigio de su *domus,* dotarla de una elevación y de un foso para poner bien de relieve su exención de noble, de una torre para apoyar su título de señor, y levantarla, así mismo, con mucha más consistencia. La proliferación de las casas fuertes o fortificadas, a partir del siglo XIII, llama la atención de los arqueólogos actuales, dedicados a repertoriarlas, a datarlas con precisión y, mediante las excavaciones, a restituirles su aspecto —como lo han hecho con respecto a Borgoña Jean-Marie Pesez y Françoise Piponnier—. Ya no se trata, como en el siglo XI, de una brutal prolongación de la guerra privada sino, al contrario, en un reino pacificado, de una erupción (¿compensatoria?) de pretensiones aristocráticas.

La historia de las residencias de campo señoriales, entre los siglos XI y XIII, es mucho menos conocida que la de los grandes castillos. Pero sigue no obstante progresando gracias a numerosas

Villy-le-Moutier (Côte-d'Or): la fotografía aérea muestra los fosos que rodean una casa fuerte (a la derecha) y una granja (a la izquierda); las excavaciones han demostrado que la tierra sacada de los fosos (anchos y poco profundos) sirvió para erigir las plataformas.

campañas de excavaciones, de las que aquí sólo van a utilizarse algunas. ¿Cabe ya entrever, también en este particular, un umbral de la evolución o una brusca transformación por los años 1180-1200, con la aparición de nuevos señores?

En tal nivel, el problema no está tanto en identificar las defensas como en distinguir efectivamente la casa del pequeño noble de la de los campesinos. Desde el siglo XI hasta el XV, en definitiva es siempre el mobiliario, armas y piezas de juego en particular, lo que sirve para demostrar el carácter aristocrático de la vivienda, mientras que las instalaciones y el aspecto de las habitaciones son de una gran rusticidad.

En Colletière, en el Delfinado, unos caballeros se habían instalado, antes de 1030, en una zona marginal para vigilar un sector fronterizo, y vivían también de la caza, la pesca y la cría de ganado. Una empalizada delimitaba un área de 1500 metros cuadrados, clausura de un espacio privado de acuerdo con la mentalidad de la alta Edad Media más que verdadera defensa. Se habían levantado allí numerosas grandes casas, cuyos vestigios han sido sacados a la luz por Michel Colardelle y su equipo; la inmersión en el lago de Paladru ha preservado la legibilidad de los suelos. En cada una de ellas hay un sector norte, frecuentado por los animales domésticos,

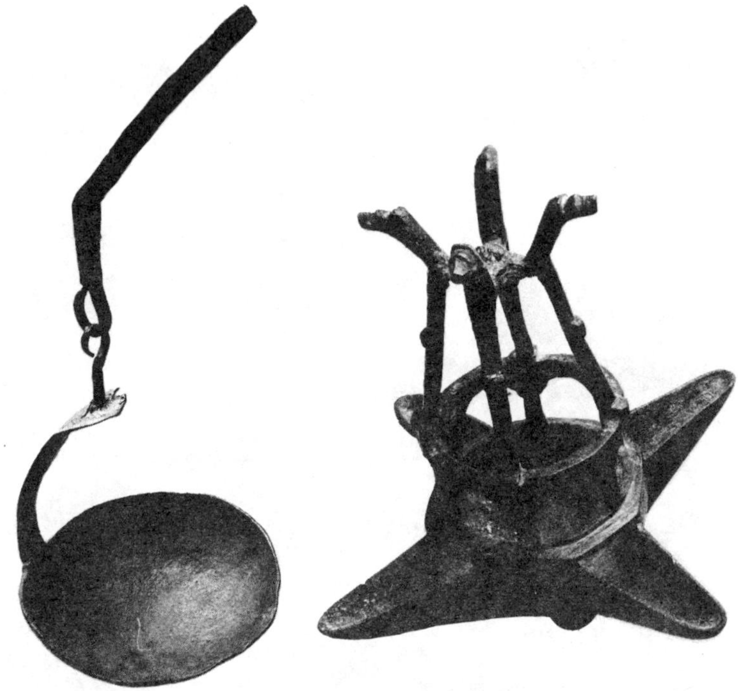

En Villy-le-Moutier (Côte-d'Or), la relativa frecuencia de los adornos de bronce o de cobre, las piezas de cobre en general, y la presencia del vidrio atestiguan el carácter aristocrático de una vivienda. Estas dos lámparas de aceite simbolizan la separación entre dos niveles de civilización material: «Una de ellas es una simple copela de hierro, sin pico de mechero, es la lámpara rural; la otra, de bronce, con cuatro mecheros, con un crisol perfectamente rodeado de arcadas, suspendida de cuatro vástagos acabados en cabezas de animales, es la de la fortaleza.» (J.-M. Pesez y F. Piponnier.)

que se distingue de un sector meridional, soleado y exclusivamente residencial, en el que se hacía algo que era mucho más que vigilar y descansar, y mucho mejor que trabajar, puesto que las piezas de juego y los instrumentos musicales atestiguan una vida cultural elaborada y una participación activa en la economía de cambio. La siguiente etapa del equipamiento regional fue la instalación de las motas. Sus inmediaciones son menos ricas en vestigios de habitación.

Ciertos objetos de hierro, de los que carecen los campesinos vecinos, peones de chaquete, piezas de ajedrez y dados de juego, singularizan la vivienda de Andone (actualmente departamento de Charente), estudiada por André Debord: se trata, en este caso, de un asentamiento antiguo, de hacia 975, que se encuentra ocupado de nuevo convertido en un pequeño castillo, en un *castrum*. Del mismo modo, el mobiliario de la casa señorial de Rubercy, en Bessin, entre mediados del siglo XII y comienzos del XIII, constituido por herraduras, llaves de arcones, flechas, tirantes de ballestas, sonajeros infantiles, conteras de fundas de espada, pendientes en bronce dorado, dados de juego y peones de chaquete, evoca con toda claridad, como advierte Claude Lorren, una «posibilidad de entretenimientos que sólo cabe hallar en ambientes aristocráticos». La casa misma, rectangular, no se distingue apenas, en una primera etapa (1150-1190), con su suelo de tierra apisonada y sus hogares a ras del suelo, de una vivienda plebeya; e incluso tampoco las instalaciones del segundo período de ocupación, tendentes a la compartimentación del interior entre sala, alcoba y cocina (que no está separada de la construcción), suponen, en resumidas cuentas, una mejora notable.

En Rubercy como en Borgoña, lo que identifica a la casa fuerte es su instalación un poco al margen de la aldea, sobre una plataforma rectangular, llana y poco elevada —por tanto completamente distinta de la mota de antaño—, construida con la tierra extraída de la excavación de los fosos, o «terreaux», que aíslan su área. La torre, a su vez, es únicamente el apéndice prestigioso, utilizado o no de forma residencial, de una vivienda principal muy rústica: emparejamiento que en el fondo reproduce muy bien la situación de los castillos más grandes descrita más arriba.

La casa de la pequeña aristocracia ha de ponerse por tanto en relación al mismo tiempo con la del común —de la que sólo se separa por el emplazamiento, una cierta amplitud, y la riqueza y la variedad de su mobiliario— y con la de la alta nobleza de poder y decoro reales —cuyo prestigio trata de apropiarse. Si los años 1200 son importantes en su historia, ello es debido a que, por una parte, se encuentra en la vanguardia del progreso material de la pobre vivienda rural, y a que, por otra, es entonces cuando franquea, con mayor o menor decisión, el umbral de la honorabilidad. ¿Cómo resumir, en efecto, el destino típico de una familia de propietarios de rango caballeresco? Su casa había comenzado siendo un centro de explotación agrícola, el núcleo de un pequeño «dominio», una *curtis;* se quiere luego hacer de ella un pequeño *castrum,* aunque los poderes principescos o castellanos (de los señores de los grandes castillos) tratan constantemente de oponerse a ello: tensión persistente durante los siglos XI y XII, con avatares alternos según se esté en fase de «anarquía» (favorable a los pequeños hidalgos) o de «orden» (establecido por reacción de los más fuertes). Hacia 1200, un compromiso inédito —la feudalización de las tierras, contra la adquisición de los títulos y las torres— permitió inaugurar el tiempo de las casas fuertes: a las de los pequeños caballeros, condes y señores les añadieron por otra parte y opusieron virtualmente las suyas propias, fortificando sus casales.

La quinta, meridional o nórdica, es en Francia el teatro de las mismas tensiones: el *steen* de los patricios de Brujas o Gante —ya impresionantes en tiempos de Galbert por su piso alto sobre la bodega (con un plano de *aula),* con sus capacidades de resistencia a mano armada y de almacenamiento de arcones sigue aspirando a aumentar de tamaño, y el castillo de Gante, en la forma en que el conde Felipe le dio mayor altura en 1178, no es quizás sino una réplica a los arrogantes torreones de los burgueses enriquecidos; la casa solariega meridional, con la misma concepción, es también el origen de la torre gentilicia, o su vecina. Aquí como en el campo, la historia de las formas de habitación de los notables no es, en el fondo, sino un capítulo de la de los poderes.

Residencia o fortificación, ¿se trataba de un verdadero dilema? Si los dispositivos militares del gran castillo y de la casa fuerte están hechos sobre todo para impresionar, y si los condicionamientos de las viviendas aspiran principalmente a acentuar y ampliar su ostentación, entonces es que la defensa lo mismo que la vida privada se

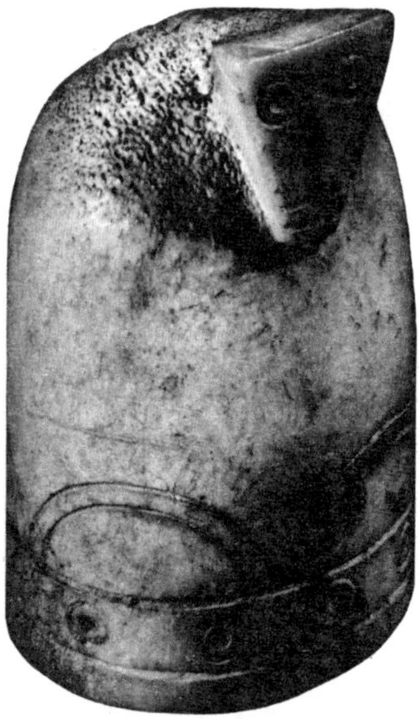

Peón de ajedrez del siglo XII. (París, museo de Cluny.)

enajenan ambas en nombre de otra cosa, que habrá que llamar prestigio, apariencia, y que contribuye vigorosamente a la institución imaginaria de la sociedad. Comprobación que es válida también cuando se atiende al interior de las viviendas, a la forma en que se confunden, se distinguen y se disponen, en todas estas casas, la «sala» y la «alcoba».

La sala y la alcoba

Dejemos por tanto el problema en cierto modo externo y sintético y vengamos al análisis de las articulaciones internas de las viviendas. En este segundo desarrollo, se acudirá menos directamente a la arqueología: son los textos, la utilización opuesta o confundida de ciertas palabras, lo que nos va a decir más cosas sobre el curso de la vida, los desplazamientos, las reuniones y las situaciones de retraimiento, que unas salas vacías cuya finalidad no se ve patente; se tratará por tanto únicamente de verificar que el ordenamiento revelado por las fuentes escritas pueda efectivamente encajar en los marcos materiales conservados o reconstruidos. Por no tomar en cuenta más que estos últimos, los historiadores del arte y los arqueólogos de otras épocas se dejaron arrastrar a dar por supuesto demasiadas cosas en función de sus propias reacciones de modernos. No será inútil comprobar, con uno o dos ejemplos, en qué se equivocaba semejante modo de ver las cosas.

Suposiciones

Los eruditos austeros, irreprochables en el estudio de lo que habían constituido como objeto científico (por ejemplo las preocupaciones militares de los arquitectos de castillos o las mismas técnicas de la construcción), convertían en otros tiempos la vida privada de las damas y los grandes barones en ocasión de efectos de estilo y de sugestiones ideológicas. Así, el gran Émile Mâle, emocionado como muchos de sus contemporáneos (1917) por el «héroe de nuestras epopeyas, el soldado de nuestras cruzadas», se proponía establecer, en un estilo sobrio y sin embargo vibrante, la unidad orgánica entre el marco severo y reducido de la fortaleza y el carácter de sus habitantes. «Aquella ruda mansión hizo posible el feudalismo. Contribuyó a sus defectos: el desdén, el orgullo del hombre que no tiene iguales a su alrededor; pero le proporcionó también más de una virtud: el amor por la tradición y las antiguas costumbres, el profundo sentimiento de la familia. Allí no hay ya, como en la villa galo-romana, un gineceo, un triclinium de verano, un triclinium de invierno, termas, galerías, y un buen número de habitaciones en las que uno puede aislarse: no hay más que una sala. El padre, la madre y los hijos viven juntos a todas las horas del día, apretados unos contra otros, a veces bajo la amenaza del peligro. En aquella sala sombría no podía por menos de haber una atmósfera cálida de afecto. Sobre todo, la mujer salió ganando con aquella vida tan austera: se convirtió en la reina de la casa (...)*.»

* É. Mâle, *L'Art français et l'Art allemand du Moyen Âge*, París, 1923, 4.ª edición, p. 295.

Es fácil la crítica de este pasaje, en el que el arte se ha reducido a la nada. Está sembrado de suposiciones arbitrarias: que el marido vive permanentemente con su mujer y que educan por sí mismos a sus hijos, que la proximidad crea siempre el afecto y nunca la insoportabilidad, que el castillo es un refugio y no una base de ataques, etc. De hecho, la familia conyugal, católica y burguesa, de los lectores de León Gautier se ha trasplantado aquí pura y simplemente a la sociedad feudal. También resulta demasiado artificial dar a entender la unidad entre la decoración (tal como Mâle la interpreta) y la sociabilidad: parece preferible el análisis de las relaciones dialécticas y aleatorias entre los hombres y su marco de vida; y demasiado simple oponer la Antigüedad a la Edad Media como el mundo del refinamiento y del abandono al de la simplicidad pura y dura: habrá que renunciar totalmente a semejante modo de ver las cosas. En cuanto al reinado de la mujer, ¿cómo no adivinar sus límites y su ambigüedad?

A pesar de todo, y aunque se olvida también de colocar a la servidumbre, servil e importuna, en torno de su familia ideal y de mencionar los compartimentos internos entre las distintas piezas mediante tabiques ligeros, tiene razón Émile Mâle en dos puntos importantes: el ordenamiento de la familia en torno de unos cónyuges dominantes, de una pareja de amos, y la posibilidad que éstos tienen de estar durante el día y de dormir por la noche en el mismo espacio. ¿Pero no tienen también uno y otro sus respectivos lugares de retraimiento? ¿Y no tienen los restantes miembros de la familia, hijos, huéspedes y sirvientes, sus respectivos cuartos?

Los comentaristas de una fortaleza de varios pisos no dejan de hablar de «sala» abajo y de «alcoba» arriba, teniendo por tanto a la vista, a medida que se va ascendiendo en el cuerpo de la torre, una gradación hacia lo más privado, lo más enclaustrado, lo más femenino. En suma, se habría pasado sin dificultad del orden horizontal de los antiguos palacios *(aula* y apartamientos contiguos) a la disposición vertical de los nuevos castillos. Esta visión de las cosas parece natural, y aquí no se trata de desmentirla, sino de matizarla. ¿Cómo no advertir, por ejemplo, que las habitaciones altas de los castillos, iluminadas y espaciosas, son más aptas que el resto para la recepción de solemnidad? Porque la sala y la alcoba no son de hecho espacios estrictamente antagonistas en los que se hallaría dividida, como la casa moderna, la vivienda «feudal»; no son sino lo que los hombres y las mujeres que las habitan quieren hacer de ellas. Ellos y ellas se encargan de modular finamente sus usos; y de ello dan pruebas, si se presta atención, ciertas ambigüedades de lenguaje.

La sala confundida con la alcoba

Si se recorren los textos de los siglos XI y XII, se experimenta a veces la sorpresa de encontrar, a propósito de una auténtica *aula* (que comprende una pieza grande levantada sobre una bodega), el término *camera:* en Brujas, la sala del conde y la casa de Berturf, en 1127, se denominan, una y otra, *camera.* Así mismo, en la torre de Castelpers, de acuerdo con el relato de los *Milagros de santa Fe,* un prisionero consigue subir desde su calabozo al piso alto, la *herilis*

Loches (Indre-et-Loire): gran fortaleza, erigida a fines del siglo XI, arreglada a mediados del XII. El conjunto comprende tres pisos entarimados; se sube del primero al segundo por una escalera en rampa dentro del espesor del muro; y del segundo al tercero, por una escalera de caracol. Las chimeneas de campanas cónicas son de la época; las ventanas dan al interior sobre nichos cubiertos (¿espacios secretos?), mientras que, vistas desde fuera, se reducen a simples arquerías.

camera: la atraviesa discretamente y, como da al exterior, le basta con saltar por una ventana para llevar a feliz término su evasión. Tampoco queda ya ninguna duda sobre la casa, o «torre de madera», del señor Aubry en La Cour-Marigny (Orleanesado, mediados del siglo XI): allí era donde «hablaba, comía y descansaba por la noche» con su *familia.* Finalmente, la «famosa» descripción de la vivienda de Ardres, construida con un armazón de madera hacia 1120, muestra el conjunto ordenado en torno de una *herilis camera,* «vasta cámara en que dormían el señor y su mujer», y los arqueólogos no han podido encontrar en los aledaños de este lugar ninguna huella de un *aula* distinta: la pieza de recepción debía de ser aquella misma. Por otra parte, tratándose de los servicios domésticos de los más altos príncipes, hay denominaciones cuya ambivalencia llama la atención: por ejemplo, con respecto al camarero ducal de

Normandía, «primero de mi *aula* y de mi *camera*» (siglo XII).
¿Cómo es posible que se confundan así sala y alcoba?

1.° El estudio de las amplias salas de palacios muestra la posibilidad de una separación interna, mediante tabiques de madera, entre un espacio de recepción, de superficie mayor, y un espacio más reducido como cuarto de dormir. Así en Troyes, en el palacio de los condes de Champagne, hallamos esta disposición en 1177: de un lado, hay un estrado adosado al muro desde donde el príncipe preside los banquetes, dominando a los comensales sentados a dos grandes mesas de acuerdo con el eje longitudinal de la pieza; de otro, se halla el *thalamus comitis,* «lecho» o «alcoba» conyugal.

2.° Se advierte también que en cada una de las plantas de un castillo la gran pieza puede ser a la vez sala y alcoba, dividirse al menos en dos partes. La literatura del siglo XIII describe exactamente las cosas: en Kamaalot, en *La muerte del rey Arturo,* tienen lugar a la vez dos banquetes distintos: el del rey, en la gran sala, y el de la reina Ginebra, en su cámara, donde se sientan a la mesa Gauvain y los suyos, así como toda una tropa, servidos y sometidos por la señora. El texto no precisa si esta cámara es un piso o un local contiguo a la «sala»; no importa: lo mismo si nos encontramos en una ordenación horizontal que en una vertical, hay sin duda una progresión en el grado de familiaridad cuando se penetra en los aposentos de Ginebra —que puede impedir la entrada en su habitación a un amante en desgracia— sin que las funciones de la «alcoba» difieran mucho de las de la «sala» de su real esposo, sede de la corte en completa formación.

3.° Los precisos testimonios recogidos por Guillaume de Saint-Pathus, confesor de la reina Margarita, sobre los hábitos privados de san Luis durante los veinte últimos años de su vida muestran bien a las claras los círculos concéntricos que constituyen la esfera de lo privado. Cada uno de ellos se define por el carácter y la importancia del entorno real. El rey tiene junto a sí compañeros más o menos familiares: uno de sus capellanes es *«mout privé»,* Joinville es «bastante privado», caballero de alta alcurnia que no puede servir a su señor en la esfera privada. El ámbito más secreto es el guardarropa, aislado en el interior de la alcoba: allí duerme Luis IX, velado por un solo servidor, allí es donde reza en total recogimiento, donde lava los pies a tres pobres, sustrayendo a las miradas ajenas este acto de piedad absolutamente personal; y allí oculta también su cuerpo, si es cierto que un chambelán, en veinte años de servicio, no ha logrado ver su pierna más arriba del muslo. La «alcoba» en cambio es un espacio mucho más amplio, que ofrece incluso la posibilidad de llevar a cabo actos cuasi públicos: recepción de dieciséis pobres, o tocar sus escrófulas. A su mesa, ante un gran fuego, Luis IX puede recibir caballeros, al tiempo que su entorno más modesto e íntimo come aparte en el guardarropa. Finalmente, tal «alcoba» no se distingue demasiado de la «sala», salvo por una menor capacidad de recepción: la diferencia entre una y otra es de grado en la «privanza», no de naturaleza; como no está clara la diferencia entre ayudas de cámara y sirvientes de

Étampes (Essonne): la torre Guinette, levantada en el siglo XII, se dispuso en el XIII con una rara elegancia; aquí, un ángulo de la gran sala (piso superior), bien trazada y dotada de un juego de arcos diafragmas que permite prescindir del pilar central.

la sala. El conjunto constituye la casa del rey, cuyo papel político no es desdeñable: sino una realidad sociológica finamente articulada, que se desplaza de castillo en castillo. En París, en Vincennes, en Compiègne, en Noyon, en Normandía y en otras provincias, se instala sucesivamente en sitios diferentes (aunque no de traza opuesta) sin cambiar de estructura. Diversidad de las residencias del rey, como de las del «Padre»; pero unidad y estabilidad fundamentales de su casa.

A partir de finales del siglo XII se ofrece cada vez con mayor frecuencia la posibilidad de disponer de una sala y de dos recintos distintos: eso es lo que sucede en el castillo de Gante, donde la primera se halla en el torreón central, elevado y reforzado; mientras los otros dos se sitúan a uno y otro lado, en sendos saledizos del edificio. Sin duda destinados a alojar por separado a hombres y mujeres de la corte. Así mismo, la literatura cortés —de la que en estos ambientes tanto se gustaba— muestra a veces una sala desde la que se accede a uno o dos «aposentos»: se trata del corazón de toda gran residencia del siglo XIII.

¿Es algo efectivamente nuevo? ¿Una separación inédita del gineceo? El análisis atento de los *Milagros de santa Fe* demuestra a juicio de Pierre Bonnassie que la *herilis camera* de Castelpers, donde se halla el señor con sus «familiares», no es sino la cámara de los guerreros y de sus concubinas, aquellas rameras cuya frecuentación tanto les reprochan a los tiranos del año 1100 los cronistas monásticos; mientras tanto, las esposas y los hijos pequeños viven aparte: hay por tanto una clara bipartición de la sociedad doméstica. Atención: hay que leer bien las expresiones *cum familia* y *cum familiaribus* a fin de atribuirle al término «familia» su sentido medieval... Lo que distingue a los grandes conjuntos beneficiarios del progreso del siglo XII es sin duda tan sólo el hecho de haber ofrecido a las mujeres una alcoba más atrayente, con aspecto de sala.

Así pues, la oposición pertinente, en el lenguaje de la época, no se da tanto entre sala y alcoba como entre una pieza central de la casa o del piso, una sala/alcoba, y las habitaciones reducidas dispuestas en torno o al lado de ella, entre un singular y un plural. Semejante recinto, con su núcleo y sus alvéolos, constituye indudablemente el átomo de la vida privada feudal.

La pieza principal en oposición a las alcobas

En Angers, hacia 1140, se distingue «el *aula* del conde y todas las cámaras»; en su palacio de Yvré, el obispo de Le Mans, antes de 1125, dispone de un «*aula* de piedra, con alcobas y una bodega». Está sobre todo la descripción de Lambert de Ardres, que opone la alcoba residencial a las *diversoria* en las que se alojan, junto al fuego y las mujeres, los niños y los enfermos, y que nos ofrece el modelo indudable de la organización doméstica. Pierre Héliot recuerda por ejemplo la frecuente aplicación de la «fórmula de Ardres» en los castillos ingleses del siglo XII (concretamente en Rising y Bamburgh): cada planta puede dividirse, mediante ligeros tabiques, en dos, tres, cuatro y hasta seis piezas*.

* «Alcobas» *(chambres)* acaba por tener el sentido general y bastante indeterminado de «piezas» *(pièces)*.

El lujo regio de las salas: colgaduras y columnillas compartimentan, sin romper su solemnidad, un espacio dominado por el soberano que dicta sus cantos de amor sagrado, mientras que a derecha e izquierda lo acompañan la música y los coros. (Siglo XIII, *Cantigas* de Alfonso el Sabio, Madrid, Bibl. de El Escorial.)

Y, una vez más, es la novela la que nos revela mejor, bajo la coloración del sueño, las idas y venidas cotidianas de hombres y mujeres. Perceval se acerca a Beaurepaire («Bellorefugio»), un palacio de techos de pizarra; una doncella lo divisa desde una ventana de la sala. Asciende los peldaños de una escalera majestuosa y descubre aquella misma sala, ancha y espaciosa, de techo esculpido. Se sienta sobre el lecho, cubierto con colcha de seda; allí, contempla junto a Blanchefleur, la joven dueña del lugar, a dos caballeros canosos que la asisten en sus apariciones públicas; y se sirve el almuerzo. Subrayémoslo de paso: si la sala puede tomarse por alcoba, ello se debe a que el lecho central que en ella se encuentra puede servir para la ostentación y para el encuentro, tanto o más que para el descanso nocturno. Porque, más adelante, se tiene la impresión de que cada uno se ha dirigido a su alcoba particular; y, sirviéndose sin duda de uno de esos corredores excusados que los arquitectos saben construir tan bien en lo sucesivo, Blanchefleur va a reunirse (¿a escondidas?) con quien habrá de ser en adelante su «amigo», al precio de algunas lágrimas, de una dulce noche casta y tierna, y de la promesa de una hazaña guerrera.

En el castillo del Rey Pescador, algunas páginas más adelante, Perceval admira una sala situada delante de una torre cuadrada. En su interior encuentra, en su centro, al hombre valiente que yace armado desde los pies a la cabeza, ante un gran fuego y al abrigo de cuatro columnas de bronce macizo. Durante el almuerzo, ve pasar el cortejo del Graal: criados y damiselas que transportan y ofrecen a las miradas, y a las eventuales preguntas, la lanza, los candelabros y los platos preciosos; armas resplandecientes y ruti-

Preludios... (Finales del siglo XIII, *El Cancionero de París,* Montpellier, museo Atger, ms. 196.)

lante orfebrería que salen de una cámara para entrar en otra, después de un recorrido procesional por la sala. Imagen creíble, sin excesivo misterio, de los tesoros que encierran los cofres, en el fondo de la casa, y que se exhibe con ocasión de la llegada de huéspedes señalados.

Iniciada por Chrétien de Troyes, la literatura novelesca se enriquece durante el siglo XIII —al tiempo que se transforma— con la densidad de la prosa. Nos hace ver, a la vez que la consistencia de los linajes, la posibilidad de conversaciones privadas y de monólogos individuales. En *La muerte del rey Arturo,* apartes y confidencias transcurren bien junto a las ventanas de la sala de Kamaalot —sólo que entonces se las puede espiar y sorprender—, o bien en el secreto de las alcobas: el rey conduce a la suya a sus sobrinos para escuchar de ellos la denuncia de los amores adúlteros de la reina con Lancelot, con todas las puertas cuidadosamente cerradas. Danielle Régnier-Bohler ha puesto de relieve, más arriba, la función de estos «ardides del secreto». De hecho, se los puede situar sin dificultad en el marco hoy día austero y sin alma de las salas abovedadas de los grandes castillos.

Así pues, aunque arrastrado por el torbellino de una gran parentela, cualquiera podía encontrar un sitio en estas viviendas: en los palacios, en los castillos y hasta en las simples casas nobles de la Edad Media central existió una forma original de vida privada. Inútil insistir en calificarla en relación con la nuestra, en sus diferencias o como un lejano preludio. Émile Mâle proyectaba sobre ella ideales o realidades de su propio tiempo; permítaseme subrayar que la descripción de la convivialidad, hecha en este libro por Georges Duby y presidida por la preocupación de una antropología fundamental, se sitúa mucho mejor en los esquemas trazados que la arqueología descrita. En concreto, es fácil identificar, desde Castelpers a Gante, los recintos vecinos y distintos que abrigan esas dos partes de la familia, masculina y femenina, que se contemplan mutuamente, fascinadas y asustadas, que ocasionalmente se juntan, y furtivamente se interpenetran. Si bien, después de todo, poco importa el plano preciso de los distintos espacios, puesto que la estructura de las «casas» es suficientemente independiente de las variaciones topográficas internas.

En cuanto a la «horrible tristeza», dejemos de creer en ella. Son muchos los textos que nos invitan, por el contrario, a destacar el gusto «bárbaro» de la aristocracia laica —cuya misma sociología, ya ha quedado dicho a propósito del linaje, prolonga en no pocos aspectos la de la alta Edad Media— por los adornos corporales, preferidos a las decoraciones murales, y por los objetos de metal discordante, más transportables que las obras maestras esculpidas en piedra. A lo más, cabría decir que pretendió aunar estos dos registros, el objetal y el monumental, sin renunciar al uno por el otro. En el castillo de su hermana Morgana, el rey Arturo penetra sucesivamente, desde una hermosa sala en la que permanecen unas gentes ricamente vestidas, iluminada por el resplandor enrojecedor de los velones y decorada además por los escudos colgados de los muros y las sederías suspendidas, hasta una cámara donde le aguarda una vajilla suntuosa, de oro y plata, y luego en otra, vecina, que llenan los todopoderosos acordes de una rica música, y luego por fin en una última... Pero, se dirá, ¿qué otra cosa es todo esto sino las figuraciones de un sueño? En absoluto. Es únicamente la amplificación de lo que unos fragmentos «positivos» permiten discernir. Ellos nos autorizan a representar la fiesta extraña y familiar. Con ella sí que se puede soñar.

D. B.

Siglos XIV y XV

El hogar, la familia, la casa

En la Francia de finales de la Edad Media, cuando los poderes, con propósitos principalmente fiscales, emprendían el censo de la población, la operación sólo excepcionalmente se llevaba a cabo cabeza por cabeza, casa por casa, o incluso cabeza de familia por cabeza de familia, sino hogar por hogar, fuego por fuego. Noción tradicional por lo demás, que sería muy imprudente considerar como una pura y simple invención de la Edad Media cristiana. Horacio habla ya en una de sus *Epístolas* de una «pequeña propiedad», de un «caserío» con cinco fuegos *(agellus habitatus quinque focis)*. Y, en el siglo IX, el políptico de Irminon hace mención en numerosas ocasiones de *villae* provistas cada una de ellas de sus respectivos fuegos u hogares *(foci),* los unos libres, los otros serviles. Sin embargo, el término parece haberse extendido sobre todo a partir del siglo XII (con, por ejemplo, la aparición en Normandía de un nuevo impuesto, destinado a un brillante porvenir, el fogaje —*focagium*— al que se hallaba obligado cada hogar), hasta hacerse usual, a menos entre todos aquellos que se preocupaban de demografía, hasta finales del siglo XVIII. Étienne Boileau, en el *Libro de los oficios* (mediados del siglo XIII), prescribe que «nadie puede tomar aprendiz si no tiene jefatura de casa, es a saber fuego y lugar». «Tener fuego y lugar, encender fuego y tener residencia en una heredad»; expresiones como éstas, además de otras, se hallan ampliamente atestiguadas a finales de la Edad Media.

Había otros términos que, subsidiariamente, les hacían competencia. Así, sobre todo en el Mediodía, la *beluge,* o *belugue* (etimológicamente: la candela, o la chispa). A fin de poder emprender el asedio de una fortaleza, vemos cómo las gentes de los tres Estados del país de Agenais le prometen al conde de Armagnac «por cada *belugue* una moneda de oro *(mouton)*». Por la misma época, de mediados del siglo XV, se conmina a un personaje «a hacer la visita de los fuegos *(feux)* y hogares *(beluges)* de todo el país de Auvergne».

La palabra *ménage* (menaje, casa), de uso menos frecuente, tiene el mismo significado, como lo demuestra este pasaje de un documento borgoñón de 1375: «Hacer pesquisas e inventario de los fuegos y menajes *(mesnaiges)* de todos los habitantes.»

Se encuentra también, sobre todo en el vocabulario del Este de Francia, la palabra *conduit,* probablemente en el sentido de conducto o tiro de una chimenea: «Diez conductos o menajes, cada conducto o menaje con tres personas.» «Treinta y seis conductos que tienen fuego en la dicha ciudad» (Documentos del siglo XIV concernientes a la ciudad de Bar-le-Duc y el Barrois.)

Desde hace mucho tiempo, los historiadores, los de la población pero también los de la familia, se han preguntado sobre el contenido del hogar o fuego. Ciertamente, todo el mundo está de acuerdo en admitir que había hogares ricos y hogares pobres, hogares mendicantes, hogares de *menus* (pequeños) y hogares de *gros* (grandes). Pero por término medio, y si *el fuerte cuenta tanto como el débil,* ¿cuántos individuos por hogar, familia, conducto o *béluge?*

Es una pregunta que ya se hacía Voltaire. En el artículo «Población» del *Diccionario filosófico,* critica a un autor que reducía uniformemente cada hogar o fuego a tres personas: «En virtud del cálculo que he hecho en todas las tierras donde he estado y en esta misma donde vivo, cuento cuatro personas y media por hogar.»

Si bien no deja de ser plausible, la cifra mantenida por Voltaire no se podría aplicar sin más ni más a los siglos XIV y XV. Lo que a pesar de todo cabe admitir, es que el hogar correspondía por aquella época, e incluso sin duda mucho antes, esencialmente a la familia nuclear, estricta, conyugal, que no comprendía más que el padre, la madre y los hijos hasta su matrimonio o emancipación.

Un ejemplo excepcional nos lo proporciona el *catasto* florentino de 1427. Este documento sin igual enumera en efecto 59.770 familias que agrupan a 246.210 personas. Un término medio, por tanto de 4,42 personas por hogar, con una sensible diferencia entre las ciudades —en las que la media es de 3,91 personas— y el campo, donde se eleva a 4,47. Como puede suponerse, se trata de un término medio que encubre, aunque no más que en nuestros días, una enorme disparidad.

La composición de los hogares toscanos en 1427

(según D. Herlihy y Chr. Klapisch)

	%
Aislados	
1. Viudas	6,66
2. Viudos	00,10
3. Célibes	0,84
4. Indeterminados	6,01
Sin familia conyugal	
5. Fratrias	1,60
6. Individuos sin lazos de parentesco directo	0,69
Hogares de simple familia conyugal	
7. Parejas sin hijos	10,26
8. Parejas con hijo(s)	36,35
9. Viudos con hijo(s)	1,83
10. Viudas con hijo(s)	6,36
Hogares de familia conyugal ampliada	
11. Ascendentes (padre, abuelo, tío, tía)	10,64
12. Descendentes (nieto, sobrino, sobrina)	9,44
13. Laterales (hermano, hermana, primo...), o combinación de los casos 11, 12 y 13	1,20
Hogares múltiples	
14. Verticales, ascendentes o descendentes,	
con dos núcleos	11,28
con tres o más	2,11
15. Horizontales (fratrias)	
con dos núcleos	3,55
con tres o más	1,69

Documentos de mediados del siglo XIV. El fuego (hogar), unidad de imposición para el príncipe o el señor. El redactor del «terrier» de Saint-Paul-les-Romains —señorío de los caballeros hospitalarios de San Juan de Jerusalén—, ha representado gráficamente a cada aparcero junto a la lista de sus rentas. Entre ellos, una mujer, sin duda viuda, con sus tres hijos. (Archivos de la Drôme, 40 H 2.)

En un hogar de aquella época, no puede excluirse de forma absoluta la presencia de ascendientes o de colaterales: sobrino, sobrina, hermano o hermana, tía, o abuelo. Así, por ejemplo, en 1422, en la parroquia de San Pedro, en Reims, donde un 23 % de los hogares se encuentran en este caso. En 1409, mediante acta debidamente registrada ante notario en Rouen, Juan le Monnier y Juana, su mujer, se *someten* a Tassin le Monnier, su hijo, y a Perrette la Monnière, su nuera, con todos sus bienes, sin retener ninguno, a condición de que se les cubran «todas sus necesidades de bebida, comida, sostenimiento, vestido, fuego, lecho y casa, en forma aceptable y suficiente». Dispondrán, en particular, durante toda su vida, de veinte dineros torneses por semana «a fin de tener pan o lo que quieran», un galón de cerveza cada día, carne sufi-

Horas de Carlos de Angulema, finales del siglo XV. Junto a la cocina, la sala, con su esmerado enlosado. (París, Bibl. nac., ms. lat. 1173.)

ciente en sus días, y en los de vigilia «las viandas que haya en casa, arenques, huevos o cualquier otra cosa». El domingo se señalará con un almuerzo más copioso, que incluirá entre otros alimentos un paté de cinco dineros torneses. En compañía de su hijo menor, Jehannin, podrán permanecer «en la alcoba alta o cuarto de atrás», provisto de chimenea y en la pieza de al lado: se beneficiarán así mismo de una especie de pequeño apartamento, caldeado o caldeable, más o menos independiente, mientras que las comidas se tomarán en común; Tassin invitará por su parte a su padre diciéndole cada vez: «Señor, venid a sentaros». El padre será también el primero que se siente y el último en levantarse «si así le place». Algunos textos revelan, por ejemplo en el señorío de Choiseul a finales del siglo XV, que los hijos adultos «no tienen casa, pero siguen estando en la de sus padres o parientes».

Muy en particular, hay partes de Francia en las que un fuego u hogar puede corresponder perfectamente a una familia ampliada, de tipo patriarcal, o a la asociación de dos cuñados, o de dos hermanos, casados ambos, que lo ponen todo en común, su fuerza de trabajo, su riqueza, sus reservas, con el fin de vivir de un mismo *pote y fuego,* en una misma casa de campo o en un mismo domicilio *(hôtel). Bibendo unum vinum, comedendo unum panem,* dicen los contratos en latín refrendados ante notario a fin de establecer el *affreramentum,* el hermanamiento, la fratria, la comunidad. O bien, a su vez, se trata simplemente de dos amigos, no ligados en absoluto por la sangre, que se asocian de forma duradera, «para un solo pan, vino, víveres, vituallas y alimentación». Comportamientos semejantes, que han existido por lo menos desde el siglo XII hasta el XIX, conocen un remozamiento favorable bastante sorprendente a finales de la Edad Media, tal vez a causa de las dificultades cotidianas. La ampliación del hogar fue una de las respuestas de la Francia meridional y montañosa a la gran depresión demográfica provocada por las mortandades, a la inseguridad difusa que suscitó la guerra de los Cien Años y a la laboriosa reconstrucción agraria que permitió el retorno de la paz.

Tampoco la Francia del Norte ignoró del todo semejante tendencia: Juan Merrey, labrador, muere en Choiseul (Alto Marne) poco después de Pascua de 1494; deja una viuda, la cual sostiene todavía una casa en 1500, y cuenta al menos con dos hijos. Uno de ellos, llamado Juan, va a instalarse a una aldea vecina de Saint-Rémy, en 1494; y allí sigue aún en 1502. El otro, Nicolás, es cabeza de familia en Choiseul en Pascua de 1496. «Aquí, tres hogares reemplazan en menos de dos años al que tenía su padre en vida» (Hélène Olland). Lo mismo ocurre en la Francia del Oeste: Carnac, en 1475, contaba con 173 hogares: de este total, 131 puede calificarse como núcleos familiares (una pareja con sus hijos), y 42 como familias ampliadas (entre las que hay un hogar con 19 personas) (J. Gallet).

Pero, a pesar de todo, no hay cuidado de que vayamos a exagerar la amplitud del fenómeno. Diversos documentos, y en particular los testamentos, sugieren en efecto la existencia de una mayoría de hogares más bien pequeños durante el período de 1350-1450, o sea cuando la esperanza de vida era la más débil y la natalidad menos elevada. Por el contrario, a comienzos del siglo XIV y de nuevo a finales del XV, un número superior de niños, al sobrevivir a la vez por las mismas fechas, pudo representar un aumento en el hogar de una a dos unidades. Naturalmente, se trata de términos medios, porque, cuando las fuentes lo autorizan, se advierte que en grupos suficientemente amplios de hogares los efectivos van de 1 a 12 personas, e incluso aún más: el récord, para la Toscana de 1427, es la casa de Lorenzo di Jacopo, en el extrarradio de Florencia, que abriga a dos familias conyugales: 47 personas distribuidas en cuatro generaciones.

Volviendo al espacio francés, en 1306, en Axat, burgo del departamento actual del Aude, un hogar corresponde por término medio a 4,9 personas, y, ese mismo año, en la aldea de Caramanly (Pirineos Orientales), a 5,6. En Reims, en 1422, un hogar equivale a 3,6 personas en la parroquia de San Pedro y a 3,8 en la de San Hilario. Dos barrios de Ypres, en 1412, tienen respectivamente 3,4 y 3,2 personas en cada hogar, y, en 1437, 3,7 y 3,6. En Carpentras, en 1473, durante una fase de plena recuperación demográfica, el promedio asciende a 5,1, y en Ypres, en 1491, a 4,3.

No basta con haber dejado establecida la absoluta preponderan-

Misal de la abadía de Monicrneuf, en Poitiers, de fines del siglo XV. De retorno a casa, calentarse los pies al claro fuego de la chimenea: actitud familiar reproducida por esta miniatura. (París, Bibl. nac., ms. lat. 873.)

cia en el final de la Edad Media de hogares en definitiva modestos, o bastante modestos. Todavía es preciso averiguar si a cada uno de tales hogares les correspondía un tipo de habitación netamente distinto, individualizado, digamos una casa. Porque abundan los ejemplos, en particular en la nobleza mediana y en la alta, de propietarios de numerosas residencias, mansiones, castillos, incluso casas urbanas que no siempre se hallaban alquiladas todas ellas y que por tanto permanecían vacías al menos una parte del año. Bien es verdad que, con mucha frecuencia, estas residencias no se hallaban totalmente desocupadas, ya que había un gerente, un portero, un conserje, o mejor un castellano o un capitán que aseguraba mientras tanto la protección y vigilancia de las fincas. La crisis demográfica trajo también consigo el abandono de numerosas casas, lo mismo en las ciudades amuralladas que en el campo llano: estas deserciones provocan enseguida una sensible degradación, a veces irremediable, del patrimonio mobiliario, y las casas así entregadas a las inclemencias del tiempo y al pillaje no tardaban en transformarse en auténticas ruinas.

A la inversa, especialmente en los centros urbanos que se mantuvieron más activos, se dejan observar huellas de superpoblación. Se piensa como es natural en el caso de París, hasta comienzos del siglo XV, con sus alojamientos reducidos a una o dos piezas, sus inquilinos de pisos, sus patios atestados de *tugurios,* de *cabañas* y de cobertizos. Algunas ciudades como Lyon e incluso Cambrai conocieron fenómenos análogos de hacinamiento, que se tradujeron en la fragmentación de inmuebles de renta entre distintos inquilinos cada uno de los cuales se contentaba, por la fuerza de las cosas, con un mínimun de espacio. En las ciudades bretonas, «a medida que nos acercamos a las postrimerías del siglo XV, se diría que el hacinamiento se ha acentuado. En cualquier caso, los rentistas y las declaraciones dejan constancia las más de las veces de la presencia de dos y hasta de tres personas bajo un mismo techo, y una situación así exige el acondicionamiento de buhardillas *(galetas),* o tabucos *(solliers, estaiges, estres),* hasta dos o tres, bajo los tejados» (Jean-Pierre Leguay).

En Chambery, a fines del siglo XIV, se cuentan dos o tres hogares o fuegos por casa, lo que equivale tal vez a 3 000 habitantes por 306 casas censadas.

Es difícil establecer un balance de población entre las casas que acogen varios hogares, en sentido propio o figurado, y las construcciones unas veces simplemente desembarazadas de elementos adventicios o parasitarios, y otras abandonadas, transformadas en terrenos baldíos en los que se instala a sus anchas la vegetación silvestre, o donde un reducido montón de piedras y tejas, y algunos postes aquí o allá son lo único que recuerda el edificio de antes. Y después de todo, ¿por qué la presencia de emplazamientos vacíos habría de ser incompatible con una sobrecarga de población en las casas vecinas todavía en pie? Aunque sigue siendo cierto que en muchas aldeas así como en muchas ciudades puede admitirse como una regla la equivalencia entre un hogar y una casa (cualesquiera que fuesen las dimensiones del uno y de la otra). En Rennes, por ejemplo, a mediados del siglo XV, en una de las parroquias, 453 casas alojan a 460 contribuyentes, 189 de los cuales son propietarios y 271 inquilinos.

En Porrentruy, por los años 1518-1520, 251 cabezas de familia ocupan 280 casas y graneros. La ciudad de Montbéliard, a mediados del siglo XVI, contaba con 375 edificios (de los que 82 eran dependencias: graneros y establos); pues bien, en las paradas de armas se hallaban presentes por aquel entonces 267 burgueses y habitantes en general. «Lo que quiere decir que la casa montbeliardesa no acogía por término medio más que una familia» (Pierre Pégeot).

Desde este punto de vista, podrá considerarse como muy representativa la casa de la comarca de Reims de finales de la Edad Media, con su piso único coronado por un granero bajo el tejado y, al mismo tiempo, su débil capacidad domiciliaria. Ciertamente, en la vieja ciudad arzobispal, hay casas que siguen alojando más de un hogar con cierta frecuencia, pero ello se debe a que «junto al domicilio principal ofrecen una o dos habitaciones de alquiler» (Pierre Desportes). O bien se trata de que acogen temporalmente parientes o amigos que acuden a refugiarse *intra muros* porque amenaza la guerra. Por excepción, algunas viviendas se han visto repartidas igualitariamente entre dos herederos. Situaciones a decir verdad excepcionales o provisionales. Durante la Edad Media, las posibilidades de albergue de la casa de la comarca de Reims son de cuatro o cinco personas, o sea una familia. Únicamente más tarde, a finales del Antiguo Régimen y durante el siglo XIX, evolucionará la situación, bien a causa de la superpoblación, de la pauperización, bien en razón de profundas modificaciones en el acondicionamiento interior (número de pisos, etc.): se alcanzará entonces corrientemente la cifra de 7 y hasta de 10 personas por casa. Del mismo modo, en Tours, en los años 1836-1840, dentro del recinto del siglo XIV, 1 750 casas acogen 4 511 familias o 13 939 personas: 3 cabezas por hogar, y 2,5 hogares por casa.

También existen finalmente ejemplos de casas rurales con más de un hogar. Así, una de las casas de Dracy, en Borgoña, quedó según todas las apariencias dividida en dos a comienzos del siglo XIV. En algunas aldeas lorenesas, a finales del siglo XV, hay inquilinos de una parte de la casa a los que denomina «camareros», mientras que su presencia provoca complejos problemas de servidumbre, ya que era preciso que tuvieran a su vez acceso al pozo, al granero, al establo y al área de trilla.

Fincas, propiedades, espacios cerrados

Hacia 1460, en un texto célebre, el *Debate de los heraldos de armas de Francia e Inglaterra*, el heraldo de Inglaterra emprende la alabanza de las *magníficas monterías* de su reino: «Porque hay tantas fincas que es una maravilla, llenas de animales de caza como ciervos, cabras y venados en abundancia.»

El heraldo de Francia le replica: «Desde luego, señor heraldo, hacéis muy bien en alabar las fincas que hay en Inglaterra; pero os ruego que me digáis si tenéis tantas fincas y de tan gran magnificencia como las de Francia: por ejemplo el parque del bosque de Vincenes, el parque de Lesignan, el de Hesdin y tantos otros (el manuscrito añade al margen, en este punto: han de nombrarse todos los parques cerrados con muro que se puedan encontrar en Francia) que están cerrados con altos muros como ciudades amuralladas. Y que son parques para reyes y príncipes. Bien es verdad que tenéis también en Inglaterra muchos parques, pero sólo están cerrados con un pequeño foso, una valla o una empalizada, como lo están en Francia los viñedos y los pastos, con la excepción del parque de Wyndesore; y en efecto no son más que fincas de aldea. De manera que no hay porqué hacer de ello tan grandes alabanzas.»

Pasaje seguramente polémico, pero que no deja de proporcionar ciertas referencias que permiten caracterizar el paisaje del campo francés a finales de la Edad Media. Eran sin duda alguna mayoritarias las regiones en las que las tierras, especialmente las de labor, se hallaban delimitadas en forma precaria por simples lindes, fáciles de hacer desaparecer o desplazar, como también por un riachuelo, una senda, un árbol aislado, una peña o cualquier otro accidente natural. En la bailía de Senlis, a comienzos del siglo XVI, la propiedad de la audiencia de Cugny se halla circunscrita alternativamente por el paraje conocido como el *boschet de Fourches,* un gran tilo, una callejuela, una zanja, una fuente, un mojón plantado a la orilla de un camino, y luego otro mojón. Por lo demás, allí donde estaba en vigor el régimen de tierras comunales, llegaba un momento, en el curso del ciclo agrario, por lo general después de la cosecha, en que se interrumpía durante un cierto tiempo la apropiación privada de los campos. Por otra parte, no pocas sociedades campesinas tenían sus «comunales», sus derechos de uso colectivos sobre un prado, un bosque o un barbecho. En la aldea y fuera de ella no dejaba de haber espacios considerados públicos: pensemos en los caminos *(carreria publica, caminus publicus),* en las fuentes, en las grandes vías de agua, pero también en las plazas donde se celebraba el mercado y se reunía el ganado. Añadamos que la trágica despoblación de los siglos XIV y XV tuvo como corolario la multiplicación de los baldíos, de las tierras *a riés, hermes et vagues,* con toda la apariencia de un *no man's land,* de «despoblados», aun cuando la reconstrucción agrícola animosamente emprendida a partir de los años 1450 había de poner de manifiesto que los límites de las propiedades, de los señoríos, de las parroquias y de las tenencias campesinas distaban mucho de haberse olvidado por completo y que, dicho en otros términos, la «memoria agraria» había logrado sobrevivir como había podido.

No es menos cierto que no sólo el régimen de la propiedad (o de la explotación) privada era ampliamente dominante, sino que además se traducía en una tendencia al cerramiento tanto de las fincas extensas como de algunas parcelas. Así lo comprueban ciertas miniaturas, planos y vistas panorámicas (al menos a partir del siglo XVI), algunos relatos de viajeros y sobre todo innumerables actas en que aparecen tales prácticas. Cercas, propiedades tapiadas, perfectamente tangibles, estaban allí para guiar el trabajo de agri-

El Libro del ajedrez de amor, siglo XV: «El vergel de esparcimiento»: un simple claro plantado de árboles frutales. Perros y cazadores se dirigen al bosque salvaje, muy próximo. (París, Bibl. nac., ms. fr. 9197.)

mensores y medidores y para materializar sobre el terreno las pesquisas de los especialistas encargados de redactar las listas de censatarios y terratenientes. Con semejante voluntad de ocupación *(saisine)*, el dueño del suelo, cualesquiera que fuesen su título o su condición jurídica, pretendía circunscribir un espacio especialmente productivo y valioso, en el que su vida privada y la de su familia podrían desenvolverse a salvo de las miradas ajenas, y sus reservas, sus bienes muebles, sus instrumentos agrícolas y su ganado estarían, en circunstancias normales, totalmente a buen recaudo. Protegerse de los extraños y de los vecinos, alejar los animales salvajes, que precisamente reaparecieron al final de la Edad Media, pero también los animales domésticos que andaban sueltos sin vigilancia. Antes de las cosechas, los propios campos se hallaban rodeados de cercas temporales, mientras que los guardianes *(messiers)* hacían la ronda, a veces de día y de noche. En Flandes, el *bock de vylls* designa un delito que consiste en abrir una brecha en los cercados de la aldea durante el tiempo de las labores y las cosechas. Los terruños medievales se hallaban separados entre sí por *defens,* o sea por espacios a la vez jurídicamente prohibidos y materialmente aislados. Hacia 1460, un gran señor checo, Léo de Rozmital, se sintió sorprendido, al recorrer Bretaña, del gran número de muretes de piedra, los *murgiers,* que cercaban los campos: «de esta forma los campesinos no necesitan quedarse junto a sus rebaños mientras pastan, ni vigilarlos, y los rebaños no pueden perjudicar las tierras de sus vecinos.»

Había regiones, como Anjou, donde la explotación, más agrupada, más reducida, era también más fácil de vallar. «Todas las descripciones lo atestiguan. El cerramiento no era resultado exclusivo del deseo de protección; materializaba también la toma de posesión; era en cierto modo su definición jurídica. No se debe por tanto al azar que el derecho consuetudinario anjevino trate del mismo en el capítulo sobre la propiedad. Tallados en grandes bloques yuxtapuestos subrayados por los caminos, dominios señoriales y tenencias campesinas formaban una especie de puzzle parcelario de amplias mallas que englobaban en un solo término las tierras, los prados, las landas y los bosques» (Michel Le Mené). Un ejemplo entre otros muchos: el albergue y el cortijo del Grand Thorigné comprendían «dos casas coronadas de chimeneas, cubiertas de tejas, portillos, jardín, grandes manchas de bosque intacto, tierras, prados, pastos, y arbolado, con vallados y tapias alrededor».

Horas de Luis de Laval, siglo XV. Un hombre y una mujer trabajando en una viña. Alrededor, una fuerte empalizada, con su puerta. (París, Bibl. nac., ms. lat. 920.)

En Bretaña, la palabra «parc» podía designar vastos conjuntos patrimoniales, a veces cotos de caza, explotaciones agrícolas, bosques, tierras de esparcimiento y de cría de ganado. Así, por ejemplo, el «parque del duque», cerca de Morlaix, y los de Vannes, Lesneven, y Rhuys. En cuanto al parque o gran finca de Châteaulin, donde se hacía una distinción entre el gran dominio y el pequeño, es posible que correspondiera a una antigua reserva y a sus arrendamientos (Jean-Pierre Leguay).

En las regiones de *openfield,* por el contrario, las parcelas pertenecientes a un mismo propietario rural se hallaban por lo general esparcidas a través de los diferentes barrios, añojales o rincones de un territorio. Pero de todas maneras, a medida que uno se aproximaba a una aglomeración rural, veía multiplicarse las cercas, de piedra o de madera viva o muerta —setos o estacadas— que delimitaban una viña o un prado, un cañamar o un salcedal, un huerto o un pomar, un cierro o una *boille* (jardín), un *casal* (casa) o un *maine* (vivienda), un jardín o una *verchère* (terreno acotado). Los franceses, dice Brunetto Latini, «saben hacer praderías, vergeles y pomares alrededor de sus viviendas mejor que cualquier otra gente».

En su propia escala, los señores laicos y eclesiásticos procuraban igualmente, por prestigio, o bien para su provecho y distracción, delimitar en sus propiedades espacios más restringidos a fin de subrayar así su dominio y afirmar su derecho de propiedad. Vigilantes de todo tipo y guardas forestales estaban encargados de alejar

La novelita de la montería, comienzos del siglo XIV. Entre dos macizos forestales, el cazador y su perro. En el horizonte, tres castillos separados por vallados o bosquecillos. (París, Petit Palais, col. Dutuit, 217.)

a los intrusos de sus bosques y de hacer fructificar un capital considerado como particularmente precioso. Y los cotos, permanentes o temporales, favorecían la salvaguarda y la proliferación de la caza menor. Había no pocos castillos con su gran patio y su corral, éste de destino más utilitario, o sea netamente agrícola. Tampoco había ninguna mansión noble sin su «jardín de placer» (la expresión está documentada a finales del siglo XV), lo que no quiere decir que no predominaran en él las hortalizas y los árboles frutales. El vergel celosamente cerrado, *hortus conclusus,* con su muro a veces *bataillé* (almenado), su fuente decorada, sus emparrados, sus pérgolas, sus *coignarts* (sotos) de árboles, su naturaleza domesticada, amansada, recortada en pequeños cuadros, sus bancos y sus galerías: de acuerdo con el testimonio de la literatura y de la iconografía, era el lugar por excelencia del descanso, del regocijo, de las canciones y de las confidencias, de los amores abiertos o discretos, de los debates y las diversiones, pero también el símbolo de la Virgen y de la virginidad y la figura del paraíso perdido, al abrigo de los tumultos y los peligros que perturban sin cesar el mundo exterior (Élisabeth Zadoura-Rio).

Una «vista general», que data de 1481, del monasterio femenino de Saint-Antoine-des-Champs, cercano a París, muestra, en su factura torpe pero precisa, la yuxtaposición, dentro de la clausura, de un bosquecillo, de varios estanques, viveros, patios, vergeles y jardín, y, más allá, de un corral, a su vez rodeado por construcciones de granja.

Cristina de Pisan nos ha dejado el relato en verso de la visita que hizo en 1400 al insigne priorato de San Luis de Poissy, donde

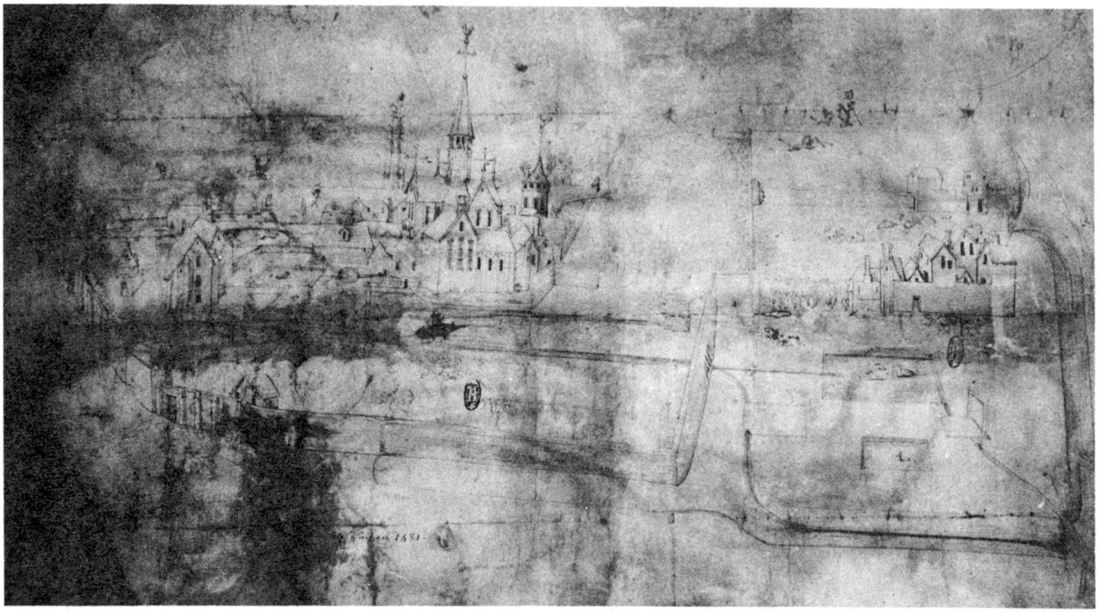

Trazado sobre una piel de pergamino, este dibujo del monasterio femenino de Saint-Antoine-des-Champs, París, data de finales del siglo XV. La clausura propiamente dicha, a la izquierda, incluye la iglesia, el conjunto de las edificaciones conventuales y también un palomar, tierras comunes e incluso un pequeño bosque. Más allá, a la derecha, la granja de la abadía con su corral. (París, Archivos nac., n III, Seine 730.)

su hija era religiosa dominica. Se nos enumeran una tras otra las edificaciones de este monasterio, tanto más reputado cuanto que acogía también, por aquella época, a una hija de Carlos VI. Retengamos de momento que hasta los patios se han recorrido. Se nos invita a admirar sus dimensiones así como el enlosado de que están recubiertos: «Así anduvimos por todas partes/ Y atravesamos grandes patios/ Anchos y largos más que un canal/ donde había grandes depósitos de leña,/ Bien pavimentados y hermosos para todos los recorridos.»

Más lejos, está el jardín, el otro *muy dulce paraíso, todo él de altos muros rodeado,* donde crecen más de ciento cuarenta árboles frutales, así como también un *hermoso recinto* donde retozan gamos, liebres, conejos y cabras salvajes, y en fin dos viveros ricos en peces.

Patio, jardín, vivero, estanque, parque: al final de la Edad Media, un castillo como es debido ha de abarcar toda la serie. Así lo subraya, no sin envidia y bromas, el *Sueño verdadero* en su descripción del *hermoso castillo* de Marcoussis, reedificado suntuosamente por aquel advenedizo de primera magnitud que fue Juan de Montagu, gran mayordomo de Carlos VI: «Se trata de un placentero y deleitable lugar./ Todo él, tanto lo viejo como lo nuevo,/ Está cercado por muros, así como por fosos de agua.»

Un siglo más tarde, el castillo de Gaillon, orgullosa construcción del arzobispo de Rouen, el cardenal Georges de Amboise, entonces principal consejero de Luis XII, no se queda atrás. Esta vez, la descripción que de él nos ha dejado Antonio de Beatis, capellán y secretario del cardenal Luis de Aragón, comienza por el exterior, es decir por el parque, dos leguas de circuito, cerrado por una espesa y alta muralla, que abraza igualmente el jardín del castillo. Este parque es tanto más notable cuanto que comprende zonas boscosas y zonas descubiertas, pequeños pabellones, sin duda destinados a hacer un alto en ellos, durante las cacerías, y por supuesto toda clase de caza. En cuanto al jardín, de forma cuadrada, encierra a su vez cuadros más pequeños rodeados de verjas de madera pintadas de verde. Tiene incluso una pajarera y una vasta pradera. Sólo después de haber admirado tales maravillas, accede el visitante a las dos galerías que preceden al castillo.

Los parques reales no tenían nada que envidiar a semejantes realizaciones. El del bosque de Vincennes, mencionado, como ya se ha dicho, en el *Debate de los heraldos de armas,* lo es igualmente en el diario de la embajada florentina cerca de Luis XI (1461-1462), que nos proporciona sus dimensiones —no menos de cuatro millas de contorno—, y en el poema, evidentemente contemporáneo, de Antoine Astesan: «Cerca se extiende un bosque magnífico, del que, según me parece, el castillo deriva su nombre, y que se halla entreverado de praderas, de abundantes sotos, y rodeado por una muralla continua. Se le llama vulgarmente el parque, y recuerdo haber visto uno parecido cerca del castillo de Pavía. Este parque

Manuscrito del siglo XV. Jardín de un monasterio de religiosas. Muros sólidos dominados por una torre y horadados por algunas troneras. Avenidas bien trazadas. (París, Bibl. del Arsenal, ms. 5216.)

Pierre de Crescens, *El Libro de los beneficios campestres,* siglo XV. Jardín de esparcimiento en un entorno urbano. Los jardineros se afanan, bajo la mirada del dueño. (París, Bibl. del Arsenal, ms. 5064.)

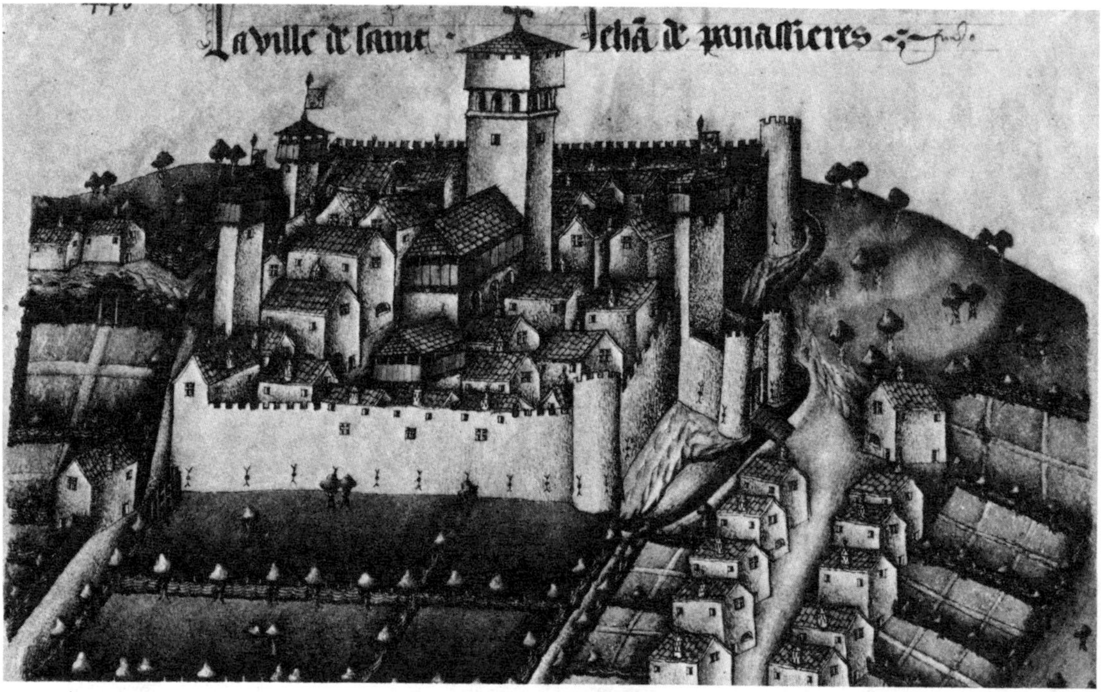

Vista de Panissières (Loire), extraída del *Armorial* (Libro de armas y blasones) de Guillaume Revel, siglo XV. Importante burgo del Forez, encerrado dentro de sus murallas y dominado por la torre cuadrada de la iglesia de San Juan Bautista. En las cercanías inmediatas, vergeles y jardines bien cerrados, pequeñas casas alineadas a lo largo de un camino, con chimeneas y techumbre de tejas. Más lejos, la verdadera campiña. (París, Bibl. nac., ms. fr. 22297.)

se subdivide en su interior en numerosas zonas, para reserva, en una, de los jabalíes de amenazadoras defensas, en otra, de los tímidos gamos, o los ciervos de poderosa cornamenta, y en otras de las liebres veloces y las cabras salvajes. Se encuentra también tal cantidad de conejos que a veces llegan a verse por millares. De forma que en este bosque puede disfrutarse de todos los placeres de la caza.»

Espacios urbanos

Si la manía de cerrarlo todo, verdadero *habitus* de la mentalidad medieval nacido tal vez de un profundo sentimiento de inseguridad (que desde luego un conjunto de circunstancias vino a justificar y reforzar ampliamente en la Francia de la guerra de los Cien Años), se hallaba muy extendida en el mundo rural, no lo estaba menos en el medio urbano, puesto que una de las características de la ciudad era precisamente la de hallarse confinada por unas puertas y una muralla. Advirtamos no obstante que, incluso en Francia, hubo auténticas e innegables ciudades que sólo en fecha tardía se beneficiaron de una muralla, y que los suburbios abiertos, vulnerables, subsistieron o se crearon así, especialmente en la prolongación o vecindad de las vías de acceso. Por lo demás, cuando parecía que el peligro se había alejado y que la paz retornaba, no pocas ciudades, por simples razones de economía, tenían tendencia a descuidar sus baluartes que, consiguientemente, se trasformaban en seguida en coladores...

Pero es posible que el rasgo primordial de la ciudad medieval y de sus relaciones con el espacio resida en la relativa escasez de lugares y construcciones de carácter público. Sin duda se consideraba que las calles y las plazas dependían de los poderes, municipales, señoriales o reales. Y sin duda también, no se desconocían los procedimientos de expropiación, mediante una indemnización, por motivos de interés general. Pero se tiene la impresión, a pesar de todo, de que el dominio público era reducido, incluso residual, y que por añadidura se hallaba regularmente amenazado por las usurpaciones de los particulares. Usurpaciones discretas porque eran ilícitas, por más que en ocasiones se hallaran legalizadas por un acta oficial. En 1437, maestre Jacques Jouvenel se queja a Carlos VII de las culpables actividades a que se entregaban, muy cerca de su residencia, en la Isla de la Cité, en París, algunas *«muchachitas de placer»* instaladas en *«numerosas casitas»*. Pues bien, a estas casitas se accedía por una «callejuela y vía pública denominada Glatigny», por lo demás muy estrecha, porque «la dicha callejuela no era lugar por el que pudieran pasar caballos ni carros», y en absoluto indispensable para la «cosa pública», puesto que había otras calles paralelas que aseguraban con más comodidad la circulación por el barrio. Rindiéndose a estas interesadas explicaciones, Carlos VII, con el fin de tener un gesto para con un miembro de una gran familia que le había sido perfecta y perma-

Carcassonne en 1462. En primer término, la ciudad baja; al fondo, la *Cité*. Entre ambas, el puente sobre el Aude, que data del siglo XIV, y la obra fortificada, o barbacana, que prolonga el recinto hacia el norte.

nentemente fiel durante todo el tiempo de las *divisiones,* autorizó la incorporación de la callejuela de Clatigny a la propiedad de Jacques Jouvenel. Como reza la carta real, «la dicha callejuela que era vía pública hemos reducido y reducimos a cosa privada en beneficio del dicho maestre Jacques Jouvenel y de los suyos».

Entre 1439 y 1447, en Saint-Flour, un proceso enfrentó a los cónsules y habitantes de la *cité* y a los canónigos de la colegiata de Notre-Dame. El objeto del litigio era una pequeña calle de cuatro a cinco pies de largo (de 1,20 metros a 1,50), que atravesaba el cementerio del cabildo y daba acceso, de día y de noche, a un horno común. El cabildo pretendía prohibir el tránsito, que les molestaba, clausurando el cementerio. Por el contrario, el municipio de Sain-Flour sostenía no sólo que la vía era común, sino además que en el país de Auvergne los cementerios eran «plazas públicas», y que por tanto no había lugar para ninguna prohibición.

Un dominio público recortado, fragmentado: simple manifestación, en la topografía urbana, de la debilidad persistente del Estado en sus medios, sus recursos y sus ambiciones.

Bastará aquí con evocar la singular estrechez de las calles, hasta el punto de que una que tuviera seis o siete metros de ancho llamaba la atención por sus dimensiones, la sinuosidad de los trazados, la cantidad de corrales y callejones sin salida, lo exiguo de los cruces, lo raro de las perspectivas y los espacios desahogados, y el atasco permanente de las calzadas. En las ciudades bretonas del siglo XV, «muchas calles equivalen a auténticos pasillos, ensombrecidos por los saledizos de las casas» (Jean-Pierre Leguay).

Sin embargo, el pintoresco embrollo de las ciudades medievales, con el laberinto de sus recodos y callejas, la abundancia de sus pasadizos abovedados, la pendiente intempestiva de sus rampas, no era algo que se considerase necesariamente como un marco natural y en el que se vivía sin más. La gente se acomodaba a él, por la fuerza de las cosas, tal vez se veía en él una protección contra las intemperies, o contra los instrusos de todo tipo. Pero distintos indicios nos sugieren que muchos, sobre todo los dirigentes, anhelaban una mejora y deploraban los múltiples inconvenientes nacidos de un crecimiento espontáneo o suscitados por ciertas iniciativas privadas. Las ciudades nuevas del siglo XIII, planificadas por las autoridades responsables, muestran calles sensiblemente más anchas, hasta de once metros por ejemplo en la *magna carreyra* de Libourne, plazas espaciosas, y una cuadrícula geométrica de vías rectilíneas. Las raras operaciones de urbanismo llevadas a cabo a finales de la Edad Media atestiguan a su vez un innegable sentido del espacio y la armonía. Lo mismo se diga de las miniaturas que pretenden representar la ciudad ideal. Cuando una ciudad tenía la suerte de poseer una plaza de bellas dimensiones, se esforzaba por conservarla resistiendo a los apetitos de los promotores y «vendedores de lotes» y, en caso de necesidad, revalorizándola. La mirada de los viajeros expresa en ocasiones lo que se podía apreciar en una ciudad. Así, Antonio de Beatis, a propósito de Malinas: «Soberbia ciudad, enorme y muy fortificada. En ninguna otra parte habíamos podido advertir calles más espaciosas y más elegantes. Están pavi-

El Libro del gobierno de los príncipes, traducción francesa del *De regimine principum* de Gilles de Roma, comienzos del siglo XVI. Bellas casas urbanas con armazón. Enseñas, obradores, tiendas abiertas a lo largo de una calzada pavimentada. Las más de las veces, la realidad no debía de ser tan seductora. (París, Bibl. del Arsenal, ms. 5062.)

La Couvertoirade (Aveyron). Calle principal de esta aldea fortificada a mediados del siglo XIV por su señor, la orden del Hospital. Casas de piedra con escalera exterior para acceder a la cocina y a la sala. A nivel del suelo, la bodega.

mentadas con piedras pequeñas, y los lados se inclinan con una ligera pendiente, de tal suerte que el agua y el barro corren perfectamente. Ante la iglesia, que es muy bella, hay una plaza muy larga y más ancha que el *Campo dei fiori* de Roma, pavimentada toda ella igual que las calles. La ciudad se halla atravesada por un gran número de canales cuyas aguas siguen el movimiento del océano.»

En 1484, la ciudad de Troyes, deseosa de obtener del rey la sucesión de las ferias de Lyon, que acababan de verse abolidas, se presenta, sin demasiada modestia, como una «hermosa y gran ciudad bien construida y dotada de bellas y grandes calles anchas y espaciosas, con hermosas plazas y mercados públicos adecuados para ferias y actividades comerciales».

En diversos sitios, durante el siglo XV más que durante el XIV, se promulgaron ordenanzas y reglamentos municipales con vistas a favorecer las necesidades comunitarias en los terrenos de la higiene pública, la circulación de personas y mercancías, y la seguridad tanto de los individuos como de los inmuebles. A este respecto, Francia iba más bien a remolque, siguiendo con lentitud y sin demasiado entusiasmo un ejemplo venido de fuera. Pero al menos no dejó de empezar a sentirse una cierta evolución de las mentalidades, lo mismo si se explica por una degradación de la situación, hasta el punto de que se imponía la adopción de medidas, que por el advenimiento de calamidades inéditas, como la peste, o por la emergencia de un auténtico espíritu municipal, cuyo depositario era la «corporación», con su voluntad de controlar mejor el espacio público y aun de imponer al espacio privado un mínimum de exigencias. Un poco por todas partes los ediles se reúnen y deliberan. Poseen sin duda medios financieros menos reducidos que en el pasado, disponen de un personal algo más numeroso para procurar la aplicación de sus decisiones. Bien es verdad que los poderes que tienen en sus manos los ejercen de acuerdo con sus intereses y los de su entorno; pero no se excluye que se sientan igualmente responsables con respecto al conjunto de sus administrados y más aún ante la ciudad cuya administración reivindican, no sin orgullo.

Pero sobre todo, sería una visión muy parcial de las cosas considerar el urbanismo medieval sólo bajo su aspecto público. Se sabe en efecto que las iglesias y las comunidades religiosas no sólo eran muy numerosas en la mayor parte de las ciudades, sino también que poseían en ellas cantidad de edificios (entre los mejor construidos) y que disponían así mismo de espacios no edificados a veces considerables. Los bienes de manos muertas eran bienes urbanos tanto como rurales. Había cabildos catedralicios y de colegiatas, monasterios de antigua fundación, y conventos surgidos en el siglo XIII o más tarde, que se reservaban así el uso, a veces exclusivo, de patios, claustros y jardines. Sin contar los cementerios, en ocasiones aislados, tal el de los Inocentes en París, pero con mayor frecuencia adosados a una iglesia parroquial: morada de los muertos y de los vivos, según la fórmula clásica. Más aún: en muchas ciudades, la mayoría de las casas estaban provistas, por su parte trasera, no sólo de un patio donde se llevaban a cabo actividades

profesionales o domésticas, sino de un jardín o huertecillo. Ni siquiera el urbanismo meridional, más restringido, ignoraba totalmente este fenómeno. El catastro más antiguo de Arlés señala la presencia de un jardín en las Arenas. El arzobispo de Arlés tenía el suyo en su *cité,* igual que el papa en Avignon (jardín de Benedicto XII, vergel de Urbano V). Por muchos más motivos, los jardines abundaban en toda la Francia del Norte y del Oeste. Y distaban mucho de haber sido relegados todos ellos fuera de las murallas a una especie de suburbio de huertas. Porque lo cierto es que buscaban con predilección la sombra de la murallas, del lado de dentro. Las zonas en apariencia más densamente construidas abrigaban a su vez algunos jardines, disimulados por altos muros o por el frente continuo de las casas. En Besançon, por el contrario, en el espacio rodeado por el amplio codo del Doubs, una serie de fincas, en ocasiones dedicadas a viñedos y pertenecientes a establecimientos religiosos, constituían islotes de verdura al margen de los inmuebles de habitación. En Reims, en 1328, un censo, por otra

Historia de Renaud de Montauban, siglo XV. Sala de juego en una casa urbana. Amplios ventanales, suelo cuidadosamente pavimentado, mobiliario sencillo. (París, Bibl. del Arsenal, ms. 5073.)

parte incompleto puesto que omite todos o parte de los bienes de la Iglesia, menciona en la ciudad 18 casas con jardines adosados y 28 jardines independientes, y, en las aldeas circundantes, 39 y 70 respectivamente.

Y sin embargo, por estrecha, ruidosa y maloliente que fuese, la calle conservaba su fuerza de atracción. Porque representaba la comunicación en todos los sentidos del término, la distracción y la actividad. La vida. Las casas orientaban por lo general hacia ella sus fachadas más cuidadas, las más ornamentadas de «motivos amables», sus huecos más anchos, y, como es natural, sus rótulos así como las puertas de sus talleres. Las habitaciones más apreciadas daban a la calle, y no al patio, en particular la del «jefe de la casa» y de su mujer, como dan a entender algunos inventarios. «A la inversa que en las ciudades de Oriente, cuya estructura de colmena invita al clan, al grupo étnico o confesional a vivir replegado en sí mismo», en las buenas ciudades de Occidente de finales de la Edad Media, todo «empuja hacia la calle a los miembros de una sociedad urbana extravertida» (Bernard Chevalier).

La casa rural

Volvamos a la casa rural y tratemos ahora de examinarla desde el punto de vista —bastante difícil de aprehender— de su espacio social. Aquí son posibles diversas aproximaciones a la cuestión. Podemos empezar por preguntarnos, partiendo de un pasado reciente, si las variedades regionales presentadas por la casa «tradicional», en función de su modo de construcción, de los usos profesionales y sociales, de los materiales disponibles, del clima, etc., se remontan efectivamente a la Edad Media. ¿Había ya allí, dicho en otros términos, por aquella época, una prefiguración de la granja del país de Caux, del chalet alpino, del bloque de viviendas propio de ciertas provincias del Mediodía? Los autores no vacilan en tomar partido. Escuchemos por ejemplo a Jean Dolfuss: «Salvo en los materiales, las construcciones urbanas, infinitamente diversas por sus destinos y concepciones, ostentan mucho más la marca de las épocas que la huella de las ubicaciones; al contrario, las casas rurales directamente sometidas al marco y a las condiciones geográficas oponen su estabilidad y sus características locales a las transformaciones de la historia y a las influencias extrañas, y son sobre todo ellas las que, de provincia en provincia, componen el cuadro más original de las formas de habitación francesa.» Así pues, prosigue, «todo hace suponer que, apegada a la misma tierra y utilizando los mismos materiales, la casa rural actual debe de ser, en no pocos casos, análoga a la forma de habitación de los campos en las primeras edades». De este modo, la casa rural, hija de su terruño más que de su tiempo, habría atravesado los siglos como un inmutable reflejo del orden eterno del mundo campesino. Más prudente, Jean-Marie Pesez se inclina en sus estimaciones a pensar que «las oposiciones esenciales no parecen ser las que separan las categorías sociales sino las que definen las áreas económi-

La aldea de Hermes (Oise), a comienzos del siglo XVI. Algunas casas dispersas, dos molinos sobre el Thérain (uno de harina, otro de batanes), y una iglesia rodeada por su cementerio. (Archivos del Oise, H 4530.)

cas y culturales, Francia del Norte y Francia del Mediodía, por ejemplo».

Cabe admitir, en efecto, que la vivienda rural corresponde poco o mucho al régimen de las distintas tierras así como a las condiciones económicas y técnicas de la agricultura. El auge o la declinación de la cría de ganado, de la viticultura, del castaño o del gusano de seda, la introducción de un sistema de riego, la especialización eventual en tal tipo de producción, todo esto no ha podido dejar de influir sobre la disposición de las edificaciones tipo «granja». «En ellas no hay nada calculado para el bienestar o lo superfluo, todo está dispuesto para el trabajo agrícola.» La observación de Albert Demangeon concerniente a la casa rural del siglo XIX en Picardía, considerada como un instrumento, como un útil de trabajo, puede aplicarse igualmente al período medieval. Entonces, los monopolios señoriales del horno, del molino, del lagar, llevaron consigo la construcción de otros tantos edificios, a disposición, bajo ciertas condiciones, de la comunidad, pero, a la inversa, impidieron que cada explotación tuviera, para su propio uso, un lagar, un horno y un molino propios. Y si, a lo largo del tiempo, el molino siguió siendo una edificación especializada, en cambio la disgregación y luego la abolición del feudalismo (en el sentido que el siglo de la Ilustración daba a esta palabra) tuvieron como contrapartida una multiplicación de los hornos e incluso de los lagares privados. Por otra parte, que una casa se vea habitada por un propietario, por el arrendatario perpetuo de un señor, por un granjero, por un aparcero, o por alguien sometido al derecho de mano muerta, no deja de tener consecuencias lo mismo para su mantenimiento que para su configuración.

Tampoco se puede perder de vista el entorno de una casa rural. Puede que se trate de alquerías aisladas o de viviendas enmarcadas entre otras dos casas medianeras, de explotaciones diseminadas en el fondo de un valle o bien, por el contrario, agrupadas en una cota para formar un *castrum* con aspecto de fortaleza: no sólo las soluciones son múltiples, sino que explican y condicionan parcialmente el plano y la estructura de cada vivienda, tomada por separado.

Una casa puede por otra parte hallarse destinada a una mujer sola, a una familia nuclear, o a un «patriarca» provisto de una numerosa descendencia: cabe suponer, si no una adecuación perfecta, al menos una cierta relación entre sus dimensiones y el número de personas (y de animales) que puedan vivir en ella.

En fin, hay casas destinadas a cortijeros *(cottiers)* al borde de la miseria, a simples jornaleros con pocos útiles de trabajo y menos animales, o a campesinos ricos que disponen de varios equipos de labor, y que tienen que entrojar heno y paja en grandes cantidades y alojar a numerosa servidumbre doméstica. El aspecto de una casa rural dependerá evidentemente del poder económico de su ocupante.

En medio de la gran variedad de casas rurales de la Edad Media, hay un tipo sobre todo caracterizado con toda claridad, el de la «casa larga» *(longa domus),* llamada en ocasiones casa mixta, «que abriga bajo el mismo techo y en los dos extremos opuestos de la construcción, de un lado a las personas, y del otro unas cuantas cabezas de ganado. Estas dos categorías de ocupantes disponen de uno o dos accesos comunes. En este último caso, éstos se disponen con frecuencia el uno frente al otro hacia el centro o en medio de los lados más largos» (Robert Fossier).

Un documento de 1314, referente a la región de Forez, evoca por ejemplo un *hospitium* que comprende bajo un mismo techo la pieza principal en el centro, con hogar y horno, a uno de los extremos una alcoba, bodega, al otro un establo, y, encima del conjunto, un henil.

La casa larga, según se admite hoy día, estuvo ampliamente difundida a todo lo ancho de la Europa occidental. Más adelante, habría de desaparecer progresivamente, en esencia a causa de una repugnancia cada vez más profundamente experimentada ante el hecho de vivir en permanente promiscuidad con los animales (ruidos, moscas, olores, etc.). No obstante, todavía en pleno siglo XX, ciertas regiones «atrasadas» (Alpes, Macizo central, Bretaña, País de Gales) no habían eliminado aún totalmente este modo de vida.

Añadamos que hubo muy pronto espíritus «civilizados» que manifestaron su compasiva sorpresa en presencia de usos tan arcaicos

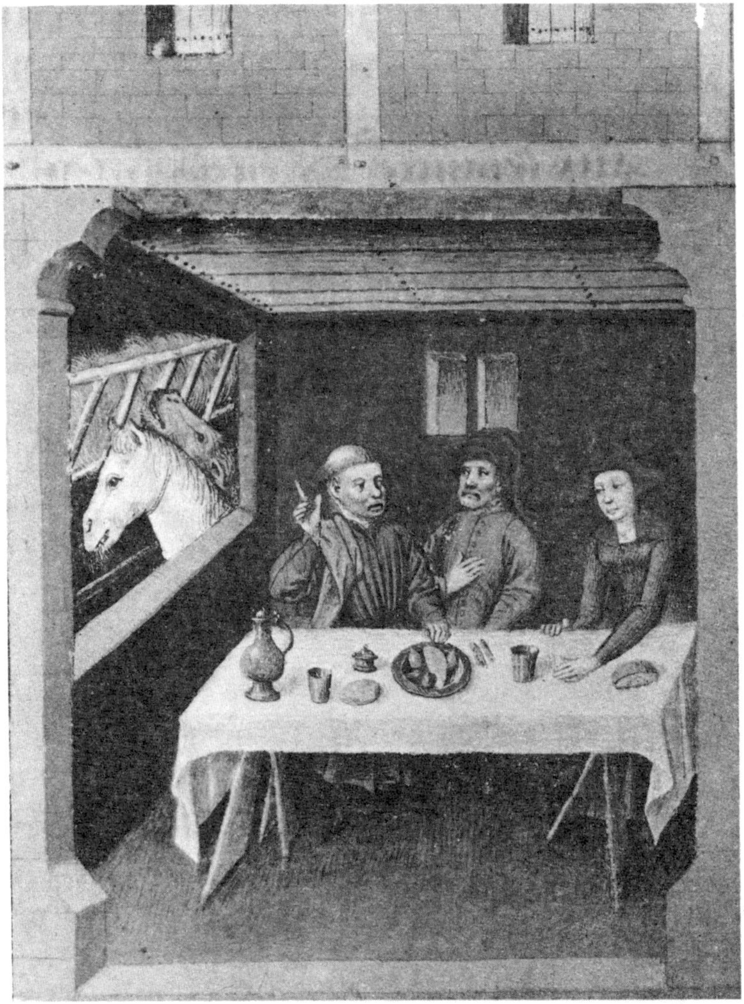

Traducción francesa del *Decamerón* de Boccaccio, siglo XV. Bajo un mismo techo, hombres y animales. (París, Bibl. del Arsenal, ms. 5070.)

y tan toscos. Así, Dubuisson-Aubenay, al visitar Bretaña en el siglo XVII: «En la mayoría de las casas, hay que atravesar la sala o cocina para ir a la cuadra o establo. Ocurre como en el resto de Bretaña: los animales transitan por el mismo sitio que los hombres y falta poco para que cohabiten. Y como las casas son en parte de piedra de pizarra y principalmente de madera, las ratas y ratones son allí más abundantes de cuanto yo haya podido jamás ver en cualquier otro lugar. Algo parecido ocurre con el mobiliario: sus lechos son muy reducidos y muy altos respecto del suelo, sus mesas altas y los asientos de alrededor muy bajos. No faltan las pulgas ni las chinches.»

En 1618, un viajero instalado en Erbrée (Ille-et-Vilaine) se queja de no haber podido dormir por la noche «a causa de las vacas que

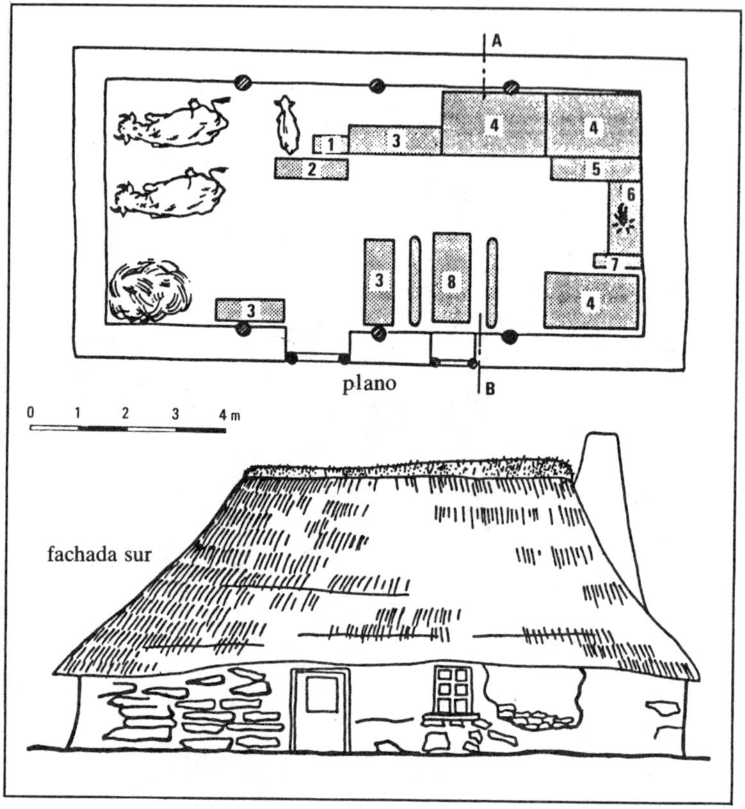

«Casa larga» en Plumelin (Morbihan). Prolongación hasta la época contemporánea de habitación mixta —hombres y animales bajo el mismo techo— habitual durante la Edad Media. (Según R. Fossier y J. Chapelot.)
1: reloj de péndulo;
2: banco-arcón;
3: armario;
4: lecho cerrado;
5: cofre;
6: hogar;
7: banco;
8: mesa-arcón.

allí había, no habiendo donde nos hallábamos otra cosa que un techo y cuatro paredes».

Conviene no obstante tener en cuenta que la «compartimentación» de los espacios, incluso bajo un mismo techo, puede ser más o menos elaborada: si se extreman las cosas, hay que decir que la casa larga permite también accesos distintos para personas y animales, tabiques divisorios que aíslan a unos de otros, e incluso la presencia de diferentes piezas dentro del sector reservado a los humanos. La cohabitación sin segregación de animales y hombres se inscribe en un cierto modo de vida que ha de considerarse globalmente, no es la única resultante de condiciones económicas particularmente duras.

La casa larga no excluye tampoco la presencia en el patio (porque tiene su patio, cosa que se olvida demasiadas veces) de una pocilga, de un área para la trilla, de un aprisco, de una *scure* (hórreo) o de un horno para secar los granos. De cualquier manera, el tipo de casal o casa larga parece previsto para una explotación que no cuente con demasiadas cabezas de ganado. Si el campesino en cuestión es dueño de una docena de vacas, o de cincuenta corderos, hay que adoptar otro dispositivo. Un conjunto de casas largas particularmente célebre entre los arqueólogos lo ofrece la aldea inglesa de Wharram Percy, en el Yorkshire, excavada hace treinta años. Si se dejan a un lado las primeras ocupaciones, seguidas por abandonos posteriores, da la impresión de que esta aldea, muy modesta, aunque contase con una iglesia parroquial, se transformó a finales del siglo XII en torno a una mansión señorial y fue abandonada hacia 1510 a consecuencia de la extensión de la cría de ganado y de las *enclosures*. Con independencia de las técnicas de construcción y de los materiales utilizados, la mayoría de las casas, de una sola planta, son de superficie rectangular, con una anchura comprendida entre 4,5 y 6 metros y una largura que va de los 12 a los 27 metros. Los huecos se sitúan en medio de los costados más grandes; la parte reservada a las personas pudo comprender una cámara aislada, seguida de una pieza con hogar central y salida de humos mediante una abertura practicada en el remate del techo. Éste se compone de una alta y hermosa armazón recubierta de paja; en cuanto a los muros, unas veces son enteramente de piedra (creta), y otras están formadas de tabiques de madera que descansan sobre un basamento de piedra.

Estas casas se hallaban situadas en el interior de un cercado, cosa que, como ya se ha visto, no tiene nada de sorprendente en la Edad Media. Pero —y esto es algo que no hacía sospechar en absoluto la sola lectura de los textos— los límites de semejantes cercados no tienen nada de intangible, como tampoco lo tienen su forma ni su orientación. Por otra parte, las mismas casas sólo tenían una duración de vida limitada: sobre un mismo emplazamiento, alrededor de la mansión, se sucedieron así en tres siglos no menos de nueve casas, cada una de las cuales sólo divergía ligeramente de la precedente. Se tiene la impresión de que la casa únicamente se hallaba prevista para una generación.

En Wharram Percy, hay una reducida minoría de viviendas que no pertenecen al tipo del casal o casa larga: una de ellas, que data de finales del siglo XIII o de principios del XIV, dividida en dos piezas, una de ellas con hogar, no abrigaba probablemente animales.

Otro ejemplo: en Wawne, igualmente en el Yorkshire, se han descubierto los vestigios de una docena de casas que datan de los siglos XII al XIV, hechas de cañizo o de tabiques de madera y que medían frecuentemente alrededor de los 15 metros por 4,5. Más tarde, estas casas fueron abandonadas y destruidas. Sobre su emplazamiento desierto se hizo sembrar trigo. Ulteriormente, tal vez a consecuencia de alguna iniciativa señorial, se construyeron dieciséis casas (segunda mitad del siglo XIV, siglo XV), con una orientación y una anchura idénticas (5,20 metros), y una largura que oscilaba entre 10 y 13 metros. Estas casas se componían de dos piezas, separadas por un hogar dispuesto sobre una base de ladrillo. Estaban construidas con tabiques de madera fijados a un suelo de guijarros; y su cubierta ya no era de paja sino de tejas.

Algunos testimonios, bien es verdad que posteriores, ponen de relieve que a una casa larga podían añadírsele perfectamente unos cobertizos independientes, así como también otra casa larga, o incluso una habitación formada de una sola pieza.

Reconstrucción de dos «casas largas»: excavaciones de Wharran Percy (Yorkshire). (Según M. Beresford.)

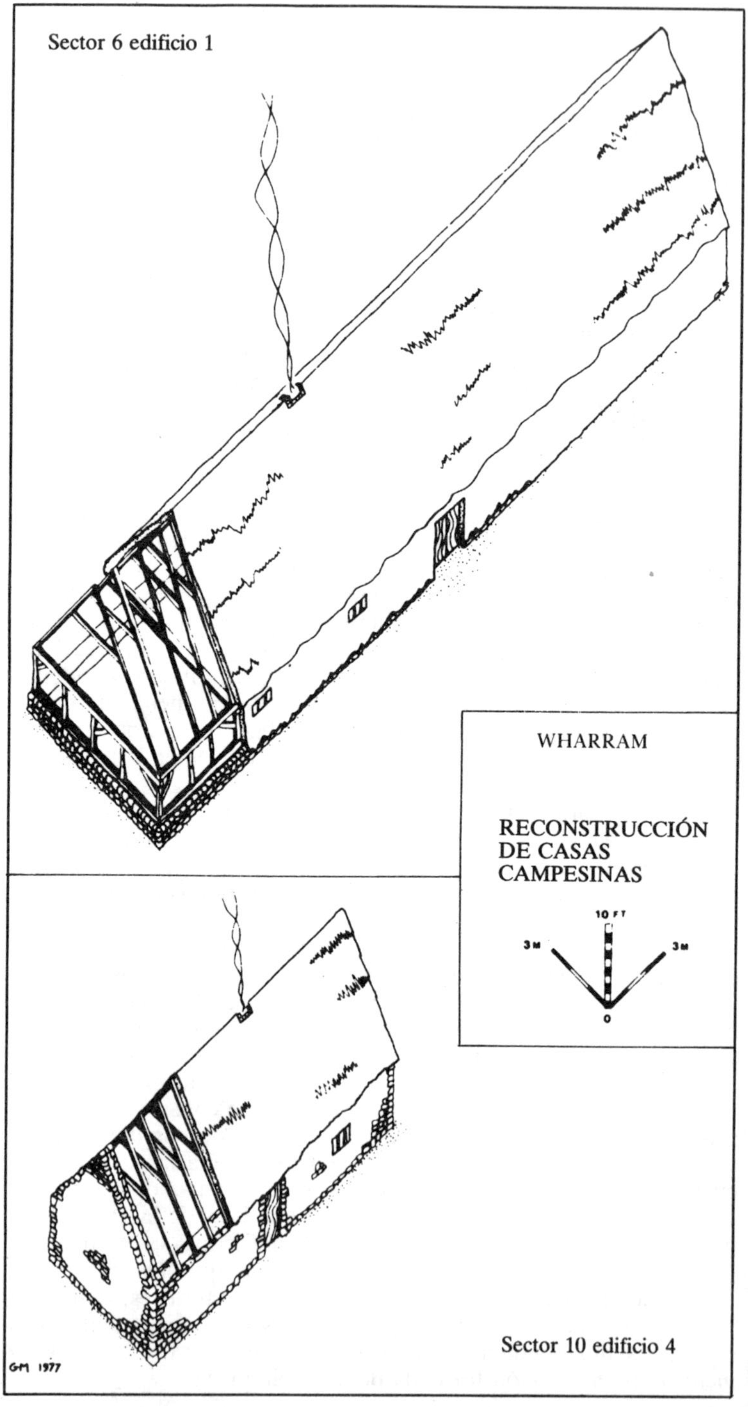

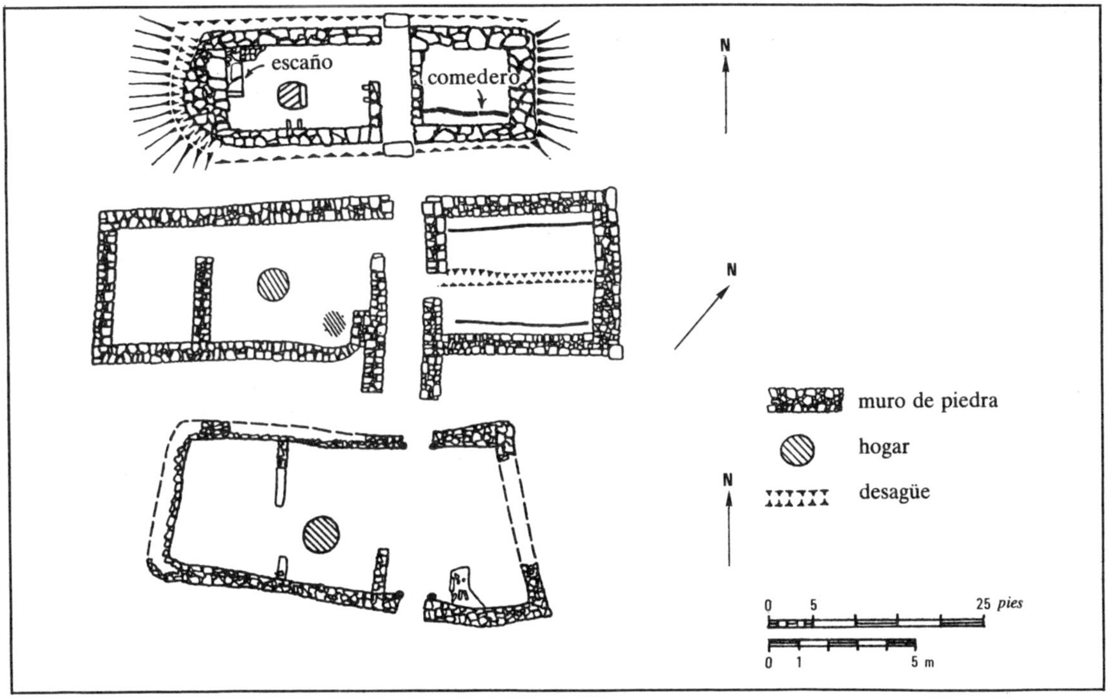

Planos de «casas largas» en la Inglaterra medieval, en el Devon y en Cornuailles. Unas veces de dos, otras de tres habitaciones. Todavía no hay una verdadera chimenea, sino sólo un hogar central. (Según M. Beresford y J. Hurst.)

En fin, cabe que nos preguntemos si la Edad Media desconoció por completo la casa larga con un piso superior más o menos acondicionado, como es el caso de algunos especímenes más tardíos aún subsistentes.

Descartemos, para simplificar las cosas, esta hipótesis, al menos por lo que se refiere a la Francia del Norte y a Inglaterra, y contentémonos con retener para la casa larga las dimensiones medias de 15 por 5 metros; si se supone que una mitad se hallaba reservada a los seres humanos, y si se deja a un lado la vía común de acceso, ello querría decir que una familia de 5 o 6 personas disponía para vivir de un espacio interior de apenas 35 metros cuadrados.

Es lo mismo que nos indican las plantas de casas largas del Devon de Cornualles, donde el espacio dedicado a personas y animales se encuentra cuidadosamente diferenciado.

Hay un segundo tipo bien atestiguado: aquel en el que las edificaciones de explotación y habitación, tan pronto se agrupan a forma contigua, eventualmente bajo un mismo techo, aunque conservando cada una de ellas su independencia, como se dispersan o se organizan dentro de un patio o corral. De un lado, pues, la casa-bloque, «al nivel del suelo» o con alturas; del otro, la casa con patio, abierto o cerrado.

Nada demuestra que semejantes estructuras no fueran conocidas desde la alta Edad Media. Sin embargo, sólo a partir del siglo XIII se vuelven más frecuentes los datos escritos al respecto.

A veces se trata de simples explotaciones rurales, ocupadas por un arrendatario rico o acomodado, un aparcero, un granjero. Algunas miniaturas nos procuran de ellas unas representaciones tal vez un tanto idealizadas. Las alquerías que Philippe de Commynes hizo reparar a finales del siglo XV en su señorío de Argenton comprenden «casas, alojamientos, hórreo para heno, aprisco, cobertizos para los animales y otros utensilios». Por la misma época, en Lorena, se han levantado ya casas con mucho fondo, adosadas, alineadas a lo largo de las calles, en las que la construcción reservada a las personas es paralela a la destinada a acoger el rebaño, las cosechas y los aperos de labranza. Después del espacio llamado *usoir, usuaire* o *parge,* entre la fachada de la casa y la *rúa,* se levanta la casa propiamente dicha, que comprende, de delante a atrás, una *pieza delantera,* con puerta y ventana, una *cocina,* ciega, y una *pieza trasera,* a veces caldeada por un *horno,* o chimenea. Lo normal es que no hubiese corredor, comunicándose estas tres piezas entre sí. A lo largo de la casa, un segundo edificio encierra el *arault,* o área de trilla, y el establo, sobre el que se sitúa un henil, pajar o granero. A veces se añade aún una tercera construcción, un tercer espacio, paralelo a los dos precedentes, que forma una bodega u hórreo independiente. Detrás del conjunto se encuentra un espacio abierto, con jardín y cañamar.

También puede suceder que se relegue el establo a la parte trasera de la casa. Es el caso de una edificación de 1619, en Rugney (Vosgos), que acoge, en su estado actual, dos hogares, a consecuencia de remodelaciones que es imposible fechar.

Las casas-bloque, o con patio, forman igualmente el corazón de algunas explotaciones «señoriales», las cuales bien pudieron servir de modelo en aquellos tiempos a las explotaciones «rurales» evocadas anteriormente.

Como ejemplo típico de la construcción señorial, he aquí la residencia de Tristán de Maignelay, en Fontains, cerca de Nangis, en la Brie, tal como la describe un documento de 1377: «He aquí cómo se distribuye la casa llamada de los Cloz: una gran sala que contiene tres alcobas encima y dos debajo, con cuatro chimeneas arriba y abajo. Ítem, un espacioso granero y establos debajo. Una capilla, cocina y despensa encima, junto a las dichas alcobas y salas, cubiertas de tejado, bien y suficientemente. Ítem, un hórreo de diez travesaños cubierto de tejado. Ítem, el palomar con escalera a la calle, bien poblado de palomas. Ítem, otra casa (tal vez para la servidumbre agrícola) que contiene dos alcobas y una cava debajo, a la que se desciende por diez peldaños, con tejado también. Un gallinero y debajo una pocilga, cubiertos de tejado, cerrado con muros alrededor todo el recinto y tres jardines contiguos.»

Esto significa que la «granja» podía comprender, como casa de habitación, lo mismo, como aquí sucede, una verdadera mansión, que una casa elemental de una o dos piezas con un simple hogar pero sin chimenea y con una techumbre de paja.

En 1450, el gran prior de Francia emprendió la restauración de las encomiendas de los caballeros hospitalarios que, en su mayoría, habían sufrido enormemente los estragos de la guerra. Pocos años

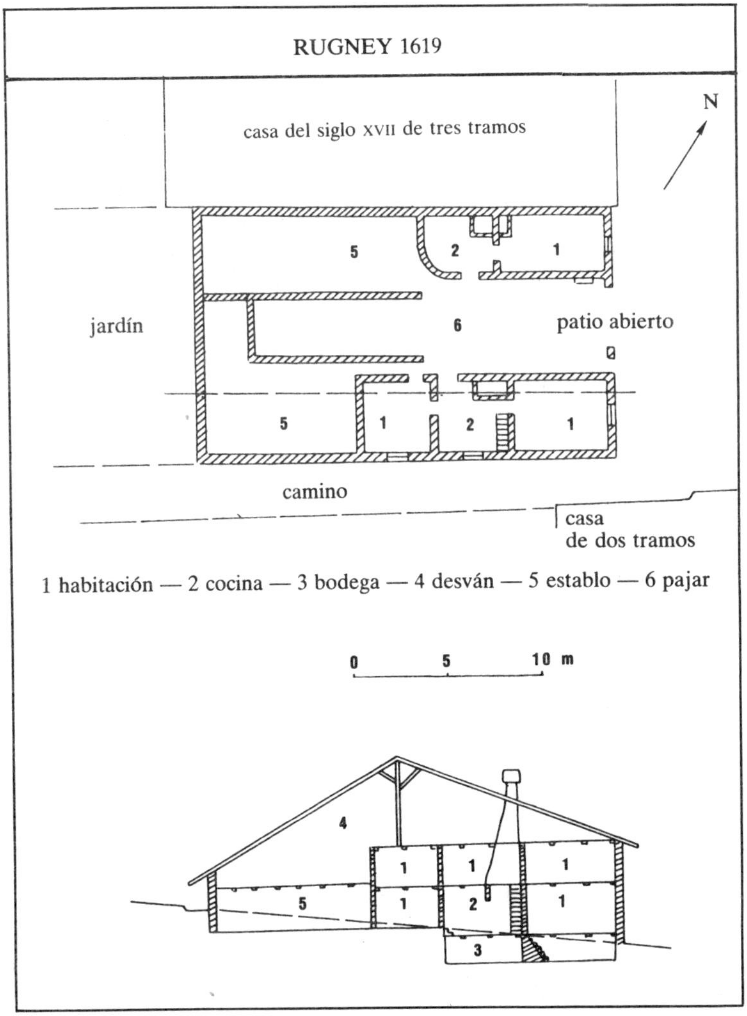

Casa de 1619 en Rugney (Vosgos). Puede suponerse que una disposición interior análoga existía ya en Lorena durante el siglo XV. (Según A. Weisrock y G. Cabourdin.)

más tarde, en 1457, una visita de inspección efectuada a la encomienda de Lagny-le-Sec indica la amplitud de los trabajos ya realizados desde entonces, al mismo tiempo que permite darse cuenta de los diferentes componentes de un gran dominio agrícola en la provincia de Brie a finales de la Edad Media. En seis años, el comendador del lugar, frey Jean le Roy, había hecho reparar la capilla, tarea primordial, como es debido; luego, el cuerpo principal de la edificación, dicho de otro modo la *grant maison* destinada al alojamiento de los hospitalarios, con *sala baja y cámara, cocina, guardarropa y granero encima,* y además: dos grandes salas, igualmente cubiertas de tejado, que servían por el momento de hórreos; una caballeriza de cinco travesaños, con la techumbre de paja; dos cuerpos de establo cubiertos de paja para el ganado de los granjeros; un aprisco de once travesaños, cubierto de tejado; una torre cuadrada, también con tejado, que servía en la planta alta de palomar y en la planta baja de pocilga; otro aprisco, completamente nuevo, de siete travesaños, cubierto de paja; un *hostel* para alojamiento de los granjeros; un pozo con su tejado; una cámara encima de la puerta de entrada del patio; y una torre cuadrada con tejado también, que hacía las veces de prisión y tenía en la planta alta una alcoba con chimenea. «Todos los cuales edificios, tanto los que han sido restaurados como los que están destruidos se hallan en un recinto cerrado de unas tres o cuatro fanegas (digamos que una buena hectárea), rodeado de murallas todo él y en estado francamente satisfactorio.»

Medio siglo más tarde, los herederos de Philippe de Commynes, con vistas a presentar una querella ante los tribunales, se ocuparon de enumerar en una memoria que se ha conservado las mejoras o mejor las inversiones realizadas desde 1473 en el castillo de Argenton y en sus dependencias por el célebre consejero de Luis XI y su mujer, Hélène de Chambes. Estos acondicionamientos que resultaron carísimos, no se limitaron ni mucho menos a las edificaciones habitadas. Además de la restauración de la capilla y el recinto del castillo, y de la construcción de una casa para el portero, se hace mención de un lagar, de un «hermoso hórreo nuevo cubierto todo él de pizarra, con cuatro puertas y un portón, para meter el heno, la leña y la vajilla para los señores» así como «hermosos establos completamente nuevos cubiertos de pizarra, que son dobles, para meter cebada y paja».

Cualquiera que sea la antigüedad de este tipo de habitación, apoyado en una economía rural próspera, a la vez diversificada y equilibrada, y que implica que al menos el amo de la explotación tiene sus recursos, parece claro que en una parte de Francia y en Inglaterra, durante los siglos XIV y XV, la tendencia fue hacia su lenta aunque regular difusión. En Inglaterra, por ejemplo, los historiadores se hallan de acuerdo en que hubo diversas mejoras que vieron la luz: la añadidura de un piso; un tabicamiento más claro del espacio, tanto en la planta baja como en la alta; un comienzo de reparto entre los recintos dedicados al trabajo, al sustentamiento (preparación y consumo), al descanso y al sueño; la relegación de los animales a edificaciones separadas, en torno del patio; la sustitución del hogar central por una chimenea de ladrillo, adosada al muro, con la consiguiente disminución del riesgo de incendio y una mejor circulación del humo, un mejor tiro. William Harrison escribe en 1577: «Las casas de nuestras aldeas y ciudades están construidas por lo general de tal forma que ni la lechería, ni el establo, ni la cervecería se hallan reunidos bajo el mismo techo (como ocurre en muchos lugares de ultramar y a veces en el norte del país) sino que están separados de la casa, e independientes entre sí.»

Finalmente, había casas (barracas, casillas, cabañas, cortijos, chozas, casuchas, covachas, chamizos, para emplear algunos de los términos de la época) destinadas a una actividad agrícola reducida al mínimum, simples abrigos de una o dos piezas, donde podían vivir una viuda, un cervecero y su familia. «Y llamaba su barraca a una vieja casa en la que habitaba», dice por ejemplo un documento de 1391.

En 1417, Jean Petitpas, labrador de Jaux (Oise), con su mujer y sus tres hijos pequeños, habita en una casa compuesta de un hogar *(foyer)* y de una alcoba *(chambre)*. En 1416, los bienes muebles de María la leñadora, criada del duque de Orléans, se hallan repartidos en las tres habitaciones de su casa de Rocourt-Saint-Martin (Aisne): una cocina, una alcoba y un sobrado. En el mismo año, otra sirvienta del duque de Orléans dispone, a su vez, de una cocina y de una alcoba, mientras que la casa de un vaquero, en Rosoy (Oise), se limita a una sola pieza en la que se hallan reunidos sus pocos utensilios de cocina y su miserable camastro.

Con el mismo título que Wharram Percy en Inglaterra, la localidad de Dracy, simple rincón de la parroquia de Baubigny (Côte d'Or), posee en Francia una legítima notoriedad. Excavado a partir de 1965 por un equipo franco-polaco, este caserío, puramente agrícola y vitícola, había sido establecido en una fecha desconocida al pie de una escarpadura calcárea. Integrado por una quincena de hogares en 1285, se redujo durante la segunda mitad del siglo XIV, víctima de las pestes y las guerras, para acabar desapareciendo por completo poco después de 1400. Hubo sin duda un desplazamiento de sus últimos supervivientes hasta una aldea vecina que ofrecía perspectivas económicas mejores y un marco de vida más atrayente.

Entre los numerosos vestigios estudiados, retengamos los de una casa que, incendiada hacia 1360, ofrece las informaciones más luminosas. Esta pesada obra de mampostería, apoyada contra la escarpadura por su flanco oeste, no tenía por ello necesidad sino de tres muros, edificados a base de gruesos morrillos toscos o apenas desbastados, unidos entre sí con una arcilla amarillenta. Estos muros aislaban un espacio de forma aproximadamente cuadrada: de 8,7 a 9 metros en su costado norte-sur, y de 10,75 a 11 metros por el lado este-oeste. O sea una superficie de unos 90 metros cuadrados, reducida de hecho a poco más de 60, habida cuenta del espesor de los muros exteriores y de las paredes interiores.

En una primera fase, esta casa estuvo dividida únicamente en dos piezas, bastante alargadas, una que ocupaba la parte norte, y otra la sur. Destinada entonces a una sola familia, a un solo fuego, no abrigaba más que un hogar, situado en la pieza sur, pero muy destacable, tanto para la época como para la región, en el sentido de que se trataba de una verdadera chimenea, o, más precisamente, de un conducto vertical de madera revocado de arcilla, apoyado contra el muro meridional. Además, un umbral de piedra, cuidadosamente dispuesto, permitía fijar sólidamente el armazón de la puerta e impedir que las inmundicias del corral invadieran el interior. En cuanto a la pieza norte, tenía a su vez una puerta, abierta a la otra fachada. Es posible que en este estadio la pieza haya servido de establo. Nos hallaríamos entonces en presencia de una variedad de casa «mixta». En cualquier caso, en esta pieza no hay huellas de ningún hogar. Además, encima de ella había otra planta, digamos mejor un desván acondicionado, sin duda accesible por

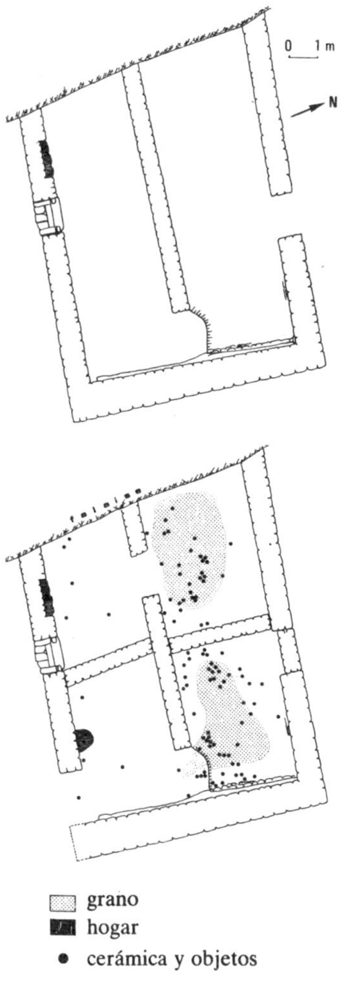

Plano de casa en Dracy (Côte-d'Or). Primera fase, finales del siglo XIII. Abierta al norte y al sur, la casa no cuenta entonces más que con dos piezas.

La misma vivienda, en la segunda fase de su existencia (siglo XIV); ahora se halla dividida en dos habitaciones que dan una y otra al sur. En una última fase, que acaba en 1360, la construcción ya no fue habitada más que por una sola familia, que ocupaba las dos partes. (Según J.-M. Pesez.)

Vestigios de casas en Dracy. Muros espesos, incluidos los tabiques interiores, y habitaciones pequeñas.

medio de una escalerilla, en el que se guardaría el grano. Un tejado de una sola vertiene constituida por pesadas losas de piedra caliza lo cubría todo: partía del muro de la fachada norte, a 5 o 6 metros de altura, y luego descendía por una pendiente bastante acusada en dirección de la fachada sur, donde se apoyaba sobre un muro cuya elevación no debía de rebasar los 2,40 metros.

En una segunda fase, por cuestiones de herencia, o a causa de una cierta sobrecarga demográfica, hubo que proceder al reparto de la casa. Una pared divisoria aisló completamente la parte oeste, adosada a la muralla, de la parte este. La primera conservó la chimenea, la puerta de entrada primitiva y tuvo acceso a la mitad de la antigua pieza norte, más, sin duda, a la mitad de la planta alta. Pero la habitación trasera, por lo mismo, quedaba ciega: ¿simplemente un almacén húmedo o una bodega, mejor que una alcoba propiamente dicha? Por lo que hace a la parte este, se la proveyó de un hogar y de una puerta hacia el sur, lo que garantizaba su autonomía, mientras que la pieza nordeste, a su vez, perdía su salida hacia el exterior, con la condena de la puerta norte.

Finalmente, el reparto de los vestigios de mobiliario y de utensilios descubiertos durante la excavación sugiere que no se trataba de un doble empleo entre la habitación oeste y la habitación este, hasta el punto de poder pensarse que, en la última fase de su historia, la casa había reunido de nuevo sus dos mitades para no formar sino un solo hogar.

En resumidas cuentas, «una construcción pesada, maciza, toda ella de piedra, avara de huecos y bastante baja a pesar de su planta alta, pero una habitación sólida, se mantuvo en uso durante numerosos decenios y probablemente varias generaciones, puesto que se transforma para acoger más habitantes» (Jean-Marie Pesez). Añadamos que una gran parte de la existencia debía de transcurrir fuera, ante la puerta sur, sobre el terraplén bien expuesto al sol, de algunos metros de ancho, que se extendía hasta la casa siguiente. Si se supone, lo que no es en absoluto seguro, que el fuego del hogar se haya mantenido encendido durante toda la jornada, puede admitirse que hasta este interior oscuro y rudimentario ofrecería un refugio suficientemente acogedor y cálido a sus sucesivos moradores.

Muy pocos documentos de finales de la Edad Media permiten una aproximación más concreta a la casa rural que el fascinante registro de inquisición redactado a las órdenes y bajo el control del futuro papa Benedicto XII, cuando todavía era simplemente Jacques Fournier, obispo de Pamiers (1318-1325). En particular, esta fuente privilegiada pone perfectamente de relieve el papel esencial del *hospitium,* de la *domus* y del *ostal.* En aquella cuenca alta del Ariège donde Jacques Fournier desplegó auténticos tesoros de ingenio en su caza de herejes, la casa aparece como la estructura estable y viva en la que todo el mundo se reúne y a la que se aferra. Aunque no se halla en absoluto replegada en sí misma, es el nido donde la herejía y los herejes buscan refugio, a la espera de poder desplegarse. Espacio de intercambio de secretos, de conciliábulos

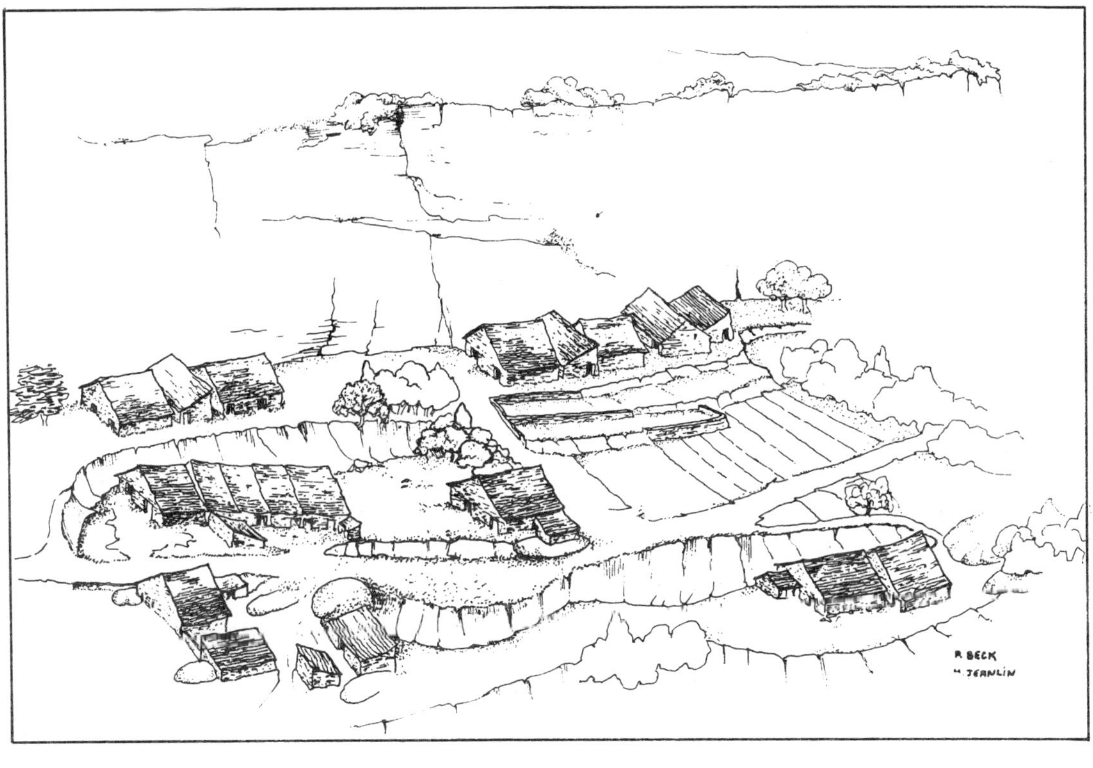

Reconstrucción de la aldea de Dracy (Côte-d'Or) al pie de su talud, tal como podía hallarse en el siglo XIV. (Según J.-M. Pesez.)

y de palabra en libertad. A las diferentes casas mencionadas les corresponde casi siempre una familia nuclear: el padre, la madre y sus hijos. Las cuarenta casas de Montaillou reúnen a unas doscientas personas: cinco por hogar. Las únicas excepciones o poco menos: una casa «católica» formada por cinco hermanos y una casa «cátara» en la que una viuda ha conservado junto a sí a sus cuatro hijos ya mayores, si bien todavía célibes.

La parte central de la casa —se ha hablado incluso al respecto de «casa dentro de la casa»— es la *foganha,* lo que en otros lugares se llama el hogar, la cocina, el «chas», la *foconea.* «Colin Basin entró dentro de la dicha casa y abrió dos arcones que allí había, uno en el "chas" de la dicha casa, y el otro en la alcoba», dice un documento de 1377. Otro texto, de un siglo más tarde (1478), es aún más explícito: «El suplicante que se sentía indispuesto por el frío, hizo encender en su "chas" o cocina un muy buen fuego (...) y después se fue a acostar en su lecho en una pequeña alcoba contigua al dicho "chas" o cocina.» Y después: «Jean Mariat tiene las herencias que siguen (...), la casa donde vive, una cocina y dos alcobas a los lados, y un patio, vergel, parva y pertenencias.»

Horas de la Virgen, h. 1500. Patio de granja en la Francia del Norte: vareo del lino con trillo de mano. Serie de construcciones reducidas con armazón y techo de paja. Cada una de ellas tiene un destino preciso: a la derecha, por ejemplo, una pocilga con un palomar encima. (Nueva York, Pierpon Morgan Library, ms. 399.)

En Montaillou, la distinción que corresponde a chas-chambre (cocina-alcoba), corriente en la Francia del Norte, es la de *foganha*-chambre.

Una de las tareas del ama de casa, de la *focaria,* es la de mantener el fuego del hogar en la *foganha,* sin que se apague, durante la jornada, así como la de cubrirlo cuidadosamente, cada noche, por temor al posible incendio.

Normalmente, no se duerme en la *foganha.* Para lo que sirve es para preparar la comida y comerla. Lugar por excelencia de la actividad femenina, lugar que da directamente a la calle, por la puerta principal de la casa, las más de las veces abierta, de la mañana a la noche. Aunque, en invierno, se instale en la *foganha* el lecho de un enfermo, lo más cerca posible del fogón. Más o menos como en la casa del villano descrita por Noël du Fail, en el siglo XVI, en la que «el lecho del buen hombre estaba junto al fuego, así mismo completamente cerrado y muy alto».

En la comarca de Montaillou, las alcobas que rodean la *foganha* son normalmente varias. Una de las mejores descripciones a este propósito es la de la casa de Pierre Michel, en la vecina aldea de Prades de Aillon. De acuerdo con el testimonio de su hija Raimonde, había en ella ante todo una pieza baja, «dispuesta de tal suerte que se hallaba contigua a la pieza llamada *foganha,* y del lado de ésta había una puerta que cerraba, de tal modo que nadie podía atisbar en la pieza baja desde la *foganha*, cuando la puerta estaba cerrada. Del otro lado, había otra puerta que daba a esta pieza baja y que abría sobre el sitio (destinado a la trilla). Por esta puerta podía entrar el que quisiera; y sin embargo, los que estaban en la *foganha* no los hubieran visto si la primera puerta hubiese estado cerrada. Y nadie se acostaba encima de esta pieza baja (lo que implica la existencia de una pieza alta, pero desocupada por la noche) ni en la pieza misma, salvo mi padre y mi madre, y el hereje cuando estaba en casa. Yo y mis hermanos nos acostábamos en otra habitación que estaba junto a la *foganha*, que se hallaba en medio, entre esta pieza baja y la alcoba en que dormíamos, mis hermanos y yo».

De esta forma, no era imposible un cierto aislamiento (que sin duda se ha buscado deliberadamente, en determinadas ocasiones), lo que viene a confirmar la frecuente mención de puertas provistas de cerrojos, lo que significa que se cerraban con llave. Por lo demás una constante de las excavaciones medievales, hasta cuando se trata de habitaciones campesinas, es el número de llaves (o cerraduras) encontradas *in situ*.

Bien es verdad que los tabiques que separaban las distintas piezas no eran tal vez estancos: escuchar, espiar a través de las hendiduras entraba en el orden de lo posible.

Además de la *foganha* y las alcobas, situadas al mismo nivel, algunas casas pertenecientes a los aldeanos más acomodados, tenían en el piso alto un sobrado, hecho de adobe y madera, al que se accedía por una escalera rudimentaria o por una simple escala y donde a veces se encendía fuego, o para calentarse o para la cocina. A pesar de todo, el destino primordial del sobrado era el de ser, junto a las otras, una alcoba.

El sobrado (se habla también de *sinault* o de *sinal):* una pieza frecuentemente documentada a través del conjunto del espacio francés, de Metz a Toulouse, de Tournai a Narbona, así como en Inglaterra. Es posible, a pesar de todo, que su frecuencia sea mayor en el Mediodía.

En el tipo de casa corriente en Montaillou, se destaca aún una cava, una bodega, a veces una cámara para provisiones, y balcones o una galería (lo que en otros lugares se llamaba un *valet).* En resumen, una verdadera vivienda acondicionada de modo bastante complejo. Añadamos su techumbre de tablas (las *escannes)* muy plano (hasta el punto de que pueden ponerse sobre él las gavillas a secar), sus ventanas de pesados postigos de madera, e incluso su banca al aire libre, al costado de la calle, para charlas con los vecinos o para despiojarse la cabeza, a pleno sol. Pero sobre todo, raras veces los animales cohabitan con los seres humanos. Las más, puede comprobarse la existencia de un corral *(cortile),* prolongado por un espacio abierto para la trilla y un jardín, y con las clásicas dependencias: horno para el pan, *boal* (establo para los bueyes), *cortal* (aprisco), palomar, pocilga, pajar, hórreo o alquería, en la que se acogen a veces pastores, obreros y sirvientes, que tienen en ella su lecho, pero sin fuego ni luz.

El esfuerzo conjugado de historiadores y arqueólogos ha permitido ya poner de manifiesto algo de la evolución arquitectónica de la casa rural a través de la Edad Media. En términos generales, se habría pasado de una «infra-construcción», de una «casa que no lo era», de un abrigo transitorio, edificado con medios precarios (barro, madera, ramaje y hojarasca), a una obra de mampostería «en duro» que necesitaba técnicas elaboradas, y representaba una inversión moderada, pero destinada a durar. En este segundo tipo, que se afirma progresivamente a partir del siglo XII, la célula familiar empieza a sentirse cabalmente en su propia casa, psicológica y materialmente; se beneficia de una mejor protección contra el frío, el agua y el viento, y puede conservar mejor sus útiles de labor y de cocina, sus provisiones, todo lo que la Edad Media incluía bajo la expresión *estorements d'hôtel* (enseres domésticos). Puede llegar a decirse que, en cierta medida, la familia se adhiere a su casa, se identifica con ella, como un linaje noble puede adherirse e identificarse con su castillo. Simple indicio de un fenómeno que había de acentuarse ulteriormente y subsistir hasta en pleno siglo XX, como en el valle de la Engadine.

«Tres cosas son, según dice el sabio,/ Las que sacan al hombre de su casa/ Por sutil fuerza y por aprieto:/ Son el humo y el agua que gotea/ Pero más aún hace la rabia/ De la mala mujer alcahueta.»

Así es cómo, en su jerga anglo-normanda, pone en versos John Gower, en el siglo XIV, un proverbio muy común en diferentes formas: «Tres cosas son las que arrojan al hombre honrado fuera de su casa, a saber, casa sin tejado, chimenea que echa humo y mujer burlona». O también: «Tres cosas hay que arrojan al hombre fuera de su casa: a saber, la humareda, la gotera y la mujer pijotera.»

Si el historiador carece de medios para apreciar la evolución de la última de estas tres calamidades, puede estimar en cambio que entre la alta y la baja Edad Media las dos primeras tuvieron tendencia a disminuir de intensidad.

Casa renacentista en Chartres. Escalera de caracol con armazón. La calidad de las esculturas explica sin duda que esta maravilla se haya conservado.

Por limitada que fuese, semejante mejora tuvo consecuencias enormes para la vida de relaciones. Sólo se hizo posible por una transformación de las mentalidades así como de las realidades económicas y sociales. Tal vez se trató de la paulatina difusión de un modelo urbano (junto al modelo señorial, ya evocado), que afectaba a la vez a las técnicas y oficios artesanos empleados por una parte, y al uso social de la vivienda por otro. Fue en la ciudad donde se empezó a construir con propósito de larga duración, a invertir en inmuebles de calidad corriente, a reemplazar los hogares abiertos por las chimeneas, los techumbres de paja y de tabla por las de teja o de pizarra.

De este modo en las aldeas pudieron construirse casas «burguesas» que ejercieron una cierta irradiación. Pensemos por ejemplo en los presbiterios o casas rectorales rurales. En 1344, el obispo de Bath y Wells prescribe que el ecónomo de la parroquia de West Harptree habrá de tener una casa con *hall*, dos sobrados, dos bodegas, una cocina, un hórreo, un establo para tres caballos, cinco acres de tierra de labor, dos acres de prado, un jardín y un cercado. Se está muy cerca de la mansión para *squire,* pero a pesar de todo en un nivel inferior. En Alfriston (Sussex) subsiste un presbiterio del siglo XIV: construcción con armazón, con un techo de paja; el amplio *hall,* provisto de una chimenea, está flanqueado en sus dos extremos por un cuerpo de dos pisos, uno de los cuerpos con su chimenea.

A finales del siglo XIV, en Normandía, Guillaume Blesot, de Touville, en el deanato de Pont-Audemer, se encargó, por una suma de 70 francos de oro, de construir para el cura de la parroquia, Jean de Paigny, una casa de armazón *«sobre base de buena piedra»,* de 54 pies de largo (18 metros) por 16 de ancho (5 metros). Estaban previstos varios pisos, unidos por una escalera *«de piedra o de yeso»*, y con no menos de cuatro aposentos y tres chimeneas. Los bastidores de las puertas habrían de ser de roble. En uno de los extremos de la vivienda se edificaría un cobertizo *«para tener un cuarto desahogado»*. Construcción sin duda esmerada, de tipo francamente urbano, pero que no debía de plantearle un problema especial al contratista, ya que el contrato preveía una duración de apenas seis meses para su terminación.

Casas de Reims, hoy desaparecidas. Espécimen de la habitación urbana de calidad en la Francia del Norte. Dos pisos que sobresalen del taller con un vasto granero encima.

La casa urbana

Por las mismas razones que la casa rural, la casa urbana presenta toda suerte de contrastes. En este caso domina la piedra, en aquel la madera, la arcilla seca o el ladrillo. En uno la pizarra o la laja de piedra, en otro la teja, lo que no quiere decir que hayan desaparecido las techumbres de cubierta vegetal.

Los problemas se plantean de diferentes maneras, en función del clima, de las dimensiones de las ciudades, de la densidad de población, de la naturaleza y la intensidad de las actividades, de la coyuntura histórica. Hubo ciudades que se encontraron arruinadas o debilitadas por la guerra, las epidemias, o las transformaciones económicas, incapaces desde entonces de sostener su patrimonio inmobiliario, mientras que otras, en plena guerra de los Cien Años, supieron mantener o aumentar la cifra de su población, crear o captar riquezas, y sostener una corriente regular de nuevas construcciones. En no pocos sitios, la segunda mitad del siglo XV, después de las enormes aperturas del tiempo del reinado de Bourges, pero antes de las malsanas acumulaciones del siglo XVI, fue un período dichoso durante el que no pocos ciudadanos, todavía no demasiado pletóricos se beneficiaron de unas condiciones de vida en plena renovación. Es significativo que daten de esta época casas que subsisten todavía en buen número en la Francia actual.

Las ciudades medievales contaban con un porcentaje nada desdeñable de religiosos, religiosas y clérigos que vivían en comunidad o por separado. Había palacios que eran la residencia, permanente o temporal, de nobles, de grandes señores, de príncipes o de reyes. No faltaban otros que podían alojar a notables: hombres de negocios y de leyes, financieros, médicos de renombre, todos aquellos en suma a los que los textos engloban a veces bajo el término de burgueses. Infinitamente peor provistas se hallaban las capas sociales miserable o precariamente alojadas: truhanes y mendigos «siempre en busca de un poco de pan, descansando y guareciéndose en cualquier sitio, tumbados bajo unas tablas» (François Villon), durmiendo *«calle abajo»*, y para los que, en 1439, la ciudad de Tournai hizo construir unos barracones cubiertos; estudiantes no admitidos en los colegios; ancianos y ancianas; criados y sirvientas, o camaradas de oficio, cuando no vivían en casa de su amo. Por cierto que el grupo más representativo del medio urbano, por más que no participara salvo muy accesoriamente en el gobierno y la administración de la ciudad, era el de las gentes de oficio —artesanos, tenderos—, organizados o no en corporaciones y cofradías, a los que hay que añadir todos aquellos que gravitaban a su alrededor y compartían su existencia. Tal vez se tratara cuando menos de la mitad de la población urbana. Y sin duda, en el seno de lo que se llamaba el común no dejaba de haber pobres y ricos, gente importante y gente menuda. Había quienes tenían una actividad más prestigiosa, más habilidad o una mejor clientela. Mientras que otros acumulaban desventajas: cargas de familia más pesadas, edad, enfermedad, accidentes profesionales. Al margen de estos contrastes, las gentes de oficio o menestrales habitaban normalmente, ellos y los suyos, en casas individuales, que ocupaban en su totalidad o en su mayor parte y que les servían conjuntamente de residencia privada, de taller de producción y de lugar de venta de los productos que fabricaban o transformaban. La mayoría de las 3 700 casas de Reims, de las 2 400 de Arras (excluida la *cité)* y de las 6 000 de Lille respondía, según cabe pensar, a este destino.

En función de su emplazamiento, de sus dimensiones, de su modo de construcción, y de su estado general, estas casas de artesanos representaban valores variables. Una podía tasarse en 20 libras, y otra en 80. Lo que va a decirse de la casa «media» será por tanto el resultado de una simplificación inevitable y hasta un cierto punto engañosa.

En la mayor parte de las ciudades francesas, durante el siglo XIV, y el XV, la casa del *común,* del *vulgo,* tenía su fachada principal dando directamente a la calle, sin antepatio, lo mismo si se trataba de una casa acabada en pico que de una cuyo remate fuese paralelo a la fachada. Esta última era regularmente estrecha: de 5 a 7 metros, a veces un poco menos, en algún caso un poco más. En el barrio del Bourget, en Nancy, en el siglo XIV, hay casas que se estrechan en 11 pies de fachada tan sólo, mientras que otras alcanzaban los 33, o sea tres veces el «módulo» (Jean-Luc Fray).

Una casa tenía con frecuencia dos niveles: lo que desde entonces se llamó, al menos en París, la planta baja, y el primer piso. La mayor parte de las veces, se levantaba sobre una cueva o una bodega, cuya bóveda (o techo) sobrepasaba ligeramente el nivel del suelo, de modo que había que subir dos o tres peldaños para acceder a la planta baja en cuestión. La profundidad de estas casas era variable: para fijar las ideas, de 7 a 10 metros. La planta baja podía tener 3 metros o 3,50 de altura; la de encima (en saledizo más o menos sensible, lo que permitía ganar espacio, pero en detrimento del aire, de la luz y tal vez de la estabilidad del edificio), un poco menos, digamos que 2,70 ó 3 metros. Arriba de todo, accesible mediante una trampilla o una escalera, se encontraba el granero cubierto por un vasto techo. La madera dominaba en toda la construcción, si bien la piedra no se desconocía en algunas regiones, especialmente en lo que atañía a los muros de la planta baja. Para una mejor protección tanto frente al fuego como frente al agua, la tendencia estimulada, e incluso impuesta por las municipalidades, consistió en reemplazar la paja por la pizarra y la teja.

Trabajo y familia: el marco de vida del artesanado urbano. Jean Bourdichon, en esta miniatura de finales del siglo XIV, ha visto bien el auge que conocía entonces la carpintería decorativa.

Admitamos por tanto unas dimensiones de 6 metros por 8: en dos plantas, esto hace un centenar de metros cuadrados disponibles para un «fuego» (o sea cinco personas), más la cava, el granero y las diversas construcciones que podía haber en el patio de atrás. Entre estas construcciones anejas, se encuentra con frecuencia la cocina, o zaquizamí, o *quarree*. En teoría, ni rastro de hacinamiento. La planta baja comprende una puerta de entrada, llamada *huis*, o *huissrie*, de la que se nos dice que en París podía permanecer abierta durante el día mediante un bastidor. «Una silla apoyada que sirve para cerrar el paso»: es un mueble mencionado en un inventario de mediados del siglo XV. Se habla también de «sillas con respaldo que sirven para cerrar la puerta», o «que sirven para sentarse a la puerta». En 1535, el embajador veneciano Marino

Giustiniano constata que en París «hombres y mujeres, viejos y jóvenes, amos y criados tienen por costumbre sentarse en las tiendas, a su puerta o en la calle».

La puerta de la casa se abría a un corredor muy estrecho, de 1 metro a 1,50 de ancho, que daba paso a dos aposentos: el de delante, denominado obrador, puesto, tienda o taller —otros tantos términos de entonces—, y el de atrás, llamado sala o cuarto bajo, que daba al patio. Una escalera interior de caracol permitía subir al primer piso, dividido de modo análogo en dos o tres piezas. En Montbéliard, a comienzos del siglo XVI, comienza a difundirse la escalera de caracol exterior, llamada también *viorbe*.

Había diversos elementos que podían reforzar el confort y lo placentero de una casa de este tipo. Ante todo, la presencia de un pozo individual, lo que evitaba que las mujeres de la casa tuvieran que ir a la fuente, al río o a la alberca —distracción, ciertamente, pero también servidumbre—, así como tener que recurrir, como frecuentemente en París, al servicio de los aguadores. Luego, una protección más o menos eficaz contra el frío, la lluvia y el viento: postigos y contraventanas (atestiguados por innumerables miniaturas), papel engrasado, pergamino, burletes e incluso, en los casos más favorables, sobre todo a partir del siglo XV, cuarterones de vidrio fijos o móviles. No era raro que la mayoría de las habitaciones de una vivienda de artesano estuviesen provistas de una chimenea, lo que dista mucho de querer decir, por lo demás, que semejantes chimeneas funcionaran de manera simultánea o continua. Un suelo de tierra apisonada, un piso de madera podían ceder su puesto a hermosas baldosas barnizadas o vidriadas, lo mismo en la planta baja que en la alta. Finalmente, con mayor frecuencia de la que cabría esperarse, bastantes casas, incluso de las vulgares, disponían de letrinas o retretes. En la segunda mitad del siglo XV, y a comienzos del XVI, su presencia se considera normal, indispensable, por parte de no pocas autoridades municipales. En 1519, el parlamento de Rouen no hace otra cosa que expresar el sentir general cuando prescribe a todos los propietarios que «hagan construir y edificar en sus casas retretes (¿fosas?) en tierra, con los asientos puestos y situados en alto de las dichas casas (...) y del mismo modo en cada casa de alquiler». Era posible que los vecinos se pusieran de acuerdo al respecto: en 1433, Martin Hubert y Pierre Fossecte ocupaban sendas casas contiguas en la calle del Fossé-aux-Gantiers, en Rouen. El primero, que había hecho construir «completamente nuevos» unos retretes *(aisements)*, consintió en que el segundo y su esposa pudieran disponer de un «asiento de desahogo de cuerpo» *(siege d'aisement de corps)* durante toda su vida, mediante la entrega de una suma de 12 libras. «El cual asiento estará en la galería del dicho Hubert, a la altura del segundo piso de la casa de los dichos esposos, en el lugar en que tienen al presente su alcoba, en la cual alcoba se hará una puerta nueva para entrar y salir de la referida galería y retrete, el cual retrete dispondrá de espacio conveniente, y tendrá una ventana con vidrio fijo de tamaño razonable.» Si los esposos Fossecte se ausentaban, la puerta de acceso debía ser «clausurada». Finalmente, cuando se vaciaba el pozo negro, los gastos habrían de correr en un tercio por cuenta de los

Miniatura del siglo XV que ilustra un episodio de la traducción francesa del *Decamerón* de Boccacio. Letrina en un piso entre dos casas urbanas. (París, Bibl. del Arsenal, ms. 5070.)

La Historia del Gran Alejandro, siglo XV. El confort de una casa burguesa. Postigos interiores, cristales de rombos, pavimento decorado. (París, Petit Palais.)

esposos Fossecte y en dos por la de Martin Hubert. A pesar de todo, estos retretes o *cloaques* privadas seguían siendo insuficientes en número. Por eso, algunas municipalidades avanzadas hicieron edificar en el siglo XV (en Loches, en Tournai, en Rouen) letrinas comunes, por ejemplo sobre las murallas o sobre las canalizaciones, en las que se establecía separación entre las destinadas a los hombres y las reservadas a las mujeres, e incluso a los niños.

Pero descendamos más abajo, en la jerarquía de las formas del habitat. No deja de haber testimonios de casas sensiblemente más modestas, que comprendían tan sólo dos o tres cuartos. Tal vez correspondieran a aquellos *appentis* (cobertizos), a aquellas casuchas *(maisons appentisees)* que, desde el punto de vista fiscal, constrastaban en algunas ciudades (Rouen, Romorantin, Tours) con las casas de remate triangular o de viguería, que se impusieron cada vez más.

Con fecha de 1427, el inventario tras su muerte de los bienes de Berthon de Santalène, un barbero ni miserable ni insignificante del burgo de Crest (Drôme), enumera en el interior de su vivienda de la *Dretche charriere,* donde había vivido con su padre, las piezas siguientes: una alcoba de atrás *(camera posterior),* provista de dos lechos, uno pequeño y otro grande; una alcoba de delante *(camera anterior),* con un lecho y utensilios de cocina; un obrador *(operatorium),* con tres sillas y cinco bacías de barbero, diez navajas, cuatro piedras de afilar, dos espejos y tres pequeñas lancetas guarnecidas de plata para las sangrías; un granero detrás del obrador, donde se guardaba sobre todo el trigo; y finalmente, una bodega. De modo que se trata de una casa de tres aposentos tan sólo, en la que sala y cocina se hallan confundidas. *«Aula sive focanea»*, como dicen ciertas fuentes provenzales.

El inventario tras su muerte de Guillaume Burellin, herrero de Calvisson, en el Gard (1442), evoca una vivienda más simple aún, con un taller *(la botiga de la forja)* y un cuarto en el piso alto *(lo solié de l'ostal)*, que sirve a la vez de cocina, de alcoba y de sala.

Descendiendo un peldaño más en la pobreza, algunas alcobas servían de pieza única para viudas, criados y estudiantes. Sin duda alguna, la «pobre muchacha que era hilandera de lana con su rueca» y cuya vivienda «no tenía provisión ninguna ni de leña ni de tocino, ni de aceite ni de carbón, ni de ninguna otra cosa salvo un lecho y un cobertor, su torno de hilar y bien poco de cualquier otro menaje», evocada en el *Ménagier de París,* vivía en una sola habitación. Lo mismo que le sucedía, en 1426, en París, a Perrin le Bossu, pobre cardador de lana, que obtuvo remisión de la pena merecida por haber forzado la puerta de la alcoba de un cierto Thomassin Hébert, orfebre, «la cual está encima de aquella en la que vive el

Horas de París, siglo XV. Inventario después del fallecimiento. El notario escribe, mientras que sus ayudantes abren los cofres y disponen los objetos —preciosos o no— sobre una mesa de caballetes. (París, Bibl. nac., ms. lat. 1176.)

dicho Perrin». En París, a comienzos del siglo XIV, una familia vive en la mayor parte de los casos en una sola pieza, *mansion, domuncula,* o *estage* (Raymond Cazelles).

Si se pasa ahora al otro extremo, al nivel superior, nos encontramos con un tipo clásico de vivienda: la casa de canónigo, cuya disposición ha quedado perfectamente en claro gracias a un número especialmente elevado de inventarios.

En términos generales, este tipo de residencia, situada en la proximidad inmediata de la catedral y del claustro, dispone de un patio y de un jardín y comprende una decena de piezas: numerosas alcobas, incluida la del canónigo, con mucho la mejor amueblada y la más agradable sin duda, si bien no siempre la más vasta, una o dos salas y salitas *(sala, aula,* en los documentos en latín), una cocina y una despensa, un estudio (llamado a veces escritorio), una capilla, y finalmente bastantes anejos (establo, bodega, cueva, galería, fresquera *(garde-manger),* leñera, depósito de carbón de madera llamado *charbonnier,* etc.).

En un nivel aún más alto, las residencias episcopales se acercan unas veces al modelo canonical, otras al señorial, e incluso al principesco. Un inventario de la casa episcopal de Laon *(domus episcopalis laudunensis),* redactado tras la muerte, en 1370, de Geoffroi le Meingre, no menciona, curiosamente, ni capilla ni estudio, pero sí una cocina y una despensa, una sala baja, así como siete alcobas: la del difunto, provista de un guardarropa, y las del oficial, dos capellanes, el canciller, el recaudador, el cocinero y el portero. En 1496, el *oustel episcopal* de Senlis se halla un poco menos provisto: no hay estudio, pero sí una capilla, una pequeña sala, una cocina y una despensa, seis alcobas, más el *logis et hôtel* (alojamiento) del portero, y finalmente algunas dependencias (lagar para pisar la vendimia, horno, graneros pequeño y grande, caballeriza, cueva y bodega).

El inventario de la casa episcopal de Alet, que data de la muerte, en 1354, de Guillaume de Alzonne o de Marcillac, obispo de Alet y abad de la Grasse, permite adivinar la categoría del tren de casa: no sólo se encuentran en ella una capilla y una gran sala *(aula maior),* llamada igualmente *tinel,* sino que en esta ocasión se cuentan tres estudios, y no menos de una veintena de habitaciones, entre las cuales hay una llamada de adorno, distinta del dormitorio propiamente dicho del obispo, que se califica a su vez como alcoba de retiro *(retrocamera).* La misma oposición entre alcoba de adorno y alcoba de retiro aparece, en 1389, en el castillo de Porte-Mars, residencia urbana de los arzobispos-duques de Reims. Aquí ciertas alcobas se atribuyen nominalmente al mayordomo, a los capellanes, a los caballerizos, a los criados del servicio de cocina, al despensero y al secretario. Nunca por lo demás deja de haber en las mansiones episcopales aposentos que pueden adjudicárseles a otros servidores, clérigos o laicos: recaudador, tesorero, vicario, palafrenero, camarlengo, encargado del granero o procurador.

Porque con independencia incluso de las dimensiones de una casa, de su modo de construcción, de su situación en el espacio urbano, de su decoración interior y exterior, de su mueblaje, la

Renaud de Montauban, siglo XV. El *taller de escritura* en una mansión aristocrática. De un lado, los clérigos; del otro, los mensajeros. Entre ambos grupos, el dueño, que dicta, controla, y ordena. (París, Bibl. del Arsenal, ms. 5072.)

distribución y la denominación de las piezas de que se compone nos informan sobre el género de vida, sobre el standing, digamos, de su o sus ocupantes. Es más «burgués» por ejemplo tener en su casa un despacho que un obrador, y mejor aún si lo que se tiene es un estudio, en lugar o a la vez que un despacho. Disponer de una caballeriza es la señal de que uno no sale a la calle a pie.

La gran burguesía, los notables mejor instalados trataban evidentemente de adoptar las costumbres más francamente aristocráticas, pero, al mismo tiempo, sus casas conservaban por lo general las huellas de sus actividades profesionales. Tal es el caso de la vivienda ruanesa de Pierre Surreau, recaudador general de Normandía por los tiempos de la monarquía lancasteriana: hay en ella dos despachos, uno de ellos en la planta baja, cerca de la puerta de entrada, para el trabajo de los pasantes de las finanzas, y el otro en el primer piso, según un inventario tras su muerte que nos informa de que «se trataba del despacho particular del dicho difundo» (1435). Pierre Legendre, tesorero de guerra y luego tesorero de Francia, eminente oficial de finanzas al servicio de Luis XI, Carlos VIII y Luis XII, emparentado con las familias más prósperas del reino, como los Briçonnet, ennoblecido y hasta armado caballero por el rey, dueño de numerosos señoríos en el Vexin, pretendía seguramente agregarse a la más alta nobleza, y el inventario de su mobiliario en 1525 justifica más que de sobra semejante ambición, aunque sólo fuese por la extraordinaria profusión de sus tapicerías. Además, su *hôtel* de la calle de los Bourdonnais, en París, ofrecía tal apariencia que, hasta las recientísimas pesquisas de André Chastel, se lo había tomado por el *hôtel* de La Trémoille, éste sí auténtica y puramente aristocrático. A pesar de todo, el palacio en cuestión tenía desde luego una capilla y una sala de recepción, así como tres despachos, lo que equivale a tres piezas profesionales.

El diario del procurador Dauvet, redactado durante el proceso de Jacques Coeur, contiene los inventarios de varias casas que habían pertenecido al banquero de Carlos VII o a sus asociados en los negocios.

En Lyon lo mismo que en Rouen, la existencia de despachos y tiendas nos recuerda la naturaleza de las ocupaciones del acusado. En cuanto a la *grant maison* de Bourges, orgullo de su propietario, «aunque inacabada aún durante el proceso, pone de relieve que el buen gusto no estaba reñido con el confort del advenedizo» (Michel Mollat).

Los torreones, la capilla, las armas esculpidas en piedra, las galerías y las tribunas: todo estaba calculado para subrayar las dimensiones principescas de esta noble mansión. Sin contar la existencia de cuatro salas (un récord en este género de residencia) y los nombres de prestigio atribuidos a determinadas habitaciones: la de las galeras, la de las galerías, la de los obispos, el cuarto de los *angelotetz*, o la sala de los meses del año. Y sin embargo, este palacio aristocrático servía de marco a las actividades lucrativas: en un cierto sentido, «desmerecía», como lo indica la presencia de numerosos despachos o de los pupitres de madera cubiertos con el habitual paño verde que permitían el cómodo y atento examen de las escrituras financieras y comerciales.

Sólo en las evocaciones de carácter francamente literario traspasan los *hôteles* burgueses, en la imaginación, los últimos obstáculos que impedían su asimilación a las residencias propiamente patricias. No sin segundas intenciones, Guillebert de Mez, en su descripción de París a comienzos del siglo XV, asocia en un mismo movimiento los «*hostels* de obispos y prelados» con los de los «señores consejeros, los señores de la Cámara de cuentas, los caballeros, los burgueses y los diversos oficios». Y destaca, en la mansión de «sire Mile Baillet», calle de la Verrerie, un miembro de una vieja familia de la burguesía parisina que había sido cambista, y luego con Carlos V y Carlos VI, ayudante, tesorero y de la Cámara de cuentas, una capilla «donde se celebraba cada día el oficio divino» y sobre todo la existencia de habitaciones en dos niveles distintos, uno para el invierno, otro para el verano: «Había salas, alcobas y estudios (el autor se cuida mucho de no hablar ni de despacho, ni de mesa de trabajo *(tablier)*, ni siquiera de *obrador de escritura)* en la planta baja para habitarlos en verano al nivel del suelo, y en la alta así mismo donde se hacía la vida en invierno.»

Más concluyente aún es el ejemplo del *hôtel* de Jacques Duchié (o de Dussy), que murió cuando era jefe de cuentas en 1412. Se trata también en este caso de una casa situada en la orilla derecha, en el barrio de los negocios, más exactamente en la calle de los Prouvaires. En la descripción de Guillebert de Mez, se acentúan, deliberadamente, las dimensiones militares de la residencia (provista de una auténtica sala de armas), su comodidad y su confort, su rechazo de cuanto pudiese parecer demasiado estrictamente utilitario (en el patio, hay *aves de adorno,* pavos reales, y no gallinas ni patos), los gustos refinados del propietario, su sentido de la cultura desinteresada, y su inclinación aristocrática hacia los juegos de sociedad y hacia la música, en la que no se revela únicamente como melómano sino como verdadero músico: «En el patio había pavos reales y diversas aves de adorno. La primera sala está decorada con diversos cuadros y divisas colgados de las paredes. Había otra sala llena de todas suertes de instrumentos, arpas, órganos, zanfonías, bandurrias, psalterios y otros, todos los cuales el dicho maestro Jacques sabía tocar. Otra sala estaba provista con juegos de ajedrez, de tablas y de otras diversas maneras de juegos en gran número (dos habitaciones que anuncian ya las salas de juego y de música del siglo XVIII). Ítem, una hermosa capilla con facistoles de maravilloso arte, que se podían poner cerca y lejos, a un lado y a otro. Ítem, un estudio cuyas paredes estaban cubiertas de piedras preciosas y de especias de suave olor. Ítem, una alcoba donde había pieles de diversas maneras. Ítem, muchos otros aposentos ricamente adobados con lechos y mesas cuidadosamente tallados y cubiertos de ricos paños y tapices bordados en oro. Ítem, en otra cámara alta había gran número de ballestas, algunas decoradas con bellas figuras. Allí había estandartes, pendones, arcos, picas, alabardas, estacas, hachas, bisarmas, mallas de hierro y de plomo, escudos de diversas clases y otros artefactos, con abundancia de armaduras, y en resumen con toda clase de instrumentos bélicos. Ítem, había allí una ventana hecha de maravilloso artificio, por la que se sacaba un artificio metálico con el cual se miraba y se hablaba a los de fuera si era necesario con toda nitidez. Ítem, en la parte más alta del edificio había una habitación cuadrada, donde había ventanas por todos sus costados para ver desde allí la ciudad. Y cuando se comía allí, se subían y llevaban vinos y manjares mediante una polea, ya que estaba aquello demasiado alto para transportarlos a mano. Y por encima de los pináculos del edificio había hermosas estatuas doradas.»

El palacio de los Papas en Avignon

El estudio de las formas de habitación urbana conduce inevitablemente al de los palacios, de los que puede decirse que por aquella época era prácticamente forzoso que se hallaran situados en la ciudad, aunque el término no designa propiamente un cierto tipo de vivienda, en el sentido arquitectónico, sino que remite más bien al estatuto y rango de su poseedor: por eso es por lo que ciertos textos proponen que se califique el castillo de Vincennes como palacio, desde el momento en que se trata de una residencia real. De cualquier modo, por lo que se refiere al acondicionamiento del espacio, no es posible establecer una oposición estricta entre los palacios (como el del rey, en la *Cité* de París), los *hôteles* (como el *hôtel* Saint-Pol, igualmente en París, residencia predilecta de Carlos V y Carlos VI), y los castillos propiamente dichos, como el Louvre. Poco importan, en efecto, las apariencias, fortificadas o no, cuando la disposición interior, o la decoración de los aposentos, obedecen, en unos y otros casos, a reglas comunes. Se comprueba el mismo tipo de habitaciones en el *hôtel* Saint-Pol y en la fortaleza del bosque de Vincennes. Y el ejemplo del palacio de los Papas, en Avignon, al que nos vamos a referir en seguida, como a uno de los más notables, no equivale solamente a otros palacios, de carácter eclesiástico o laico, sino también a los castillos, a condición de que posean unas dimensiones análogas y un destino semejante.

Es bien sabido cómo Bertrand de Got, arzobispo de Burdeos, elegido papa en 1305, tomó la decisión, implícita, de quedarse del lado francés de los Alpes y de no pisar Roma ni siquiera Italia. Después de no pocos periplos, fijó su residencia en Avignon y en su región a partir de 1309, como habrían de hacer tras él sus sucesores durante más de medio siglo.

Juan XXII, obispo de Avignon cuando fue elegido papa, continuó viviendo en su antiguo palacio episcopal, una construcción situada claramente en el interior del recinto amurallado de los siglos XII-XIII, en el sector norte de la ciudad, en la proximidad inmediata de la catedral de Notre-Dame des Doms.

Los arreglos hechos en el palacio durante su pontificado (1316-1334) eran insuficientes. Entonces Benedicto XII (1334-1342) hizo derribar el conjunto de las construcciones para edificar en su emplazamiento una residencia a escala e imagen de su prestigio y de sus funciones. En diez años, de 1335 a 1345, bajo su reinado y durante los dos o tres primeros años del pontificado de Clemente VI (1342-1352), vio la luz, bajo la responsabilidad de dos maestros de obras, Pierre Poisson y luego Jean de Louvres, un «palacio grandioso», dicho en los términos de un cronista de la época, «de una maravillosa belleza, de una fuerza extraordinaria con sus murallas y sus torres». Esta realización, denominada Palacio Viejo a partir del momento en que Clemente VI emprendió la construcción del Palacio Nuevo *(novum opus, palatium novum)*, es la que aquí se va a tener particularmente en cuenta, en su estado de 1345, tal como nos la permiten abarcar unas fuentes muy precisas y sobre todo apasionadamente estudiadas por los eruditos.

El palacio de Benedicto XII estaba esencialmente dispuesto en torno al patio de un claustro, en forma de cuadrilátero. Aunque incluía también, hacia el este, un jardín delimitado por una espesa muralla.

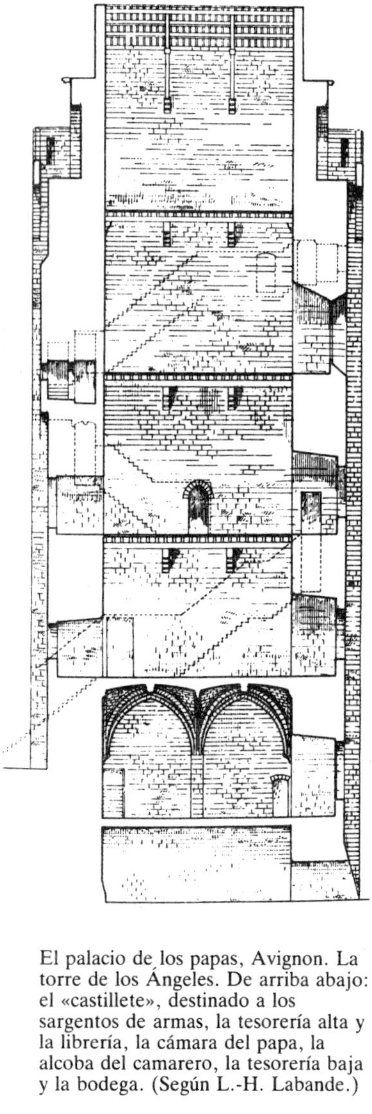

El palacio de los papas, Avignon. La torre de los Ángeles. De arriba abajo: el «castillete», destinado a los sargentos de armas, la tesorería alta y la librería, la cámara del papa, la alcoba del camarero, la tesorería baja y la bodega. (Según L.-H. Labande.)

«Bien está su prisión guardada,/ En su palacio se hace fuerte.» Tal es uno de los reproches que Jean Dupin dirige al papa en sus *Melancolies*.

Porque el prurito de la defensa, o al menos de la seguridad, no estuvo precisamente ausente del pensamiento de los constructores, como lo demuestra la presencia, al costado de las edificaciones alargadas que ocupan los cuatro lados del claustro, de numerosas torres elevadas y poderosas, a veces pegadas unas a otras hasta constituir auténticos macizos de fábrica. Precaución que no fue superflua: en 1398 el palacio de los Papas hubo de sufrir un asedio en regla, con minas, cañonazos y comienzo de incendio, del que el indomable Benedicto XIII salió, provisionalmente, vencedor.

Esto no quiere decir que la vida del palacio se hallara toda ella vuelta hacia dentro: la mayor parte de las edificaciones, en efecto, incluida la alcoba del papa, miraban también hacia el exterior, hacia la ciudad y el jardín, mediante aberturas bastante anchas y numerosas practicadas sobre todo, como es natural, en los pisos superiores.

Al sur, al norte, al este y al oeste, las cuatro alas que rodeaban el claustro tenían dos o tres pisos. Las torres, a su vez, presentaban las más de las veces cuatro o cinco niveles superpuestos, que comunicaban entre sí las escaleras abiertas en el espesor de la muralla. Cada torre tenía también su autonomía, cuando menos en su parte superior, mientras que los pisos medios e inferiores empalmaban, si era necesario por medio de algunos escalones, con el conjunto de las edificaciones. De este modo la circulación era más fácil, lo mismo que el entrecruzamiento, por lo demás habitual en los castillos medievales, entre verticalidad y horizontalidad.

Comencemos nuestro recorrido por el sector meridional, zona propia del soberano pontífice. He aquí, edificados hacia 1335-1337, los aproximadamente 50 metros de la Gran Torre, todavía llamada torre del Papa, de Plomo o de la Tesorería (hoy torre de los Ángeles). En ella habitaba de ordinario el papa. Su cámara *(camera turris, camera papae),* una pieza de 10 metros por 10, de suelo barnizado, con artesonado de madera, tenía una vasta chimenea y se hallaba suficientemente iluminada por dos grandes ventanas, hacia el sur y hacia el este. En sentido descendente, se encontraban masivamente la alcoba del camarero apostólico, ministro de Finanzas del papado, la tesorería baja, y en fin, abajo de todo, una cava a la que, según se decía, eran llevados los preciosos toneles de vino de Beaune y de Saint-Pourçain. Si se subía, se encontraba una enorme pieza que, en la época de Inocencio VI, se dividió a fin de disponer a un lado la tesorería alta, al otro la librería y, en la última planta, un «castillete» destinado a acoger a algunos soldados de la guarnición.

Esta torre no se bastaba a sí misma. Había unos indispensables edificios que la aglutinaban, la apoyaban y la completaban. Así, al norte, la torre del Estudio, sólo de tres pisos: abajo, una cámara secreta, para el control de las operaciones financieras, de las recaudaciones y de los gastos de la institución pontificia; luego un vestuario; y por fin, sensiblemente al mismo nivel que la alcoba papal, su *studium,* una habitación embaldosada de 5 por 7 metros. Al oeste, una construcción cuadrangular acogía la cocina secreta del papa, contigua a su alcoba y que daba por otro lado a su comedor particular, el Petit Tinel. Al sur, la torre llamada del Guardarropa, con sus 40 metros de altura, fue edificada por Jean de Louvres al iniciarse el pontificado de Clemente VI, hacia 1342-1343: en ella se superponían, de abajo arriba, un baño con caldera y bañera de plomo para el papa, dos guardarropas, uno encima del otro, la alcoba llamada del Ciervo (que servía de *studium* a Clemente VI y estaba al mismo nivel que la del papa), y finalmente su capilla privada, dedicada a san Miguel.

La Gran Torre se prolongaba aún, hacia el norte, mediante un ala comprendida entre el claustro y el jardín: allí estaban, en la planta baja, la gran tesorería y la sala llamada de Jesús (a causa del monograma de Cristo que adornaba los muros), en la primera planta, el Petit Tinel, ya mencionado, tal vez también una capilla privada, y finalmente la sala de paramento, que precedía, según un modelo clásico, a la alcoba del papa.

Transportémonos ahora hacia el sector nordeste. Allí, tan alejados como era posible, se concentraban los servicios domésticos y materiales: botellería, panetería, trinchero, cocina de Benedicto XII y, más notable aún, de Clemente VI, cuartos para la leña y el carbón, bodegas y depósitos, así como también prisión, arsenal, y alojamiento de una parte de la guarnición (torre llamada de Trouillas). Y no hay cuidado de que nos olvidemos de la torre de las letrinas, cuya amplitud, con sus dos plantas, atestigua por sí sola el número de personas —varios centenares— que vivían permanentemente en el palacio.

Uniendo el espacio personal del papa y el sector de servicios, el ala oriental del claustro prolongaba el Petit Tinel y la cámara de paramento, con las salas superpuestas del consistorio, en la planta baja, y del Grand Tinel, en el primer piso. Es posible que el Grand Tinel, usado prioritariamente para los banquetes oficiales, sirviera a su vez de ordinario de sala para el común. Este ala comprendía una torre, la torre de San Juan, que acogía, en la planta baja así como en la primera, dos reducidas capillas.

Pero la capilla con mucho la más importante del Palacio Viejo, era la que ocupaba todo el ala norte. Se desplegaba en dos niveles: un nivel inferior, que le valió el nombre, desde 1340, de «gran capilla oscura» y se transformó muy pronto en depósito, en sitio de desahogo, y un nivel superior, que conservó él solo a partir de entonces su función litúrgica.

La torre de la Campana, o torre de San Juan, defendía el ángulo noroeste. Sus 45 metros de altura, divididos en cuatro plantas, alojaban a los parientes del papa, a los curiales, a los guardias, y así mismo al gran mayordomo. En resumidas cuentas, cumplía más o menos las mismas funciones que la edificación siguiente, que formaba el flanco occidental del claustro, llamada ala de los familiares. de los servidores titulados del papa, miembros de su *familia,* que

El palacio de los papas, Avignon. La torre de las letrinas, edificada por Benedicto XII. (Según L.-H. Labande.)

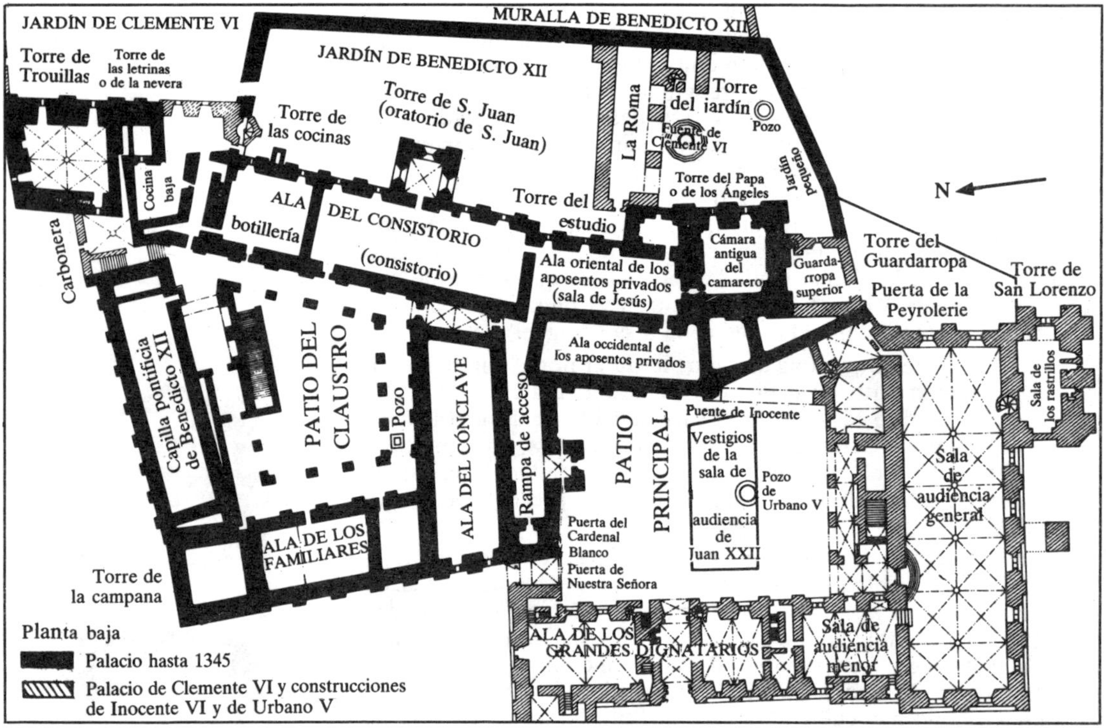

El palacio de los papas, Avignon. Plano al final del pontificado de Urbano V, 1370. La planta baja. (Según S. Gagnière.)

allí vivían y trabajaban conjuntamente. Benedicto XII tenía incluso allí un *studium,* entre otros.

Finalmente, al sur, justo después de la puerta fortificada de acceso, estaba el ala del cónclave, destinada a recibir a los huéspedes de categoría, cuando rendían visita al papa. Allí se instaló al rey de Francia, Juan el Bueno, y, algunos años más tarde, al emperador Carlos IV de Luxemburgo.

La torre del Cardenal blanco, que completaba el cuadrilátero, se había adjudicado, al menos en parte, a los paneteros y botelleros que se alojaban en ella.

De acuerdo con esta vista panorámica, se advierte que el palacio de los Papas acumulaba muy afortunadamente diversas funciones. Función militar: se trataba de una fortaleza, con su guarnición correspondiente, más o menos numerosa según las circunstancias. Función palatina: incluso el palacio primero de Benedicto XII ofrecía un marco decente para los inevitables fastos de la monarquía y corte pontificias. Función burocrática: el palacio acogía los órganos centrales de una administración y un gobierno reputados por su competencia y su actividad.

Todo ello se refleja en la organización tan estricta y vigorosa del espacio interior, a pesar de que no se advierte ninguna separación absoluta entre la vida privada y la vida pública, entre el trabajo de los clérigos de la curia y su existencia personal.

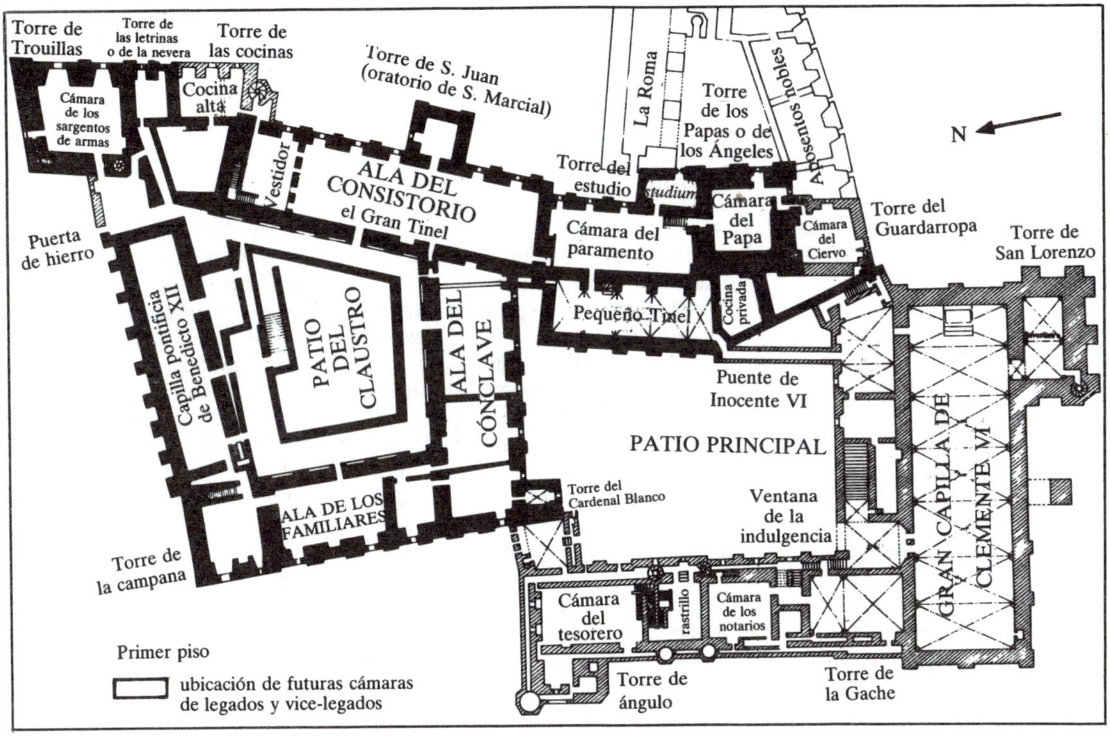

El palacio de los papas, Avignon. Plano al final del pontificado de Urbano V, 1370. El primer piso. (Según S. Gagnière.)

Sin duda el espacio reservado a la administración resultaba insuficiente pese a todo, porque sabemos que el Palacio Nuevo, concluido por Clemente VI, se destinó principalmente a acoger otros servicios, en particular judiciales (audiencias grande y pequeña).

Pero no hemos de creer por ello que Benedicto XII y su arquitecto fuesen unos innovadores al adoptar un plan relativamente racional o cuando menos «legible».

Lo que cabe conocer, en efecto, bien es verdad que sólo gracias a los documentos escritos, del palacio de Juan XXII muestra ya una distribución que responde al mismo espíritu: de un lado, la residencia particular y las habitaciones de recepción del pontífice; y de otro, los servicios domésticos (cocina, etc.); las oficinas pertenecían a un tercer sector.

¿Habrá que admitir incluso que se aguardó a los inicios del siglo XIV para plantearse y llevar adelante una repartición de este tipo? No se excluye en absoluto que algunos castillos y palacios, tanto laicos como eclesiásticos, edificados en los siglos XII y XIII, se beneficiaran de una articulación análoga, inspirada en el modelo monástico, el cual pudo a su vez hacer suyos y adoptar planos de palacios o *villae* del Bajo Imperio.

Lo único comprobable es que antes del siglo XIV, en rigor, del siglo XIII, no hay documentación histórica ni arqueológica, o,

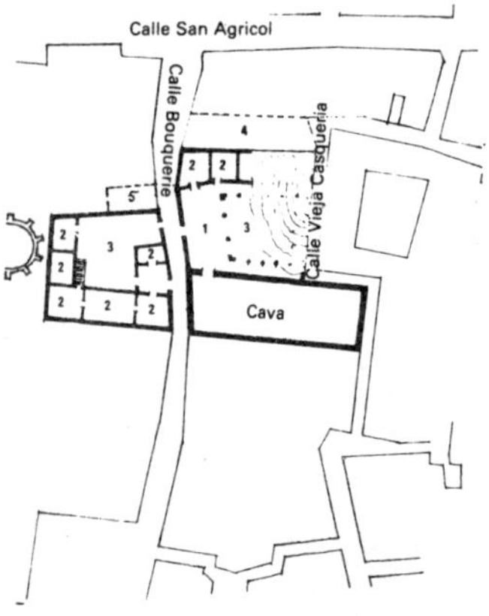

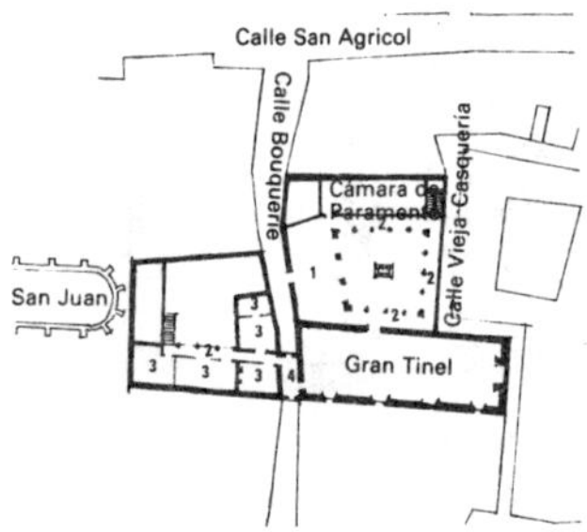

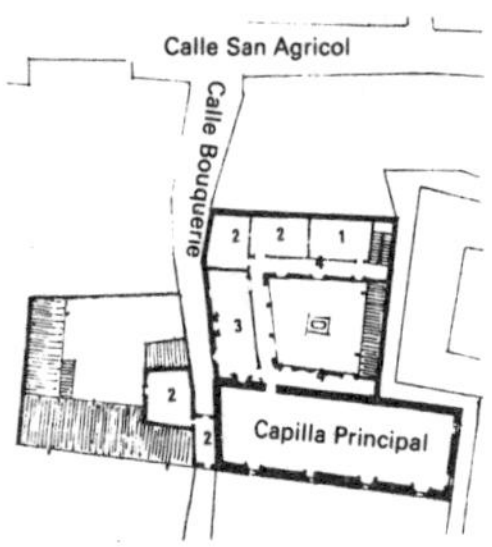

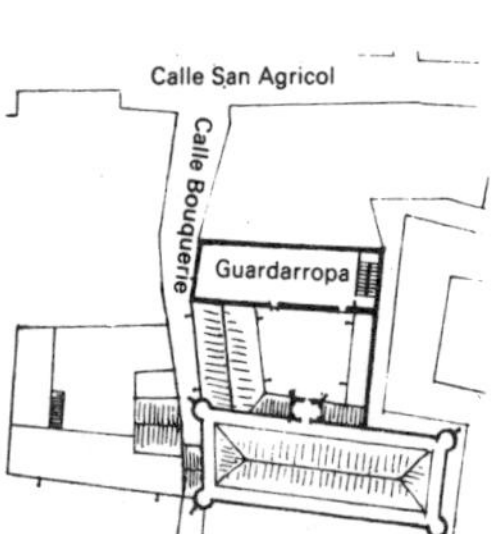

cuando la hay, sigue pareciéndonos demasiado imprecisa para permitirnos otra cosa que una reconstrucción en buena parte imaginaria.

Patios y jardines

En el siglo XIV, en la ciudad de Avignon, el palacio de los Papas distaba mucho de ser la única edificación centrada en torno a un espacio interior —patio o claustro—. En su respectiva escala, las residencias cardenalicias —las famosas casas exentas, destinadas a los príncipes de la Iglesia y a su séquito de donceles, capellanes y sirvientes— estaban sensiblemente concebidas de acuerdo con los mismos principios. Un documento de 1374, redactado con fines fiscales, permite reconstruir aproximadamente la residencia liberada, hoy desaparecida, del cardenal Guillaume de la Jugie, un sobrino del papa Clemente VI, que la hizo edificar durante el tercer cuarto del siglo XIV. De un lado, la residencia reducida, dispuesta en torno a un patio: un conjunto bastante confuso de aposentos altos y bajos, de reductos, de salas y galerías, destinado según todas las apariencias a la servidumbre, a los caballos y a las mulas del cardenal. Del otro, la residencia amplia, para el dueño, que comprendía tres cuerpos de edificación en torno a un jardín. Encontramos:

1.° en el subsuelo, básicamente una cava y algunas piezas subterráneas;

2.° en la planta baja, tránsitos cubiertos; el Grand Tinel o comedor, con su chimenea; un pórtico decorado con pinturas; una «gran cámara de paramento»; y una escalera de caracol;

3.° en el primer piso, de nuevo los tránsitos cubiertos que unen entre sí las diferentes piezas, en número de cinco (capilla, cámara, antecámara, cámaras de paramento vieja y nueva);

4.° en la parte más alta del edificio, un guardarropa, una especie de galería cubierta (¿para tomar el fresco, o para secar la ropa?) y, alrededor del tejado de la capilla, un tránsito enlosado rodeado por una muralla almenada y dominado por un campanile y cuatro torreones en los ángulos. Añadamos que las residencias pequeña y grande se comunicaban por encima de la calle por medio de un puente que constaba de una galería en el primer piso y una pieza en el segundo. El exterior debía de ser severo, rudo: pero ello se debía a que todo estaba calculado para que las habitaciones diesen al jardín, ornado en su centro con una fuente. Se piensa en los palacios florentinos del siglo XV, en el *hôtel* de Jacques Coeur de Bourges, así como también, aunque con menos amplitud, en el *Fondaco dei Tedeschi* de Florencia. Aunque, después de todo, las construcciones monásticas tradicionales tenían una traza bastante cercana, lo mismo que los castillos en forma de cuadrilátero tan frecuentes en Francia desde los

Entre corte y jardín: el *hôtel* de Cluny, en París, construido de 1485 a 1498, por orden de Jacques de Amboise, abad de Cluny. Reconstrucción de Viollet-le-Duc.

Plano reconstruido de la «livrée» del cardenal de la Jugie, en Avignon, 1374. A la izquierda de la calle Bouquerie, la «petite livrée» para los servicios, a la derecha, la «grande livrée», residencial. (Según P. Pansier.)

tiempos de Felipe Augusto. Es posible que el rasgo más original de la residencia grande del cardenal de la Jugie fuese la existencia de aquellos deambulatorios superpuestos que prestaban servicio al conjunto de las habitaciones de un mismo piso.

El *hôtel* de Pierre Legendre en París (hacia 1500) presenta un aspecto muy diferente. El patio de acceso, que da a la calle de los Bourdonnais, se hallaba allí rodeado de galerías y tránsitos de uso común, mientras que el cuerpo principal del edificio daba por un lado a aquél y por el otro a un jardín, o por lo menos a un patio interior, orientado a la calle de Tirechappe. Así mismo, pero esta vez en la orilla izquierda, el *hôtel* de los abades de Cluny, construido por Jacques de Amboise entre 1485 y 1498, tenía un patio de entrada, un ala y una edificación principal y, a la parte de atrás, un jardín. En ambos casos, estaríamos ante una primera manifestación de los *hôtels* situados entre patio y jardín, y destinados a convertirse en la regla durante los siglos clásicos. Apegada en adelante a la residencia en la ciudad, la aristocracia, de Iglesia o de corte, profesional o comerciante, se esforzaba a finales de la Edad Media por adoptar sus distancias con respecto al entorno urbano ordinario, con el fin de procurarse un espacio tan privativo como le fuera posible.

Castillos

Fuera de las ciudades, las mansiones señoriales de finales de la Edad Media conocieron una distribución del espacio entre el gran patio, el corral y el jardín, que respondía al propósito de distinguir el ámbito de los servicios y los oficios materiales, el de las funciones «nobles» y, finalmente, el de la vida privada y las distracciones.

Algunos de los castillos construidos o reformados por príncipes de la casa de Valois-Sicilia (Luis II, el rey René) obedecen más o menos a esta preocupación: Angers, Tarascon, Saumur. Pero el caso tal vez más bello sea el del castillo de Gaillon: no por la construcción efectivamente realizada a comienzos del siglo XVI por el cardenal de Amboise tal como nos la muestran los restos todavía imponentes y sobre todo un plano y una vista panorámica de Androuet du Cerceau, sino por el plano de un primer proyecto, de inspiración más francamente italianizante, llegado por suerte hasta nosotros.

Plano de comienzos del siglo XVI propuesto al arzobispo de Rouen, el cardenal Georges de Amboise, para la reconstrucción del castillo de Gaillon. *En frente:* plano de conjunto del proyecto. Las dimensiones se dan en toesas, pies y hasta pulgadas. En algunas alcobas figura el emplazamiento del lecho. *Abajo:* detalle que representa (de arriba abajo) las *despensas* para los cocineros y el encargado de la vajilla, la *pequeña panadería,* los hornos y la artesa, un *tránsito* que conduce al primer piso, la pieza para la colada *(bues)* y el cuarto para la costurera. (Archivos de la Vienne, carpeta 37, pieza 8.)

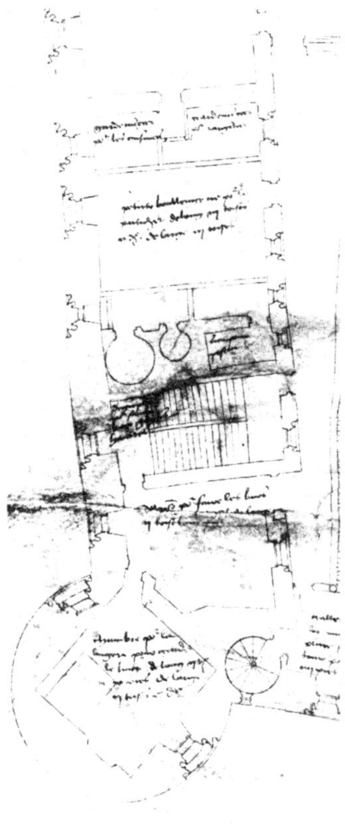

El desconocido dibujante de este plano, tanto más sugestivo cuanto que se acompaña de una leyenda, había previsto la organización del castillo en torno de un vasto cuadrilátero de 34 por 18 toesas, o dicho de otro modo, si se calculan dos metros por una toesa, de 68 metros por 36, más de 2 400 metros cuadrados, o casi un cuarto de hectárea.

Este espacio interior, de tan amplias dimensiones, se hallaba a su vez repartido en tres: al fondo, un jardín, con una fuente, bordeado por una galería; en medio, una «grant court» o gran patio de más de 1 000 metros cuadrados; y, justo a la salida del portal de acceso, que tenía que quedar dentro de lo que se había previsto conservar de la vieja fortaleza medieval, un corral acompañado de una «plaza para servir a todos los menesteres y servicios de la cocina» y de una «alberca para lavar las coladas» (lavadero).

Entre las edificaciones, cuya distribución no nos es conocida, subrayémoslo, salvo por lo que hace a la planta baja, se pueden identificar tres polos: en uno de los ángulos, la gran capilla y su oratorio, lugar de reunión obligado y regular de todos los habitantes del castillo, cualesquiera que sean su estatuto, sus funciones o su puesto jerárquico; todo alrededor del corral y la huerta, pero desbordándolos ampliamente, lo mismo a derecha que a izquierda, hasta la altura del patio noble, las habitaciones dedicadas a los oficios domésticos: tahonas, cocinas, guarnicionerías, alojamientos de las costureras, de los cocineros y otros sirvientes, etc.; y por fin, en el ángulo más alejado, el mejor situado, muy cerca de la fuente, del jardín y la galería, los aposentos del amo de casa, que empezaban por una gran sala de 16 por 8 metros (128 metros cuadrados), continuaban con una cámara de postín algo más reducida (80 metros cuadrados) y concluían, como era usual en las formas de habitación señoriales de la época, con un aposento retirado, un guardarropa, y —como señal de pertenencia del propietario a la jerarquía eclesiástica— un estudio y un oratorio.

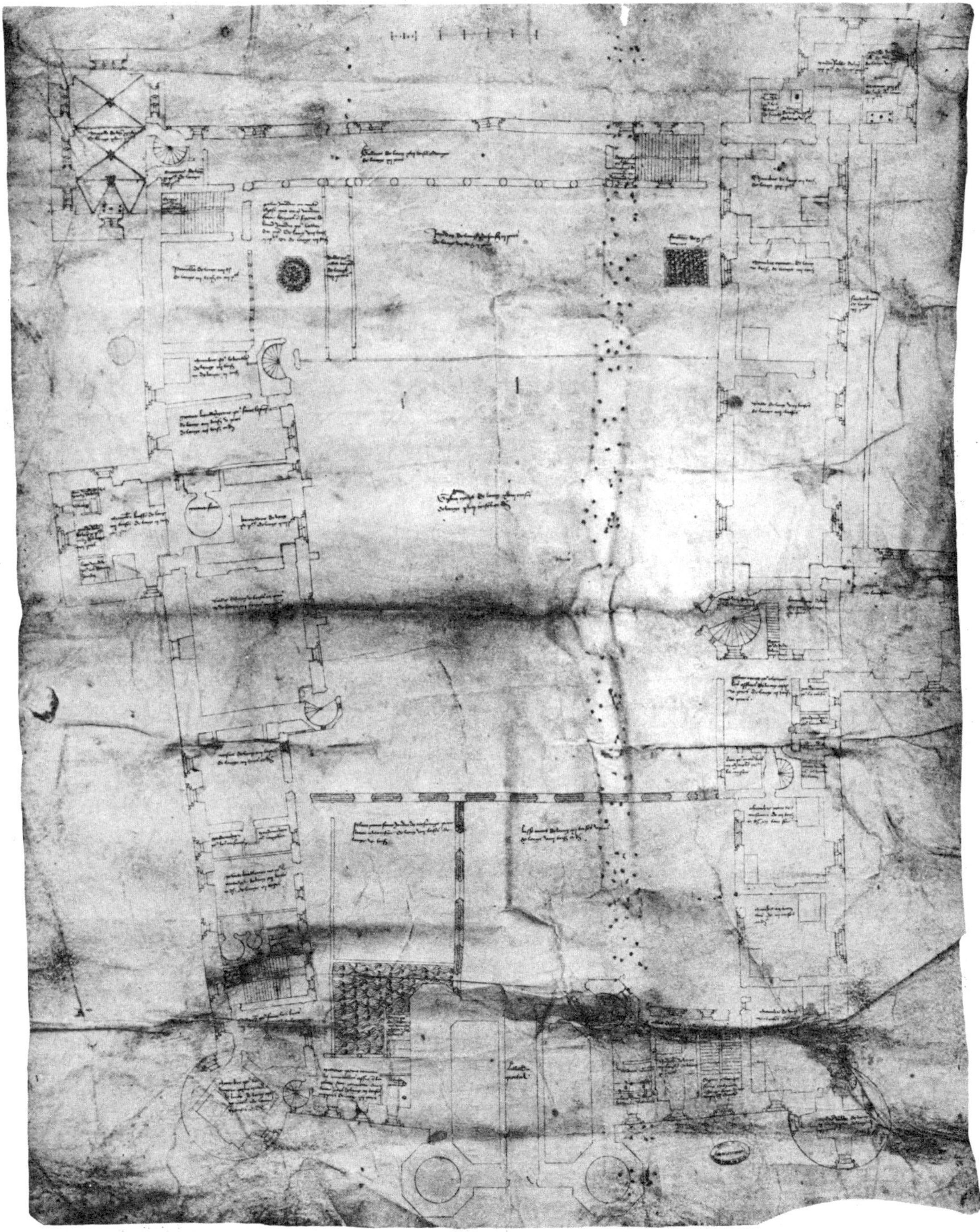

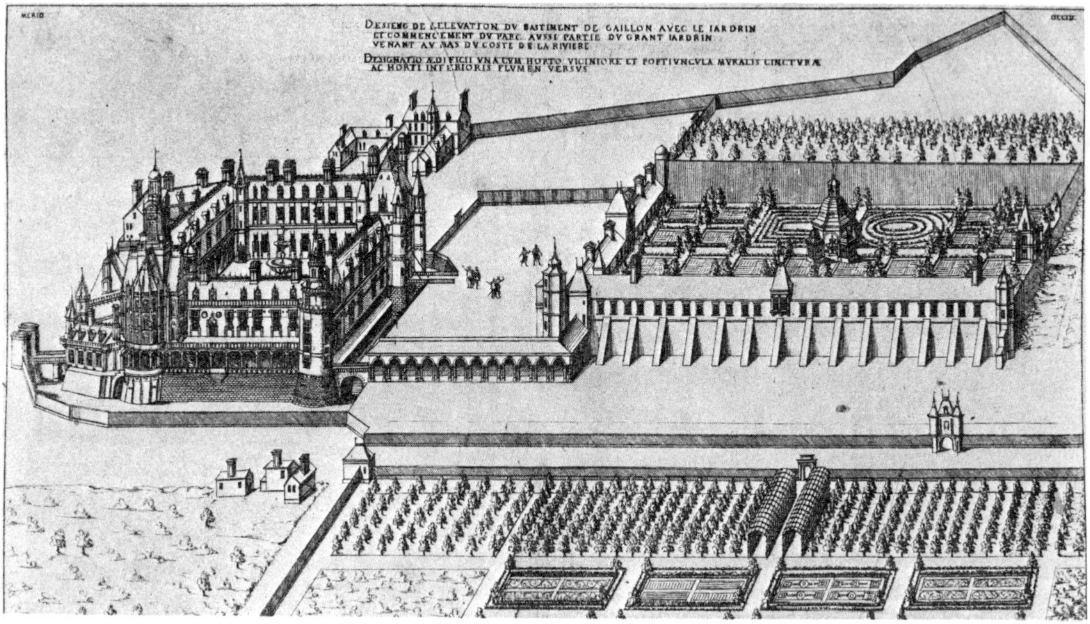

Grabado de Androuet du Cerceau, siglo XVI. El castillo de Gaillon, tal como fue construido efectivamente por el cardenal Georges de Amboise.

Junto a esta división tripartita, cabe destacar otras dos divisiones, esta vez de carácter bipartito:

— una división vertical, cuya existencia sólo es posible sospechar, entre planta baja y primer piso;
— una división derecha-izquierda con respecto al patio central, con, por una parte, la cocina, la botellería, la despensa, etc., para el común de la gente de la vivienda, y, por otra, las mismas piezas pero en este caso para el dueño. Volvemos a encontrar aquí las dos cocinas, como en el palacio de los Papas.

Sobre todo, es a partir del siglo XV cuando los presupuestos de construcción, acompañados con frecuencia de planos o de *patrons* sobre papel o pergamino, atestiguan, en la Francia señorial, el gusto por las mansiones sanas y sólidas, debidamente provistas de escaleras de caracol *(vis)*, de *galetas* y de galerías, fácilmente acondicionables y caldeables, con piezas de paredes *chambrillees* (revestidas), bien aisladas por ventanas con vidrios provistas de *ostevens* (contraventanas) y de suelo cuidadosamente esterado y embaldosado. Se advierte la precaución de *gallefeustrer* (tapar con burletes) las habitaciones. Además, no sólo no es excepcional la presencia de estufas y cuartos de baño, sino que además se hace frecuente mención de una sala de visitas, de una *librairie* (biblioteca), de una sala de juegos para la pelota, la bola, el billar, el balón, y, destinado sobre todo a las damas, de un gabinete excusado. Como una curiosidad, sin duda rarísima, está la galería de caza del castillo de Blois, admirada por Beatis en 1518: «A la sombra del palacio se extienden tres jardines, llenos de frutas y follaje; se llega a ellos a través de una galería cubierta adornada por uno y otro lado de cuernas de auténticos ciervos puestas sobre ciervos de madera tallada coloreados y muy bien imitados; cuelgan del muro a una altura de unos diez *palmos,* unos junto a otros, sólo se ve su cuello, su pecho y las dos patas delanteras. Sobre unas piedras que sobresalen a lo largo de las paredes hay numerosos perros así mismo en madera, liebres con perros que corren reproducidos con absoluta veracidad lo mismo en su tamaño y aspecto que en su pelambre. También hay algunos halcones sobre unas manos fabricadas igualmente en el muro.»

Por lo que hace al espacio de los servicios domésticos, refleja también con notable exactitud la organización del *hôtel,* con sus *métiers* (servicios) tradicionales: en el castillo de Angers, en 1471, se hace notar, además de la cocina y la despensa, una *saucerie* y una *eschançonnerie* (para la preparación de los alimentos), una *panetería* y una *fruiterie* (almacén de frutas).

La excepcional calidad de un cierto tipo de habitación señorial se traducía en gastos de construcción muy elevados. Durante la ocupación inglesa de Normandía, Edmont Beaufort, conde de Dorset, de Mortain y de Harcourt, quiso hacer construir en Elbeuf, en las orillas del Sena, muy cerca del puerto, una *casa y edificio fortificados,* de dos plantas, además de la planta baja: 3,60 metros de altura para cada uno de los dos primeros niveles, y 2,40 para el tercero, este último dominado por el *comble du gallatas* (buhardilla), habitable a su vez gracias a los numerosos *lucagnes* (tragaluces) que allí estaban previstos. Las dimensiones de esta construcción rectangular, que contaba con un cierto número de piezas cada una de ellas con su chimenea, debían de ser de 24 metros por 10. Estaba prevista una gran *vis* (escalera de caracol), más otras dos o tres, más reducidas. Muros de piedra, de un metro de espesor, techumbre de pizarra, patio y jardín, tejado coronado por *barnieres* o pendones *de cobre pintados y dorados* con las armas del conde de Dorset, cocina enlosada y letrinas acondicionadas con esmero. Todo esto tenía que repercutir en el coste: para una vivienda cuya superficie útil si se exceptúa el desván, no sobrepasaba los 800 metros cuadrados, los trabajos de albañilería, carpintería, obra de yeso, cubierta, plomería y nivelación no podrían estar por debajo de los 6 700 francos. Todavía es preciso añadir el valor del terreno así como los gastos de *carpintería, cerrajería, cristalería y otros arreglos.* En total, puede ser que 8 000 francos: cien veces más que el presbiterio de Touville *(supra,* p. 457), con sus 200 metros cuadrados de superficie útil.

La forma de habitación comunitaria

Aun cuando las mansiones y los castillos fuesen ante todo la residencia de un hombre (o de una mujer) y su familia, no es menos cierto que acogían por lo regular un número bastante elevado de sirvientes de ambos sexos, con funciones más o menos consideradas, célibes y también casados, que allí tenían, de forma permanente o transitoria, exclusiva o accesoria, albergue y sustento. Diferentes ejemplos sugieren como normal una servidumbre, una «casa» de algunas decenas de personas cuando se trataba de un miembro de la alta nobleza, de doce personas para un noble de tipo medio, y de seis para un individuo de la nobleza baja. Así, en los castillos, no pocos aposentos ofrecían aspecto de dormitorio, con cuatro o cinco lechos, y otros tantos arcones, cerrados con llave, donde cada uno guardaba sus efectos personales. Otros pertenecían al uso exclusivo de un empleado de la casa (mayordomo, tesorero, recaudador, capellán, etc.), que podía, a su vez, tener a su servicio un ayuda de cámara, que dormía en la misma habitación o en un local contiguo. Toda esta gente se encontraba durante las comidas en la sala común, o sala del común, mientras que algunos privilegiados obtenían a veces el derecho de recibir en su alcoba su *livree* o parte correspondiente de alimento, de velas y de bebida, y de comer allí aparte.

Esto quiere decir que los castillos, igual que los palacios y las grandes mansiones urbanas, ofrecían un primer modelo de forma de habitación comunitaria. Había desde luego otras muchas. Destaquemos aquí, a falta de cuarteles, que sólo aparecieron mucho más tarde, los colegios universitarios, los hospitales, las *maladreries* o leproserías, y en particular toda la gama de los establecimientos monásticos. Porque una gran parte de los edificios más bellos y vastos, de las construcciones más complejas, de las mejor acondicionadas, pertenecían desde hacía siglos al clero regular, rasgo que como es natural estaba muy lejos de haber desaparecido a finales de la Edad Media.

Queda fuera de nuestro propósito examinar aquí el origen y los primeros avatares de los proyectos monásticos. Nos contentaremos con dirigir una mirada a la situación de los siglos XIV y XV, lo mismo si se trata de los resultados de una herencia anterior que si nos encontramos, lo que es mucho más excepcional, ante creaciones contemporáneas.

Nos ofrecen un primer tipo los establecimientos que combinan vida comunitaria y vida solitaria. Así acontecía con las cartujas, cuyo éxito nunca se desmintió, puesto que en el siglo XIV, a lo ancho de toda la cristiandad, hubo 110 fundaciones que vinieron a acrecentar esta familia religiosa, más otras 45 durante el XV. El catálogo oficial de 1510 contiene una lista de 191 cartujas en actividad, de las que 7 se reservaban a monjas. Ahora bien, en virtud de la voluntad de su fundador e iniciador, san Bruno, la vida cartujana descansaba tradicionalmente sobre un eremitismo fundamental y una cierta dosis de cenobitismo, en el coro, el capítulo, el refectorio y la recreación. Aun cuando la frecuentación de la iglesia era cotidiana, ya que la hacían necesaria la recitación y la celebración en común de los oficios, el refectorio, por su parte, sólo se utilizaba los domingos, los días de fiesta en que había capítulo, durante las octavas de Navidad, Pascua y Pentecostés, los días en que se celebraba algún entierro, y con ocasión de la instalación de un nuevo prior. El resto del tiempo, el cartujo consumía en soledad

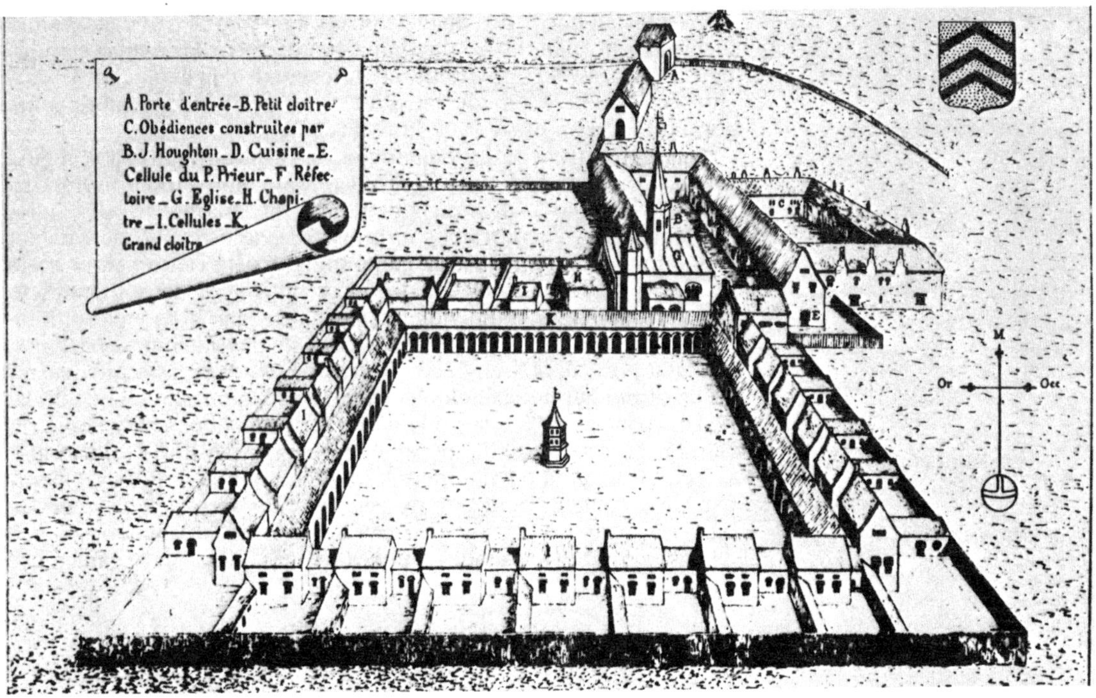

La cartuja de Londres, edificada en el siglo XIV fuera del recinto de la ciudad, hacia el norte. El gran claustro es el elemento dominante, en torno al cual se disponen las celdas, cada una con su jardín. Por comparación, las edificaciones comunitarias, en lo alto a la derecha, parecen mezquinas.

su austera refección que le era traída de fuera, anónimamente, a través de un ventano. Por eso la importancia de la vida de celda, continua, alojada en una construcción individual. El cartujo, dicen los estatutos de la orden, «ha de velar con toda diligencia y solicitud para no crearse necesidades, al margen de las observancias regladas y comunes, ni salir de su celda, sino considerarla más bien como necesaria para su salud y su vida como el agua es necesaria para los peces y la majada para el ganado. Cuanto más permanezca en su celda, más la amará, puesto que es en ella donde se ocupa con orden y utilidad en la lectura, la escritura, la salmodia, la plegaria, la meditación, la contemplación y el trabajo, mientras que si sale de ella con frecuencia, y por ligereza, se le volverá enseguida insoportable». En 1398, Felipe el Atrevido, duque de Borgoña, ofrece a la cartuja de Champmol diez pequeñas biblias destinadas a repartirse entre las «celdas, a fin de que los religiosos que sufran algunas dolencias por las que les convenga abandonar la iglesia puedan recitar su oficio sin impedir al enfermero que acuda a la iglesia, así como para estudiar si no tienen ocasión de salir de su celda para ir a estudiar en la biblia de la iglesia ni de hablar los unos con los otros».

Por sí solo, el plano de conjunto de una cartuja basta para sugerir el predominio de la vida solitaria: en relación con el amplio claustro en torno del cual se hallan dispuestas las casas de los monjes, el resto de las construcciones, sea profana o sagrada su finalidad, resulta bien mezquino. Por lo que se refiere a las casas mismas, dispuestas en uno o dos niveles, ofrecen un marco de vida decente, incluso confortable, si se tienen en cuenta todas las demás circunstancias. La ascesis no reside en la calidad del alojamiento, muy superior a la media medieval, sino en el confinamiento libremente consentido, y en el rigor de la reclusión.

Cuando se trata de los beguinajes de Flandes, tanto en la región renana como de la Francia del Norte, tal como surgieron a partir del siglo XIII hasta alcanzar su culminación durante los dos siglos siguientes, nos encontramos en presencia de otro tipo de establecimientos, en los que la vida comunitaria existe ciertamente, hasta un cierto grado, pero en los que el eremitismo cede por completo su puesto a una vida individual concebida según el modelo ordinario. Tomemos el ejemplo de la casa de las beguinas de París, fundada por Luis IX en 1266. Se trataba de un espacio muy vasto, en principio herméticamente cerrado desde la puesta del sol, de un «recinto de casas», en la orilla derecha del Sena, cerca de la puerta Barbel, pero fuera de la muralla de Felipe Augusto. Residían allí, de acuerdo con el testimonio tal vez demasiado optimista de Geoffroi de Beaulieu, confesor del santo rey, cuatrocientas *honestae mulieres*, o *povres beguines*, a veces de origen noble, beneficiándose de las múltiples caridades públicas y privadas, pero ganándose

Celdas de cartujos en Villeneuve-lès-Avignon, siglo XIV.

Traducción francesa de *De senectute* de Cicerón, en un manuscrito del siglo XV. En este elegante *studium* de finales del siglo XV, una discusión filosófica opone a dos ancianos: Catón, a la derecha, en su cátedra profesoral, con sus obras de referencia al alcance de la mano, y Attico, a la izquierda. Hay un fuego que calienta la habitación. En segundo plano, la puerta se abre a otra pieza, en la que hay un lecho. (Chantilly, museo Condé.)

Christine de Pisan presenta a Isabel de Baviera un manuscrito de sus poemas. La reina de Francia, rodeada de sus damas de honor, recibe a Christine en su cámara. Tapices suntuosos, adornados con las armas de Isabel (las lises de Francia a la derecha, los rombos de Baviera a la izquierda). Además del lecho principal, hay una cama pequeña donde se ha subido un perrito. Asientos y *carreaux* (cojines) confortables. Un tapiz recubre el suelo. Postigos, vitrales y barrotes en las ventanas. Techo artesonado. (Londres, British Library, ms. Harley 4431.)

también ellas mismas su vida mediante trabajos diversos efectuados tanto dentro como fuera. La directora de las beguinas, nombrada por el capellán del rey y asistida por la subdirectora, la portera y un consejo de ancianas, tenía la misión, bajo el control del prior de los dominicos de París, de vigilar a las beguinas en su conducta, sus vestidos, sus idas y venidas, y de impedir que cualquiera pudiese entrar a cualquier hora en el interior de la clausura para dirigirse a lo que fuese. Sin haber hecho voto de religión, comprometidas a la guarda de la castidad pero pudiendo en todo momento romper con semejante compromiso y regresar al siglo, las beguinas tenían que hacer sus comidas normalmente en el beguinaje y no podían pasar la noche fuera de casa. Además tenían que asistir a ciertos oficios en una capilla que, por otra parte, estaba abierta a los habitantes del barrio. Algunas de ellas, las beguinas «de convento», dormían en un dormitorio común, y comían en el refectorio, mientras que las había que vivían en sus habitaciones, en casas aparte, distintas del cuerpo conventual, bajo la dirección de una «directora de cuarto». Disciplina en suma muy flexible, dentro de un espacio en principio femenino, que dejaba a las residentes, jóvenes o viejas, auténticas devotas o, como a veces se les reprochaba y acusaba, puras y simples hipócritas, una muy notable iniciativa personal bajo la tranquilizadora cobertura de una institución tutelar.

Monjes blancos y monjes negros tendrían que haber puesto su empeño en mantenerse fieles al marco de vida cuidadosamente edificado por sus predecesores, a veces desde los siglos XI y XII. En principio no había ninguna razón para que se modificara la organización del espacio monástico en las abadías y los prioratos cistercienses o benedictinos. Y tal fue muchas veces el caso, como se manifiesta a través del examen de las ruinas de los monasterios ingleses (Rievaulx, Fountains, Tintern, etc.), cuya vida se vio bruscamente interrumpida por la Disolución. Sin embargo, las necesidades de la defensa, la caída a veces dramática de las rentas y de los efectivos, provocaron por la misma fuerza de las cosas profundas modificaciones. En numerosos monasterios, «una vez designados el prior, el hospedero, el enfermero y el cillerero, ya no quedaban simples monjes. Este estado mayor sin tropas se veía en la imposibilidad de respetar la ley de la clausura, el silencio y el recogimiento que debía caracterizar no obstante la vida monástica. Como las finanzas de las abadías no bastaban para subvenir a las necesidades más elementales de sus habitantes, los superiores no tenían más remedio que cerrar los ojos ante las infracciones a la regla de la pobreza personal. En las comunidades masculinas, existía la autorización, por la que había que pagar, de vivir fuera, de solicitar puestos de ecónomos, y aun beneficios» (Francis Rapp). Basadas en el ejemplo alsaciano, estas observaciones valen así mismo para muchas otras regiones. Un comportamiento de particular repercusión: el dormitorio, que tendría que haberse presentado como una pieza enteramente aparte, cuidadosamente cerrada con llave cada noche por orden o bajo la vigilancia del superior, y amueblada por unas hileras de simples jergones, en algunas ocasiones se dividió en celdas, en camarillas, por medio de tabiques o de colgaduras, y

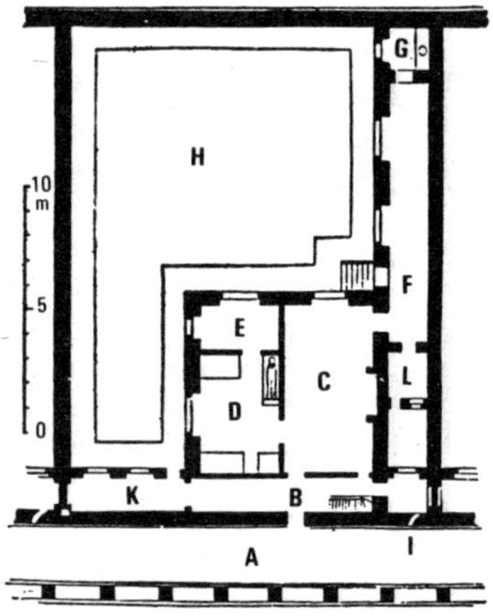

Plano tipo de una vivienda de cartujos, según Viollet-le-Duc.
A: galería del claustro;
B: primer corredor;
C: primera sala, con calefacción;
D: celda, con un lecho y tres muebles;
E: oratorio;
F: corredor cubierto, con las letrinas al fondo (G);
H: jardincillo;
I: torno donde se deposita la comida;
K: pequeño pórtico que permite al prior ver el interior del jardín y aprovisionar a los monjes de leña y otros objetos necesarios;
L: lugar de almacenamiento de estos objetos.

en otras se abandonó por completo por alcobas *(camerae)* o cuartos reducidos *(camerulae)* donde los religiosos dormían solos o por grupos de dos, tres o cuatro.

Los procesos verbales de visitas de la orden de Cluny están llenos de quejas y de mandamientos a este propósito. Acogido en el monasterio de Saint-Victor de Marsella, Beatis, a comienzos del siglo XVI, no puede por menos de constatar: «En esta abadía, residen alrededor de cincuenta monjes de la orden de San Benito, pero comen y duermen por separado.»

El dormitorio del priorato de benedictinas de Littlemore (Oxfordshire) ostenta las huellas de una tabicación en alcobas separadas, situadas, bien es verdad, bajo la estricta vigilancia de la priora, alojada a su vez aparte pero en el mismo piso.

También en Inglaterra, cabe señalar claustros con huecos cerrados por vidrieras y en los que hay pequeños «estudios» con gratos revestimientos; enfermerías monásticas que van a tener en adelante aposentos individuales para los monjes de edad avanzada o enfermos; habitaciones, o mejor apartamentos reservados no sólo para el abad y el prior, sino también para los principales oficiales conventuales; y, finalmente, celdas destinadas a los religiosos que poseen grados universitarios o que están dedicados a obtenerlos.

No hay por tanto nada de superfluo en esta orden expresa que aparece a continuación de la inspección de un monasterio inglés, en el siglo XV: «Comer y beber en un mismo local, dormir en un solo local, rezar y servir a Dios en un solo oratorio (...), renunciar por completo a todos los aposentos privados, a las alcobas y a las habitaciones individuales.»

Resulta ciertamente tentador, a propósito de la difusión más o menos general de usos tan manifiestamente contrarios a los estatutos más estrictos de la vida cenobítica, hablar de decadencia moral y espiritual, de creciente indisciplina por parte de religiosos sin vocación, demasiado apegados a sus comodidades e inclinados más de la cuenta a torcer la regla, bajo los más diversos pretextos. No obstante, conviene adelantar tres observaciones:

a) La tendencia a la alteración de las constricciones de la vida comunitaria no aguardó a la «crisis» del final de la Edad Media para manifestarse. En la historia de las órdenes religiosas, puede decirse que la «declinación» comenzó casi siempre precozmente, y que la caída del fervor inicial apenas si esperó, algunas veces, a la desaparición de los primeros pioneros.

b) Cualquier generalización sería abusiva; hubo monasterios que se mantuvieron seguramente fieles a los usos oficiales. Así por ejemplo, según parece, el priorato de las dominicas de Poissy, según el testimonio de Cristina de Pisan. El locutorio siguió siendo aquí el lugar obligado de encuentro entre el exterior y el interior, y el dormitorio tal como le fue presentado a la célebre mujer de letras y a su séquito (porque los hombres, en esta ocasión, quedaron formalmente excluidos de este lugar privado por definición) no parecía ofrecer ningún signo de distorsión de la regla auténtica: «Pero aún quisieron / Más mostrarnos aquellas damas, que muchas eran, / Porque su dormitorio ordenado como lo tenían / y sus hermosos lechos que sobre cuerdas estaban / Nos mostraron, / Pero en este lugar de nuestros hombres no entró / Ninguno, quienquiera que fuese, porque hombres no subían / Aunque por otra razón no fuese, por derecho quedaron fuera / En esta ocasión.»

c) Pero sobre todo, es posible que la evolución general de la espiritualidad no dejara de favorecer en una cierta medida y de legitimar hasta cierto punto la concesión a determinados monjes de una celda individual, en la que trabajar intelectualmente, rezar en soledad, y, en caso extremo, dormir. Igualmente conviene considerar la influencia de prácticas perfectamente admitidas en ciertas órdenes mendicantes. Así en la de los Predicadores. En efecto, santo Domingo, tan pronto como se instaló en Toulouse, hizo construir en la planta superior del claustro unas cuantas celdas para sus compañeros, *ad studentum et dormiendum desuper satis.* Sin duda que se trataba de espacios muy rigurosamente medidos: una largura apenas superior a la del lecho, y una anchura de 1,50 metros exactamente. Pero al menos cada fraile se hallaba allí solo. Luego, las dimensiones de las celdas se hicieron menos exiguas, aunque no fuese más que para la instalación de un pupitre y de una silla de trabajo: en el convento de San Eustorgo de Milán, a finales del siglo XIII, unas paredes de albañilería ligera reemplazaron los tabiques de madera, pero su disposición tenía que ser tal que el *circator* que recorría el pasillo central del dormitorio pudiera ver sin dificultad, de un rápido vistazo, a los frailes, o bien estudiosamente inclinados sobre sus pupitres o bien sensatamente tumbados en sus lechos. Sólo los profesores en activo *(lectores actu agentes)* tenían derecho a una habitación propiamente dicha, enteramente cerrada, y por lo demás situada las más de las veces en otro sector del convento.

A finales de la Edad Media hay una tendencia muy habitual a renunciar, al menos en las fundaciones piadosas y caritativas, al dormitorio común. En el hospital de Ewelme, William de La Pole, que fue su fundador, entiende que los residentes han de disponer «de un cierto lugar para ellos solos (...): a saber una casita, una celda o una alcoba, con una chimenea y otras necesidades del mismo género, en la que cada uno pueda a su vez comer, beber y descansar».

En el colegio de Dainville, en París, en 1380, se ha previsto una habitación para cada dos escolares, pero sin que éstos puedan escapar al control del maestro: «De día como de noche, hasta que vayan a acostarse, la habitación no podrá ser cerrada por nadie, a fin de que el maestro pueda más fácilmente en cualquier momento verlos si lo desea, y para que los escolares, por su parte, aumenten su celo en el estudio y teman dejarse arrastrar a la ociosidad y las malas costumbres. Si lo considera necesario, el maestro podrá tener la llave de cada habitación.»

En 1443, los estatutos del King's College (Cambridge) prescriben un aposento para cada dos o tres *fellows (socii),* provisto de tantos lechos como *fellows,* así como de un rincón de trabajo *(loca studiorum).* Ciertamente, no se trata del régimen de la habitación indi-

La vida en el colegio parisino del Ave María, o de Hubant, en el siglo XIV. Esta miniatura, que forma parte de toda una serie que ilustra las devociones, las buenas acciones, los juegos y los trabajos de los escolares, muestra a seis de ellos, en tres lechos, juntando las manos para la oración de la noche. En los rollos que sostienen simbólicamente están escritas las primeras palabras de las oraciones que habrán de pronunciar cada día antes de dormirse. (París, Archivos nac., AE II, 408.)

vidual, considerada tal vez como demasiado costosa o liberal, pero se está lejos del dormitorio común, de la sala de estudio superpoblada: por otra parte, se comprende mejor este término medio si se cae en la cuenta de que el más adelantado de los *fellows* «en madurez, discreción y ciencia» se encontraba con la atribución de una cierta autoridad sobre su o sus compañeros.

Es significativo que el pobre estudiante Nicolás, protagonista del *Cuento del molinero* de Chaucer, alojado en Oxford en la vivienda de un carpintero, disfrute en ella de su propia alcoba, «solo, sin ninguna compañía».

A mediados del siglo XVI, el jurista Hermann von Weinsberg, de Colonia, se enternecía al recordar la habitación que veinte años antes le había concedido su padre para uso exclusivo suyo, en lo más alto de la gran casa familiar:

«A propósito de un pequeño cuarto, mi *studiolo.*

»Cuando en 1529 mi padre levantó una casa, hizo construir dos pequeñas habitaciones una encima de la otra, cerca de la sala grande. Yo tomé posesión de la más alta de las dos, y mi padre hizo poner una ventana y una puerta que se podía cerrar con llave. En este reducido cuarto puse una mesa pequeña, una silla, un cuadro mural, e instalé mi *studiolo:* libros, cajones, papel, escritorio, etc., y todo lo que pude reunir, lo subí allá arriba; me construí también un altar, y coloqué en él todo lo que tuvieron a bien regalarme. Todo ello cerrado con llave, para que nadie pudiera entrar, salvo mi primo y compañero de escuela, Christian Hersbach, que estaba todo el tiempo en mi casa. Allí era donde yo andaba enredando la mayor parte del tiempo, cuando volvía de la escuela, leía, escribía y me iniciaba en la pintura, porque mi primo que sabía pintar muy bien me ayudaba mucho. Y mi padre experimentaba un gran placer en verme así instalado y me ayudó a acondicionar la pieza, lo que me evitaba andar por la calle perdiendo el tiempo.

Me reservó siempre el uso de esta pequeña habitación, incluso mientras estuve en Emmerich; y cuando regresaba, me lo encontraba todo en perfecto orden.»

El lecho

Con su sentido de lo concreto, conscientes como eran por otra parte de estar viviendo en un mundo pobre, en el que cualquier objeto tenía su valor propio, las gentes de la Edad Media se hallaban fascinadas, según parece, por los utensilios de uso doméstico. Hubo no pocos escritores que no desdeñaron celebrar los *oustillements d'ostel* en verso más aún que en prosa, y en lengua vulgar con más frecuencia que en latín. No bastaba con que una casa estuviese bien construida, era necesario también que se hallara bien «amueblada». Ahora bien, entre todos los objetos enumerados, es el lecho el que reaparece las más de las veces y ocupa el primer lugar.

El lecho figura entre los más humildes pertrechos que ha de poseer, según Guillaume Coquillart, incluso un hombre «pobre y miserable: / Que no tiene otras cosas que valgan salvo un lecho, una mesa, / un banco, un puchero, un salero, / Cinco o seis vasos de barro / Una marmita donde cocer los guisantes».

Era lo mismo que le ocurría a la *pobre hilandera* del *Ménagier de París*. Un reflejo idéntico guía la redacción de los manuales de conversación destinados al aprendizaje del inglés por un francés, y a la inversa:

Ores vous convient avoir lits:	*Now muste ye have bedde:*
lyts de plummes;	*beddes of fetheris;*
pour les povres suz gesir,	*for the poure to lye on,*
lyts de bourre;	*beddes of flockes;*
sarges, tapites,	*sarges, tapytes,*
kieultes pyntes	*quilted painted*
pour les lits couvrir;	*for the beddes to covere;*
couvertoryrs ainsi;	*coverlettes also;*
bankers qui sont beaulx;	*bankers that ben fayr;*
dessoubs le lit ung calys,	*under the bedde a chalon,*
estrein dedens.	*strawe therin.*

(«Os conviene tener lechos: / lechos de plumas; / para que los pobres puedan yacer, / lechos de borra; / sargas, paños, / colchas pintadas / para cubrir los lechos; / cobertores también; / colchones que son hermosos; / bajo el lecho un catre, / y dentro paja.»)

Precisamente comienza por el lecho y sus accesorios la balada que compuso Eustache Deschamps «para los recién casados»: «Necesitáis para vuestro hogar / Para vosotros, que acabáis de poner casa, / almohadones, lecho y ropas de cama bien forradas.»

En uno de sus discursos, pronunciado en 1453, Juan Juvénal des Ursins, para ilustrar la carga casi intolerable de los impuestos reales, pone este ejemplo: «Si un pobre hombre no tiene más que un lecho para sí, su mujer y sus hijos, se lo quitarán y no se invocará otra razón que la de *sic volo sic iubeo, sic pro ratione voluntas.*»

En 1539, Gilles Corrozet, en sus *Blasons domestiques,* emprende la calurosa celebración del lecho, inmediatamente después de la de la alcoba y antes de la de la silla, el banco, la mesa, el aparador, el cofre y el escabel. Y ello en unos términos que expresan su valor casi mítico: el lecho no sólo es «delicado, mullido», no sólo es «el ornamento de las alcobas», sino que, exento de cualquier dimensión erótica, es el «lecho del honor», casto y púdico testigo de la santa unión conyugal.

El lecho es prácticamente el único mueble que vemos que se lega por testamento a un fiel servidor, a un pariente necesitado, o a un hospital.

A finales del siglo XV, en Quercy, el lecho nupcial entra regularmente en la composición de la dote de las muchachas, con un valor de 8 a 10 escudos de oro.

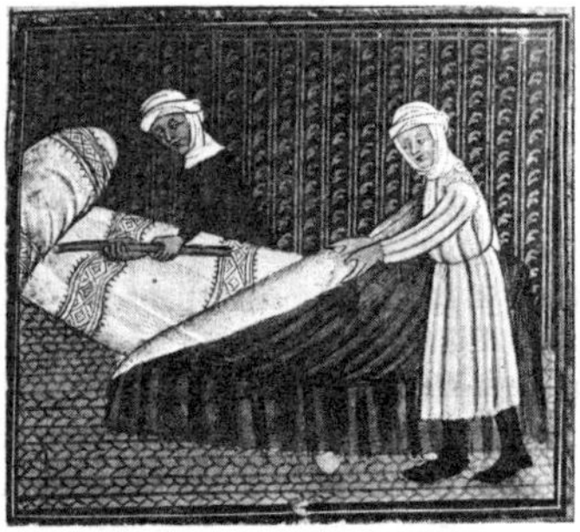

La manera de hacer las camas en el siglo XIV. Se considera que la miniatura ilustra los versos del *Peregrinaje de la vida humana* de Guillaume de Digulleville: «La del bastón alisa los lechos y las blancas sábanas / Y su compañera del *gambeson* (especie de vestido acolchado) canta una canción...» (París, Bibl. de Santa Genoveva, ms. 1130.)

Algunos viajeros extranjeros, como Beatis, no dejaron de apreciar, en los albergues, el lecho francés, al tiempo que lo situaban sensiblemente por debajo del alemán (aquella maravilla desprovista de cualquier suciedad) y aun por debajo de la cama flamenca. Bien es cierto que, desde el siglo XIII, los textos literarios alaban los *soefs lits* de pluma a la moda francesa.

Finalmente, había para el lecho un mercado de ocasión, igual que para la ropa. Por lo demás no era infrecuente que las profesiones de revendedores o de *revenderesses* de camas de asociaran con las de chamarileros y chamarileras.

Como lo sugieren algunos de los textos que acaban de citarse, lo que cabe denominar el «lecho completo», representado en numerosas obras de arte, comprende tres elementos: el armazón de madera; el lecho propiamente dicho; y por fin el conjunto de las ropas que, dispuestas sobre y en torno de la cama, le permiten al durmiente, si lo desea, aislarse protegiéndose de las miradas, de la claridad y de las corrientes de aire.

El término habitual para designar la armadura de madera es el, todavía en uso hoy día, de catre *(châlit),* pero se habla también de cama *(couche)* o colchoneta *(couchette).* Las más de las veces en madera de roble, en ocasiones sin pintar, el catre se hallaba habitualmente provisto de un fondo de tabla *(lectum de tabulis,* en ciertos textos en latín). Tal era, a lo que parece, el catre «bordé» («guarnecido»), del que se distinguía el catre «cordé» *(lectum cordegii, lectum cordelhium)* («encordelado»), como el que hallamos en el Hospital de París, en los dominios de Poissy y en el castillo de Angers en tiempos del rey René. Colocadas por cordereros o estereros, y tensadas de nuevo periódicamente, estas cuerdas, tal vez entrecruzadas, cumplían sensiblemente la misma función que nuestros actuales somieres de tiras metálicas. Sin embargo, se encuentran también camas a la vez guarnecidas y encordeladas.

Gradual de Saint-Dié, finales del siglo XV. La Natividad. Gran lecho con dosel, aunque los tejidos parecen ordinarios. Balde, cubo, cuna y escabel: un mobiliario sencillo pero cuidado. (Bibl. de Saint-Dié, ms. 74.)

Los catres se hallaban lo suficientemente elevados sobre el suelo como para que fuese posible deslizar debajo de ellos colchonetas que se desplegaban en caso de necesidad. Un poco como nuestras camas-nido. «Una pequeña colchoneta que está debajo de la cama»: la mención se encuentra por ejemplo en el inventario de la casa ruanesa de Hugues Aubert, un socio de Jacques Coeur (1453). Algunas de estas *couchettes* se hallaban provistas de ruedecillas, lo que facilitaba también su desplazamiento: «carretilla *(chariolle)*, camilla con ruedas *(couchette roullonee, charliz roulerez, couchette rouleresse, couchette basse a roulletz)*, que se coloca bajo las camas».

Otros catres podían desmontarse, o plegarse (¿mediante unas charnelas?), y servir por ejemplo en la guerra, como lechos de campaña.

Algunos catres, aunque no todos, tenían apoyos, columnas, montantes, en pocas palabras, toda una estructura de madera reforzada con varillas de hierro y destinada a sostener el dosel, aquella gran innovación de mediados de la Edad Media (siglo XIII) que dio lugar al lecho de paramento así como al lecho de justicia por el cual hay que entender un trono, una «sede» coronada por un dosel o palio.

Los catres o camas se hallaban a veces tan alzados que, para subirse a ellos, era necesario recurrir a los servicios de un estribo de madera, en algunos casos tapizado. En Ménitré, residencia campestre del rey René, un inventario menciona en la cámara regia «dos cofres largos de madera que sirven de estribo o escabel, cada uno de ellos cerrado con dos clavijas, y un (tercer) estribo en el suelo en el callejón del referido lecho». Desde el siglo XIV, en efecto, y aun desde antes, los términos de *venelle* y de *ruelle* sobre todo (que pueden traducirse por *callejón)* se usaban para designar el intervalo entre el lecho y la pared que había de tener, durante el siglo XVII, como es bien sabido, una notable fortuna literaria.

En o sobre el catre, se amontonaba la paja, llamada *estrain* o *fuerre,* lo que constituía en sentido estricto un jergón o, como entonces se decía, un *chutrin.* Al jergón se le añadía (pero no siempre) el colchón propiamente dicho, llamado las más de las veces *coute* o *coetis.* Fabricado en cutí de Caen, de Lunel o de Bretaña, en tela llamada de cama, en fustán o felpa, en paño de lana, incluso en seda, a veces metido a su vez en una funda, el colchón llevaba dentro paja *(poussiere, balosse),* un fardo de cebada, borra de lana, o bien, lo que era evidentemente más apreciado, plumas y hasta, mejor aún, plumón. Junto a los *matheras* de lana, se comprueba, sobre todo en el mediodía de Francia, la existencia de colchones de algodón.

Una cama comprendía también uno o varios almohadones o cojines o bien una almohada larga *(traversier, traverslit);* una o varias almohadas, a veces rellenas de plumón; un par de sábanas *(linceuls)* de calidad variable (lino o cáñamo, incluso estopa, sábanas de *brin* y de *reparon,* o sea de tela vasta); un cobertor de lana, que podía a su vez tener forros de pieles preciosos u ordinarios; y un edredón, al que deben de corresponder los términos de *coustepointe* y *lodier.*

En cuanto a las telas alrededor y encima del lecho, podían hallarse dispuestas en forma de *tente* (tienda), *pavillon* (pabellón), *épervier* (en sentido de red o malla), de semidosel o de dosel. Durante el siglo XV más que durante el XIV, hay muchos lechos con dosel *(dossiel* o «dossier»: cabecero de cama), más tres cortinas o *custodes* fijados a varillas de hierro. Los tipos de tejido empleados son el lienzo, la sarga, la lana o la seda, el tapiz e incluso el paño forrado con pieles.

Existía en efecto toda una jerarquía de lechos. Y ante todo en función de sus dimensiones: se habla de camas de vara y media de ancho, de dos varas, y hasta de tres, por lo que los cobertores y las sábanas para tales camas han de tener, en general, media vara más. Luego, en función de la naturaleza del colchón, del número y la calidad de las sábanas y las sobrecamas, de la presencia o no de una almohada además del almohadón o de una almohada larga. En tercer lugar, en función del catre: había lechos que no lo tenían; otros en los que no pasaba de ser un bastidor rudimentario; y otros, en cambio, que consistían en un mueble esmeradamente tallado. Finalmente, había lechos con dosel y cortinajes, mientras que otros, a juzgar por las cuentas, los inventarios o las miniaturas, carecían por completo de ellos. De ahí unos precios extremadamente variables que iban, en lo que respecta a una cama, desde unas cuantas monedas a varias decenas de libras. A finales del siglo XV, en París,

Dormitorio de religiosas, según una miniatura de un manuscrito de las *Crónicas de Hainaut,* siglo XV. El espacio se ha dividido cuidadosamente en pequeñas alcobas, cada una de ellas separada por un tabique de madera. (París, Bibl. nac., ms. fr. 20128.)

una cama de 60 sueldos parisinos (3 libras) se consideraba como de las más ordinarias.

Hay que poner aparte las yacijas ascéticas de los monasterios que se mantuvieron fieles al espíritu de pobreza y penitencia. En este caso, los catres son sencillísimos, sin cortinas, y sobre todo sin sábanas, con toscos jergones en lugar del suave y cálido colchón de plumón, o colchones de *bourre lanissee* (borra de lana) que pasan por ser escasamente confortables. Habiéndose alojado en la Gran Cartuja, en 1517, deplora Beatis que él y su amo, el cardenal de Aragón, hubieron de dormir «sobre pequeños lechos de paja sin sábanas y con unas groseras pieles de cordero por cobertores». A su regreso de las Cruzadas, Luis IX, por espíritu de mortificación, renunció a dormir en un lecho de plumas y se contentó con una tabla recubierta por un ligero colchón de algodón.

Los lechos monásticos podían ofrecer una hermosa apariencia sin dejar de ser austeros. Así sucedía en el dormitorio del priorato de Poissy. Las religiosas, escribe Cristina de Pisan, duermen allí completamente vestidas, sin sábanas, sobre una colchoneta de borra y no sobre un auténtico colchón, lo que no impide que sus lechos se hallen recubiertos por una elegante tapicería: «No visten camisas, ni tienen largos / Camisones de noche, no tienen colchones de franjas / Sino jergones / Que están cubiertos de hermosos tapices de Arras / Bien dispuestos, pero no es más que apariencia / Porque son duros y están llenos de borra, / Y es allí donde vestidas / Yacen de noche aquellas damas cansadas / Que se levantan o se las zarandea / A maitines (...).»

A mediados del siglo XIV, en las leproserías y los hospitales de la diócesis de París, una cama de enfermo no disponía, según parece, de catre ni de cortinas, sino solamente de un colchón, una almohada, un par de sábanas y un cobertor. Había otros establecimientos hospitalarios que se mostraban más generosos, o más juiciosos, y tenían previstos dos cobertores en verano y tres en invierno.

Para los mineros de la mina de Cosne, en la comarca de Lyon, empleados por Jacques Coeur, el inventario redactado durante el proceso (1453) menciona dos tipos de lechos: el primero se compone de un colchón y un cojín de plumas, dos sábanas y dos cobertores; el segundo se limita a un colchón de hojarasca y a un solo cobertor. En un caso la estimación es de 20, 30 o 40 sueldos; en el otro, de 10 sueldos, y aun menos. De todas maneras, ni bastidor de madera ni cortinas.

Una célebre miniatura de Jean Bourdichon representa a un pordiosero —símbolo de la pobreza— en su lecho: un par de sábanas andrajosas, un jergón colocado sobre un catre de rejilla, un ruin cobertor agujereado del que se escapan dos piernas, una de ellas vendada, la otra metida en una calza desgarrada...

En las postrimerías del siglo XV, el cocinero del obispo de Senlis se hallaba sin duda mejor alojado, con su lecho de terliz o cutil, su almohada larga de plumas, un par de sábanas, su edredón *(lodier)* y su cobertor de tiritaña gris (todo ello valorado en 40 sueldos parisinos).

En 1403, Colin Doulle, de Conches en Normandía, ejecutado por sus «desmerecimientos», deja «un lecho, a saber colchón y almohada llenos de borra, un viejo cobertor usado de tela roja, y dos pares de sábanas de estopa». Todo ello, vendido en pública subasta, alcanzará los 40 sueldos torneses.

Como buena burguesa de París, viuda de un barbero del rey, Perrette La Havée, hacia 1460, disponía de un lecho mucho más imponente, de inspiración, ya que no de estilo, señorial. Las sábanas eran de lino, la almohada de plumas, el colchón y el cojín de cutil de Flandes, y sobre todo tenía un dosel, un cabecero y dos cortinones de tela que envolvían todo aquel vasto lecho de 1,80 por 2,10 metros. En este caso, el valor de todo ello podía calcularse en 8 libras, 6 sueldos y 8 dineros parisinos*.

Un grado más en la magnificencia: en la *«alcoba grande»* del castillo de Thouars donde acababa de morir, en 1470, Luis de Amboise, vizconde de Thouars, aparecen, con ocasión del inventario tras su muerte, un gran lecho con tarima y colchón, almohada larga, banqueta, edredón, cobertor y *«garniture»* (colgadura); y un

* En la época referida 5 libras parisinas equivalían a 5 libras tornesas. La misma relación mediaba entre sueldos y dineros.

El camastro del pobre según Jean Bourdichon, finales del siglo XV. Colgaduras harapientas. Agujeros en el techo, en los muros. Resignación y devoción.

Novela de Tristán, finales del siglo XV. El lecho del rico moribundo. Telas suntuosas, las mismas para la colcha, el *dossiel* y las cortinas. Hermoso ejemplar de silla, cerca de la cabecera, a su derecha. (Chantilly, museo Condé, ms. 404.)

dosel de tapicería en color verde, más un *«entredós»* (dicho de otro modo, un *tresdos,* un cabecero) y cortinas de tela azul. La misma clase de tejidos y la misma decoración para cama más pequeña, adyacente, provista a su vez de dosel. Y todavía queda una cama reducida, *«coulant»,* bajo la grande. Finalmente, de la pared cuelgan cinco piezas de tapicería, que forman con las de los dos lechos un conjunto perfectamente homogéneo.

En efecto, durante la segunda mitad de la Edad Media (los primeros ejemplos concluyentes al respecto se remontan al siglo XIII), el dosel, las cortinas, el cabecero, el cubrecama y los tapices murales podían constituir una ornamentación adecuada. Así era la *«cámara»* que, sin demasiados problemas, se montaba y se desmontaba, se guardaba en un arcón, se doblaba en los armarios

Miniatura que adorna el manuscrito del *Livre de vie active de maistre Jehan Henry sur le fait des offices d'iceluy hostel Dieu,* siglo XV. Lechos de enfermos, en una de las salas del Hospital de París. (París, Archivos de la Asistencia pública.)

o guardarropas, y que, una vez ajada o pasada de moda, acababa en cualquier granero. Decoración móvil, portátil, en perfecta armonía con los usos de aquellos tiempos que, entre los grandes, autorizaban o imponían los desplazamientos incesantes.

Durante los siglos XIV y XV se tallaron, tapizaron y decoraron alcobas de un lujo insólito. En la profusión de ejemplos proporcionados por los documentos, sobre todo contables, nos limitaremos a mencionar aquí la alcoba, que no figura precisamente entre las más extravagantes, de que se hizo acompañar Catalina de Borgoña, en 1393, cuando pasó a formar parte por su matrimonio de la familia de Habsburgo: «Una cámara de satén azul bordada en V medidas con las armas de la Señorita de Austria, provista de dosel, de cabecero, de sobrecama bordada, de cortinas de cendal, de X cojines idénticos, bordados con las armas de la misma damisela, y así mismo guarnecida la dicha cámara de una sobrecama de obra de costoso bordado de III *(sic)* tapices de colgar de las paredes, de un cobertor de colchón, de un banco y VI almohadones de lana con armas como las de antes, y de III escabeles *(marchepiedz;* pero aquí con el sentido de alfombras de cama) para poner alrededor del lecho, y de un cobertor de tela azul forrado de piel.»

Ya puede suponerse que una alcoba tan fastuosa, tan completa, representaba una excepción. Estadísticamente, un caso rarísimo. Pero un caso que sirvió de modelo, de referencia. Como consecuencia de un clásico fenómeno de difusión, no pocos interiores simplemente burgueses mostraban las huellas de una innegable preocupación decorativa, por medio de tapicerías, de *tapis velus* (en los muros, sobre los muebles e incluso en el suelo), de telas y de sargas, de cortinas en torno al lecho, o también en las ventanas, de *carreaux* (almohadones) y de fundas que revestían los bancos *(banquiers).* He aquí, por ejemplo, la alcoba donde murió en París, en 1438, el señor Pierre Cardonnel, canónigo de Notre-Dame. Los dos lechos que hay en ella están recubiertos de sobrecamas bordadas blancas, y el del difunto tiene, además, un dosel, un cabecero y tres laterales de tela blanca. En la pared, tres sargas color granate, una de ellas adornada en su centro con un ciervo blanco y sembrada de rosas blancas también. Una decoración, por tanto, en blanco y rojo que, allí colocada, no debía de producir mal efecto.

A pesar de todo hay que imaginarse que la gran mayoría de los lechos se hallan desprovistos de colgaduras, aunque sean modestas, incluso de catres: *miserables colchonetas, jergones de mala muerte,* colocados directamente en el suelo o sobre unas tablas someramente ensambladas, cobertores remendados, usados hasta volverse transparentes, demasiado ligeros o demasiado escasos para poder calentarse de veras. El número de las camas de una vivienda estaba naturalmente en función de sus dimensiones, de los recursos de su o sus ocupantes, de la importancia de la familia. Podía ir desde un solo colchón a varias decenas. Con sus múltiples edificaciones, el establecimiento minero de Jacques Coeur, en Cosne, comprendía su buena cincuentena de camas, sin que se haya podido llegar a saber por desgracia los efectivos de los empleados y obreros a los que aquéllas se hallaban destinadas. En el castillo de Madic, a finales del siglo XV, se contaban 31 camas, más 35 colchonetas. Interrogado por el procurador Dauvet, el *despensero* de Jacques Coeur declara que la «casa grande (de Bourges contaba) alrededor de XV o XVI lechos, de entre los cuales los había grandes que eran buenos y hermosos». Fechado en 1525, el inventario tras la muerte de Pierre Legendre, tesorero de Francia, enumera una veintena de camas, la mitad grandes y la mitad pequeñas, esparcidas, por lo general de dos en dos (una grande y una pequeña) por las alcobas y los guardarropas de su *hôtel* parisino de la calle de los Bourdon-

Traducción francesa del *Decamerón* de Boccaccio, siglo XV. Lechos ordinarios. (París, Bibl. nac., ms. fr. 239.)

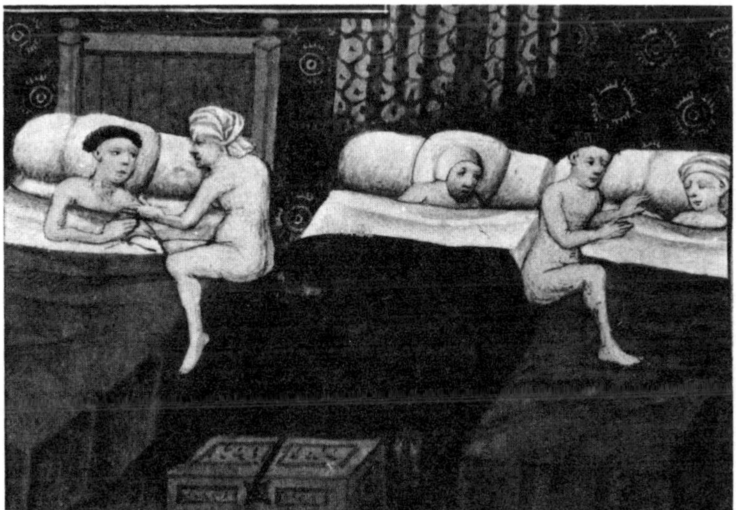

Traducción francesa del *Decamerón* de Boccaccio. Alcoba (París, Bibl. del Arsenal, ms. 5070.)

nais. En el campo, su mansión de Alincourt tenía una treintena, y la de Garennes cerca de veinte. Pierre Legendre, en sus tres principales residencias (tenía también otras, pero casi vacías), disponía así de unas 70 camas, sin contar las armazones que, por falta de colchones, no podían utilizarse sin más ni más. En 1542, el castillo de Thouars, con sus cuarenta habitaciones, contaba más o menos con otras tantas camas, incluidas dos hermosas cunas en la alcoba de las nodrizas y numerosos lechos de campaña.

No hay que pensar que se durmiera normalmente en todas las habitaciones. Y no estamos hablando de cavas, bodegas, graneros, galerías o buhardillas. Pero, salvo raras excepciones, no había camas ni en la cocina, ni en la despensa, ni en el despacho, ni en el estudio, ni menos aún en la sala. Los lechos se encontraban en las alcobas (en ocasiones se habla inclusive de *cuartos de dormir)* y en sus anejos (guardarropas y hasta retretes), así como en ciertas piezas de servicio, sobre todo cuadras, tal vez para evitar el robo de caballos.

Es cosa generalmente admitida que en la Edad Media un solo lecho podía acoger no sólo, como parece natural, a una pareja casada, sino también a sus hijos, jóvenes o no tan jóvenes, así como a varios hermanos y hermanas, o a varios amigos, a sirvientes de un mismo amo, a extraños invitados a compartir su alcoba, todo ello al albur de la existencia de cada día. No es una opinión inexacta: hombres de guerra, escolares, enfermos, o pobres, acostándose varios a la vez en el mismo lecho, es algo que atestigua ampliamente la documentación tanto escrita como iconográfica. Y el espacioso lecho no sólo matrimonial sino familiar no es un mito (miniatura del libro de horas de Juana de Francia). Pero hemos de advertir no obstante que existía también el deseo de evitar este tipo de promiscuidad, por razones de confort, de higiene, pero sobre todo de moral. En su tratado contra la lujuria, escribe Jean Gerson: «Quiera Dios que en Francia se introduzca la costumbre de que los niños duerman solos en sus pequeñas camas, lo mismo si son hermanos o hermanas u otros, como es costumbre en Flandes.» La norma del lecho individual se respetaba en la mayor parte de los monasterios, así como en algunos colegios. Y la misma preocupación existía en los hospitales, como en el «Hôtel-Dieu» de París, donde las monjas se quejaban de verse obligadas a acostar «a los niños, tanto chicas como chicos, a la vez en camas que resultaban peligrosas, y en las que habían muerto otros enfermos de enfermedad contagiosa, por no haber camas suficientes para los niños en cuestión, sino que se acuestan seis, ocho, nueve, diez y doce en un mismo lecho, a la cabecera y a los pies».

En el mismo establecimiento estaba mandado colocar en la medida de lo posible «a los enfermos graves aparte, cada uno en su cama».

Lo que equivale a decir que el hecho de tener que dormir con otros se consideraba frecuentemente como efecto de la simple penuria. Todos los que lo podían aspiraban a estar solos en su cama, o al menos a no acostarse más que con la persona de su elección.

En cambio, era muy frecuente no querer separarse, durante la noche, de su ayuda de cámara o de su chambelán, de su camarera, de su criada de confianza o de su doncella. O bien estos servidores íntimos dormían sobre una colchoneta, en la misma alcoba de su amo o dueña, o bien se instalaban en el guardarropa contiguo, o también, cuando eran varios, ocupaban una habitación inmediatamente vecina. Tal castillo por ejemplo tiene, exactamente a continuación de la alcoba de la Señora, la de las «chicas de la Señora». Y en el castillo de Rouen, en 1436: «En aquella pequeña alcoba duermen las doncellas de la mujer del dicho capitán.» Antonio de Beatis advierte que en Picardía, a diferencia de Alemania donde se acumula el máximum de camas, las alcobas de las hospederías tienen tan sólo un lecho para el amo y otro para su criado. Commynes recuerda en sus *Memorias* que, como chambelán del duque Carlos de Borgoña, tuvo que dormir en la alcoba de este último. El favorito de un rey, o de un grande, era precisamente el que compartía regularmente su alcoba. Y, en el *Ménagier de Paris,* un buen hombre le recomienda a su joven esposa: «Si tenéis hijas o doncellas entre los 15 y los 20 años, puesto que en tal edad son tontas y no tienen ni idea del mundo, haced que se acuesten cerca de vos en el guardarropa o la alcoba, o sea donde no haya ningún tragaluz ni ninguna ventana baja ni que dé a la calle.»

Lo que permite suponer que semejante dependencia ininterrumpida no ofrecía el mismo cariz a todos los sirvientes y que, por su parte, los amos, al mantenerlos siempre cerca, buscaban tanto ejercer sobre ellos un control moral como disponer de una presencia y un servicio en cualquier momento.

Añadamos que las obras de ficción, como las *Cien novelas nuevas,* ponen muy de relieve esta cohabitación permanente entre los amos y su familia, entre ellos y sus «servidores privados». Si bien es verdad que, llegado el caso, el amo podía alejarlos por algún tiempo y recuperar su intimidad al abrigo de las cortinas echadas de su lecho.

Horas de Luis de Laval, finales del siglo XV. Sobre un banco, pareja ante la chimenea, en la intimidad de la alcoba o la sala. (París, Bibl. nac., ms. lat. 920.)

El ornato y el retiro

Algunos textos de la época se complacen en presentar la casa como un mundo cerrado, en cuyo interior puede afirmarse sin cortapisas, con toda libertad *(franchise)* la autoridad cuasi señorial del *dueño de la casa.* El *Ménager de Paris* recomienda que, tras la extinción del fuego del hogar, se cierren cuidadosamente los huecos exteriores y se pongan las llaves en manos de una persona de confianza —la señora beguina Agnès, o bien Jean el despensero— «a fin de que no entre ni salga nadie sin autorización». Alain Chartier, para disuadir a sus contemporáneos de transformarse en *curiaux* (cortesanos), sostiene que no hay nada como la existencia independiente en su propia *maisonnette* (casita): «Una vez que tu puerta está cerrada, nadie que no te agrade puede entrar.» «La casa estará segura con tal que se la tenga cerrada», escribe François Villon.

Pero, a pesar de todo, el espacio interior de la casa, sobre todo a partir de un cierto nivel social, no aparece como un todo homogéneo e indiferenciado. Y cabe distinguir polos de vida social o privada, de actividad doméstica o profesional. Están en primer lugar los lugares caldeados y los no caldeados (o, lo que no es lo mismo, caldeables y no caldeables). Entre los primeros, como es natural, se cuenta la cocina, así como la alcoba del dueño, y luego, de manera menos sistemática, menos regular, las otras habitaciones y la sala. Pensemos también por ejemplo en los calefactorios de los monasterios. En Alemania, había cuartos permanentemente caldeados durante el invierno *(Stube,* estufas, hornillos) como lo hace notar un pasaje del *Libro de la descripción de los diversos países* de Guilles le Bouvier, llamado el Heraldo de Berry (a mediados del siglo XV): «Para el frío que hace en Alemania durante el invierno, tienen unos hornillos que calientan de tal forma que la gente está caliente en sus habitaciones, y durante el invierno la gente del pueblo trabaja en ellas y tienen allí a sus mujeres y a sus hijos, y apenas si se necesita leña para calentarlas. Y los nobles y gentes de armas y otras ociosas viven también en ellas, jugando, cantando, comiendo y bebiendo, y así pasan el tiempo, porque no tienen chimeneas.»

El comentario de Guilles le Bouvier sugiere que en Francia era muy diferente la práctica: había bastantes chimeneas, encendidas sin duda intermitentemente, pero capaces de mantener caldeadas las habitaciones cuando se venía del exterior, transido de frío y empapado por la lluvia, por lo que la gente de la familia no se hallaba tan concentrada. Sin embargo, la estufa no era una desconocida, al menos en la Francia del Este (Provenza, Saboya, condado de Borgoña); y además, durante el siglo XV, se introdujo de buena gana en otras regiones, como en las minas de Jacques Coeur y en algunos castillos del rey René, que hizo venir, para su construcción, a especialistas alemanes.

A la inversa, entre las piezas que, salvo excepción, no se caldeaban, están la despensa, el obrador, el despacho, el estudio y la capilla. Todavía en 1475, cuando Georges de La Trémoille hace construir para sus rezos privados un oratorio en su castillo de Rochefort-sur-Loire, tiene previsto un *pequeño calientapiés* a fin de completar el confort de aquel aposento enteramente revestido.

Añadamos que también se acudía a las estufas, a los braseros fácilmente transportables de una habitación a otra, de acuerdo con las necesidades: *speyrogadoria* en Provenza, *fouiers* o *fouieres* de hierro o de bronce en la Francia del Norte.

Otra distinción, dentro de la simple prolongación de una costumbre que era por lo demás anterior: la sala, como opuesta a la alcoba. Porque, a pesar de todo, se aprecia entonces una evolución. La sala, pese a sus dimensiones, a su ornato (pensemos en las salas de los caballeros y las damas, en el castillo de Coucy, celebradas por Antoine Astesan), acusa una cierta tendencia a convertirse en una suerte de antecámara. Digamos que en un hall, en el sentido actual del término, en una sala de los pasos perdidos. También en este caso puede servirnos de guía Alain Chartier, cuando escribe: «La sala de un gran príncipe se halla por lo común infestada y abarrotada de una avalancha de gente, a los que el portero tiene que aporrear en la cabeza, los unos que intentan entrar a fuerza de

La familia noble vista por Jean Bourdichon, finales del siglo XV. Calma, confort y lujo, en los vestidos, los muebles, los platos y los jarros del aparador.

empujones, y los otros que tratan de resistir», mientras aguardan a que se abra por fin *la puerta del aposento privado* («retrait») del príncipe.

Un primer remedio consistió en desdoblar la sala. Y así hubo la sala del común y la gran sala, o también la sala de abajo, que desempeñaba el papel de una sala de espera, y la sala de arriba, que servía, como ya se decía entonces, para la *recepción*. Pero sobre todo, fue la alcoba misma la que dio origen a la cámara propiamente dicha (o de retiro, o de dormir) y a la cámara oficial, llamada cámara de ornato, o de recibo. Allí imperaba, desocupado y majestuoso, el lecho de ornato. La joven desposada de las *Cien novelas nuevas* penetra primero en la «gran sala de la mansión» de su marido, y luego en la «cámara de ornato, revestida de una hermosa tapicería», caldeada con un «espléndido fuego», y provista de una

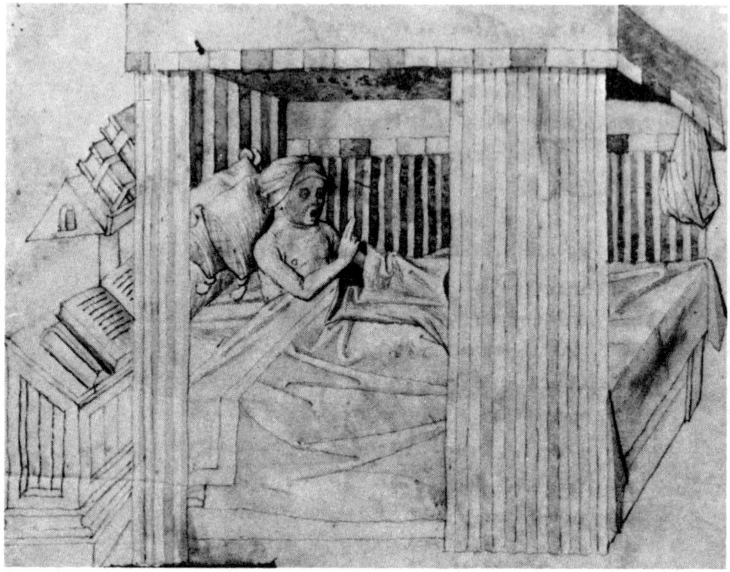

El Peregrinaje de la vida humana, de Guillaume de Digulleville, siglo XV. El espacio privado del lecho, en el interior del espacio privado de la alcoba. (París, Bibl. del Arsenal, ms. 3520.)

«hermosa mesa cubierta» donde le aguarda el «hermoso desayuno», mientras se ofrece a sus miradas el «precioso aparador bien surtido de vajilla».

La cámara de ornato es mixta: es pública pero pertenece también al corazón íntimo de la casa; en ella no se admite a cualquiera, y pueden en ella esparcirse sin peligro las riquezas propias, el lujo de sus objetos de plata y la profusión de sus tapices.

Porque el final de la Edad Media fue por excelencia un tiempo en el que era tan imprescindible desplegar la magnificencia como el poder: de ahí la mención de corceles de ornato, de espadas de ornato, de telas de ornato o de aparadores de ornato.

Finalmente, tercer polo de la casa: la habitación del dueño, que habrá que imaginar, a la manera de Gilles Corrozet, «luminosa y bien proporcionada», o también «bien ordenada y clara, tapizada, encristalada y esterada». «Hermosas alcobas bien esteradas, encristaladas, provistas de lechos, tapices y otras cosas», escribe por ejemplo Jean de Roye. O también, en Eustache Deschamps, esta evocación del perfecto confort: «Calientes, alcobas revestidas por todas partes, / Las puertas cerradas, ventanas que no chirríen.»

Los inventarios dan fe de que en las alcobas se guardaban las joyas, la plata, los documentos más importantes (cuentas, créditos y obligaciones, cartas privadas), en arcones, en aparadores, en *«écrins»* (estuches o «escriños»), cofres pequeños y grandes, de madera de roble o de ciprés, a veces guarnecidos de hierro, pero siempre cerrados cuidadosamente con llave. Inmediatamente contiguos están el estudio (llamado a veces estudio secreto), el *«comptoir de retrait»* (despacho privado), el oratorio, y por supuesto el guardarropa y el *retrait,* en el sentido técnico del término (retiro-retrete, con el inevitable asiento agujereado), y eventualmente el baño. Este conjunto era el que definía el espacio privado por excelencia, el lugar donde se estaba a gusto, donde uno se distraía (juegos de alcoba), donde se cuidaba cuerpo y alma, donde se escribía: «Cuando el amante quiere escribir dichos, baladas, / Cartas privadas y secretas embajadas, / Se recoge / Y se encierra en alcoba y retiro / Para escribir más a gusto y de un tirón.» Así poetizaba Alain Chartier.

Normalmente este espacio privado es común a la pareja, marido y mujer. Pero no olvidemos que, de acuerdo con un modelo perfectamente realizado a nivel principesco o real (como en el *hôtel* Saint-Pol de París), la alta aristocracia distinguía con frecuencia, en sus residencias, lo que casi puede llamarse, con riesgo de un ligero anacronismo, los «apartamentos» de la dama y los «apartamentos» del señor, o, en cualquier caso, atribuía a cada uno su propia alcoba y su propio guardarropa.

El sentido de una evolución

En las iglesias, había una multitud de capillas *privadas,* aisladas por un muro de piedra o de madera o por una verja de hierro, provistas de su propio mobiliario, de su propio *tesoro,* y destinadas a un individuo, a una familia o a una cofradía. Así mismo, oratorios, lo mismo móviles —que las miniaturas representan ocupados por nobles en actitud de plegaria, alejados del grupo de sus cortesanos y sirvientes—, que permanentes, de piedra, con la posibilidad de ver directamente el altar desde alguna pieza contigua, así como de contemplar a la concurrencia sin ser visto y de eclipsarse discretamente (oratorios de Luis XI en Notre-Dame de Cléry y en Notre-Dame de Nantilly, en Saumur, y de Jean Bourré en Plessis-Bourré). Y, en fin, bancos de iglesias y reclinatorios de diversos tipos, incluso con la distinción, en Flandes y otras regiones, de un lado para los hombres y otro para las mujeres.

En no pocas ciudades, locales dedicados especialmente a la reunión del consejo municipal (casa comunal, ayuntamiento). Salas para el juego de pelota y para los torneos. Recintos para el tiro con arco, con ballesta y muy pronto con arcabuz. Un depósito para la artillería, una torre para el reloj. Edificaciones de uso exclusivamente universitario (salón de actos, biblioteca, como en Orléans). Auténticas aulas para los escolares (escuela de San Pablo, en Londres, descrita por Erasmo, a comienzos del siglo XVI). A veces, una biblioteca pública (como por ejemplo en Worcester y en Bristol, durante el siglo XV). Un local para los archivos, como la habitación del Tesoro de los documentos, en el palacio real de la Cité, en París, al norte de la Santa Capilla. Mercados provistos de puestos y de tornos. Una voluntad manifiesta de contener, de recluir a las prostitutas en un barrio, en una calle, en una casa pública. La vigilancia de los baños comunes.

Al margen de su carácter heterogéneo, todos estos datos tan diferentes dan la impresión de orientarse en el mismo sentido, sobre todo si se los pone en relación con los más hermosos *hôtels* urbanos,

Dichos y Hechos memorables, de Valerio Máximo, siglo XV. La bañera, en la misma habitación. Maderas, postigos, vigas en el techo, blancura de la cama. (París, Bibl. nac., ms. fr. 6185.)

con los castillos más importantes y los palacios más prestigiosos. Por aquel entonces vino a manifestarse una tendencia que, de un lado, hacía pasar al interior lo que en otras épocas transcurría en el exterior, al aire libre, con mayor facilidad, y de otro, sustituía determinados espacios polivalentes, multifuncionales, por espacios dotados de un destino definido de modo mucho más riguroso.

Un lugar para el juego, otro para el trabajo o para la justicia, para la plegaria individual o colectiva, para la enseñanza o la cultura, a la espera de un lugar para el teatro. Así podría definirse en las postrimerías de la Edad Media el ideal del espacio urbano. Y esto no sin paralelismo con lo que los poderes anhelaban para el conjunto del cuerpo social: más jerarquía, más segregación, un encuadramiento más estricto, un control más estricto de los distintos comportamientos.

El período que va del siglo XIII al XVI vio también la lenta emergencia, lo mismo en la ciudad que en el campo, de una forma de habitación por lo general de mejor calidad. Es posible que, paradójicamente, las grandes alteraciones del otoño de la Edad Media fuesen la condición necesaria para que se dejara sentir este comienzo de mejora. En virtud de un movimiento dialéctico, la vida privada, menos abandonada a sí misma por unos poderes públicos cada vez más inclinados al intervencionismo, iba a recuperar su respiración, sus dimensiones, dentro de una «intimidad doméstica» más acogedora y más protegida.

¿Progreso del individualismo? Es posible. Pero no olvidemos pese a todo que en plena época del Renacimiento la forma de habitación colectiva sigue siendo aún la referencia más apreciada, lo mismo si está destinada a comunidades de religiosos, de escolares, de enfermos, de soldados, que a individuos cuyo poder, prestigio y riqueza se expresan ante todo mediante la importancia de la humanidad que gravita permanentemente a su alrededor.

Ph. C.

Horas de Bretaña, siglo XV. Otro tipo de oratorio. (París, Bibl. nac., ms. lat. 1159.)

Horas de María de Borgoña. Tipo de oratorio en una iglesia del siglo XV. La noble dama se siente en su casa, con su perro sobre el regazo, su rosario cerca y su libro de horas abierto entre las manos. (Viena, Bibl. nac., cod. 1857.)

La emergencia del individuo

Situación de la soledad, siglos XI-XIII

El anhelo de estar solo: promiscuidad inevitable

Codo con codo, promiscuidad, algarabía —durante la época feudal, en efecto, jamás se había previsto en el interior de las grandes mansiones un lugar para la intimidad individual, como no fuese en el breve instante del fallecimiento, del gran tránsito hacia el otro mundo. Si uno se arriesgaba fuera del recinto doméstico, se seguía estando en grupo. Había que ser al menos dos, y si los compañeros no eran parientes, se ligaban entre sí mediante los ritos de la fraternidad, constituyendo así, para lo que el desplazamiento durara, una familia artificial. Desde el momento en que, hacia la edad de los siete años, considerados por entonces sexuados, salían los muchachos de la aristocracia del universo de las mujeres, se los lanzaba a la aventura, pero seguían estando, y para toda su vida, en el sentido más fuerte del término, englobados si se sentían llamados al servicio de Dios, reunidos en una escuela, bajo la guía de un maestro; de lo contrario, integrados en un equipo de análoga estructura, imitando los gestos de un patrón, su nuevo padre, siguiéndole cuando abandonaba su casa en defensa de su derecho mediante las armas, o para perseguir la caza en el bosque. Una vez terminado el aprendizaje, los nuevos caballeros recibían también en grupo sus armas, en un enjambre organizado como una familia, puesto que era lo usual que el hijo del señor fuese armado caballero en compañía de los hijos de los vasallos. Ya no se dejaban nunca, asociados en la gloria o en el deshonor, ofreciéndose como fiadores o como rehenes unos por otros. Su banda, flanqueada por toda una tropa de servidores y a veces de clérigos para las plegarias, corrían de un torneo a otro, de un alegato, de una escaramuza a otra, indisociable, enarbolando los signos de su cohesión, sus colores o su contraseña, siendo la adhesión de todos estos camaradas que rodeaban el cuerpo de su jefe como una indispensable vestidura de familiaridad doméstica: una verdadera familia itinerante. De este modo, en la sociedad feudal, el espacio privado aparecía en realidad desdoblado, constituido por dos áreas distintas: una fija, en torno al hogar, cerrada; la otra desplazándose hacia el espacio público, no menos coherente, presentando en su seno las mismas jerarquías, reunida por los mismos procedimientos de control. Dentro de esta

El caballero. Catedral de Bamberg, siglo XIII.

célula móvil, la paz y el orden se mantenían de la misma manera, en virtud de un poder de la misma naturaleza, cuya misión consistía en organizar la defensa contra las agresiones del poder público y que levantaba por ello hacia fuera un muro invisible tan sólido como el recinto de la casa. Este poder retenía y encerraba en su interior a los individuos, sometiéndolos a la disciplina común. Era un poder apremiante. Y si vida privada significa secreto, este secreto, necesariamente compartido por todos los miembros de la familia, era frágil y se aventaba con rapidez; si vida privada significa independencia, semejante independencia era a su vez colectiva. La investigación ha de centrarse, por tanto, sobre esta cuestión: ¿cabe discernir, durante los siglos XI y XII, en el seno de lo privado colectivo un elemento privado personal?

La sociedad feudal era de una estructura tan granulosa, formada por grumos tan compactos que cualquier individuo que aspirara a desprenderse de la estricta y abundantísima convivialidad que entonces constituía la *privacy,* a aislarse, a erigir en torno a sí su propia clausura, a encerrarse en su jardín secreto, se convertía en seguida en objeto, bien de sospecha, bien de admiración, y era tenido o por un contestatario o por un héroe, pero en todo caso relegado al mundo de lo «extraño», lo cual, pongamos atención en las palabras, era la antítesis de lo «privado». Quien se colocaba al margen, en efecto, aunque no lo hiciera deliberadamente para causar el mal, se veía empujado a su pesar a hacerlo inevitablemente, en virtud de su propio aislamiento que lo convertía en más vulnerable a los ataques del Enemigo. De este modo sólo se exponían a tal cosa los descarriados, los posesos, o los locos: andar errante en la soledad era, según la opinión común, uno de los síntomas de la locura. Lo atestigua la actitud respecto de aquellos hombres y mujeres que uno se cruzaba por los caminos sin escolta alguna; eran presa de todos; se tenía derecho a despojarlos de todo; en cualquier caso, se consideraba una obra piadosa tratar de reintroducirlos, quienesquiera que fuesen, en una comunidad, restablecerlos por fuerza en el espacio ordenado, claro, regido como Dios quiere, que se reparten los cercados de lo privado y las áreas intersticiales, públicas, por donde la gente se desplaza en cortejo. Lo dicho explica el papel representado, en la experiencia vivida y en lo imaginario, por esa otra parte del mundo visible, las extensiones silvestres donde no hay rastro de viviendas ni de casas, la landa, el bosque, fuera de la ley, peligrosas y atrayentes, lugares de encuentros insólitos, donde quien se aventura solo corre el riesgo de toparse cara a cara con el salvaje o con lo prodigioso. Se pensaba que era precisamente hacia tales espacios del desorden, de la angustia y del deseo, hacia donde se dirigían en busca de refugio los criminales y los herejes, así como aquellos a los que la pasión sacaba fuera de sí, arrebatándolos hacia la desmesura. Por ejemplo Tristán, arrastrando a la culpable Iseo, perdiéndose con ella en el mundo de lo salvaje: ni pan, ni sal, sólo andrajos, suciedad y hojarasca. Pero cuando se hubo disipado el efecto del filtro, de la «pócima» que los había trastornado, cuando volvieron a la razón,

Cerradura del siglo XV. (París, museo de Cluny.)

Llaves, h. 1340. Excavaciones de Dracy (Côte-d'Or).

ésta les requiere el regreso al orden, la salida de lo extraño, es decir del aislamiento. La reculturación significó para ellos retorno a lo privado, a la corte, o sea a la vida gregaria.

Pero, no obstante, regresaron renovados por la prueba. En efecto, atravesar, voluntariamente o no, el peligro, la tribulación mayor que era la soledad, les parecía, a los más fuertes, a los elegidos, la ocasión de caminar hacia lo mejor. Fue así como Godelièvе, «desolada», abandonada por su marido, privada de «compañía» pero resistiendo por obra de la gracia a las tentaciones, pudo avanzar paso a paso hacia la santidad. Y quien escogía libremente enfrentarse él solo con los malvados, quien conseguía salir vencedor del encuentro, se hacía merecedor de un premio del que se beneficiaban todos los miembros de la familia de la que por un tiempo se había alejado. Esto era lo que le sucedía al campeón triunfante de un adversario individual en duelo, en combate *singular* en el campo cerrado de la batalla, al pecador purgado de su falta por el aislamiento penitencial, o a las reclusas voluntarias, como aquellas dos de Colonia de las que se dice que «su santo propósito de vida difundía por toda la ciudad el más suave olor de buena reputación». Era lo que les acontecía también a los héroes de las novelas, caballeros errantes, que se salían de lo cotidiano porque iban de un lado para otro por propia iniciativa, desde luego, y no por locura. Sin embargo, si la literatura de evasión ponía tanto empeño en hacer salir a sus figuras ejemplares de la inevitable convivialidad, ¿no se debía precisamente a que eran muchos los que ya en el siglo XII empezaban a sentir ésta como abrumadora? ¿No se abandonaba mucha gente de la buena sociedad cada vez con más gusto a lo que por fuerza se ha limitado el presente estudio, al sueño de evadirse, al tiempo que el movimiento general de la civilización llevaba irresistiblemente a hacer desprenderse poco a poco a la persona del gregarismo doméstico?

Anhelo de autonomía

A lo largo del siglo XII se multiplican los signos evidentes de las conquistas de una autonomía personal, o sea precisamente cuando se acelera la decontracción de la economía, cuando el crecimiento

Tumba de san Lázaro. Autun, siglo XII.

agrícola, reanimando rutas, mercados y aldeas, empieza a transportar poco a poco hacia la ciudad todos los sistemas de control y los fermentos de vitalidad, cuando la moneda va camino de obtener en lo más cotidiano de la vida un papel capital, y se difunde por doquier el uso del término ganancia. Es entonces cuando comienzan a descubrirse menciones cada vez más numerosas de cofres y bolsas en los documentos de archivo, o restos de llaves en los yacimientos de las excavaciones, índices todos ellos de una voluntad afirmada de poner a buen recaudo, para uso propio exclusivo, determinados bienes móviles por naturaleza, de economizar, y de lograr así hacerse menos dependiente de sus familiares. Libertad, margen para empresas individuales. Empresas que se despliegan en el pueblo, en el frente de las roturaciones y en medio de esos arrabales urbanos, poblados de traficantes y de artesanos, algunos de los cuales hacen fortuna con rapidez. Pero se desenvuelven también con no menor viveza, no lo olvidemos, entre la clase dominante donde se comprueba cómo hacen fortuna con pareja presteza algunos clérigos que ponen al servicio de los príncipes su experiencia administrativa, al tiempo que no faltan caballeros que amasan dinero a puñados, en la misma tarde de los torneos, negociando con su botín. Semejante movimiento, la movilización de las iniciativas y las riquezas, suscitó la progresiva valorización de la persona.

Este fenómeno se pone de manifiesto en multitud de signos. Por ejemplo, en las imágenes que esta sociedad quiso ofrecer de la perfección humana. Parece claro que, hacia 1125-1135, en concreto en el pórtico de San Lázaro de Autun, los tallistas de imágenes recibieron de quienes habían concebido su programa iconográfico la consigna de desprenderse de las abstracciones, de animar a cada personaje con una expresión personal; diez años más tarde, en el pórtico real de Chartres, los labios, las miradas se vuelven verdaderamente vivientes; más tarde, a quienes se ve liberarse a su vez del hieratismo es a los cuerpos; finalmente, mucho después, durante el último tercio del siglo XIII, se franquea una nueva etapa, decisiva, cuando irrumpe en la escultura el retrato, la búsqueda de la semejanza. Esta prolongada evolución de los procedimientos de figuración plástica se muestra en perfecta sincronía con todos los cambios que pueden observarse en otros niveles del edificio cultural. Del mismo modo, en el umbral del siglo XII se opera en la escuela el tránsito de la lección magistral a la «disputa»: una justa, un duelo, un combate singular, dos personas enfrentadas que rivalizan entre sí como en un torneo. Al mismo tiempo, mientras que la vida penetra el rostro de las estatuas-columnas, entre los sabios que meditan sobre el texto de la Escritura, toma cuerpo la idea, estremecedora, de que la salvación no es algo que se alcance por la sola participación en determinados ritos, en medio de una pasividad propia de borregos, sino que ha de «ganarse» mediante una transformación de sí mismo. Es una invitación a la introspección, a la exploración de la propia conciencia, ya que el pecado no parece que resida en el acto mismo sino en la intención, que es lo que se considera que se agazapa en la intimidad del alma. Los procedimientos de regulación moral se trasladan así al interior del ser, a un espacio privado que ya no tiene nada de comunitario. Uno se

Pórtico real, catedral de Chartres, h. 1145.

lava de la mancha del pecado por la contrición, por el deseo sobre todo de renovarse, por un esfuerzo sobre sí mismo, de razón, dice Abelardo, de amor, dice san Bernardo, uno y otro de acuerdo a propósito de la necesidad de una enmienda personal. Las reflexiones que en las escuelas urbanas se llevan a cabo en torno del matrimonio aparecen como muy paralelas; hacen admitir paulatinamente que la unión conyugal se anuda mediante consentimiento mutuo, y que por tanto el compromiso personal de cada uno de los cónyuges se antepone a la decisión adoptada colectivamente en el ámbito privado gregario por los dirigentes de las respectivas familias. El florecimiento de la autobiografía, a comienzos del siglo XII, es otro síntoma; por supuesto que un Abelardo, un Guibert de Nogent, imitan modelos antiguos; pero estas obras literarias afirman enérgicamente la autonomía de la persona, dueña de sus propios recuerdos, como lo es de su propio peculio. El yo reivindica una identidad en el seno del grupo, el derecho de poseer un secreto, distinto del secreto colectivo. No es algo indiferente que los héroes del combate espiritual, los santos, hayan sido con frecuencia muy celebrados por su habilidad en disimular sus intenciones, esquivando así las presiones hostiles de su entorno: la mentira como protección de un ámbito privado más íntimo, como la mentira de san Simón hurtando a la vista de sus familiares el cilicio oculto bajo su coraza, o la mentira de santa Hildegonda enmascarando su condición femenina bajo el hábito cisterciense.

Esta evolución coincide exactamente con la disociación progresiva de las grandes «familias», atestiguada por los textos y la prospección arqueológica, con la emancipación de los caballeros domésticos, la disolución de las comunidades de canónigos, cada uno de los cuales se aislaba en su domicilio particular en el interior del claustro catedral, con la multiplicación de los matrimonios de jóvenes en la aristocracia. Coincide también con los progresos de una colonización intersticial en las márgenes de los antiguos territorios rurales. En todos los planos del edificio social, la tendencia continua durante la época feudal se dirigió indudablemente hacia la multiplicación y el adelgazamiento de las células de la vida privada. Pero semejante movimiento adonde conducía era a individualizar los hogares, no las personas. Éstas permanecieron durante largo tiempo prisioneras.

Para comprender hasta su punto límite, hasta la liberación del individuo, los inciertos progresos de la segmentación, hay que concentrar de nuevo la atención sobre dos sectores estrictos de la sociedad. Antes del siglo XIV, los progresos aludidos sólo son claramente perceptibles en dos niveles, el de la institución monástica, y el de los sueños y los juegos de la caballería.

Anacoretas

La regla de san Benito se presentaba como una «pequeña regla para principiantes». Proponía la vida cenobítica a unos hombres a los que no se consideraba lo suficientemente vigorosos aún para las pruebas del anacoretismo. Pero se sobreentendía que existía un grado superior de perfección al que se llegaba en la soledad, punto extremo de la huida lejos del mundo carnal al que se invitaba al monje, y la regla instituía las condiciones favorables para los primeros pasos hacia semejante ideal. En verdad, no se trataba tanto de circunscribir espacios como de delimitar tiempos que aislasen física y materialmente a la persona de modo que pudiera concentrarse en sí misma. De esta manera, en virtud de la obligación del silencio, como experiencia de retiro, y de encerramiento, el individuo interrumpía las comunicaciones con el grupo, lo que se le proponía como una privación, pero también como proyecto de una ascensión espiritual. Es indudable que para aquellos principiantes que eran los monjes benedictinos, la prueba del silencio sufría determinadas atenuaciones. Viviendo como vivían en comunidad, les era preciso intercambiar mensajes, y para ello se elaboró en Cluny un complicado lenguaje gestual. Por otra parte, la prohibición de hablar se interrumpía cada día durante la reunión capitular y en ciertos días, en el claustro, después de la hora sexta; en verano, se la levantaba todos los días después de la hora nona y la distribución de una colación. Sin embargo, las conversaciones «privadas», como decían las usanzas benedictinas, se hallaban suspendidas durante los tiempos fuertes de penitencia, durante la cuaresma, mientras que el gran silencio de la noche era siempre motivo de encarecimiento, prenda, para san Bernardo, de la más alta elevación del alma. Por lo demás, una parte del tiempo de silencio se ocupaba con la lectura individual, expresamente designada como «privada», otra forma de repliegue en sí mismo, de diálogo místico con la Escritura, es decir con Dios. Finalmente, la regla de san Benito invitaba a las oraciones «privadas», intensas y breves, pero frecuentes.

A decir verdad, la interpretación cluniacense del propósito benedictino había llevado a recortar los momentos de autonomía individual en favor de la salmodia, acto colectivo durante el cual la comunidad se congregaba más estrechamente al unísono del canto llano gregoriano. Pero, desde comienzos del siglo XI, a causa del desentabicamiento del mundo y de una incitación que procedía de las comunidades orientales, frente a la concepción propiamente latina del monaquismo, que era la de Benito de Nursia, había surgido otra, que preconizaba la soledad y hacía que lo privado envolviese a la persona. Propagada paulatinamente desde la península italiana, la llamada a la lucha contra el demonio no ya en la seguridad del codo con codo sino en la soledad, a pecho descubierto frente al peligro, acabó por invadir el Occidente entero durante los últimos decenios del siglo XI. Un anhelo así de alcanzar mayor perfección en el desierto, en el aislamiento, llevó a Roberto de Molesmes a alejarse de los usos benedictinos. Y fundó Cîteaux. Los cistercienses estaban convencidos de haber vuelto a la letra de las prescripciones de san Benito; y en consecuencia se mantuvieron fieles al principio de la vida comunitaria. Quisieron no obstante alejarse aún más de los tumultos del mundo, escudándose tras una clausura más rigurosa, aquella aureola de fragosa soledad cuya integridad defendieron celosamente en torno de cada abadía; además, exigieron que al menos el dirigente de cada equipo llevara más lejos aún el retiro individual: para dar ejemplo, el abad cisterciense se aislaba durante el tiempo de máximo peligro, durante la noche, en una celda; daba un paso más en la prueba, ya que su deber era velar en soledad, en vanguardia. Cîteaux se detuvo aquí. Pero los cartujos fueron más lejos: no se contentaron con retirarse a un desierto más escarpado, con vivir entre las bestias salvajes, en la montaña, espacio simbólico de la ascensión espiritual; su regla limitó para todos la vida en común a períodos muy cortos, a algunos ejercicios litúrgicos, a ciertas comidas festivas; al margen de estos episodios, cada religioso encerrado en el silencio de su propia cabaña tenía que orar y que trabajar como auténtico monje, es decir, solo.

El ermitaño y el caballero. Ilustración del *Roman de Perceval le Gallois,* siglo XIV. (París, Bibl. nac., ms. fr. 12577.)

La cartuja representa la forma menos anárquica de una aspiración a la soledad, cuya difusión por los años que siguieron a la conversión de san Bruno fue fulgurante: por doquier, tal vez más numerosos en la Francia del Oeste, los eremitas emprendieron la ruta del retiro en los yermos. Triunfante de todos los obstáculos, incluidas las reticencias episcopales, el proyecto eremítico conoció tal éxito que acabó infiltrándose en el mismo cenobitismo. A este respecto resulta muy expresiva la actitud de Cluny, donde se dejaban sentir tan firmes la reservas frente al individualismo (Guillermo de Volpiano lo había denunciado como una forma de orgullo: «El orgullo, decía, nació cuando alguien dijo que se mantendría aparte y no se dignaría ver ni visitar a sus hermanos»): durante el segundo cuarto del siglo XII, se dispuso institucionalmente un lugar para ciertas experiencias limitadas de anacoretismo. A algunos monjes más avanzados se les autorizó a establecerse durante algún tiempo en cabañas en medio de los bosques, a cierta distancia de la abadía; el abad Pedro el Venerable gustaba de retirarse allí durante algunos períodos. Aislamiento por tanto, pero escrupulosamente dosificado en relación con las respectivas fuerzas de cada uno de aquellos atletas de la redención, porque seguía en pie la inquietud. San Bernardo la expresaba así, bien es cierto que al dirigirse a un ser más frágil, una religiosa, una mujer: «El desierto, la sombra del bosque y la soledad de los silencios ofrecen en abundancia la ocasión de obrar el mal (...), ya que el Tentador puede acercarse con toda seguridad.» Y a Elisabeth de Schönau: «Algunos aman la soledad no tanto por la esperanza de una cosecha de buenas obras como por la libertad de su propio querer.» ¿Dónde situar en efecto la frontera entre la intención de los eremitas tentados por la independencia como Adán, tocados por el mismo orgullo, y la de aquellos resueltos contestatarios a los que se llamaba herejes, y que también huían al desierto impulsados por la esperanza de un contacto más estrecho, personal, con el Espíritu?

Caballeros andantes

Durante el último tercio del siglo XII, en los relatos ofrecidos al entretenimiento caballeresco, y cuyo taller más fecundo se hallaba entonces situado en la Francia del Noroeste, el eremita representa un papel de primer orden, y ello por dos razones principales: porque el bosque es uno de los dos lugares primordiales de la acción novelesca, el de las pruebas de la aventura, y porque el eremita, por aquella época y en aquella región, tenía su ubicación natural en una decoración silvestre; no hay que olvidar que las canciones épicas y las novelas se componían sobre todo para ofrecer una compensación onírica a las frustraciones que maduraban en el seno del ámbito privado feudal, pues bien sabido es hasta qué punto reprimía las aspiraciones de la persona a la libertad: estas obras escenifican en un plano imaginario aquello de lo que en el plano real se veían privados los jóvenes que componían la parte más receptiva del auditorio, puesto que exaltaban la expansión del individuo y celebraban su liberación de todas las constricciones. Constricciones de la moral religiosa, y hete aquí al eremita, solo, incontrolado, portador de un cristianismo rebosante de indulgencia y sobre todo sustraído a la tortura de los rituales. Constricciones de la promiscuidad doméstica, y hete aquí al caballero andante, solitario, impulsado por un solo anhelo. Se trata de una literatura que nos ilustra ante todo por lo que niega y propone esquivar; muestra en negativo los poderes de represión del gregarismo doméstico. Pero el historiador no puede dudar de que fuese una literatura que aguijonease la necesidad de intimidad, que contribuyera a satisfacerla al señalar las fisuras por las que podía escaparse el individuo, al invitar a cada uno a seguir el ejemplo de sus héroes. El historiador no puede tampoco olvidar que, para resultar cautivadora, la intriga novelesca no podía desprenderse del todo de la realidad, y que por consiguiente el ideal que proponía no podía ser absolutamente inaccesible. Sin duda alguna, la sociedad cortés, lo mismo que la sociedad monástica, atribuía un valor cada vez mayor a la experiencia individual y le proporcionaba los medios de desarrollarse.

En el cumplimiento de su función pedagógica, la literatura caballeresca apelaba a la superación de sí mismo, proponía el itinerario de una formación progresiva mediante la travesía de una serie de tribulaciones, y la persona había de avanzar paso a paso hacia la plenitud. De forma paralela a la mística cisterciense o cartujana, invitaba al individuo a ponerse a prueba a sí mismo en soledad, paso a paso, en silencio. La figura ejemplar que proyectaba sobre

Ilustración de la *Vida de los Padres en el desierto,* siglo XV (París, Bibl. del Arsenal, ms. 5216.)

El bosque y la corte. Ilustración de *Lancelot,* 1274. (París, Bibl. nac., ms. fr. 342.)

el primer plano de la escena era desde luego la del caballero en marcha, lejos de los demás, perdido en el fragoso bosque, lugar del peligro, y dispuesto a afrontar él solo a la mujer inquietante, el hada. Sin embargo, lejos de las miradas, ¿quién iba a juzgarlo, a apreciar su valentía, a otorgarle el premio? Por esta razón la acción novelesca se despliega en acciones sucesivas en dos decorados opuestos, uno solitario, el otro superpoblado: el bosque y la corte. La literatura que aquí utilizamos se denomina muy exactamente cortés; describe con predilección lo silvestre, pero lo presenta como un envés, el contra-valor del mundo real. En la realidad, la corte era el lugar propio de esta pedagogía, uno de cuyos instrumentos lo constituían las novelas, así como el escenario de la promoción caballeresca; era aquí donde, bajo la mirada del señor, se clasificaba a los concurrentes; los caballeros vivían en comunidades privadas tan estrictas como las cluniacenses, pero en las que, para los jóvenes que no podían esperar ninguna herencia, toda la dinámica social se basaba en la distinción. La imagen del bosque evocada por la literatura de evasión alude a los procedimientos de selección en virtud de los cuales, en el interior del grupo, algunos lograban distinguirse. Al desprenderse del rebaño en el que estaban atrapados, indistintos, al afirmar su propia valía gracias a una hazaña individual, lo mismo que los héroes de la santidad que la iconografía de los santuarios estaba dotando mientras tanto de un semblante personalizado, los jóvenes victoriosos, pero con una victoria pública, resonante, podían exhibir su proeza singular y recoger ellos solos la recompensa, que era también singular.

Proezas de armas, pero también proezas de amor. Conviene adelantarse del lado del amor para comprender lo que corresponde en la sociedad caballeresca a aquellas chozas rústicas en las que ciertos monjes cluniacenses de mediados del siglo XII vivían retirados, alejados de la comunidad fraterna, a fin de ahondar hasta lo más íntimo, en el espacio de lo privado personal conquistado al territorio de lo privado colectivo. En la biografía que escribió de Roberto el Piadoso, a comienzos del siglo XI, el monje Helgaud relata una anécdota: Hugo Capeto que paseaba por su palacio extendió su manto sobre una pareja que estaba fornicando entre dos puertas: el acto sexual, el más privado de todos, escandaloso si no era nocturno, debía desde luego escapar a todas las miradas, disimularse en la oscuridad y el apartamiento. He de referirme también, porque las informaciones sobre este particular son rarísimas, a las manifestaciones que hizo ante el inquisidor la dama de Montaillou, Béatrice de Planissoles. Reconoce haber sido violada, en vida de su primer marido, durante el día, pero en su alcoba, gracias a su aislamiento; que, ya viuda y libre en su castillo, su mayordomo, una tarde, al caer la noche, la aguardaba, oculto bajo el lecho y, apagadas las luces, se deslizó en su cama furtivamente, mientras ella atendía al orden de la casa, y que ella había gritado, llamando a las doncellas que «dormían cerca, en otros lechos, en su alcoba» (como se ve, en las tinieblas, la promiscuidad no era un obstáculo); que, vuelta a casar, cedió ante un sacerdote, durante el día, pero en la bodega, mientras una doncella vigilaba; que, viuda de nuevo, atrajo a su casa a otro sacerdote, se entregó a él en la entrada, cerca de la puerta, durante la noche, y que, cuando amaneció el nuevo día, aguardó a que sus hijas y sus sirvientas se hubiesen alejado. Tal era la realidad de la fornicación en aquellas casas superpobladas, abiertas; los amores ilícitos se acomodaban con facilidad al gregarismo familiar, y era preciso que el amor fuese como el de Tristán e Iseo para que provocara la huida al espacio de lo extraño y de la sinrazón.

El amor que solemos llamar cortés, el amor delicado, tendía al mismo fin y se desplegaba en los mismos lugares. Sin embargo, no dejaba de ser un juego, de sociedad, que se desenvolvía necesariamente en el seno de un grupo cuyas reglas se ajustaban tan estrictamente a las estructuras de lo privado doméstico que la conquista amorosa puede considerarse como uno de los procedimientos de selección y de promoción individual en aquel concurso permanente, cuyo escenario era la gran casa aristocrática. Se diría que el dueño

Proeza del caballero solitario. Ilustración de la novela *Artus le Restoré,* siglo XIV. (París, Bibl. nac., ms. fr. 761.)

La flecha y los juegos del amor. Marfiles parisienses, siglo XIV. (París, museo de Cluny.)

de la casa delegaba en su esposa, la dama, la facultad de elegir al mejor, de destacar con su elección a aquel individuo del grupo cuyos miembros buscaban todos ellos brillar ante sus ojos: gracias al amor cortés, mucho más sin duda que gracias a la competitividad deportiva, se exaltó en el seno de la confusión comunitaria el anhelo de autonomía personal. Tanto más cuanto que una de las reglas primeras del juego amoroso era la obligación de la discreción y del secreto. Los amantes debían disimular, retirarse ambos, no con vistas a una de aquellas breves conjunciones sexuales de las que acabamos de hablar, sino duraderamente al interior de una clausura invisible, construyendo así, en medio del tropel de familiares, como una célula más privada, refugio para el amor constantemente amenazado por los celosos. Bien jugado, el amor cortés era necesariamente creador de intimidad, obligaba al silencio, a la comunicación por signos como en Cluny: gestos, miradas intercambiadas, colores escogidos, emblemas. Como los santos caballeros sus cilicios, los amantes tenían que enmascarar sus sentimientos. Cuando, vueltos a la razón, Tristán e Iseo preguntan al ermitaño Ogrin cómo reintroducirse en las ordenanzas sociales, éste les aconseja ante todo que se purifiquen por la contrición, el remordimiento íntimo, la resolución personal de resistir en adelante a la tentación, y luego, cuando se hallen de regreso en la corte, que disimulen, simplemente: «Para borrar el deshonor y el mal encubrir, preciso es un poco y bien mentir.» En adelante, y entre los demás, la mentira. Para aquellos que no se evadieron a las libertades del bosque, y que siguieron adelante con su juego sobre la escena ampliamente abierta que le conviene, en la promiscuidad de la alcoba y de la sala, la ley de amor consiste en callarse. Así lo prescribe en su tratado Andrés el Capellán: «Quien quiera conservar su amor por largo tiempo intacto, velará *ante todo* porque no llegue a oídos de nadie, y deberá mantenerlo oculto a los ojos de todos. Porque en cuanto lleguen algunos a conocerlo, deja inmediatamente de crecer con espontaneidad y experimenta su declinación.» Por ello «los amantes no han de dirigirse mutuamente signo alguno salvo si están seguros de hallarse al abrigo de cualquier trampa». Los juegos amorosos instituyeron en el interior de la sociedad cortés las estructuras más firmes del repliegue, al imponer a los amantes que vivieran entre ambos una soledad oculta, como si no hubiera nada entre ellos, en el seno de la comunidad doméstica, envueltos en el secreto, en una clausura que los ruines trataban constantemente de forzar. Fue así, probablemente, en los refinamientos de la relación entre lo masculino y lo femenino y a través de la prueba, difícil, de la discreción y el silencio, cómo brotó desde finales del siglo XII, en la sociedad profana, el primer botón de lo que habría de ser para nosotros la intimidad.

El cuerpo

Imagen del cuerpo

La flecha de amor penetra por los ojos hasta el corazón que viene a inflamar. El intercambio de miradas está en el origen de toda pasión y, más tarde, en uno de los grados más altos de la progresión amorosa, en la penúltima etapa, está la ostentación tal vez por la amada de su cuerpo desnudo. El cuerpo sorprendido, el cuerpo exhibido: la incierta exploración que estoy llevando a cabo de lo más íntimo en el seno del ámbito de lo privado feudal desemboca en la consideración del individuo frente a su cuerpo y al cuerpo del otro.

Para empezar, es preciso subrayar que las actitudes frente al cuerpo se hallaban gobernadas por la concepción dualista sobre la que se levantaba cualquier representación del mundo. Nadie ponía en duda que la persona estuviera formada por un cuerpo y un alma, que se hallara dividida entre la carne y el espíritu. De un lado, lo perecedero, lo corruptible, lo efímero, lo que habrá de convertirse en polvo, lo que por consiguiente está llamado a reformarse a fin de resucitar en el último día; del otro, lo inmortal. De un lado, lo que se inclina hacia lo inferior en virtud de las pesanteces y las capacidades de las sustancias carnales; del otro, lo que aspira a la perfección celeste. De tal manera que el cuerpo se considera como algo peligroso: es el lugar de las tentaciones; de él, de sus partes inferiores, surgen naturalmente las pulsiones incontrolables; en él se manifiesta lo que tiene que ver con lo malo, concretamente a causa de la corrupción, la enfermedad, las purulencias a las que ningún cuerpo puede escapar; y sobre él se aplican los castigos purificadores que expulsan el pecado, la falta. Como testigo, el cuerpo denuncia las particularidades del alma por sus rasgos espe-

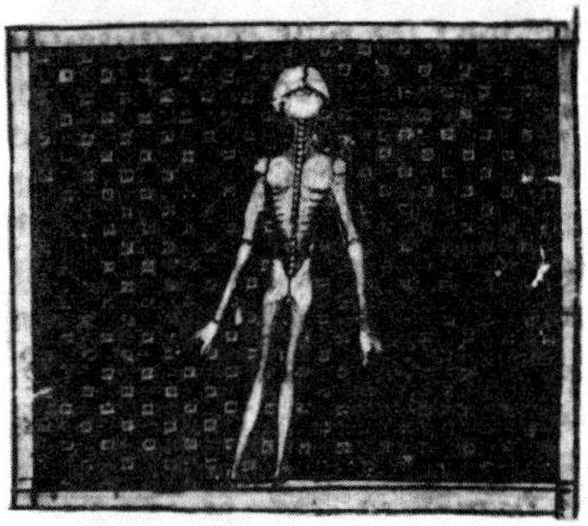

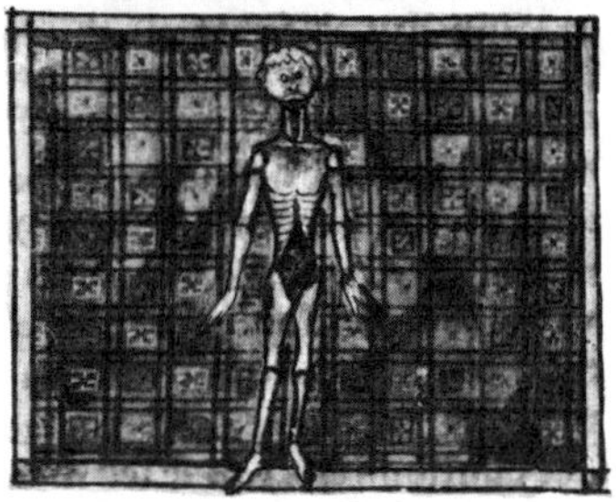

Ilustraciones del tratado de *Cirugía del maestro Henri de Mondeville*, siglo XIV. (París, Bibl. nac., ms. fr. 2030.)

cíficos, el color de los cabellos, la tez, pero también, en casos excepcionales, por la manera como soporta la ordalía, la prueba del agua o del hierro al rojo. Porque el alma se transparenta a través del cuerpo que la contiene. El cuerpo se interpreta como una envoltura, como un habitáculo. Como una casa. O mejor como un ámbito cercado. Como la corteza de un espacio protegido como lo está el espacio doméstico por el que se halla envuelto. En lo más profundo del ensamblaje de las estructuras, la pesquisa alcanza por fin la *privacy* plena.

Para reconocer la imagen que los hombres de aquella época se hacían de su cuerpo y del de los otros, voy a utilizar aquí los resultados de un importante estudio llevado a cabo por Marie-Christine Pouchelle sobre el tratado de cirugía compuesto en francés en París a comienzos del siglo XIV por Henri de Mondeville. Por las palabras y las comparaciones que emplea, este texto proporciona en efecto las claves del sistema simbólico en el que el cuerpo se hallaba entonces implicado no sólo en la mente de los sabios, sino en la opinión común, puesto que Mondeville, como hombre práctico, pretende referirse a lo que pensaba la gente y a su lenguaje. De modo palmario se advierte que el cuerpo se veía como una vivienda: a su interior se le llama «doméstico», a su exterior, «silvestre», y la oposición entre estos dos calificativos remite evidentemente a los dos polos de la intriga novelesca, la corte y el bosque.

La corte en efecto, porque esta casa es vasta, tan completa como el monasterio o el palacio, y en su interior existe toda una jerarquía de espacios: una parte noble, y una parte de servicio, separadas por un muro análogo a la barrera que en la sociedad de aquel tiempo separaba a los trabajadores de los que no lo eran. Este tabique, el diafragma, aísla una región baja. Por naturaleza, ésta debe hallarse dominada, sometida (pues es de aquí de donde surgen las rebeliones más peligrosas), pues es plebeya y ruda, lugar de las evacuaciones que vierten fuera todo lo superfluo y lo nocivo; esta dirección de arriba abajo, como en las residencias señoriales, representa una función de nutrición; proporciona alimento a los órganos establecidos en el espacio noble de encima, más delicados y que desempeñan las dos funciones mayores, fuerza y sabiduría. En cada una de estas dos partes, Mondeville reconoce un «horno», el de abajo, destinado a hacer cocerse los humores nutritivos, análogo al gran fuego de la cocina, dispuesto para las combustiones lentas, para las sopas y los alimentos campesinos; mientras que en el piso superior brilla un brasero para las iluminaciones, para la alegría, el corazón, en el que se lleva a cabo, como en la iglesia en el centro del espacio monástico, la transferencia de lo material, a lo espiritual, donde, en lo más alto, del lado del aire y del fuego, el espíritu se desprende mediante la destilación de los humores.

Esta casa se halla evidentemente dentro de un recinto, tan irrompible como el que circunda la vida privada doméstica. La envoltura corporal es por tanto, en el mundo de los hombres, la más profunda de las reclusiones, la más secreta, la más íntima, y las prohibiciones más rigurosas defienden su quebranto. Casa fuerte por tanto, fortaleza, eremitorio, pero incesantemente amenazado, asediado, ata-

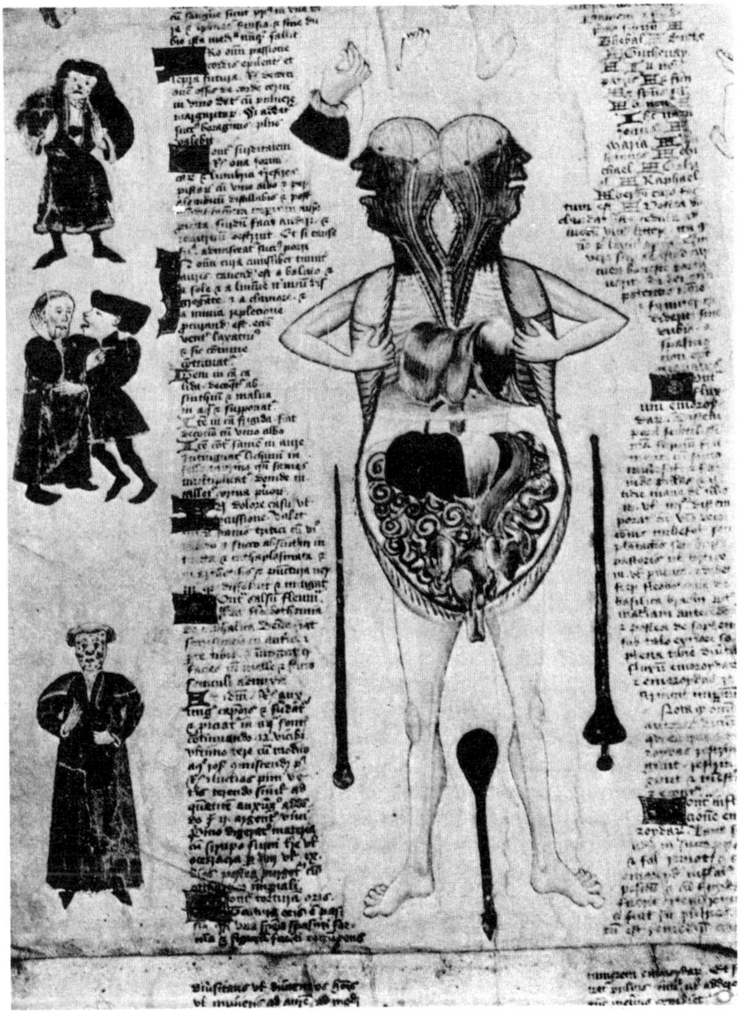

El cuerpo abierto. Ilustración de un *Arte de la medicina y de la cirugía*, 1412. (Estocolmo, Bibl. real.)

cado, como lo está por lo satánico el refugio de los Padres del desierto. Es necesario por tanto velar sobre este cuerpo, y muy especialmente sobre los huecos que horadan la muralla y por los que puede infiltrarse el Enemigo. Los moralistas incitan a montar la guardia ante esas poternas, esas ventanas que son los ojos, la boca, los oídos, la nariz, ya que es por ellos por donde penetran el gusto del mundo y el pecado, la corrupción; hay que vigilar asiduamente, como a las puertas del monasterio o del castillo.

Reflejo del de Adán, pero invertido, como en un espejo (y en particular en lo que se refiere a los órganos sexuales, que son de la misma estructura, pero vueltos, introvertidos, más secretos, o sea más privados, pero también, como todo lo que se oculta, sospechosos), el cuerpo femenino, más permeable a la corrupción por menos cerrado, requiere una vigilancia más atenta, y es al hombre a quien le corresponde ejercerla. La mujer no puede vivir sin un hombre, debe estar en poder de un hombre. Anatómicamente, está destinada a permanecer encerrada, en un recinto suplementario, a mantenerse en el seno de la casa, a no salir de ella más que escoltada, encorsetada en una envoltura vestimentaria más opaca. Hay que levantar un muro ante su cuerpo, el muro, precisamente, de la vida privada. Por naturaleza, por la naturaleza de su cuerpo, se halla sometida al pudor, al retiro; ha de guardarse a sí misma; ha de hallarse sobre todo colocada bajo el gobierno de los hombres, desde su nacimiento hasta su muerte, porque su cuerpo resulta peligroso. Se halla en peligro y es fuente de peligro: el hombre pierde por él su honor, corre el riesgo de extraviarse por su culpa, por esa trampa tanto más peligrosa cuanto más dispuesta está para seducir.

Moral del cuerpo

El cuerpo constituía entonces el objeto de una moral y de una práctica que el historiador encuentra dificultad en desvelar antes de finales del siglo XIII, porque el arte, al menos lo que queda de él, no era en aquellos tiempos decididamente realista y porque los escritores sobre este particular lo enmascaran casi todo. Había un principio, que había que respetar el propio cuerpo, porque es el templo del espíritu y habrá de resucitar, que había que cuidarlo pero con prudencia, y que era preciso quererlo como, según san Pablo, los maridos han de querer a sus mujeres: guardando las distancias, desconfiando de él, porque el cuerpo es tentador como lo es la mujer, arrastra a los demás al deseo, y lleva a desearse a sí mismo. Lo que más resalta en los textos que mejor nos informan sobre él —y son precisamente los discursos, excesivos, de los especialistas del rigor, de los portadores de la ideología eclesiástica— es una fuerte tendencia a temer al propio cuerpo, a desasirse de él, al tiempo que el ascetismo más extremoso llega a abandonarlo a la miseria.

Mujeres. La Chaise-Dieu, siglo XIV.

A pesar de todo lo cual, al menos en la clase dominante, se advierte con toda claridad el gusto por la limpieza. La importancia que les daban a los baños los palacios de la alta Edad Media sigue manteniéndose, durante los siglos XI y XII, en los monasterios cluniacenses lo mismo que en los usos de la buena sociedad laica. No se comienza un almuerzo ostentoso, el que se sirve en la sala ante una numerosa concurrencia, sin que se les presenten a los comensales los aguamaniles para las abluciones. El agua corre abundantemente, en la literatura de diversión, sobre el cuerpo del caballero andante, una y otra vez restregado, almohazado, lavoteado, por la noche, al fin de la jornada, por las muchachas de su hospedaje; sobre el cuerpo desnudo de las hadas en la fontana y en las tinas, o en el baño caliente, preludio obligado de todos los juegos amorosos que describen los *fabliaux,* porque lavar su propio cuerpo y el de los demás parece ser una función específica de las mujeres, dueñas del agua, de la doméstica y de la salvaje.

Rostro. Efigie funeraria, norte de Francia, siglo XIV.

Si bien tales cuidados, que desvelan los atractivos del cuerpo, son mirados con ojos muy suspicaces por los moralistas: el baño conduce a muchas torpezas y los pecados a los que se entregan los hombres cuando se bañan en compañía de las mujeres son cuidadosamente ponderados en el penitencial de Bourchard de Worms. Semejante desconfianza desborda ampliamente, según parece, el campo del integrismo eclesiástico. Lambert de Ardres, el historiador de los condes de Guines, al evocar a la jovencísima esposa de un antepasado de su héroe nadando bajo las miradas de la familia en el estanque al pie del castillo, se cuida muy bien de hacer notar que llevaba una camisa. Se han conservado los vestigios de la estricta reglamentación que velaba por la moralidad en los veintiséis baños públicos abiertos en París a finales del siglo XIII. Eran establecimientos tenidos por sospechosos, en este caso por ser demasiado públicos: se aconsejaba lavarse en lo más íntimo de la casa. Era preciso rodearse de precauciones aún más escrupulosas, evidentemente muy restrictivas, en el seno del ámbito privado mejor ordenado, el monástico: en Cluny, la costumbre, que prescribía a los monjes un baño completo dos veces al año, en las fiestas de la renovación, por Navidad y por Pascua, los invitaba también a no descubrir sus *pudenda*. Pudor: hay pudor por todas partes. En el lecho, según parece, no eran los monjes los únicos que nunca se desnudaban por completo. Cuando se los sorprendió dormidos en su lecho de hojarasca, Tristán e Iseo fueron disculpados, porque su vestimenta era la decente durante el sueño: ella con camisa y él con bragas. ¿Había llegado a ser corriente desnudarse para el amor? El tiempo que emplean, en los cuentos, los maridos de las Melusinas para reconocer la verdadera naturaleza de su esposa hace dudar de ello. Como la extrema reserva de que da pruebas la literatura erótica de la época. Nadie pensaba entonces en exhibir su cuerpo, salvo los maniáticos.

Pero en cambio sí que era objeto de un minucioso trabajo de embellecimiento. Lo esencial de semejante tratamiento se dirigía a subrayar la diferencia de los sexos. Se trataba en efecto de una obligación fundamental, y los moralistas la recordaban sin cesar, encaminada a distinguir los «órdenes», a respetar la separación primordial entre lo masculino y lo femenino, a no enmascarar en el propio cuerpo los rasgos específicos de lo uno y lo otro; vehemencia contra los jovencitos de vestimenta afeminada; repugnancia ante las raras mujeres que se atrevían a vestirse de hombre. Pero estaba prescrito no poner demasiado en evidencia los atributos sexuales.

Semejante preocupación por la mesura, por la discreción, se muestra nítidamente en lo referente a la cabellera. Se la tiene por imprescindible para la mujeres, como un velo natural, sino de su inferioridad nativa, de su sujeción. Se las invitaba por tanto a cuidarla, a la vez que se vitupera a los varones demasiado atentos a la suya. Pero cuando aquéllas salen de su esfera privada, cuando se dejan ver, han de guardarse de desplegar su tentadora gavilla, investida por la época de la que hablamos de un temible poder erótico. Las conveniencias les imponen tenerla ordenada, reunida en una trenza, y todas las mujeres que no eran prostitutas, que no

Resucitados. Tímpano de la catedral de Bourges, siglo XIII.

Adán. (París, museo de Cluny.)

eran ya niñas y que se arriesgaban a aparecer en público, así como todas las mujeres casadas fuera de su alcoba, tenían además que encerrar su trenza en una toca.

Sin embargo, todo nos hace pensar que no todos los hombres y mujeres renunciaban a utilizar los encantos de su propio cuerpo a fin de acrecentar su poder personal. Lo atestigua la importancia que Henri de Mondeville atribuye en su tratado a las recetas de belleza, justificadas por él con dos razones. La primera es muy práctica: el médico que conoce los artificios capaces de realzar la seducción puede ganar, nos dice, mucho dinero, porque se verá muy solicitado; el segundo argumento es muy elocuente sobre el papel que jugaba el cuerpo en las relaciones sociales: al autor le parece evidente que hay que saber usar los propios atractivos físicos a fin de salir adelante en la vida, de triunfar en la competición mundana donde se fortalece precisamente el espíritu del individualismo.

Mondeville escribía en los umbrales del siglo XIV, cuando llegaba a su término un prolongado período de continuo progreso en el curso del cual parece efectivamente que el cuerpo, en el reflujo de la ideología del desprecio por lo carnal y antes de que empezase a gravitar sobre el cristianismo occidental el peso de la culpabilidad sexual, se vio lenta e irresistiblemente rehabilitado. Advierto un testimonio de lo que vengo diciendo en la manera como se modificaron las figuraciones de la desnudez. Las únicas formas, o casi las únicas, que hemos conservado, son las del arte sagrado. Pues bien, ahora vemos a los escultores y a los pintores, que con anterioridad solían acentuar deliberadamente lo perverso, y que apenas si representaban otros cuerpos desnudos que los poseídos por el mal o que incitaban a hacerlo, mostrar éstos, después de 1230 —pienso en los Resucitados del tímpano de Bourges, en el Adán de la galería de Nôtre-Dame de París, en el Eros de Auxerre—, jóvenes, radiantes, en plenitud, por fin reconciliados. ¿Hasta dónde llegó, en esta inflexión, la intervención del humanismo, del espíritu renaciente, imitador de lo antiguo, de la corriente de naturalismo que invadía la alta cultura? ¿Y esta corriente no llevaba por sí misma a la promoción de la persona? Es indudable, en cualquier caso, que la belleza física contó cada vez más en el curso de estos siglos entre las armas de que disponía la identidad personal para afirmarse en el seno de lo colectivo.

Devoción privada

Este movimiento general impulsaba también de modo invencible a que cada uno tomara en consideración, a solas, aquello que las sucesivas envolturas concéntricas del cuerpo-fortaleza protegían más o menos bien de las agresiones de Satán, el enemigo público, aquella sustancia mal definida, el alma. Es evidente que el cuidado del alma se volvió cada vez más individual, se fue desprendiendo poco a poco de lo comunitario, al tiempo que se privatizaba progresivamente el campo de lo religioso. El terreno ofrecido al estudio es inmenso; aquí hemos de limitarnos a colocar algunos jalones.

Al comienzo de la edad feudal, el «pueblo», la comunidad de los fieles, dejaba en las manos de unos delegados la tarea de librarla del mal. Era en primer lugar la función propia del monasterio, de aquella otra comunidad, separada, de hombres más perfectos precisamente porque vivían recluidos en un ámbito privado muy cerrado. El monasterio tenía como tarea, transfiriendo, si cabe decirlo así, a la cuenta del resto de los hombres los beneficios que le valían sus penitencias purificadoras, dirigir perpetuamente al cielo, en nombre de los muertos y los vivos, la plegaria pública: el equipo monástico constituía la boca cantante y orante de todo el pueblo. Una función análogamente mediadora era desempeñada también por el príncipe. Por su propia piedad aseguraba la salvación de sus súbditos; si pecaba, éstos se veían abrumados inmediatamente por la cólera del cielo; le correspondía también, como persona pública que era, dirigir continuamente a Dios la plegaria pública. Por los años veinte del siglo XII, el conde de Flandes, Carlos el Bueno, por ejemplo, tal como nos lo describe Galbert de Brujas, se hacía transportar todas las mañanas desde su lecho a la tribuna de la iglesia de San Donaciano para, en medio de los canónigos, sus auxiliares, cantar a la vez que ellos, y leer al mismo tiempo que ellos el salterio, mientras que los pobres habituales, debidamente empadronados, acudían en fila india a recibir en su mano derecha tendida, una pequeña moneda de plata.

La mayoría de la gente se contentaba con contemplar a distancia tales espectáculos públicos, viendo a sus mandatarios cumplir los ritos de la salvación colectiva, enteramente confiada en su oficio.

Pero a pesar de todo la gente no se quedaba satisfecha con ello. En los inicios del siglo XI, hombres y mujeres a los que se persiguió como herejes, a los que se redujo porque perturbaban el orden público y sobre los que se pudo triunfar porque eran todavía muy minoritarios, afirmaban ya que ellos rechazaban la mediación de los especialistas de la oración, porque pretendían comunicarse personalmente con el Espíritu y ganar su propia salvación mediante sus obras. A comienzos del siglo XII, se les oyó decir lo mismo a sus sucesores, sólo que mucho más alto, tan alto que la Iglesia, puesta en cuestión, reaccionó ante todo poniendo a punto sus armas. Continuó remitiéndose a los príncipes, a todos aquellos pequeños príncipes que la disociación feudal de los poderes había hecho que se multiplicasen, encomendándoles que aseguraran, en el ámbito privado de su capilla doméstica, la buena marcha religiosa de toda su familia. Pero además reforzó considerablemente el papel del clero, de los ministros que no se dedicaban a cantar aparte como los monjes, sino a repartir los sacramentos y la palabra entre el pueblo. El pueblo, que seguía estando reunido, encuadrado, y de modo cada vez más estricto, en pequeños rebaños bien vigilados, en parroquias. Encuadramiento, control, «enceldamiento», como dice certeramente Robert Fossier, y que ataba cada vez más en corto a las personas. Sin embargo, la Iglesia establecida no hubiese podido vencer a la herejía de no haber respondido por otra parte a las expectativas mediante la propuesta de ejercicios religiosos más personales.

Invitó a los simples fieles a mantenerse en relación con lo sagrado en una relación análoga a aquella cuyo monopolio habían tenido en otro tiempo sus delegados en las liturgias. Los invitó a esforzarse, con plena responsabilidad individual, en el progreso gradual hacia la perfección. El camino hacia una interiorización de las prácticas cristianas fue muy lento. Empezó evidentemente a la altura de los «poderosos», entre aquellos cuyo deber de Estado estaba en dar ejemplo, y que lo daban en efecto, ya que las formas de comportamiento se propagaban con un movimiento natural desde el gran mundo hasta las capas culturales inferiores. Al mismo tiempo que en las escuelas en plena efervescencia intelectual los maestros redescubrían las vías del conocimiento de sí mismo, la alta Iglesia se dedicaba a morigerar a los príncipes ante todo, y tal vez en primer lugar a las princesas, a todas aquellas mujeres que, en

Orar con el salterio y ante las imágenes. Ilustración de las *Horas de París,* 1400-1410. (París, Bibl. nac., ms. lat. 1161.)

medio de las asperezas del matrimonio, se asían a su director espiritual. Los ricos fueron los primeros invitados a leer por sí mismos en un libro las palabras de la oración, igual que los monjes, y el uso de la lectura sagrada no dejó de difundirse durante el siglo XII, al tiempo que se pasaba de la lectura en grupo en alta voz, que acompañaba la del oficiante, a una lectura personal en voz baja, proseguida en murmullo fuera de los oficios. En las grandes mansiones aristocráticas, entre los bienes exclusivamente privados que cada uno de los dueños guardaba para sí, hizo su aparición el libro, el de la salmodia, el salterio. Hombres y mujeres aprendieron a utilizarlo ellos solos. Se convirtió en instrumento de meditación íntima, por su texto pero sobre todo por sus imágenes. Al mismo tiempo que él se difundieron en la sociedad más alta, en el curso del siglo XIII, otros objetos de piedad personalizados, que llevaban la marca de una persona, aquellos relicarios privados que parecían pequeñas capillas, algunos de los cuales se llevaban sobre uno mismo, y se instauró poco a poco un cara a cara místico, cuyo mediador fue la representación figurada sobre el objeto en cuestión de otras personas, un santo, la Virgen, Cristo, cara a cara prose-

Giotto, *San Francisco ante el Crucifijo.* (Asís, convento de San Francisco, iglesia superior.)

guido en la capilla o en la iglesia ante otras imágenes, en este caso públicas: san Francisco dialogando con el crucifijo. Se impone una investigación en profundidad, apoyada sobre datos como éstos, que habría que fechar con todo cuidado, porque atestiguan una expansión de la devoción individual que, a comienzos del siglo XIV, había ganado los estratos sociales más bajos: pensemos en lo que nos revelan los interrogatorios de la aldea perdida de Montaillou, y no sólo entre los marginados, los sospechosos de herejía, de un hábito inveterado de plegaria personal.

Semejante interiorización era el resultado de una pedagogía cuyos agentes fueron los clérigos, relevados en el siglo XIII por los Frailes mendicantes. Discursos, sermones, arengas públicas, y ante un público a veces inmenso. Se trataba del buen grano lanzado para germinar en el interior de cada alma, y de la invitación dirigida a cada uno de imitar en su ámbito privado a Cristo, a los santos, de actuar en nombre de su propia voluntad, de su corazón, desde dentro de sí, de no atenerse más a gestos, ni a fórmulas. Este tipo de exhortaciones morales tuvo éxito gracias en particular al recurso al *exemplum,* a la pequeña historia tan simple, edificante, convincente, propuesta a cada conciencia como guía. Efectivamente, una de las colecciones más abundantes de *exempla,* compuesta para uso de predicadores en el primero cuarto del siglo XIII por el cisterciense Cesareo de Heisterbach, se presenta en forma de diálogos: educación privada, a solas, el maestro y el discípulo, y de hecho, todo buen predicador era consciente de que se estaba dirigiendo confidencialmente a cada uno de sus oyentes. De ahí todas las anécdotas en las que los héroes son personas que llevan adelante su aventura individual, que afrontan solas las pruebas, que luego dialogan, de camino, pero sobre todo en la alcoba, en medio de la noche, en el silencio, en secreto, con el confidente, el amigo, o tal vez el ángel, el aparecido, la Virgen, o incluso con el demonio tentador: siempre conversaciones privadas, y opciones personales. A veces, en tales historias, en torno del héroe, los que comparten con él el espacio doméstico, los miembros de la familia circundante, aparecen como intrusos, molestos, importunos que fastidian y perturban y a los que hay que alejar.

En los años en que el movimiento del progreso general era más vivo, durante los decenios antes y después del año 1200, los comportamientos religiosos se vieron efectivamente trastocados por la nueva pastoral. Ésta enseñaba un uso diferente de los sacramentos. Por ejemplo, del sacramento de la eucaristía: se invitaba a todos los fieles a consumir el pan de vida, a aposentar en el interior de su cuerpo el cuerpo de Cristo mediante un encuentro íntimo, con todo lo que esta práctica podía suscitar de imágenes que magnificaban la persona humana, convertida en un tabernáculo, aislándose, por este solo hecho, de la promiscuidad doméstica. Más decisiva aún fue la transformación del acto penitencial, en su punto de partida excepcional y público, y que, al término de un larguísimo proceso iniciado desde la época carolingia, acabó convirtiéndose, en 1215, en virtud de una decisión del IV concilio de Letrán que apoyaba la reflexión de los canonistas sobre el pecado y la causa «íntima» de la falta, en secreto, periódico y obligatorio a la vez.

Obligar a la generalidad de los fieles a confesarse al menos una vez al año era evidentemente una medida de encuadramiento, de inquisición: se trataba de desalojar lo que se disimulaba de insubordinación, de herejía, en las conciencias, traspasando los recintos de lo privado. ¿Pero cabe imaginar revolución más radical y de efectos más profundos y prolongados sobre las actitudes mentales, que el paso de una ceremonia tan ostensible como lo había sido la penitencia pública —que sucedía al reconocimiento público de la falta, que introducía al penitente en un estado social particular abiertamente señalado por ciertas maneras de conducirse, una vestimenta, unos ademanes, en una palabra, todo un espectáculo de exclusión montado en la escena pública— a lo que era un simple diálogo, el de los *exempla,* entre el pecador y el sacerdote, es decir entre el alma y Dios, confesión auricular, de boca a oído, un secreto inviolable, puesto que la confesión sólo contaba si era el preludio de un trabajo de rectificación, de enmienda llevada a cabo por la persona en silencio o en su propio interior?

En Cluny, ciudadela del espíritu comunitario, la confesión privada había sido impuesta por los estatutos del abad Hugo II, entre 1199 y 1207, una vez por semana al menos, siendo secretas también las penitencias, que habían de ser oraciones individuales en voz baja. Y unos años más tarde, el concilio IV de Letrán extendió la obligación al conjunto de los cristianos. Con ocasión de la festividad de Pascua, y como preparación a la comunión, todos los fieles tenían que interrogarse, que examinar su conciencia, examinando su alma, procediendo a los mismos ejercicios a los que se habían obligado algunos hombres espirituales a comienzos del siglo XII a

La confesión auricular. Ilustración de un tratado devoto, siglo XIV. (Chantilly, museo Condé.)

fin de descubrir en lo más profundo de su ser las intenciones perversas y tratar de yugularlas. Me refiero a los autores de las primeras autobiografías, Abelardo o Guibert, pero también a aquellos otros, más numerosos, que intercambiaban correspondencia entre un monasterio y otro, dictando cartas que no eran íntimas, pero que al menos hacían encararse a dos personalidades inquietas. La introspección —y luego la discreción de la confesión y de las maceraciones salvadoras: la erección de un muro, y la piedad acogiéndose en adelante a este jardín cerrado. Se trató de un vuelco, lento desde luego, y progresivo. No imaginemos que el decreto de 1215 se aplicara inmediatamente en todas partes. Pero, un siglo más tarde, sus efectos, conjugándose con los de la educación mediante el sermón y la casuística amorosa, así como con los de la evolución económica que liberaba al individuo gracias a la aceleración de la circulación monetaria, habían comenzado a modificar el sentido de la palabra *privado*. En el seno de la grey familiar se desarrollaba insensiblemente una concepción nueva de la vida privada: ser uno mismo en medio de los otros, en la alcoba, asomándose a la ventana, con sus propios bienes, su bolsa, con sus propias faltas, reconocidas, perdonadas, con sus propios sueños, sus iluminaciones y su secreto.

G. D.

Aproximaciones a la intimidad, siglos XIV y XV

Una historia de los espacios privados o en trance de cerrarse como tales, una historia de las fases de retiro e intimidad en las que entre la persona y la mirada se interpone una pantalla, una historia de los sentimientos, de los pensamientos, de las imágenes mentales cultivadas en secreto, pero fijadas por la escritura privada, equivale a una serie de objetos y aproximaciones frágiles e inciertos. Seguramente, las fuentes de fines de la Edad Media en las que bebemos nos prometen una relativa abundancia en comparación con las de siglos anteriores: si se tienen en cuenta el sensible aumento de la masa documental a partir del siglo XIII, y la supervivencia de una cantidad apreciable de documentos de origen privado, no tendremos dificultad en sentirnos más seguros de poder sorprender en su vida privada a ciertos individuos cuya identidad, aspecto y voz nos han sido conservados a causa de su función personal, de su preocupación por escribir o por hacerse retratar.

Es importante sin embargo que sorteemos algunos escollos, o que señalemos con claridad los límites de una investigación que podría resultar aventurada. Lo mismo si los individuos se expresan a sí mismos que si prolongan su existencia en la ficción, la mirada que lanzan sobre lo íntimo no es más inocente que la que dirigen al mundo exterior, pero ¿con qué vara medir el testimonio individual, irreductible a cualquier generalización? ¿Qué relación habrá de mantener el historiador con lo irracional de una conducta, con la banalidad de un comportamiento, y cómo disociar la escritura singular que nos interpela de la experiencia común que la ha suscitado?

La escritura privada o sobre lo privado introduce indudablemente, cuando se multiplican los testimonios, una profunda mutación en la actitud de los individuos frente a los grupos familiares y sociales a los que pertenecen: la preocupación de transmitir, o al menos de describir, fenómenos vividos, sobre los cuales solían guardar silencio las generaciones anteriores. Guardémonos de pensar que todo cambia porque ha cambiado la naturaleza de las fuentes; lo primero que advierte el historiador es la modificación que aporta el hábito de la escritura, tal vez también la difusión del espejo.

Pero no saquemos la consecuencia de que la conciencia de sí mismo, el placer y la defensa de lo privado no existían cuando faltan las fuentes escritas que podrían atestiguárnoslo.

Es preciso por otra parte no olvidar que, si la escritura se divulgó a fines de la Edad Media, en las grandes ciudades más que en los burgos rurales, si se laicizó y privatizó, no dejó de ser el privilegio de una minoría de la población europea: la imagen que las fuentes escritas pueden ofrecer de la vida individual nos introduce en la intimidad de un limitado número de personas y no nos proporciona sobre el resto de la población otra cosa que ojeadas muy vagas; aunque es cierto que el realismo de la pintura y de la escultura así como las informaciones que la arqueología nos permite acumular sobre determinados emplazamientos corrigen y completan las imperfecciones de nuestra visión.

Nos aguarda un último escollo, y es la tentación de la modernidad, que convertiría los últimos siglos de la Edad Media en un prefacio del porvenir, por la única razón de haber sido, como los tiempos modernos, más indiscretos sobre los secretos de los seres humanos. La vida privada pertenece sin duda al campo más inseguro de la historia, aquel en el que el estudio de las estructuras económicas, sociales y culturales corre el riesgo de convertirse en un instrumento muy gravoso para la aproximación a la irreductible diversidad de los sujetos individuales; los historiadores se han formado en las ideas generales más que a la escucha de las voces del pasado. Ser sensible a la voz es lo mismo que dejarse sorprender por la libertad de una confidencia, la audacia de una expresión, la ensoñación que se desprende de un texto, o el amor que se exhala de un lamento por un hijo muerto. Todo lo que nos aproxima a la intimidad de hace unos cuantos siglos nos ofrece la tentación de abolir las distancias que nos separan irremediablemente de un mundo que hemos perdido. La trampa de la modernidad consiste en describir algo que es tan viejo como el mundo: ¿es que acaso los hombres cuando se expresan en privado no hablan el mismo lenguaje a través de los siglos?

Pienza (Toscana), palacio Piccolomini, obra de Rossellino, siglo XV.

Certaldo (Toscana), palacio Pretorio.

Orgullo público, ostentación privada. Sobre la calle se yergue la fachada con sus escudos de armas: gloria de las alianzas matrimoniales, tiempo perpetuado. Al lado el jardín: el espacio cerrado y tranquilo: modelo de arquitectura para una vida privada ejemplar.

Por todo ello, la abundancia de las fuentes de los siglos XIV y XV nos coloca en la difícil situación de evitar a la vez la ruptura con lo de acá y la similación a los Tiempos modernos. Cada documento utilizado —y los que aquí lo son proceden sobre todo de Italia y de Alemania—, cada expresión reconocida debieran verse minuciosamente sopesados en su singularidad y en relación con otros documentos contemporáneos; el placer de escuchar la voz ha de doblarse con el cuidado por identificar al que habla y situarle de nuevo en su ambiente. Por desgracia para la veracidad histórica, las confrontaciones no siempre serán posibles, y algunos textos quedarán, deslumbrantes o fúnebres, como jalones mal asegurados para una historia futura de los sentimientos y de su expresión.

La invención del sujeto

Donatello, el *Marzocco*, 1420. (Florencia, Bargello.)

Insertado en las envolturas sucesivas de un mundo cerrado, el individuo se define por contraste, o sea por ruptura con los círculos de vida social: el grupo familiar, la comunidad habitual, las estructuras profesionales o la masa sometida. La conciencia de sí mismo, nacida de una toma de distancia, puede conducir a una discusión radical del orden establecido: los que se aventuran a dejar su lugar en la sociedad, por los caminos o en los yermos, quedan al margen de la ley: los revoltosos, los ambiguos, los locos de las novelas de aventuras tan leídas a finales de la Edad Media, se cruzan en los bosques del desorden con los carboneros, personajes fronterizos, y con los ermitaños, por otra parte seres bastante alterados.

Pero la conciencia de sí mismo, la que se expresa por escrito, no siempre franquea el límite entre lo gregario y lo desorganizado; dentro del círculo de los hábitos mentales y las obligaciones sociales que lo circundan, el ciudadano sigue estando a finales de la Edad Media muy sensibilizado a la ideología del bien común, que propone la *utilitas* para todos como un progreso en relación con la *commoditas* de los particulares. ¿Hay que ver simplemente un *topos* en la oposición que establece Guicciardini entre una carrera honorífica, que no puede ser otra que la dedicada al servicio público, y la vida «ociosa, carente de dignidad y perfectamente privada»? Su contemporáneo, Willibald Pirckheimer de Nuremberg, sostiene unas posturas similares en su autobiografía, donde se nos muestra retirado durante tres años de los negocios, después de la muerte de su padre, como *privatus* y sin vivir más que para sí mismo y para sus amigos, y reemprendiendo luego la servidumbre de los asuntos públicos mientras estigmatiza, al contemplar su propia estatua, a los que prefieren sus «sentimientos privados» a la «utilidad pública». Es honroso participar como actor en la vida pública: la corriente del humanismo cívico había traspasado los Alpes, y la exaltación del individuo, de la conciencia de sí, se manifiesta de manera magnífica al servicio de la república. Con menos empaque, otros narradores de las cosas de su tiempo se han limitado a escoger en su vida personal los hechos directamente asociados a los acontecimientos de la vida oficial, como por ejemplo Velluti en Florencia; o, mientras que pregonan su intención de redactar unas Memorias, no acaban de disociar lo público y lo privado, como Hans Porner de Brunswick, que anuncia que su libro es efectivamente el suyo y no el del consejo de la ciudad, pero que no trata de hecho más que asuntos municipales, entre los que encallan las anotaciones personales. La conciencia de sí sigue siendo por tanto balbuciente o desgraciada, y se afirma las más de las veces con timidez en relación con un modelo de comportamiento que es el del buen ciudadano.

Contamos con otra referencia que colorea la expresión de la reivindicación personal, y es la referencia familiar. En la decisión de alinear sobre la calle la fachada de un palacio en la Florencia del siglo XV se ha querido ver la ruptura con la representación familiar amplia propia de la manzana, del conjunto compacto de casas pertenecientes al grupo; esta necesidad individual de subrayar

Jan Van Eyck, *Las Muy Bellas Horas de Nuestra Señora del duque de Berry (Horas de Milán).* Nacimiento de san Juan Bautista, 1415-1417. (Turín, museo cívico de Arte antiguo.)

Enfrente:
Bernhard Strigel, *Nacimiento de María.* (Berlín, Staatliche Museen Preussischer Kulturbesitz.)

Las escenas de natividad nos permiten penetrar, con el pintor, en la parte más íntima de la casa, la alcoba, donde las mujeres se afanan en torno a la recién parida.

el propio atrincheramiento respecto del resto del linaje se pone de manifiesto en la esplendidez de una inversión que consagra el éxito de una carrera, de una casa de comercio dirigida por un «hombre de empresa», y como ilustración de la *res privata.* Pero no nos equivoquemos, la reivindicación del individuo no puede contentarse con la afirmación de la familia estricta; el deseo de intimidad, de interioridad tras la fachada familiar se manifiesta por la repartición de las distintas habitaciones entre los miembros de la familia, y por tanto beneficia en primer lugar al amo de la casa, que puede retirarse a su *studiolo;* es tal vez el único sitio en que el retiro respecto de la gestión interna de la familia permite al hombre de negocios, al *pater familias,* al humanista, encontrarse cara a cara consigo mismo en su singularidad.

De este modo, trabajar para el bienestar de la colectividad, por el bienestar de la «casa», son tareas que el honor asigna al individuo consciente de su responsabilidad: actividad, reflexión productiva en interés del grupo, con conocimiento del entorno, dejan poco espacio a la vida privada en la representación que los hombres de primer plano han ofrecido de su existencia; y si sentían la tentación de concederle tiempo y valor, se contenían frente a la opinión por el temor a parecer egoístas o fútiles: lo privado es lo «abyecto»; no hay posibilidad de ganar ninguna suerte de reputación fuera de lo público: *Fama non est nisi publica.*

En este estrecho marco, que la escritura, reflejo de una construcción teórica, asigna a lo privado, es evidente que la necesaria sociabilidad no le deja mucho margen a la expansión natural del yo: con lo que nos encontramos es con numerosos autores que se adelantan hacia nosotros armados de los pies a la cabeza, ya que la lectura de Cicerón y de Tito Livio los había vuelto más exigentes. Hubiésemos preferido expresiones menos elaboradas, actitudes menos tirantes, siluetas menos satisfechas de sus preferencias; pero se puede estar seguro, por una parte, de que el prurito de esculpir la propia imagen para la posteridad corresponde efectivamente a conductas activas y públicas, y, por otra, que el modelo propuesto por ciertos portavoces responde, en toda la Europa urbana del final de la Edad Media, a un ideal de vida.

¿Dónde podremos encontrar entonces las formas más íntimas de la conciencia de sí? ¿No tiene acaso la coraza virtuosa la función de detener la expansión de los sentimientos, las confidencias, las confesiones? ¿Hay que abandonar el mundo de las ciudades para volver a encontrar, con la soledad, la ausencia de afectación, la simplicidad de las impresiones a través de las cuales se expresa efectivamente el individuo en su dimensión privada?

En un bello texto, del que no está excluida la retórica, muestra Ulrich von Hutten hasta qué punto la oposición entre la ciudad y el campo resultaría una pista falsa al tratarse de descubrir al hombre en su secreto: el humanista consciente de su papel en la sociedad aristocrática y burguesa ha de guardarse de ir a buscar al campo los estímulos para la realización de sí mismo: la soledad empobrece, el retiro en un «desierto», así fuese el de un castillo familiar, entraña la inquietud; no, donde el espíritu se nutre, es en medio de la muchedumbre, en el movimiento.

«El campo equivale a agitación y ruido.

»Tú hablas de los encantos del campo, hablas de reposo y de paz... Lo mismo si el castillo se construyó sobre un cabezo o en la llanura, no lo fue para el placer sino para la defensa, rodeado de fosos y de trincheras, estrecho en su interior, atestado por los establos de ganado mayor y menor, los oscuros alojamientos para las bombardas y las reservas de pez y de azufre, llenos de "stocks" de armamento y de máquinas de guerra. Sobre todo ello reina el desagradable olor de la pólvora; y luego están los perros y las inmundicias de los perros, agradables olores, ¿a que sí? Y el ir y venir de los caballeros, entre los que hay auténticos bandoleros, facinerosos y ladrones; porque las más de las veces la casa es grande

Ambrogio Lorenzetti, *Los Efectos del buen Gobierno.* «Partida de la caza con halcón» (detalle), 1338-1341. La vida noble encuentra en su camino y atraviesa las actividades de los campesinos. (Siena, Palazzo pubblico.)

y está abierta, y no sabemos quién es quién, ni nos molestamos demasiado por averiguarlo. Se escucha el balido de los corderos, el mugido de los bueyes, los ladridos de los perros, los gritos de los humanos que trabajan en los campos, el rechinar y el estrépito de carretas y vehículos de todo tipo; y muy cerca de la casa, que está cerca de los bosques, se escucha incluso el aullido de los lobos.

»Cada día, hay que pensar en el siguiente, inquietud, movimientos continuos, y el calendario de las estaciones: hay que labrar, y que darle un segundo repaso a la tierra, trabajar en las viñas, plantar los árboles, regar los prados, rastrillar, sembrar, estercolar, recoger la cosecha, trillar; es el tiempo de la cosecha o el de la vendimia; y si un año es mala aquélla, qué tremenda pobreza, qué pasmosa miseria, de suerte que no faltan nunca ocasiones de conmoción, de inquietud, de angustia, de hastío, de sentirse con el agua al cuello, o fuera de sí, así como ganas de largarse y abandonarlo todo» (Ulrich von Hutten a Willibard Pirckheimer, *Vitae suae rationem exponens,* 1518).

Sin otra ambición política que la de incitar a los poderosos a favorecer el conocimiento y el estudio, Ulrich von Hutten se describe a sí mismo en la corte del arzobispo de Maguncia ejercitándose en la soledad en medio del ruido: *«Saepe in turba solus sum.»* La verdadera libertad, la afirmación de la propia identidad es el fruto de un ejercicio privado: la lectura, la escritura permiten ir al encuentro de uno mismo, liberado de toda obligación con respecto al poder público, o a las pesadumbres familiares, en medio del ligero alborozo de un contraste entre lo íntimo y el mundo. Un encuentro así es un privilegio, al que por otras vías acceden también los místicos: «Lo mismo si velas que si duermes, estás solo en medio de los demás», escribe J. Mombaer, un hermano de la Vida común. Privilegio que Ulrich von Hutten opone al penoso cuadro de la vida de los campesinos, que no tienen ni los medios ni el tiempo de acceder a la vigorosa felicidad del cuerpo a cuerpo con su propia alma.

La primera persona del singular

No se habla de sí mismo sin justificación; los Proverbios, Aristóteles y santo Tomás son autoridades suficientes para limitar las ocasiones de iniciar un relato en primera persona. Para no pocos autores, la autobiografía liberada de toda constricción nace con los Tiempos modernos, que inventan un registro del relato de sí mismo independiente de la historia y de la apologética. Está bien claro que, al descubrirse en el centro del universo entre los dos infinitos, el hombre exulta por haber recibido de Dios la facultad de realizarse en sus virtualidades y propensiones: la autobiografía proclama la dignidad de los destinos singulares.

Pero el relato autobiográfico no salió armado del todo de la cabeza de unos héroes legitimados; sino que se desprendió progresivamente de formas narrativas que ponían en escena al individuo socializado, ya que eran los placeres y los dolores de la existencia los que inspiraban al autor el irresistible deseo de hacer oír su voz, bien para subrayar que se hallaba al borde la ruta por donde pasaba la historia, bien para incorporar a la rapsodia algunas anotaciones privadas, bien para situar bajo la mirada de Dios una aventura ejemplar que escenificaba sus propias tribulaciones. En suma, el juego del «yo» *(«je»)* con el «yo» explícito *(«moi»)* surgió, o del modelo agustiniano de la confesión, o de la preocupación de anotar día a día lo que un buen administrador ha de conservar en su buen juicio para sí mismo y para los suyos, o del registro de los hechos memorables en el mundo y en torno suyo.

La confesión, el diario o la crónica son, a finales de la Edad Media, fuentes de información en las que el individuo ofrece a veces sobre su vida privada, es decir su cuerpo, sus percepciones, sus sentimientos y su concepción de las cosas, apreciaciones sinceras, tanto como pueda serlo una memoria recuperada que pretende «pintar el ser de frente y no de perfil».

En otro registro, antes incluso de que el desvanecimiento de cualquier escenificación haga surgir el semblante pintado sobre un fondo neutro y perennice unos rasgos singulares sin otra justificación que la de sustraerlos a la descomposición, ¿cuántos retablos y frescos no les proporcionan una presencia esquiva o conmovedora a ciertos comparsas más verdaderos que los santos o los Reyes Magos, entre los que aparece el pintor con cara de haber estado allí? Lo que está en juego es toda la densidad del «yo», intimidado

Paollo Uccello, *Monumento ecuestre de John Hawkwood*, h. 1436. Grandeza y geometría: el condottiero. (Florencia, Santa María del Fiore.)

por la resonancia de su nombre bajo las bóvedas de la historia universal, a punto de desvanecerse desde el momento en que la tentación de decir más sobre él tropieza con la majestad divina, y que intenta disimularse para hablar más alto en tercera persona o mediante el discurso metafórico. De este modo, la expresión de lo privado podría hallarse cercada bajo los disfraces del lenguaje a fin de añadir al botín de las afirmaciones de sí el vasto dominio de las reticencias; nos encontraríamos en el umbral de algunos atolladeros, y para no caer en los lugares comunes propios de cualquier literatura de la intimidad, habría que tener muy en cuenta su contexto y su frecuencia. En una obra que se halla en la encrucijada entre la autobiografía y la ficción, evoca el emperador Maximiliano su dolor por la muerte de su joven esposa, «porque se habían querido mucho, y habría mucho que escribir sobre el particular», cosa que no hizo.

El lenguaje de la confesión

Más que cualquier otra forma narrativa, la confesión incita a la escenificación del individuo como protagonista de una aventura espiritual. Por encima del modelo biográfico franciscano, la referencia nos lleva, a algunos siglos de distancia entre sí, al relato justificativo de Abelardo, contemplación literaria de un desastre, y sobre todo al modelo agustiniano. Mientras que la dramática confesión de Abelardo se componía de una sucesión de acontecimientos percibidos en su discontinuidad, y que la confesión serena de Adamo di Salimbene trataba en todo momento de inscribir la silueta del pecador dentro de la aureola de san Francisco, las *Confesiones* de san Agustín inspiraron a numerosos escritores italianos de primera línea el modelo de una cristalización de los sentimientos que iluminaba de un golpe toda la vida anterior: estamos ante el tiempo percibido y abolido en el encuentro entre memoria y escritura, en que se expresa la veracidad del sujeto. En el punto de

Taddeo di Bartolo, *El Escriba del camarlengo* (detalle). (Siena, Archivos del Estado.)

Vittore Carpaccio, *Leyenda de santa Úrsula*, «Despedida de los embajadores» (detalle), 1490-1496. (Venecia, Academia.)

Marinus Van Reymerswaele (h. 1493-apr. 1567), *Banqueros.* (Londres, National Gallery.)

Dictámenes, contabilidades, informes: la sociedad del final de la Edad Media adquirió el hábito de registrar y cifrar sus actos y sus proyectos.

partida de las páginas más sensibles de Dante, de Petrarca y de Boccaccio se encuentran las profundas observaciones de san Agustín: «La memoria hace emerger no la realidad misma, que pasó definitivamente, sino las palabras suscitadas por la representación de la realidad, que, al abolirse, ha impreso en el espíritu determinados rasgos por mediación de los sentidos.» Bajo la mirada de Dios, el tiempo interior es la resurrección de los instantes pasados reanimados por el presente; el hombre nuevo gracias a sus pensamientos y a la escritura da forma y sentido al itinerario vacilante del pecador; en el origen del relato está la conversión, como en el origen del mundo creado está la salvación de la humanidad.

La fuerza organizadora de la visión agustiniana inspiró, en diversas situaciones personales, una auténtica fascinación de método así como el sentimiento de una fraternidad espiritual. La fraternidad tocó el corazón de Petrarca, cuyas lágrimas corrían mientras leía las *Confesiones* («*inter legendum fluunt lacrimae*») y que, en virtud de un mimetismo de la conversión, se identificó con Agustín en medio del dolor («*transformatus sum in alterum Augustinum*»); es bien sabido de qué forma el diálogo con su alma, de acuerdo con un esquema inspirado por los manuales de confesores, le condujo por los caminos del monte Ventoso y le sugirió la imagen de la ciudadela donde se encerraba con el libro de su maestro.

Dante abre la autobiografía poética que es la *Vita nuova* con un preámbulo metodológico que se lo debe todo a la atmósfera intelectual de la lectura privada: «Hay una parte del libro de mi memoria donde se encuentra una rúbrica, donde hallo las palabras que tengo intención de utilizar en la presente obra; y, a falta de utilizarlas todas, al menos un resumen significativo.» La sequedad reductora del análisis le sustrae a lo vivido memorizado toda libertad, pero a través del prisma ordenador surge súbitamente, gloriosa criatura del espíritu, transfigurada, Beatriz («*la gloriosa donna della mia mente*»); y Dante no vacila en representarse a sí mismo en la celda donde se ha refugiado para poder lamentarse sin ser escuchado («*nella mia camera, la ov'io potea lamentarmi senza essere udito*»). La intensidad del sentimiento es aquí función de una alquimia que se lo debe todo a la escritura; es el trabajo organizador del pasado personal el que garantiza la perennidad de las fuentes vivas, es la liturgia la que mantiene el amor, es el culto del recuerdo el que constituye y renueva la conciencia dolorosa del sujeto.

En la obra de Petrarca, la autobiografía se dispersa en destellos, los «fragmentos dispersos de su alma», y la literatura le permite al poeta recomponer su yo confuso, hecho de vivencias instantáneas. Así es cómo se explica la asidua práctica de las notas marginales, de las apostillas del *Canzoniere*, de las menciones escritas en los manuscritos que Petrarca poseía. En los márgenes de la *Eneida*, adornada con miniaturas de Simone Martini, en una especie de correspondencia secreta con los jóvenes héroes virgilianos segados por la muerte, Petrarca escribió entre 1348 y 1372 los nombres de personas queridas sustraídas a su afecto. En el reverso de la página de guarda, la primera que aparece es Laura, «en este lugar que tantas veces cae bajo mi vista»; Petrarca le dedica a su hermosa inmortal este epígrafe tierno y solemne, en que se conjugan todos los fragmentos de un discurso amoroso: «Laura, célebre por sus propias virtudes y por mis poemas que tanto se complacieron en cantarla, surgida por primera vez ante mis ojos en el tiempo de mi primera adolescencia el año del Señor de 1328, el 6 de abril por la mañana, en la iglesia de Santa Clara de Avignon; y en esta misma ciudad, en el mismo mes de abril, el 6.º día del mes, a la misma hora matinal, año de 1348, sustraída a la luz, mientras yo estaba en Verona, ignorante, Ay, de la suerte que se cumplía. La funesta nueva me alcanzó en Parma mediante una carta de mi querido Luis, el 19 de mayo de 1348 por la mañana. Su cuerpo tan puro y tan hermoso fue inhumado en el templo de los Frailes menores, el día mismo de su muerte, al atardecer. En cuanto a su alma, como la del Africano según Séneca, retornó al cielo de donde había venido; ésa es mi profunda convicción.»

Escuela de Antonio Pollaiolo, frecuentación del libro: trabajo o placer. (París, Bibl. nac.)

Giovanni di Paolo, *San Jerónimo se le aparece a san Agustín,* 1465. Las palabras provocan los pensamientos y suscitan las imágenes. Son las aventuras de los intelectuales del siglo XV, y de todos los tiempos. (Berlín, Staatliche Museen Preussischer Kulturbesitz.)

La asidua frecuentación de Virgilio despierta bajo las palabras el sentimiento repetido de haberlo perdido todo; «vuelvo a morir cada día» *(quotidie morior),* le escribe Petrarca a Philippe de Cabassoles; no se dejan atrás sino huellas. Petrarca inscribió también en los márgenes en blanco del *Canzoniere,* el único espacio continuo en que su conciencia se expresa día tras día, algunas notas de su propio trabajo: tal recuerdo muy antiguo, surgido en una noche de insomnio, tras veinticinco años de olvido; tal instante propicio a la creación, que retrasa la invitación a pasar a la mesa. Notas e instantes con los que sólo Dios podría rehacer el tejido continuo de una vida; pero ahí está la obra, con sus gritos y sus murmullos; mezcla indisolublemente el recuerdo y su orquestación, la literatura y las cosas de la vida. Petrarca no dejó sobre sí mismo más que un

Dante, *La Divina Comedia,* grabado en cobre atribuido a Baccio Baldini, según Sandro Botticelli, 1481. (París, Bibl. nac.)

testimonio compuesto en forma de post-scriptum, una *Epístola a la posteridad:* su voz, transportada por el tiempo, procura contener con todo cuidado su emoción; a pesar de la distancia que se complace en ahondar entre el hombre que fue y el escritor que pervivirá, no puede resistir la tentación de describirse: «Es posible que alguno de vosotros haya tenido ocasión de oír algo sobre mí (...) yo he sido uno de los vuestros, un hombre modesto entre los mortales (...). Sin vanagloriarme precisamente de una apariencia física de primer orden, poseía las ventajas que corresponden a los verdes años: la tez encendida, ni demasiado resplandeciente ni demasiado pálida, los ojos brillantes y la vista muy penetrante, hasta más allá de los sesenta, más tarde debilitada hasta el punto de obligarme, a pesar de mi repugnancia, a tener que valerme de anteojos (...).»

El autorretrato nos lleva súbitamente, en un soplo, a las miserias de la vida privada, que Boccaccio, en su semblanza literaria del gran hombre, se apresuró a hacer desaparecer, del mismo modo que tendió sobre sus propios recuerdos el velo de los antiguos lugares comunes.

Después de Petrarca, el humanismo multiplica las referencias y los pastiches de la literatura romana; el sesgo netamente más sereno que adopta en el siglo XV el análisis de los sentimientos propende al conformismo de la expresión y a las lecciones de moral tomadas de los buenos autores. Aun cuando la preocupación cristiana por el balance espiritual continúa inspirando el relato en primera persona, la evasión filológica, los paisajes convencionales, el gusto por la mesura y la preocupación por la gloria reducen al extremo los espacios de la introspección.

Giovanni Conversini de Ravena, canciller de Francesco de Carrara, debe a la tradición agustiniana revivificada el título de su examen de conciencia, *Rationarium vitae,* pero su discurso no tiene los acentos angustiados del diálogo con el alma; el Poggio, en su frecuentación de los autores del pasado («todos los días hablo con los muertos»), busca actitudes virtuosas, pero no dice ni una palabra sobre su propia conciencia; Pier Paolo Vergerio, al describir su estancia en el campo, se instala deliberadamente bajo la misma sombrilla que Plinio el Joven. Y el propio Enea Silvio Piccolomini, el futuro Pío II, cuya agudeza de espíritu se pone de manifiesto en tantas páginas, esboza en sus *Comentarios* una autobiografía insípida y fugitiva hasta el instante en que su vida privada ha recibido la consagración de la tiara; pero a partir de entonces, que escribe como César, su maestro literario, en tercera persona, Enea Silvio cubre su vida con el manto de su pontificado. Bajo el estilo de la narración objetiva, no faltan algunas inflexiones que permitan escuchar su voz. Su sarcasmo, por ejemplo, cuando describe las maniobras del cónclave en que fue elegido: «La mayor parte de los cardenales se reunieron cerca de las letrinas, y fue en aquellos lugares propios para la discreción y el secreto donde se pusieron de acuerdo sobre los medios de elegir al papa Guillermo»; o su melancolía, cuando recorre el país de su infancia: «El papa encontraba por todas partes huellas evidentes de su vejez»; o su resignación, cuando prepara ante Ancona, con aquella cruzada imposible, el último acto de su vida: «Si esta ruta no empuja a los cristianos a entrar en guerra, nos no conocemos otra (...). En cuanto a nos, sabemos que la muerte está cerca, y no la rehuimos.» Si queda aún conformismo, se trata de algo vivido y se llama imitación de los santos y los mártires.

Comentarios sobre la acción

Con los *Comentarios,* hemos pasado insensiblemente a otra vertiente de la escritura, en la que el sujeto mantiene él sólo una vinculación con lo privado: ya no se trata de los instantes privilegiados en que ha quedado abolido el tiempo pasado, ni de las exigencias íntimas de poner en claro los movimientos de la conciencia. Ahora nos hallamos ante la restitución, en el orden del tiempo vivido, de los acontecimientos que merecen verse salvados del olvido, donde los impulsos personales y las decisiones se camuflan gracias a la aparente objetividad del relato.

En relación con los propósitos que continúan fijándose a finales de la Edad Media historiadores como Froissart o Villani, comentarios y Memorias se proponen abiertamente coger de nuevo el hilo de los días pasados a la luz de la experiencia: insistencias y lagunas, enumeraciones y digresiones, superficialidad y minucia en la presentación de los hechos esculpen en hueco el retrato del narrador, sobre todo cuando se halla animado de un prurito apologético.

El Burgués de París, que lleva el diario de los tiempos difíciles, es un testigo impotente y rencoroso de los sucesos que le sobrepasan; Philippe de Commynes en cambio estuvo a la vez mezclado con la intimidad de los protagonistas, el duque Carlos y el rey Luis, y encargado de misiones públicas y secretas; el relato que escribe,

Piero della Francesca, *Retrato de Sigismondo Malatesta,* 1451. Rigor de la composición, que eleva el retrato de un poderoso señor a la categoría de un arquetipo. (París, Louvre.)

los juicios que hace, las descripciones de lugares y los retratos que traza se hallan coloreados por sus propios sentimientos, y velados, en el crepúsculo de su existencia, por la distancia que separa la acción política del retiro forzoso. Pero el autor sólo se muestra fugitivamente en su esfera privada si se solicita su discurso y se hace salir a la luz sus intenciones; por lo que toca a los personajes que introduce en escena, sólo nos los hace ver en su alcoba en algunas ocasiones que justifican su propósito literario; por ejemplo, al duque de Borgoña enfurecido por haber sido engañado, o en su esquiva melancolía; al rey de Francia en su mansión y ante las ansias de la muerte, a las que Commynes simula haber asistido hasta su término.

Algunos autores deseosos de inscribir sus experiencias personales en una perspectiva histórica digna de los modelos antiguos no han podido mantener la divisoria entre lo privado y lo público. Guicciardini redactó por separado tres libros, distinguiendo por su materia los conocimientos sobre la vida pública, la historia familiar y su propia vida; tales son las *Historias florentinas,* las *Memorias familiares* y los *Recuerdos (Ricordanze):* pero, en su papel de historiógrafo, traza el retrato de su padre sin mencionar su parentesco con él, y, cuando se propone «conservar el recuerdo de ciertas cosas que le tocan muy de cerca», se limita a rememorar las etapas de su *cursus honorum* y se discierne el *satisfecit* de un buenhijo y de un buen esposo: una medalla de honorabilidad que reduce la vida privada a la reputación de un buen actor sobre la escena pública.

A la inversa, es el deseo de justificar una acción pública lo que conduce a los más diversos personajes a escribir una defensa e ilustración de su conducta: Jörg Kazmeier, alcalde de Munich durante las alteraciones de las postrimerías del siglo XIV, sólo relata los acontecimientos de que fue teatro su ciudad a fin de explicar su huida; Arnecke, alcalde de Hildesheim a mediados del siglo XV, asegura su defensa contra las acusaciones de impericia y de prevaricación; y Götz von Berlichingen, al describir, ya octogenario, sus tribulaciones de soldado durante un cuarto de siglo entre Suiza y Hesse, pretende, al precio de algunas distorsiones a la verdad sobre su papel durante la guerra de los Campesinos, hacer callar a obstinados calumniadores; el relato parte de la infancia, cuando ya se estaba afirmando su temperamento de jefe: «Les oí decir con frecuencia a mi padre, a mi madre, a mis hermanos y hermanas y a los criados que les servían que yo era un muchacho extraordinario *(wunderbarlich)* (...).» Como ya no tenía nada que perder, el acusado contraataca.

Del mismo modo, Benvenuto Cellini, cuya gloria y cuya desgracia corrieron parejas, se enfrenta con la conjura de sus detractores insistiendo sobre los prodigios que habían acompañado los singulares episodios de su vida privada y pública; referencias heroicas o maléficas le dan a la narración su ritmo y su color, desde el servicio de Clemente VII hasta el calabozo donde el artista fue arrojado en 1556. Para semejante destino, no habían faltado los signos anunciadores, ni el antepasado fundador de Florencia, ni los abuelos bíblicos, ni la salamandra cerca del recién nacido. Una prehistoria mitológica hace escapar al individuo de los estrechos marcos de su tiempo; la autobiografía de la desmesura se sale fuera del dominio público al tiempo que juega con la reputación establecida del autor; mezclando hábilmente relatos y símbolos, deforma o disimula la realidad de la vida privada.

En compañía de Benvenuto Cellini nos hallamos a mediados del siglo XVI, al término de una evolución de la conciencia de sí contada a los demás. La ficción, labor de bordado sobre hechos verídicos e inverificables, es el resultado de varios componentes: la introspección espiritual, el retorno sobre los acontecimientos vividos, y una tercera corriente, que conviene examinar ahora, la historia familiar.

La memoria familiar

La atención a los hechos que, de cerca o de lejos, constituyen la trama de una memoria familiar había supuesto, en los ambientes laicos acostumbrados a la escritura, la conservación de papeles y registros privados. Notarios y memorialistas al servicio de los asuntos públicos, comerciantes de todos los niveles, desde el comercio al pormenor hasta las grandes empresas internacionales, y hasta algunos artesanos, forman un grupo que se amplía, entre los siglos XIII y XVI, al conjunto de los notables en todas las ciudades de Europa. Y no quedan excluidos los nobles, ni las mujeres, que toman a veces la pluma caída de las manos de su padre o su esposo. El gusto de escribir se asocia al deseo de una buena administración del patrimonio y de una transmisión a sus herederos de un capital de inmuebles, de bienes inmobiliarios, de obligaciones espirituales y de Memorias.

El capital de unas Memorias sólo se administra y se lega si está ordenado y es efectivamente a partir de 1350 cuando se advierte en la tienda, en la oficina, o en el *studiolo* del palacio, la progresiva organización de un material familiar compuesto por documentos contractuales y contables, listas de nacimientos y muertes, recetas médicas y propiciatorias, legajos de correspondencias y reconstrucciones genealógicas. El núcleo original en torno al cual se organizaron y diversificaron los expedientes del jefe de familia fueron, a lo que parece, las más de las veces, el conjunto de fichas sueltas (estos recordatorios pueden verse colgados de un clavo detrás de los retratos de comerciantes y artesanos), y más tarde de cuadernos y registros, que conservan el recuerdo de obligaciones y vencimientos, y que se transforman muy pronto en un diario de empresa en el que la distinción entre lo comercial y lo doméstico, entre lo doméstico y lo memorial, tardará aún en establecerse.

Las ciudades del Centro y del Norte de Italia, y luego las de la alta Alemania a partir del siglo XIV en su declinación, fueron los lugares donde se elaboró y difundió la organización escrituraria más avanzada de la empresa comercial y bancaria; esta organización contable, al multiplicar las llamadas de un libro especializado a otro, expulsó del registro todas las informaciones que no correspondían al balance comercial. Nacieron así los «libros secretos», los «diarios de asuntos propios», los «memoriales», los «dietarios», los cuadernos con todo tipo de anotaciones que, con uno u otro

Urs Graf el Viejo, *Portaestandarte*, 1514. El artista suizo aporta un testimonio, entusiasta o sarcástico, sobre los héroes de la violencia y de la gloria que se había encontrado al azar de las guerras de su tiempo. (Museo de Basilea.)

Marinus Van Reymerswaele (h. 1493-aprox. 1567). *Agentes de impuestos.* (Munich, Pinacoteca.)

Marinus Van Reymerswaele, *Retrato de un desconocido* (detalle). (París, col. Porgès.)

Papeles públicos, papeles privados: el realismo, llevado hasta el exceso, hace entrar los papelotes profesionales en la pintura de género a partir del siglo XV.

título, conservan celosamente para su transmisión informaciones de naturaleza privada. Hasta mediados del siglo XVI y aún más acá, subsiste en ellos, de acuerdo con los niveles de organización intelectual, una extremada variedad de contenido; son escrituras familiares que conservan de la lenta constitución del memorial a partir de notas tomadas día tras día la práctica caprichosa de la inserción mnemotécnica: desorden orgánico cuando, por ejemplo, las cláusulas de contratos de matrimonio vienen después de listas de nombres de hijos o cuando la transmisión de una receta para curar a los caballos sigue a la mención de una venta efectuada en una feria.

La práctica comercial se advierte con toda claridad en el lugar que ocupan los balances resumidos, sacados de otros libros, o en la importancia de los inventarios, lo mismo si se trata de ropas y alhajas ofrecidas a su mujer por Lucas Rem de Augsburg que de reliquias coleccionadas por Nicolás Muffel de Nuremberg, así como de la costumbre de borrar de la lista de los hijos a los jóvenes muertos, como si se tratara de créditos irrecuperables o de partidas de cuentas saldadas. Si los comerciantes más atrasados continúan, en pleno siglo XV, intercalando en su diario de cuentas informaciones erráticas, en cambio los hombres de negocios avisados, como Giovanni Barbarigo en Venecia, o Anton Tucher en Nuremberg, distinguen con toda claridad entre libros de negocios y libros privados, aunque sigan insertando en el libro doméstico cuentas del hogar, algunas rentas patrimoniales y ciertas anotaciones más personales y anecdóticas. El *libro segreto* de Goro Dati de Florencia no tiene nada en común, a pesar de su título, con los libros de cuentas de la firma Alberti y no va más allá, a pesar de un preámbulo melancólico sobre el paso del tiempo, de unas notas patrimoniales, personales y familiares. Bajo el título de *Zibaldone,* «ensalada mixta», el manuscrito veneciano da Canal inscribe indicaciones estrictamente limitadas a los usos comerciales en el Mediterráneo como los que poseían todas las oficinas de compañías, mientras que en cambio Giovanni Rucellai de Florencia pretende reunir bajo este mismo título toda una suma de su experiencia de los negocios y la política, y añade encima consideraciones sobre la economía doméstica y la transcripción de las cuentas de los gastos suntuarios emprendidos en la fachada de Santa María Novella y en la capilla Brancacci del Carmine. Lucas Rem de Augsburg, en el primer cuarto del siglo XVI, se esfuerza por ordenar en secciones la materia de que trata (carrera personal, gastos suntuarios, hijos), pero mantiene el título engañoso de *Tagebuch,* «diario».

Como se ve, la variedad de los datos inscritos al margen de una actividad profesional y de una vida activa multiplica las perspectivas sobre las preocupaciones personales y los elementos del patrimonio que convenía disimular cuidadosamente ante el público: el libro de los Valori de Florencia ostenta en su cubierta: «Este libro no debe mostrarse a nadie» *(Questo libro non si mostri a nessuno).*

A lo largo de los cambios inevitables llevados a cabo en cada generación, hubo dos criterios que guiaron esencialmente a los comerciantes memorialistas, cuando se proponían transmitir una experiencia y un saber de los que se consideraban responsables: la utilidad y la dignidad. Sentados en su *camera privata,* frente a sus contemporáneos, a sus descendientes y a la posteridad, insistieron siempre en lo inalienable y lo ejemplar: por una parte, en las decisiones y las opciones que, según su manera de ver, habían reforzado o debilitado la sociedad o el patrimonio —y la insistencia sobre el ejemplo podía derivar hacia la exaltación de un antepasado o la confesión de sus propios errores; y, por otra, en el conjunto de los saberes necesarios para la vida del grupo familiar, lo mismo si se trataba de vaciar el pozo negro de la casa que de conservar de una generación a otra la red de parentescos y amistades de negocios.

Tal es el propósito del dietario de Étienne Benoist de Limoges, quien, en la primera mitad del siglo XV, durante veinte años, fue elaborando la «memoria familiar» (J. Tricart) que consideraba saludable transmitir a sus hijos: repertorio de nacimientos, matrimonios y fallecimientos, registro de contratos que ocupan más de la cuarta parte del libro, y legados espirituales, si es que cabe situar bajo esta rúbrica tutelar plegarias y citas de textos sagrados —una selección familiar— y el «testamento político» sin fecha de un homónimo del autor, código de conducta heredado de un antepasado y ya copiado a su vez durante la generación precedente. La materia es esencialmente privada, y los acontecimientos políticos lemosines sólo se evocan en razón de su incidencia sobre la vida familiar, ya que la finalidad del libro se limita a la utilidad para el futuro de los Benoist.

En la masa de las crónicas familiares europeas, publicadas o inéditas, las fuentes florentinas parecen ser las más numerosas y las

Pieter Brueghel el Viejo, *El pago del diezmo.* (París, museo de las Artes decorativas.)

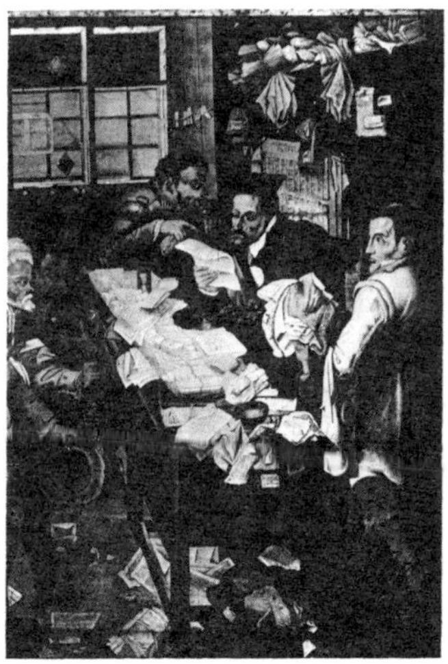

Domenico Ghirlandaio, *El sacrificio del patriarca Zacarías* (detalle), 1486-1490. (Florencia, iglesia de Santa María Novella, capilla Tornabuoni.)

más ricas: el gusto por lo antiguo durante la época del «humanismo cívico», las rivalidades sangrientas entre los grupos familiares que jalonan la historia política, la raigambre de unos notables raramente tentados por la aventura marítima, que altera las carreras e interrumpe los relatos, tal vez sean éstas algunas de las razones que expliquen semejante densidad de historias de vidas. En este laboratorio en que se afirma la conciencia de sí de un grupo urbano, dos textos entre los más conocidos vienen a ilustrar las dos vertientes de la escritura familiar, una dirigida hacia la experiencia personal, y la otra hacia la memoria de largo alcance.

Giovanni Morelli tiene el sentido de la antigüedad de su familia y el gusto por la reconstrucción genealógica; pero sus *Ricordi* proponen sobre todo un modelo educativo (*«ammaestrare i nostri figluogli»*).

Se presenta a sí mismo en tercera persona como el representante de la mesura y el conformismo político; ofrece de sí la imagen de un comerciante ejemplar, cuyo saber ha determinado su éxito: «De talla y robustez medianas (...) no se complacía en lo malo, en particular en nada de lo que pudiera perjudicar a la Comuna (...). Se esforzó siempre por vivir sin molestias, sin oponerse nunca en palabras ni en actos a los gobernantes.» Moral del justo medio, de la abstención, incluso del fraude fiscal, que le quita al relato de la vida privada todo su sabor: queda la muerte del hijo, auténtico drama para el padre, y para el linaje, con la que concluyen bruscamente estas Memorias utilitarias.

Donato Velluti pertenece a la generación anterior y debe tal vez

Lucas de Leyde, *Los Novios,* h. 1519. Juegos de manos, intensidad de las miradas, gravedad del amor. (Estrasburgo, museo de las Bellas Artes.)

Reverso:
Maestro de Tolentino, siglo XVI, *Los Fieles escuchan la palabra de Dios* (detalle). La palabra de Dios penetra en los corazones e ilumina los rostros: el artista ha captado la expresión de los movimientos íntimos. (Tolentino, capilla de San Nicolás.)

a su carrera de jurista su sentido de la continuidad y su método histórico. Al volver sobre su vida y su carrera, así como sobre el puesto que ocupa en el organismo viviente que es la familia, habla de sí mismo en primera persona, cuando llega el momento de su aparición en escena: «Tengo la impresión de haber escrito cosas demasiado favorables para mi persona (...), pero no lo he hecho por mi gloria, sino en recuerdo de hechos que tuvieron lugar, y por pensar que sería grato para mis lectores futuros saber el porqué y el cómo.»

Al seleccionar los hechos y los pormenores, los relaciona deliberadamente con la compleja realidad que le rodea y el amplio lapso de tiempo en el que se inscribe: evoca la gota de la que sufre desde 1347, ya que ha sido ella lo que le ha impedido ocupar cargos públicos; habla de su matrimonio, por su interés para la continuidad familiar; y pone en relación su carrera con los episodios de la vida política florentina. La «crónica doméstica», que tendía cada vez más a confundirse con un relato de los acontecimientos públicos, se interrumpe en forma tan brutal como los «recuerdos» de Morelli con la desaparición, a los veintidós años, de su hijo Lamberto: alcanzado por una enfermedad que le corroe las partes genitales, el joven fallecido compone una frágil pareja con la mítica robustez del fundador Bonaccorso.

Narrarse

Construidas a partir de los archivos y las representaciones que hacen de la familia la envoltura natural en la que se dilata la acción,

Vittore Carpaccio, *El Milagro de la reliquia de la Cruz* (detalle), 1494. (Venecia, Academia.)

Instalados en el mismo nivel de la historia santa, retratos de grupo de unos notables, miembros de la familia florentina de los Tornabuoni, miembros de la *Scuola* de San Juan Evangelista de Venecia.

las crónicas privadas resultaban tentadoras para el narrador; lo mismo si había experimentado la tentación de mejorar su imagen que si no, era su voz la que iba a resonar, eran sus averiguaciones las que iban a retomar el hilo del tiempo. A partir de los comienzos del siglo XV, la memoria se atreve a conservar las huellas de lo inútil y lo indigno. Algunos autores dan en lo intrascendente y lo picaresco: está a punto de nacer la novela autobiográfica. Sigamos en Florencia en compañía de Bonaccorso Pitti. En el primer tercio del siglo XV escribe una crónica que, al tiempo que reduce al mínimun la raigambre genealógica y pasa en silencio la infancia del autor, se propone narrar ante todo una existencia errante: «Voy a contar ahora mi vida errante por el mundo desde la muerte de mi padre.» La libertad del proyecto, su novedad, se apoya en la ruptura inicial del relato personal, tras el prólogo obligado. El joven autor se siente encantado mientras nos cuenta con toda naturalidad una aventura galante, el asesinato de un albañil, o algunos episodios de «vendetta» sobre el fondo de la revuelta de los Ciompi; ni las virtudes morales, ni el honor familiar, ni la fatuidad del suceso están allí para guiar una pluma alerta que deja dilatarse su yo. Con los años y el fin de los viajes, los sucesos comerciales y las responsabilidades públicas empiezan a hacer poco a poco más pesado el discurso; la crónica vuelve a su cauce y sepulta la autobiografía bajo el peso de lo útil y lo conveniente.

En estos claros por donde se muestra la índole íntima puede medirse el camino recorrido desde el parsimonioso registro de noticias personales. Para que se afirme definitivamente la novela de una vida, para que no se desvanezcan las últimas reticencias por poner al descubierto la intimidad, es preciso que triunfe el sentimiento de que el hombre debe a sus propios esfuerzos más que a sus orígenes o a la protección divina. A una historia de la vida privada, percibida en su desarrollo orgánico, concurren poderosamente el orgullo del éxito y el diálogo entre el pasado y el presente narrativo. Pero, a diferencia del examen de conciencia penitencial que erige un hombre nuevo frente al desorden y lo absurdo del tiempo pasado, la historia de los años jóvenes —la infancia a veces seria, a veces difícil, los años de formación profesional— es la que otorga a la escritura su sinceridad. Basada en un diario, o en documentos de primera mano, establecida en ocasiones desde la perspectiva del curso dramático de los acontecimientos generales, la biografía no ha perdido sus referencias familiares, políticas ni espirituales: lo que hace es reunir todas las corrientes que, desde mediados del siglo XIV, le dan a la voz individual, a la vida personal, a la experiencia, un íntimo valor, prestigio y función social. Del mismo modo que el autorretrato se atreve a afirmar como en un juego de espejos la eternidad de una mirada, el libro en que se condensa un destino individual pregona, a veces en el atardecer de una vida, la energía creadora de la conciencia de sí.

Es esta mirada constructora, en ocasiones severa, las más de las veces reconciliada, la que les da todo su valor a las aventuras singulares escritas a fines del siglo XV y comienzos del XVI, particularmente en el mundo germánico: es bien sabido qué fortuna alcanzó al norte de los Alpes el tema del aprendizaje y de las novelas de formación. Así, Johannes Butzbach, que acabó sus días como prior de Laach en Eifel, en 1505, insiste en su *Libro de las peregrinaciones* sobre la dureza de su niñez desdichada; viviendo con sus recuerdos bajo la mirada de Dios, establece un contrapunto entre las tribulaciones pasadas del niño mártir y del huérfano y el sereno retiro en que aguarda a la muerte: los caminos de la Providencia son inescrutables.

Otro ejemplo es el de Matthäus Schwarz de Augsburgo, que concibe cuando no es aún más que un chiquillo, a la edad en que el joven Durero pinta su primer autorretrato conocido, el proyecto autobiográfico que llevará a cabo quince años más tarde. Habiendo llegado a ser director financiero de la sede central de la casa Fugger a la edad de veinticinco años, traza a la par el relato de su vida privada que titula *El curso del mundo* y un libro de viñetas acuareladas en las que se muestra solo en escena con los atuendos que ha llevado. No cabe imaginar un proyecto más narcisista, ya que este brillante espíritu, confidente de uno de los hombres más poderosos de su tiempo opta deliberadamente por la apariencia, lo fútil y la complacencia en sí mismo, a pesar de la vida tan rebosante que lleva. Pero es que ha llegado otra época, la de la provocación y el esnobismo, y por consiguiente la mirada que el hombre de éxito lanza sobre su primera infancia, los comentarios enternecidos o mordaces con que acompaña aquellas siluetas condensan toda la fuerza del sentimiento que, tras varias generaciones de escritura autobiográfica, testimonia a su pasado el hombre del Renacimiento.

Matthäus Schwarz (1497-1574). *Tractenbuch.* Tres viñetas de entre los 137 retratos del autor fechados y comentados por él mismo. En 1509, a la edad de doce años, desea hacerse monje en San Ulrich de Augsburgo y se complace en decorar e iluminar un altar privado instalado en su habitación; en 1516, a los diecinueve años, este hijo de comerciante que ha regresado de su viaje de formación a Italia lleva con afectación un atuendo de gentilhombre; en 1547, a los cincuenta años, con la espada, el bonete y los guantes, enarbola la conciencia de sí de un notable de primer rango y data su ropa de tafetán *(daphatt)* con un acontecimiento público en el que ha debido de tomar parte, la llegada a Augsburgo de Carlos Quinto para una asamblea del Imperio *(Reichstag)*. (París, Bibl. nac.)

El individuo en un espejo

La identidad

Un historiador veronés había concebido el proyecto de reunir los retratos dispersos de ciento cincuenta contemporáneos identificables del señor de Verona Cangrande Della Scala, correspondientes al siglo XIV. Acosar rostros de piedra y restituirles su identidad, hacer salir personalidades notables de los grupos pictóricos en los que se disuelven, ésa es precisamente, en la tradición de Michelet, la loca ambición de resucitar individuos cuya acción y cuyas pasiones han contribuido, con la muchedumbre de sus contemporáneos, al destino de una sociedad. Personajes públicos, cuya imagen pintada o esculpida atestiguaba el poder o la reputación de que disfrutaron, y que ofrecían a la vista de todos lo que les pertenecía como propio, su rostro y su aspecto.

La representación de la persona no es un uso común a todas las civilizaciones ni a todas las épocas. En Occidente, la renovación del retrato figurado, a partir de mediados del siglo XIV, expresa la progresiva liberación del individuo, recién salido del marco social y religioso donde lo habían confinado la adoración y la munificencia privadas. Nace también sin duda de la práctica laica y pública que, al menos en la Italia central y septentrional, exponía sobre los muros la imagen de los relegados al oprobio de la comunidad.

Extraída de la *Retórica* de Cicerón, manuscrito historiado de finales del siglo XV, esta miniatura representa al pintor en su trabajo. El ayudante prepara los colores en copelas; el cliente, que asiste a la sesión de pose, está a su vez representado en los cuadros que adornan la habitación. (Gante, Bibl. universitaria.)

Expresa también el apego a la memoria de aquellos individuos que, al hilo del tiempo, tejieron la historia familiar y de la que daban testimonio en Florencia —¿lejano homenaje a la tradición etrusca?— los retratos de cera perfectamente imitados, expuestos como exvotos en Santa María Annunziata, o conservados en la intimidad de las grandes familias y exhibidos con ocasión de las fiestas y procesiones públicas, como demostración de antigüedad y de poder del clan.

Retratos regios

No puede uno dejar de preguntarse sobre la veracidad de las primeras efigies individuales en la medida en que aparecen cargadas de virtudes demostrativas: no es un azar que el soberbio caballero de Bamberg se haya visto relacionado con la figura ideal del santo rey Luis. Las representaciones figuradas hacen surgir categorías mentales, del mismo modo que las descripciones hacen surgir imágenes y sensaciones; la eficacia de unas y otras fue sabiamente aprovechada por el poder político y por el magisterio espiritual durante siglos en que triunfaba el simbolismo de un mundo ordenado: hieratismo de las actitudes, demostración de los gestos, lenguaje de los escudos y blasones. El encantamiento totémico de las formas y los colores sorprende aún bajo las bóvedas de Westminster. Carlos IV fue el primer soberano del Occidente medieval que sustituyó deliberadamente la perfección de los signos monárquicos por su retrato con parecido y el de los miembros de su familia en la catedral de San Guy de Praga; fue también el primer emperador que redactó por sí mismo su biografía incorporando al relato de sus acciones ciertos acontecimientos privados desprovistos de todo valor ejemplar.

Cuando es obra, no de un pintor ni de un escultor, sino de un escritor, el retrato físico y moral de un individuo pertenece a un género literario heredado de la Antigüedad, transmitido por las *Res gestae* a la mayor gloria del soberano, puesto de moda en los medios urbanos de finales de la Edad Media por las crónicas y las historias familiares, y que establece sutiles lazos entre el mundo de los vivos y los muertos y la eternidad de los héroes de ficción.

Entre los retratos literarios del final de la Edad Media, los de los reyes son de un vivo interés a fin de precisar y datar la preocupación por la verdad física. No se quiere decir con ello que el siglo XV abandonase el simbolismo, ni que los siglos anteriores hubiesen permanecido insensibles al realismo de la descripción. Sino que la representación de la figura regia busca una componenda entre dos tendencias, la conveniencia que atiende a la función del monarca y designa al rey por sus rasgos, y la evidencia de las virtudes privadas que su presencia física transparenta. Del siglo XII al XVI, se incorpora al discurso sobre el rey la irresistible verdad de los detalles, y ello en la medida en que el discurso pierde su función de celebración para adoptar la libertad de tono del cronista o del diplomático en sus despachos secretos.

El emperador Luis el Bávaro, muerto en 1347, fue objeto de cuatro elogios, uno de los cuales se contenta con hacer notar la elegancia del soberano; los otros tres descomponen esta primera impresión mediante una serie de adjetivos que constituyen otros tantos toques sobre la paleta: el rey era alto y esbelto, sólido, bien proporcionado, fornido, muy derecho. Estas precisiones concurren efectivamente a darnos la imagen elegante perteneciente a la tipología del príncipe y que llamaba sin duda la atención de los observadores.

Uno de aquellos cuatro escritores, Albertino Mussato, nos dejó del rey Enrique VII, predecesor de Luis el Bávaro, un retrato físico que insiste en la misma impresión general, debida a la estatura y sobre todo a la armonía de las proporciones: se encuentra en la descripción de los dos soberanos la misma relación mensurable *(commensurata conformitas),* digna de una estatua, entre las partes del cuerpo, pies y piernas en Enrique VII, y espaldas y cuello en Luis.

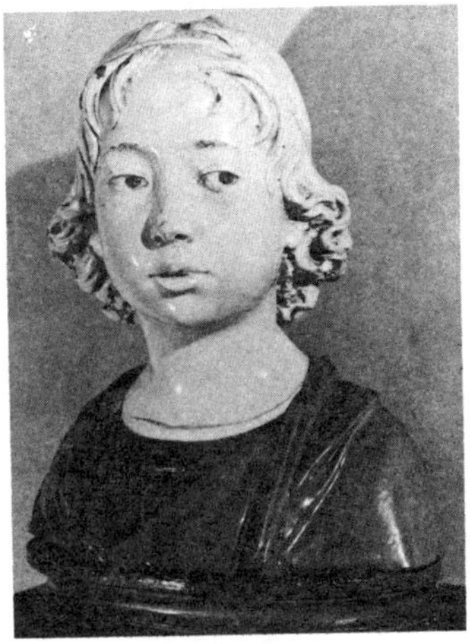

Andrea Della Robbia, *Retrato de adolescente,* terracota. Donatello, *Busto de desconocido,* bronce. Retratos de terracota esmaltada o de bronce tan preocupados por el realismo como las imágenes de cera de los grandes de Florencia; se trata tal vez de miembros de la familia Médicis. (Florencia, Bargello.)

Además del aspecto de conjunto, tres de los cuatro autores evocan el sistema piloso del rey: cabellos escasos y tirando a rojizos, un detalle que sería perfectamente verosímil bajo la pluma de Albertino Mussato, si no se viese contradicho por los otros autores, y no se lo encontrara repetido palabra por palabra en el retrato de Enrique VII ya aludido. La tez, coloreada para uno de ellos, clara y bermeja para el otro, cualquiera diría que tiene que ver con una figura estilística. Algunos detalles del rostro (cejas prominentes, nariz grande) completan la silueta; Albertino Mussato añade para concluir algunos rasgos de carácter: el rey era emprendedor, perseverante, cortés, amable, galante. Concordancia en las observaciones sobre el aspecto general, discordancia en los detalles y prolijidad de los calificativos, todo ello hace dudar de semejante reconstrucción. Sigue en pie la elegancia, es decir el recuerdo, transmitido por testigos oculares o representaciones figuradas, de una presencia física sintetizada en una palabra por Heinrich Rebdorf: ¿es que un rey no podría parecerse a la imagen que se tiene de un rey?

Para la escolástica, cada forma visible es una demostración de lo invisible, el orden real se descifra. Hay una armonía que organiza los ritmos de la arquitectura, las proporciones del cuerpo humano, la estructura de la sociedad, cuya expresión suprema es la persona del rey. Investido de una misión divina, el personaje real ha de conformarse en sus ademanes, en su apariencia, en su voz, a la imagen que él mismo se hace de su cargo, y que el pueblo cristiano reconoce. Basta con verlo para saber su rango: Juana de Arco encuentra a Carlos VII en medio de la muchedumbre con la que se ha confundido, en la sala del castillo de Chinon. Está dentro del orden de las cosas que su aspecto sea digno de la función que ejerce: «La majestad irradiaba en su rostro» *(in vultu maiestas)*, dice el Poggio del viejo Segismundo cuando entraba en Roma para su coronación. Federico III, cuya anchura de espaldas no podía hacer olvidar su talla reducida *(statura plus quam mediocri)*, se había dedicado desde su niñez a mejorar su apariencia, según Johannes Grünbeck: llevaba siempre ante sí, impresas en el rostro, las huellas de su carácter; todos los observadores se sintieron impresionados por la gravedad y la amable reserva del emperador, del mismo modo que la elegancia de Luis el Bávaro había llamado la atención de sus contemporáneos. Al poner sus defectos naturales (rostro alargado, aspecto achaparrado, talla reducida, timidez) al servicio de la expresión de su majestad, Federico III demostraba que la conciencia de su misión puede conducir al soberano a compensar con su comportamiento lo que no le ha otorgado la gracia. El discurso literario sabe aliar la verdad psicológica con los tópicos al uso y recupera mediante el rodeo del elogio, un dato esencial de la vida privada: más que los otros hombres y no menos que ellos, el rey, como persona pública, construye su aspecto.

Peter Parler y su equipo de escultores (1375-1385). Uno de los veintiún bustos dinásticos, colocados en el triforium de la catedral de San Guy de Praga: *Retrato del emperador Carlos IV*.

A propósito del emperador Maximiliano, encontramos bajo la pluma de ciertos autores, como Cuspinian, el humanista vienés, la metáfora escolástica del rey fornido, «cuadrado» *(statura quadrata, figura quadrata)*, construido como una iglesia, donde resplandece la majestad divina. Vitruvio había establecido la analogía entre la perfección del cuerpo humano y la de un edificio. Las relaciones entre la apariencia percibida como una construcción y el sentimiento de lo bello *(forma-formosus)* fueron uno de los temas recurrentes de la reflexión escolástica sobre la creación, y luego de la especulación sobre los números de los geómetras y los artistas del Renacimiento. Aplicada a la persona del príncipe, toda esta simbólica ilumina con su poder de sugestión tanto las cualidades físicas como las espirituales; del mismo modo que el vitral filtra y hace resplandecer la luz divina, la mirada de Maximiliano lanza irresistibles fulgores: Johannes Grünbeck, subyugado por sus ojos centelleantes, de un poder cuasi sideral, evoca el encanto al que sucumben tanto los hombres como las mujeres.

Hay un sorprendente relato de seducción que muestra hasta qué punto el emperador era sensible en los demás a las cualidades físicas con que la naturaleza le había dotado: el joven conde de Zimmern, gracias a la amistosa complicidad del duque Federico de Sajonia, supo aprovecharse de su apariencia para obtener del rey, en 1497, la restitución de una tierra que había pertenecido a su familia: «Sire Wernher, que sabía lo benévolo y leal que era el príncipe elector, se peinó de la manera más elegante, y, como era un guapo mozo y bien proporcionado de rostro, de cuerpo y de aspecto *(nachden er sonst ain schene und wolgestalte person von angesicht, leib und gestalt),* se dispuso a aguardar con los otros condes y señores la venida del rey; y, después de la cena, cuando hubo concluido la danza de los príncipes, sire Wernher se puso bien a la vista, y no se necesitó más para que el rey se fijara en él en repetidas ocasiones, recibiendo de su apariencia un particular placer *(ab seiner person ain besonders gefallen empfieng),* y preguntara al duque Federico, que había tenido buen cuidado en mantenerse muy cerca del rey, quién era aquel personaje (...).» No hay nada que se le pueda negar a la belleza.

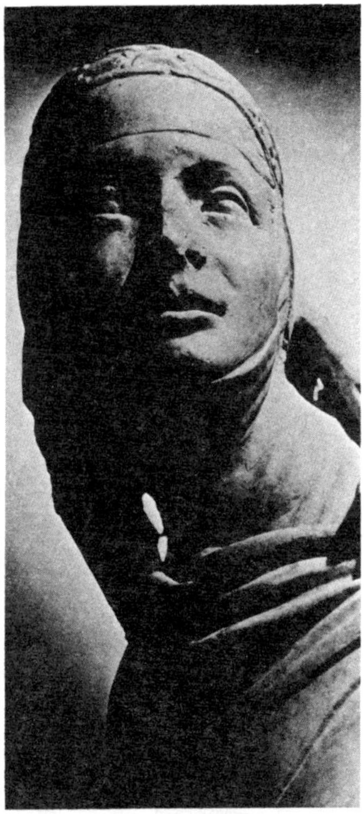

Giovanni Pisano, *Margarita de Brabante, esposa del emperador Enrique VII* (muerta en 1311). Imagen de reina, pero sobre todo poderosa afirmación de la personalidad. (Génova, Palazzo bianco.)

Por el contrario, algunos soberanos de finales de la Edad Media resultaban desconcertantes por su apariencia vulgar o su físico escasamente atractivo, hasta el punto de que su retrato, renunciando a hacer de los defectos virtud, acumula las observaciones críticas. *A contrario,* el malestar que experimentan cronistas y observadores ante la fealdad tendería a acreditar la veracidad de los retratos elogiosos. Lo que aflige en primer lugar es la estatura reducida: «A pesar de ser de baja estatura» *(Etsi parvus statura),* dice Thomas Ebendorfer de Carlos IV. Después de un encuentro con el soberano, Matteo Villani traza de él un retrato sin complacencia: el rey era de estatura mediana, en particular tratándose de un alemán, casi jorobado, cuello y rostro proyectados hacia adelante; el pelo negro, los pómulos demasiado anchos, los ojos saltones, la cabeza calva. El busto de Praga confirma esta visión realista. Como la magia de la presencia real no actuaba sobre este observador extranjero, nos hallamos ante detalles de comportamiento que rompen con los estereotipos de la majestad soberana: Carlos IV, durante las audiencias públicas, se dedica a alisar con su cuchillo una varilla sin dirigirles la mirada ni una sola vez a los suplicantes. Se percibe la reticencia ante unas actitudes manifiestamente contrarias

Fresco del castillo de Issogne (Val d'Aosta), del siglo XV: *Artesanos textiles en su trabajo.*

Abajo:
Sandro Botticelli, *Retrato de Lucrezia Tornabuoni.* (Francfort del Main.)

a los usos convenidos. El rey viste de corto, parece un pordiosero *(formam pauperum exprimebat),* dice su biógrafo Thomas Ebendorfen, que lo deplora.

En suma, el realismo de la descripción se torna tanto más material cuanto menos logra el autor asediar con palabras la imagen conforme con la majestad real. La acumulación de detalles viene a sustituir a la impresión primera, que es la que transmite por el contrario la escritura sugestiva, compuesta con los atributos del ser. Cada vez que el sentimiento de un acuerdo perfecto *(congruentia)* late bajo la realidad sensible, cada vez que la persona privada encaja sin esfuerzo aparente en el papel de la persona pública, la tonalidad de conjunto del retrato real parece más verdadera que la multiplicación de sus notas: satisface al espíritu, por más que no colme la curiosidad: el realismo, en literatura como en pintura, vendría a ser así la realidad sin espíritu, la yuxtaposición de los detalles sin la idea.

Si existe una evolución en el descubrimiento del individuo durante el otoño de la Edad Media, es indudable que tiene mucho que ver con los procedimientos de análisis de lo real, con los útiles y con el vocabulario: la práctica de la disección, el hábito de la confesión frecuente, el uso de la correspondencia privada, la difusión del espejo, la técnica de la pintura al óleo. Pero la multiplicación de los puntos de vista, el virtuosismo en la imitación, y la descomposición de los mecanismos del cuerpo no son suficientes para comprender al individuo en su dimensión privada, del mismo modo que los cubitos de vidrio coloreado no bastan para formar un mosaico.

Al margen de la descripción realista de un rostro o de una escena de interior, la gran pintura flamenca del siglo XV resulta fascinante

El fresco, que capta al pañero en su actitud profesional, remite a la imaginería de los oficios. El cambista ha querido dejar el triple recuerdo de sus rasgos singulares, de su dominio de especialista y de su buen entendimiento conyugal.
Los retratos de Lucrezia Tornabuoni y de Barent Van Orley perpetúan unos rostros fascinantes, pero también el virtuosismo de Botticelli y de Durero en la representación de los caracteres mediante la virtud del estilo: la esposa del banquero florentino accede, gracias a la pose de perfil, la impasibilidad de los rasgos y el resplandeciente atuendo, a la belleza de una inaccesible diosa; el pintor oficial de la gobernadora de los Países Bajos posee la gracia seria y la urbanidad que ilustran, en el espíritu de Durero, las cualidades humanas del artista y de su papel social.

porque se inspira en un pensamiento, en una visión simbólica. Ante la superficie lisa del cuadro, es a la mirada del espectador a la que le corresponde dar con la clave, recomponer al individuo y devolverle su secreto.

Donantes y héroes. Como ha podido verse a través de algunos ejemplos regios, el retrato pintado o esculpido permite, a finales de la Edad Media, multiplicar las confrontaciones de fuentes y verificar la exactitud de las descripciones: por una suerte de instinto, nos inclinaríamos a fiarnos más del pintor que del cronista.

La pintura lleva consigo no obstante un elemento de ambigüedad que procede de los convencionalismos sociales y de las intenciones del cliente: si se utiliza el retrato como documento para la historia de la vida privada, conviene apresurarse a determinar los límites de la fuente, que fija en público al hombre privado, que eterniza una actitud, y que además envara con frecuencia al notable en cuestión en un atuendo de ceremonia. La Europa de finales de la Edad Media está poblada de retratos, ante todo en las iglesias y las capillas familiares, donde los donantes y sus familias han conquistado un lugar junto a la Virgen y el Niño o al lado de los santos que los representan y los protegen, adquiriendo así aquéllos con la frecuentación física de lo sagrado una creciente seguridad: el canciller Rolin no parece sorprendido de encontrar a la Virgen posando en el taller de san Lucas; se limita a arrodillarse como es debido.

Sin embargo, el gusto por lo antiguo estaba haciendo resucitar el retrato cincelado de perfil, con todas las variaciones estéticas en cabelleras y tocados, desde Piero della Francesca a Uccello. Retrato aristocrático, que intenta valorar e idealiza con frecuencia los rasgos impasibles del héroe o de la dama. El espíritu con el que se realizaban estos encargos, la decisión adoptada a fin de perennizar

Marinus Van Reymerswaele, *El recaudador de impuestos.* (Museo de Valenciennes.)

Alberto Durero, *Retrato de Barent Van Orley*, 1521. (Dresde, Gemäldegalerie.)

Domenico Ghirlandaio, *Retrato de Francesco Sassetti y de su hijo Teodoro.* (Nueva York, col. Jules S. Bache.)

Domenico Ghirlandaio, *Retrato de un viejo y de su hijo.* (París, Louvre.)

rostro y nombre pertenecen a la historia de las formas, a la historia de la moda, incluso, en el caso de los retablos, a la historia social de las representaciones. Una doble evolución que se dibuja durante el siglo XV, lo mismo en los Países Bajos que en Italia y en las ciudades del Imperio, ofrece para el conocimiento de los individuos una materia más amplia.

Un primer movimiento reafirma al cliente en el marco de su actividad profesional: orfebre, cambista, hombre de negocios o geómetra; todos ellos se hacen representar en su taller o en su oficina, y, por más que siga tratándose de una escenificación, el orgullo del logro personal del cliente y la excitación inventiva del pintor en busca de un nuevo género concurren a la preocupación por el ilusionismo. La semejanza del modelo se destaca sobre un *trompe-l'œil* familiar, que aporta preciosas informaciones sobre el espacio de trabajo, la decoración cotidiana, y los utensilios de apariencia tan veraz. El tema del espacio íntimo en que se despliega silenciosamente el pensamiento del humanista, por sobre los libros y el tintero, se vio tratado en virtud de su propio interés, con san Jerónimo como pretexto, por Carpaccio, por Durero y por tantos otros.

La vida familiar prolonga a veces este hueco abierto a la vida de interior; sustituye en ocasiones a la vida profesional, volviendo a cerrar la puerta de la oficina o de la tienda. Si se estudia el propósito de los burgueses y notables que se hicieron pintar en uno u otro marco, se comprobaría sin duda que el orgullo familiar se ha antepuesto al orgullo profesional desde el momento en que la representación plástica de la intimidad placentera basta para atestiguar el éxito social. Salidos de los retablos donde se alineaban por rango de edad y de rodillas, los miembros de la familia componen, con la ayuda del pintor, un círculo apacible en el que la edad, el carácter y las aptitudes personales aportan sus matices a la armonía de buen tono. Al término de la evolución, Konrad Rehlinger de Augsburgo, que presenta a sus ocho hijos vivos y hace aparecer a través de una brecha celestial a los pequeños muertos, le pidió al pintor Bernhard Strigel una escena de interior perfectamente abstracta, que no es otra cosa que la visión de conjunto de un nivel genealógico.

Miradas y secretos. Sucede sin embargo que los lazos de afecto que unen a los miembros de la familia constituyen la dominante del cuadro, hasta eliminar toda huella de decoración ambiental. El apoderado de la casa Médicis, Francesco Sassetti, se hace representar por Ghirlandaio sin ninguna afectación social en el atuendo ni en la actitud, solo con su joven hijo Teodoro II: el niño eleva una mirada confiada hacia su padre, que no tiene ojos más que para él. Tan estudiado como lo puede ser hoy día una toma fotográfica, este retrato ilustra un sentimiento ampliamente compartido; nos sentimos en inmediata connivencia con los dos personajes, porque no hay ningún guiño que venga a provocarnos ni nuestra mirada se siente capaz de interrumpir su diálogo. La impresión de armonía *(congruentia)* no se ve perturbada por el realismo de la nariz venosa y llena de granos que el sentimiento trasciende. La tonalidad franciscana de despojo y de amor ha de ponerse en relación con la

Bernhard Strigel, *Retrato de Konrad Rehlinger de Augsburgo con sus hijos.* (Munich, Pinacoteca.)

Colocadas bajo el signo de la Providencia o percibidas en el intercambio de las miradas, las relaciones entre padres e hijos se exponen con tanta veracidad por obra de la pintura como por los testimonios biográficos del siglo XV.

serena gravedad del testamento que Sassetti redacta en 1488, dos años antes de su muerte. Fruto de un encargo, conviene subrayarlo, este retrato intimista adquiere el carácter de un manifiesto, por los años en que el banquero florentino era responsable de la situación financiera catastrófica de la casa Médicis.

Sin embargo, un segundo movimiento característico de la pintura europea del siglo XV focalizaba la atención de los retratistas en el rostro frontal o tres cuartos, suprimiendo todo lo pintoresco de la decoración, jugando con los contrastes vivos o el aterciopelado de los negros y sin dejar subsistir otra cosa que el contrapunto de los signos (escudos heráldicos, divisas) y el mudo lenguaje de algunos objetos (libro, flor o rosario de cuentas). Al nivel del espectador, la mirada: mirada incisiva del retrato de hombre por Memling, en la Academia de Venecia; mirada humilde y dulce del hombre del clavel de Van Eyck; mirada implacable del condottiero de Antonello da Messina; mirada casi perdida de Oswolt Krel pintado por Durero. Precisamente cuando se pregona, gracias al *ars moriendi* y a la danza macabra, la destrucción total del cuerpo y la separación definitiva del alma, el retrato individual se aprovecha con virtuosismo de una mutación técnica de la pintura, que, a partir de Van Eyck, le confería a la mirada una profundidad y una transparencia inigualadas: la pintura al óleo y las recetas de reflejos permitían hacer que brillara como en un espejo la pupila (la niña de los ojos) temblor luminoso que habitaba el retrato, como el alma habita el cuerpo. Cuando decía Alberti que la pintura era «una ventana transparente», su definición puede interpretarse como un homenaje que la apariencia rendía a la intimidad. El retrato europeo del siglo XV hace penetrar en un espacio imaginario, que es el espacio interior, y es un espacio vertiginoso, ya que el retrato había nacido de un encuentro entre el pintor y su modelo, y que se hallaba destinado a suscitar tantos encuentros personales como miradas fijadas sobre una imagen que se pareciera al modelo desaparecido.

Alberto Durero, *Retrato de Oswolt Krel*, 1499. (Munich, Pinacoteca.)

Este juego de miradas explica la fascinación que sigue ejerciendo aún el doble retrato llamado de los Arnolfini —de éste y su esposa—, tantas veces comentado, y cuyo verdadero tema es tal vez el encuentro entre la realidad que fue y la ficción, que permanece. *Jan Van Eyck fuit hic:* el pintor ha firmado su paso encima del espejo donde sus personajes que están de pie aparecen de espaldas; ante ellos, o sea en la profundidad del campo que introduce la simetría del espejo, sigue estando siempre Van Eyck, en el lugar que ocupan todos los que contemplan el cuadro.

Las variaciones sobre lo íntimo no siempre entregan su secreto, o bien porque hemos perdido los caminos de acceso al pensamiento simbólico de una sociedad muerta, o bien porque el pintor, sus modelos y sus clientes oscurecieron voluntariamente las referencias y embarullaron las pistas. Tal es el caso de los cuadros de caballete de Giorgione: *La Tempestad* o *Los tres filósofos* proponían a la meditación de los aficionados venecianos unos raros placeres cuyas vías han intentado encontrar de nuevo innumerables pesquisas. Multiplicar los símbolos que sólo pueden ponerse en claro por su mutua relación, velar el sentido mediante la insistencia en los de-

Dos autorretratos de Alberto Durero: *Retrato del cardo,* 1493. (París, Louvre.) *Retrato,* 1498. (Madrid, museo del Prado.)

talles, disimular la verdad en los pliegues de la belleza, he aquí otras tantas preocupaciones elitistas de un ambiente de snobs cultivados.

En un clima propicio al enigma, un retrato no es inocente: dice más diciendo menos, de acuerdo con la retórica de la confesión sin palabras. En los casos más sencillos, algunos objetos bastan para poder olfatear algo, lo mismo si se trata de un misal, de unas iniciales bordadas que de una carta de cambio. ¿Pero cómo ir más allá de «estas pocas cosas irrisorias»? El ser que fue no se resume sin más ni más en una instantánea así con unos accesorios, y la pintura no representa lo no dicho en menor proporción que la descripción literaria.

En un nivel superior de artificio, la preocupación por las virtudes personales y de distinción da origen a composiciones más sutiles y más excitantes: por ejemplo, el gran retrato de Francesco Maria Della Rovere, duque de Urbino, por Carpaccio, fechado en 1510, en el que el héroe, de pie, se destaca sobre un bosque de signos. El espacio organizado como un «puzzle» heráldico parece surgido con todas sus armas de las reflexiones y las quimeras del caballero adolescente de la dulce mirada.

Espejos. La invención del autorretrato introdujo en la pintura una dimensión suplementaria del misterio del ser. Es incontable el número de pintores que, como los maestros cuando esculpían una

Otro *Autorretrato,* 1500. (Munich, Pinacoteca.)

clave de bóveda, han experimentado la tentación de dar a conocer su rostro; al principio se deslizaban en medio de los grupos y entre las piadosas muchedumbres que pintaban; Hans Memling, curioso, tras un pilar del retablo de sir John Donne; Botticelli, adoptando el ademán altivo de los poderosos florentinos que frecuentaba. Luego, obedientes al imperioso movimiento que desdeñaba por una vez al autor del encargo, los pintores nos han dejado su propio retrato solitario. El poder que un autorretrato ejerce sobre el espectador proviene del hecho de que la relación del pintor consigo mismo incorpora el espejo al campo de la transparencia; el autorretrato bosqueja una novela de sí, con una mirada y algunos signos.

Inaugurando la larga serie de los dobles *(Doppelgänger)* de la historia intelectual germánica, Alberto Durero se representó a sí mismo por lo menos ocho veces; a los catorce años, ya se hacía preguntas ante un espejo.

Sus tres autorretratos al óleo constituyen jalones para la historia de la introspección en los confines de la Edad Media y el Renacimiento: tres miradas sobre la intimidad, tres momentos de un itinerario espiritual.

El autorretrato «del cardo», conservado en el Louvre, data de 1493; se pintó mientras el artista grababa en Basilea el frontispicio de las *Cartas* de san Jerónimo. El joven, acodado sobre la base del cuadro —la «ventana transparente» de Alberti— tiene en la mano el cardo que ha dado su nombre a la obra. La mirada grave, el fondo neutro, concentran la atención sobre esta planta simbólica y los pensamientos que ella suscita, y no hay manera de decidirse entre los dos niveles de interpretación que se han propuesto: Alberto Durero está en vísperas de su matrimonio (1494), y el cardo es aquí, por adelantado, el símbolo de la fidelidad conyugal *(Männestreue);* o bien, puesto que el cardo se llama en griego *dypsakos* (el alterado), el retrato proclama que este joven de veintidós años está sediento de verdad.

La leyenda en estilo naïf —¿pie forzado o confidencia espiritual?, «Mis asuntos van como allá arriba las cosas están» *(My sach di gat / als es oben schtat),* no representa precisamente una gran ayuda para zanjar la cuestión.

En 1498, fecha del segundo autorretrato al óleo, conservado en el museo del Prado, se había franqueado una etapa importante. Durero había descubierto en Venecia la luz y el color, pero también a Mantegna y el dibujo al estilo antiguo; había inventado el paisaje autónomo y la acuarela de atmósfera; y había conocido el éxito a partir del *Apocalipsis con figuras* que en toda Europa se quitaban de las manos. Sin arrogancia, pero con la seguridad de su valía, el artista lanza un desafío al mundo de artesanos y comerciantes en que se mueve; reivindica soberbiamente un *status* social a la altura de su misión; escribía, desde Venecia, en 1506, a su amigo Willibald Pirckheimer: «Aquí, soy alguien; en mi patria, un parásito» *(Hier bin ich ein her, daheim ein schmarotzer):* de ahí la elegancia de la pose, la insolente provocación del atuendo y la *veduta* leonardesca, que expresa el acorde entre el secreto personal y el misterio de la naturaleza.

El último retrato llama la atención por la pose rigurosamente frontal, la mano derecha levantada, la atmósfera de fervor místico. Cualquiera que sea su fecha (1500 o 1518), el retrato de Munich impone la idea de un parecido acentuado con la imagen de Cristo. Lo mismo si se interpreta su intención como un manifiesto de imitación y reforma interior, que como una declaración de poder creador del artista, emanación del poder creador de Dios, lo cierto es que la espiritualidad va a iluminar en adelante la vida de Durero: la tonalidad ferviente de su obra habría de quedar atestiguada por sus escritos íntimos y por el testamento público que acompaña la donación a la ciudad de Nuremberg de sus *Cuatro Apóstoles,* su última obra monumental.

Franqueza. Lo mismo si se le desmelena que si se entrega él mismo, se diría que el individuo del final de la Edad Media resulta más fácil de aproximación que en los siglos anteriores. Es posible inclusive que se trate de una idea nueva en Europa, si con ello se entiende que determinados grupos de privilegiados de la cultura y del rango social parecen más sensibles que sus antepasados a la fragilidad de la gloria y al valor de su vida personal.

Convirtiendo en virtud lo que era bajo la antigua ley una falta de reserva, se atrevieron a exaltar lo que hay de singular en el ser; sobre todo, y con este propósito, dieron con nuevos medios de expresión, gracias a los cuales podemos nosotros ahora tratar de ir a su encuentro. Sobre aquellas sociedades, y esencialmente sobre las sociedades urbanas de finales de la Edad Media, estamos en posesión de una visión construida a partir de las fuentes públicas y de una cantidad creciente de fuentes privadas, que nos proporcionan sobre los individuos instantáneas que los fijan tal como se vieron a sí mismos o se dejaron ver por sus contemporáneos.

Sólo que una serie de instantáneas no constituye un film, que sería lo único capaz de restituir la densidad y el dinamismo de la vida privada. Pero correríamos un grave riesgo de no alcanzar más que la evidencia de los cuerpos y la permanencia de los sentimientos si nos quedáramos insensibles a la voz y al encuadre: la simulación se reduciría a ser un inventario de cosas muertas.

No es el amor conyugal lo que tiene que sorprendernos, sino la invención del retrato doble de los cónyuges, representados en el anverso con la gracia de sus atractivos, y en el reverso con el pútrido horror de la muerte. Por lo que hace al realismo de las descripciones físicas, no puede por menos de sorprendernos desde dos puntos de vista: cuando aparece, con la audacia de la imitación clínica, sin ninguna connotación moral; y cuando expresa, mediante el análisis o la confidencia, un nivel de conocimientos médicos o una íntima relación del hombre con su cuerpo. Desde este punto de vista, uno de los últimos retratos que Durero dibujó ante su espejo nos deja la imagen inquietante y sin pudor de un cuerpo usado. En la confidencia íntima, que justifica la enfermedad, se ha dado un nuevo paso. Pero antes de detenernos en semejante franqueza, veamos cómo nos informan sobre la apariencia el bien parecer y el gusto.

Alberto Durero, *Autorretrato,* 1512 (?). Sin preocupación de ornato ni de composición, Durero prosigue su pesquisa: la mirada intensa de la verdad surge frente al sombrío espejo. Algunos años más tarde, vuelve aún a representarse desnudo, con el dedo sobre el costado, y anota: «Donde está la mancha amarilla, al cabo del dedo extendido, es donde tengo el mal.» (Weimar, museo del Castillo.)

Pintura de *cassone* (cofre de matrimonio). (Venecia, museo Correr.)

La apariencia vestida

Una de las novelas cortas de Sercambi pone en escena a un peletero de Lucca que, habiendo ido a un baño público y una vez despojado de sus vestiduras, se sintió súbitamente presa del pánico ante la idea de perder su identidad en medio de la multitud anónima de los cuerpos. Coloca entonces sobre su hombro derecho una cruz de paja y se aferra a este signo como a un salvavidas; pero la cruz se desprende y se desliza sobre su vecino que se apodera de ella: «Ahora yo soy tú; ¡desaparece; estás muerto!», y el peletero, decididamente extraviado, se persuade de su propio fallecimiento.

Vestido y sociedad

El humor negro es de todos los tiempos, como lo es el hombre sin cualidades, que la lógica del verbo puede bastarse para matar. Pero la fábula toscana tiene sobre todo la virtud de poner de relieve la fragilidad de las definiciones profesionales y el orgullo social sobre un terreno y en un medio en el que el éxito individual se exaltaba por todos los medios. La identidad se pierde con el vestido, porque el hombre social tiene que estarlo.

Además no deja de tener su malicia que se evoque al peletero desnudo, en primer lugar porque llevar pieles es uno de los elementos discriminatorios de la representación social, y luego porque el desnudo, en una sociedad de orden, define al enajenado o al excluido bajo la mirada de las gentes vestidas, y finalmente porque la desnudez confina con la dimensión natural del hombre salvaje, que frecuenta los sueños y las florestas del deseo. En el horizonte de la fábula se deja vislumbrar la subversión: fragilidad de una sociedad que sólo se tiene en pie por el consensus que expresa la apariencia de los individuos, escándalo que provoca fray Geniève, uno de los primeros discípulos de Francisco de Asís, el hijo del mercader de tejidos, al presentarse desnudo en la plaza mayor de Viterbo.

Las sociedades de finales de la Edad Media se mantuvieron fieles al esquema trifuncional, pero lo hicieron más complejo y menos legible. Entre los trabajadores y los poderosos, el impulso económico urbano hizo multiplicarse los *status* sociales; los más ricos entre los productores están en situación de poder tomar a su servicio la espada que los defiende, y se sienten más próximos al poder de decisión que a las labores que avasallan. Ahora bien, la ambición de triunfar, la ascensión social desdibujan las divisiones netas y, de una sociedad a otra, los diferentes estatutos sociales no logran establecer jerarquías homogéneas: las Artes juegan en Florencia, durante el siglo XIV, un papel determinante en la definición del cuerpo político y social; en cambio no juegan ninguno en Venecia. Así, la imagen que las sociedades urbanas se hacen de sí mismas refleja los particularismos de su historia; los grupos en el poder aprecian y canalizan la fluidez indispensable, en un sitio o en otro, al «bien común», pero, a finales del siglo XIV, la codificación tiende a fijar definitivamente los contornos de las clases dominantes en la mayoría de las ciudades de Europa con autogobierno.

El vestido es una de las señales esenciales de la conveniencia social, hasta el punto de que la costumbre de las asambleas y las procesiones le asigna a cada parte del pueblo su papel y su lugar, identificable por la forma y el color. El vestido es por consiguiente el envite de un sordo conflicto entre el orden político y el movimiento económico; es objeto de una reglamentación que, en nombre del «bien común», tiende a refrenar todas las manifestaciones de la arrogancia de los particulares; son incontables las ciudades que promulgaron leyes suntuarias y fueron haciendo aumentar su rigor, durante los siglos XIV y XV, a medida que la prosperidad de las gentes de oficio y el lujo de los potentados hacían subir sus gastos. Cuando se mantiene en su sitio, en el rango que le ha asignado la Providencia, cada individuo participa de la armonía del cuerpo social, lo mismo si es un poderoso que si es un miserable: teoría de un orden intangible bajo la mirada divina y cuya expresión es la manera de vestirse. Eso mismo es lo que se deduce del volumen con los grabados de los distintos atuendos correspondientes a las profesiones publicado por Jost Ammamm en Augsburgo, a mediados del siglo XVI, sociología pintoresca basada en la apariencia vestimentaria.

Desde generaciones y generaciones, se reconocía al comerciante por su aspecto, al senador veneciano por el color negro que ostentaba, al judío por su estrella, y a la muchacha de mala vida por el amarillo de su falda: un proceso veneciano de finales del siglo XIV evoca a la pobre secuestrada en un tugurio y socorrida gracias a los alaridos que lanza cuando comprende, por los vestidos que le ponen, la suerte y el *status* que se le depara.

En el caso de las rameras como en el de los reyes, el estereotipo de la función social impone un filtro que convierte la apariencia en

Pisanello, *San Jorge*. (Londres, National Gallery.)

El hombre social es un hombre vestido.

Grabados de Jost Amman para *De omnibus artibus,* 1574. Los oficios ofrecen una galería de siluetas cuyo marco es la tienda o el taller. El cliente del vendedor de anteojos tiene la vestimenta que corresponde a su edad; el mercader de corazas y otros correajes está vestido a la moda de la gente de armas que le visitan. (París, Bibl. nac.)

signo, aunque con variaciones. Así mismo, el problema que la representación del vestido le plantea al historiador está en saber si la vida privada no era siempre precisamente la cara oculta de las apariencias. Del hombre público nos consta que en un momento u otro se despoja de su atuendo oficial, mientras que la vida privada es su lado cotidiano, que no se alcanza a atisbar salvo por azar, al otro lado de la puerta de la historia. En cuanto al hombre sin importancia, ¿es que no tiene más que una vida privada? ¿En qué medida puede su atuendo ayudarnos a imaginárnosla, puesto que al margen de los días festivos, en que se da tono, descansa o danza, lleva a la vista de todo el mundo una vestimenta práctica con la que trabaja? El trabajo al aire libre es muy poco compatible con la intimidad, y cuando el campesino se acuesta en su lecho, está, lo mismo que el burgués, desnudo del todo.

Elementos de convicción

Hay por fortuna otro procedimiento de aproximación a la manera de vestir que, dando de lado a la representación que una sociedad ofrece de sí misma, se va derecho a las piezas o elementos de convicción: los guardarropas, identificados en todos sus detalles, tal como nos los revelan los inventarios notariales o las cuentas. Y no tanto los guardarropas de los príncipes, en los que puede resultar difícil distinguir entre lo de aparato y lo cotidiano privado: las prendas más comunes desaparecieron sin duda de ellos y la distinción entre unas y otras no tiene tanto que ver con la calidad de los tejidos como con la presencia o ausencia de las mangas bordadas, de las tocas adornadas con perlas, de los tocados complicados, de las capas de ceremonia; sino los guardarropas burgueses y campesinos, que equilibran la documentación, que amplían lo que las observaciones extraídas de la pintura y de los textos narrativos pueden tener de restringido. Todos esos despojos alineados ante el notario y descritos con unas cuantas palabras están más o menos usados («un par de calzas viejas, dos capirotes, uno de ellos viejo»), y un golpe de vista estimativo distingue rápidamente las piezas del inventario que aún pueden hacer honor o ilusionar. Las contabilidades privadas añaden los precios a las descripciones, y permiten calcular lo que corresponde al tejido, a los adornos, a la hechura, así como evaluar el ciclo de renovación de un guardarropa o la proporción de los gastos de ropa en un presupuesto familiar.

Cuando de lo que se trata es de razonar sobre poblaciones que han destacado las diferencias sexuales o han adornado sus cuerpos más que cubrirlos, el análisis etnológico le enseña al historiador que la comodidad funcional del atuendo no era necesariamente su primera cualidad. Sin embargo, los guardarropas de los pobres, que son los que exponen con mayor impudor su vida privada ante el registro del notario durante los siglos XIV y XV, le conceden necesariamente toda su importancia, cuando se componen de dos o tres piezas, a la protección contra la lluvia o el frío: sombrero y pelliza hacen entonces su oficio.

Indumentaria campesina. En lo indispensable, en lo que no es temporal sino estructural, los inventarios llevados a cabo después de la muerte ofrecen, a través de Europa, una imagen monótona.

Heinrich Gross, *La Mina San Nicolás en la Croix-aux-Mines (Vosgos),* primera mitad del siglo XVI. El vigésimo quinto y último dibujo de este reportaje ilustrado representa la paga de los mineros con su atuendo de trabajo, capuchón y cuero protector. De esta muchedumbre obrera se destacan, por su traje, su actitud y sus armas, el contable, el juez minero y el capataz del tajo. (París, Escuela de bellas artes, col. Masson.)

Los inventarios pueblerinos de Borgoña, durante la segunda mitad del siglo XIV, tal como han sido estudiados por F. Piponnier, revelan la presencia de una trilogía de base constituida por una saya, una pelliza y un sombrero. Cuando falta alguna de estas prendas, en muchas ocasiones se debe a que sirvió para pagar los gastos del entierro. La distinción entre indumentaria masculina y femenina se esfuma: el vestido *(robe)* designa, o bien el equivalente de la saya, o bien un sobretodo, o bien el conjunto de las prendas, del mismo modo que en Toscana, por la misma época, el «vestir» femenino se compone de dos túnicas superpuestas y de un manto. La pelliza es una prenda de piel vuelta o una especie de chaleco forrado de conejo y, para los más ricos, de gato. El sombrero de tela y, para los hombres, las calzas completan la silueta campesina. No nos olvidemos de la ropa interior, camisas de lienzo, calzones de dos perneras para los hombres, y añadamos los toques de color que distinguen más netamente a los sexos: hombres y mujeres van vestidos de bayeta, un tejido mediocre pero muy cálido, que los hombres llevan las más de las veces en su color crudo, beige, mientras que las mujeres lo llevan teñido de azul; los sombreros masculinos son comúnmente azules, los de las mujeres a veces rojos, azules o blancos. En aquella sociedad rural, la prosperidad se adivina, aun cuando sea de mala ley, por el número de las prendas de vestir (una fémina de costumbres «irregulares» tiene cinco bonetes en su guardarropa) y por ciertos elementos de decoración, aportados por los vendedores ambulantes en su cuévano, y descubiertos por las pesquisas arqueológicas, en Rougiers, en

Dracy, en Brandes o en Oisans: hebillas de cinturón y herretes de plata, aplicaciones metálicas para las bolsas, o botones para los sombreros. Las alhajas son raras, fuera de algunos anillos; los guantes causan sensación: un mozo campesino se sirve de ellos como cebo para hacer la corte, en uno de los *Fabliaux*.

La alta burguesía. Al final de la Edad Media se descubriría también una sobriedad vestimentaria análoga en los ambientes más modestos de las ciudades de Europa. Pero, hasta el presente, han sido los hábitos indumentarios de la alta burguesía los que han sido objeto de los estudios más sistemáticos y más afinados, lo mismo con vistas al análisis de la difusión de los tejidos fabricados en todas las plazas de Europa que para la verificación de la eficacia de la legislación suntuaria. Por ejemplo, en 1401, las mujeres de la burguesía de Bolonia tuvieron dos días para presentar a la apreciación de una comisión las ropas que tenían y que corrían el riesgo de caer bajo el peso de una ley sobre el lujo en el vestir; 210 prendas fueron confiscadas, y su descripción es una útil contribución a la historia privada del vestido en la medida en que permite conocer lo que, en el vestuario femenino burgués se consideraba excesivo en relación con las normas del presupuesto familiar: lo que en particular dejó de admitirse fue la extraordinaria variedad del ornato. Estaban las estrellas de plata, las franjas y cordoncillos de oro trenzado, los bordados de rayos, de hojas, de animales, las guarniciones de pieles en el cuello o en las embocaduras de las mangas, los colores vivos que suponían el empleo de la cochinilla o del quermes, y eso sin hablar de las perlas o las pedrerías en los recamados. Efectivamente, cuando es posible calcular por separado el coste del tejido, de la hechura y de los adornos en el precio de un vestido, se averigua que en Florencia, en 1363, cuando Simone Peruzzi ofrecía a su mujer un corpiño audaz, los precios de tejido y hechura no representaban más de un 30 % de la suma total, mientras que los botones de plata, los bordados de oro y el galón de oro representaban en conjunto el equivalente de 140 días de salario de un albañil. Escándalo comparable, si se lo pone en relación con las mismas normas, al de los gastos del aderezo de una prometida de la familia Strozzi, en 1447, equivalentes a 500 días de trabajo de un obrero cualificado: la guirnalda, con ochocientos ojos de cola de pavo real, con granos de oro «oscilantes», con perlas, con flores esmaltadas y hojas doradas a la veneciana, valía por sí sola 212 libras, o sea un tercio del total. Sólo que Peruzzi o Strozzi, en sus gloriosos tiempos, escapaban a las restricciones. ¿Y qué representaba el guardarropa de una dama Spinelli, Gherardini de soltera, en 1380, o sea 500 florines, valor de una veintena de prendas inventariadas, en comparación con los 50.000 florines que dejaba al morir su esposo, lo que equivalía al salario acumulado de ocho a diez años de trabajo de un albañil?

Fresco de Venceslas, *El mes de julio: partida de caza con halcón* (detalle), siglo XV. Silueta, aspecto, vestimenta: sacado de la sombra por el artista, el campesino responsable de los preparativos de la caza. (Trento, castillo del Buen Consejo, torre del Águila.)

Economía y presupuesto de gastos suntuarios. Estas pocas cifras ponen de relieve la dimensión económica de un hecho social; establecen la distancia exacta entre el planeta de los ricos, que conocemos un poco, y el de los humildes, difícil de distinguir en la sombra; la vida cotidiana no tiene el mismo sentido para los unos que para los otros, ni el vestido, concebido en un caso como una obra de arte o reducido en el otro a su función de uso. La historia del hábito indumentario debe inscribirse por otra parte en una visión dinámica de la sociedad y, para no salir de Florencia, es evidente que una mujer de la burguesía contemporánea de Dante no sentía la tentación de gastar en su apariencia tanto como iba a gastar su nieta: sin evocar siquiera los cambios culturales y mentales, el mercado florentino no ofrecía antes de 1300 la diversidad de tejidos y tentaciones que ofrecería a comienzos del siglo XV.

Los extractos de una cuenta de tutela florentina del último tercio del siglo XIII ponen en evidencia el uso de tejido barato para las ropas de la madre de familia, y de tejido de mejor calidad para la vestimenta de los chicos —stanford cálido y apretado para el invierno, sarga bermeja de Caen para el verano—, y sobre todo la renovación moderada del guardarropa: en cuatro años, la señora se permitió tres piezas nuevas, o sea menos de dos *«vestire»* completos.

Este sentido de la economía familiar encontraría su expresión en los consejos del *Ménagier de Paris* o en las cuentas privadas de muchos burgueses venecianos, franconianos o hanseáticos de los siglos XIV y XV. A la economía familiar —el nivel más bajo de los gastos necesarios— vienen excepcionalmente a superponerse ciertos desembolsos de ostentación, por ejemplo los impuestos en cada generación por los matrimonios: ceremonias, regalos, constituciones de dote son la ocasión de gastos en telas, adornos y alhajas. Lucas Rem de Augsburgo recapituló con todo cuidado en su *Tagebuch,* en una sección especial, el precio del paño negro de Lindau, del terciopelo oscuro y del raso gris comprados para su ropa de matrimonio, así como el valor de los rubíes, del diamante y del zafiro que ofreció a su mujer, junto con el total de los gastos de recepción.

Gastos infrecuentes, en relación con el curso ininterrumpido de los gastos cotidianos o de los de equipo que supone, por ejemplo, el envío de un hijo al colegio o como aprendiz a una ciudad lejana, Praga o Venecia: paño bueno y sólido, calzado confortable. Nada se gasta más de prisa que los zapatos, y los gastos de medias suelas, en el presupuesto familiar de Anton Tucher de Nuremberg, en los primeros años del siglo XVI, escanden el paso de los trimestres con las necesidades de los hijos que crecen y gastan. El encargo de un traje nuevo para el escolar de diez años es un acontecimiento en la vida privada, y hay recuerdos duraderos vinculados a la impaciencia del chaval de diez años, cuya indumentaria, demasiado larga o demasiado corta, se ha pasado de moda. Cuando vuelve sobre su pasado, Hans von Weinsberg de Colonia evoca la silueta del hombrecito que abandonaba, en 1531, el domicilio paterno para ir de pensión con los frailes, en Emmerich: «Mi padre me hizo hacer una bata de paño color panza de burro, con muchos pliegues, unos calzones blancos, unas botas, y me encasquetaron un sombrero negro. Éste fue mi atuendo corriente, durante todo el tiempo que estuve en Emmerich, y por cierto que unas ropas mejores no hubiesen servido de nada, porque allí los escolares no se sentaban en bancos, sino sobre el enlosado. Tenía además algunas prendas

Alberto Durero, *Campesino con su mujer.* Heinrich Aldegrever, *Pareja.* Dos parejas de la comedia humana: los aristócratas y los labriegos. Si el atuendo, al principio, los distingue, estos últimos distan de ser precisamente unos miserables. (París, Bibl. nac.)

Perugino, *Escenas de la vida de san Bernardino,* 1473. Efecto de contraste entre la *terribilità* del hombre armado con su casco y la tranquila seguridad de los jóvenes de aventajadas siluetas. (Perusa, galería nacional de Umbría.)

viejas, ligeras, de verano, pero que se me quedaron pequeñas.» No cabe expresar con mayor claridad la selección de vestidos prácticos y duraderos así como la aprobación del hombre maduro a la decisión paterna, aun cuando ésta rebajara las ganas de aparentar del adolescente: lamentación de que lo nuevo fuese precisamente gris; una queja razonable. La función primordial del vestido corriente es que abrigue. La historia privada del vestido está hecha de estas banalidades, de los precios calculados al céntimo, de los suspiros de satisfacción o de lamento. Más allá comienza la historia del vestido público: lujo, moda, capricho, lo superfluo.

Vestido y comportamiento

Suntuoso o simplemente cómodo, el atuendo se halla estrechamente ligado a lo íntimo: uno se convence de ello con sólo ver el lugar que ocupa en los diarios de gastos, lo mismo que en las imágenes de sí mismo que suscita en el final de la Edad Media. Y si hay que volver ahora a las conveniencias y a los signos, esto se debe a que no se ha agotado su sentido al evocar los niveles sociales de la apariencia. El vestido es siempre más que la materia de que está hecho y sus adornos, se extiende al comportamiento, determina este último tanto como lo valora: señala las etapas de la vida, contribuye a la construcción de la personalidad, y afina el contraste entre los sexos.

Ostentación y urgencia. Al final de la Edad Media, los hombres y las mujeres de las clases trabajadoras conservan, como ya se ha visto, una forma de vestir de base indiferenciada, y, al otro extremo, las formas públicas del aparato oficial dan a la silueta inmóvil de los poderosos el mismo manto de pesados pliegues forrado de pieles preciosas. Entre ambos, el dinamismo de la moda juega con las calidades de las telas y el corte para afirmar, en una evolución paralela, la separación de los sexos. Movilidad económica y aislamiento de castas y círculos privilegiados contribuyen a la aceleración, tanto en la corte como en la ciudad, de los ciclos de una moda más breve y más tiránica, que estiliza las formas hasta lo inverosímil, descubre o subraya mediante el relleno la estructura del cuerpo, alía lo combado y lo moldeado con lo plisado, lo hinchado, lo flotante y lo acuchillado. Una moda nerviosa, violenta, sofisticada, que exalta los escotes y las delanteras, exponiéndolas o sugiriéndolas. Renunciando al aspecto de un clérigo, el joven león hace notar sus músculos y sus articulaciones a fin de asemejarse a san Jorge o a los camaradas del rey Arturo. Es muy posible que la evolución de la armadura, al descomponer las formas por placas y empalmes, contribuyera a subrayar la arquitectura del cuerpo masculino y que el metal diera forma, hasta en los refinamientos de la extravagancia, a la simulación guerrera, altanera y caprichosa de la apariencia. A partir de mediados del siglo XV, el grabado difunde por Europa el modelo del mozalbete enamorado que hace de la conquista de una dama una empresa tan provocadora como un paseo militar.

Frente a esos rubitos arrogantes y seguros de sus encantos, cuya imagen nos ha conservado el retrato, desde Pisanello hasta Durero, la muchacha de la buena sociedad guarda una actitud mesurada. Su silueta por tanto tiempo grácil puede ensancharse al final de la Edad Media, pero la moda femenina, que sigue de lejos la evolución del atuendo masculino, se limita a destacar el talle, a escotar más o menos ampliamente los hombros, a velar o a descubrir la cabellera y el nacimiento de los senos; toca, tocado cónico *(hennin)*, pañuelos o blonda, interponen entre lo público y lo íntimo delicadas y capciosas defensas. La seducción que inspira, la conquista a la que se abandona, no deben hacerle abandonar demasiado pronto el aspecto discreto que recomienda a finales del siglo XIV el caballero de La Tour Landry en su tratado de educación de las jóvenes.

El viaje hace en ocasiones descubrir en casa ajena lo que no se ha sabido ver en la propia. Petrarca describe en Colonia, en 1333, la simplicidad, el frescor perturbador de un cortejo de mujeres que llevan a cabo a la orilla del Rin un rito incomprensible: «¡Qué apariencia, le escribe desde Lyon a su amigo, el cardenal Giovanni Colonna, qué aspecto! *(Que forma! quis habitus!)* La cabeza ceñida de yerbas olorosas, las mangas recogidas por encima del codo, sumergían en la corriente sus blancas manos y sus brazos, mientras murmuraban en su lengua una dulce cantilena (...).» Sorprendente sentimiento de armonía, «tan lejos de la civilización», es decir lejos de las imágenes refinadas y perversas que difunde una sociedad mediterránea más ágil y más libre. Pero a las jóvenes florentinas se las educaba en el mismo apego al pudor y a la dignidad que a sus contemporáneas de Francia o de las tierras del Imperio, si ha de juzgarse por el tono de las correspondencias privadas o por los temas de las homilías de san Antonio, arzobispo de Florencia a

Vittore Carpaccio, *Retrato de Francesco Maria I Della Rovere, duque de Urbino* (detalle), 1510. Es el primer retrato de pie que se encuentra en Italia. Este joven soñador y decidido es el sobrino del papa Julio II, cuyas tropas manda en la Romagna. El duque aparece rodeado de emblemas personales y de divisas genealógicas; iris y lises evocan a la Virgen cuyo nombre ha recibido, y las hojas de roble *(rovere)* que reverdece detrás de él subrayan su identidad y la reconquista del ducado contra César Borgia. (Lugano, col. Thyssen-Bornemisza.)

mediados del siglo XV. El sentimiento de conveniencia que rige el vestido y el comportamiento de las muchachas o de las mujeres casadas se expresa en toda Europa en términos análogos.

El sexo y la edad. Si las leyes suntuarias apuntan sobre todo a reprimir los excesos de la ostentación femenina, es en primer lugar en razón de una muy antigua misoginia del legislador medieval; y luego en función de una simbólica del poder masculino y de una concepción patrimonial de las relaciones entre los sexos. Una vez madura para el matrimonio —en tales términos describe precisamente el Poggio a las jóvenes bellezas suizas que contempla en 1416 cerca de Zurich: *«Puellae iam maturae viro* (...) *in dearum habitum ac formam»*—, la muchacha se ha convertido en un capital ostensible, que la diferencia de edad entre los futuros esposos le promete a un hombre instalado, incluso a un vejestorio. Los reglamentos sobre el lujo o el monto de las dotes apuntan, entre otros fines, a frenar la concurrencia matrimonial, que hace que se suban las puestas.

En cambio no hay ningún riesgo de ver al burgués casado, que comienza a llevar su diario, perpetuar en su porte las provocaciones que podía permitirse antes de establecerse: al enterrar su vida de muchacho, corre un tupido velo sobre las locuras de su juventud desaparecida y no tolerará que su joven esposa se emperifolle o se ponga en evidencia en su mundo privado. Las pedrerías de la dote, las formas que se ocultan con todo escrúpulo, las armonías de colores más discretos, y ya tenemos al «comerciante perfecto» y su familia, según Francesco Sasseti: rostro jovial pero con la estampación de la gravedad, porte de buen tono, movimientos y ademanes estudiados. Aun cuando sea más joven, el «perfecto cortesano», que anuncia al «honnête homme» del siglo XVII, ha de componer sus maneras, ente las que juega su papel la indumentaria. Introducido en escena por Baldassare Castiglione, que resucita los diálogos mantenidos en el entorno de Lorenzo el Magnífico, el hombre de gusto es el que combina con el buen parecer una elegancia bien calculada. Como discriminador social, el vestido ayuda también al individuo a construir su apariencia de acuerdo con las edades de la vida: la moda tiene su momento en la juventud, período resplandeciente entre el gris de la niñez y los colores apagados de la madurez y la vejez.

Alberto Durero, *Escudo de armas.* (París, Bibl. nac.)

Efectivamente, durante los años de juventud y formación es cuando el vestido permite expresar sentimientos personales. No fue privilegio exclusivo del final de la Edad Media poder dar a entender mediante detalles codificados en la apariencia, gustos, intenciones y deseos; seguir la moda es algo que consiste, en todos los tiempos, en plegarse a lo que está en boga y domina mientras uno se esfuerza por distinguirse de los demás. Pero, en las postrimerías de la Edad Media, son varias las corrientes que contribuyen a fortalecer la voluntad individual de distinción: el poder organizador del Estado, que convierte en súbditos a los hombres libres, el endurecimiento progresivo de las instituciones que impone la pertenencia a determinados círculos, o el favor persistente de las novelas de caballería, que hace del rey Arturo y sus pares otros tantos modelos para las

Tabla de madera pintada, siglo XV. (París, museo de Cluny.)

testas coronadas, desde Carlos VI hasta Carlos VIII. La invención de sí mismo, que los jóvenes de buena cuna llevan a cabo, pasa por el aprendizaje del ceremonial y los símbolos: durante el reinado de Carlos IV la moda personal, nacida en la corte de Francia, sirve de asombroso contrapunto al reforzamiento de la etiqueta.

Signos y códigos. Las armas, las divisas y las libreas inscriben su activa presencia en el amplio grupo de camaradas y amigos como signos distintivos, como signos de reconocimiento de los orígenes militares y de las virtudes familiares y políticas. Las pesquisas genealógicas de los notables toscanos se basaron con frecuencia en estos indicios, y el memorial del caballero Georg von Ehingen, noble franconiano de mediados del siglo XV, describe la paciente reconstrucción del patrimonio familiar vinculado a cruces, escudos de armas y blasones esparcidos entre el Main y el Danubio. Los signos se multiplican en el otoño de la Edad Media y regimentan la sociedad: eso representan los «clubs» o *Stuben* de los notables renanos, hanseáticos o sajones; o las compañías de jóvenes patricios, como la *Calza* veneciana, que Carpaccio representa con su vestimenta distintiva; o el extraordinario desarrollo de cofradías, cuyas procesiones despliegan sus largas filas de cogullas y cirios de diferentes colores. Incluso los juegos públicos como el *Schembartlaufen* de Nuremberg o el *Palio* sienés, dan lugar a imágenes de multitudes organizadas de acuerdo con figuras heráldicas que proyectan en el espacio y hacen evolucionar determinadas representaciones codificadas. Las órdenes de caballería laicas, que se crean por toda Europa a partir del segundo cuarto del siglo XIV, designan públicamente a quienes, mediante una cruz, un cordón o una capa, se reconocen sometidos en conjunto a una disciplina libremente consentida en virtud de un voto privado.

También se extiende la costumbre de distribuciones anuales por los príncipes de prendas de vestir uniformes, que atestiguan la liberalidad de los grandes y congregan bajo la misma insignia y los mismos colores a todos aquellos que apelan a su poder. Se han conservado los libros de trajes de las casas de Sajonia y Baviera, de finales del siglo XV y comienzos del XVI: los duques se complacían en hacer desfilar aquellas tropas de servidores marcados con su sello, al tiempo que adornaban periódicamente sus libreas con nuevos detalles que las ponían al gusto del día. Dentro de esta tradición imperial, el ejemplo burgués, en pleno Renacimiento, fue la distribución por la casa Fugger a todo su personal de trajes de ceremonia para la celebración uniformada del matrimonio —en rojo— y del fallecimiento —en negro— de los jefes de la firma.

El aprendizaje de la apariencia. En relación con estos sistemas codificados, la libertad de elección indumentaria supone un aprendizaje que evita las equivocaciones y hace perceptibles las alusiones.

Dos de los textos literarios franceses de mediados del siglo XV en los que el aprendizaje de la apariencia es un elemento esencial de la formación son obra de hombres de acción, acostumbrados a la estrategia de los signos: *Le Jouvencel* (El mozalbete), de Jean de Bueil y *Jehan de Saintré,* de Antoine de La Sale. Este último introduce en escena a un muchacho de trece años al que una noble dama ayuda a inventar su propio sistema de reconocimiento; en el clima de cortesía y educación amorosa que define esta novela, el joven construye laboriosamente la expresión pública de sus sentimientos íntimos. Interrogado por la dama sobre sus paramentos, Saintré describe el escudo de armas que se está forjando: «Hay uno de damasco negro, cuya obra está toda entretejida de hilo de plata, y el campo todo lleno de penachos de plumas de avestruz verdes, violetas y grises en tonos vivos, orlado de penachos blancos de avestruz, moteados de penachos negros así como armiños (...).»

Pero la invención no puede ser una creación total, sobre un telón de fondo tan plagado de signos. Supone la adquisición de un vocabulario y de una gramática. Nos encontramos con monogramas, con divisas bordadas —la de Carlos de Orléans, la de Margarita de Borgoña o las de personajes de segunda fila, que valdría la pena reunir para estudiar sus referencias—, con emblemas heráldicos basados en la fauna y la flora, o que inventan especies desconocidas, así como con todo el lenguaje del color, en el que se fundamentan una tradición de simbolismo místico y culto y el fondo común de representaciones moralizadas: cuando Carlos VII participa en una justa como caballero verde, la corte comprende la alusión caballeresca: los florentinos no ignoran que «vestido rojo» designa al hombre rico desde comienzos del siglo XIII; Matthäus Schwarz, cuando se pone una corona de rosas sobre sus cabellos grises, piensa tal vez en el sombrero de flores de Lancelot; y Ana de Bretaña pronuncia una proclama política cuando lleva luto por Carlos VIII de negro,

En 1549, Matthäus Schwarz tiene cincuenta y dos años; ha sobrevivido a un infarto, e incorpora a la revista de atuendos que ha llevado desde su juventud la visión de un hombre fatigado, conducido en un vehículo de su invención.

como en Bretaña, y no de blanco, como en el reino. En suma, todos los compromisos del individuo a través de la apariencia son susceptibles de glosas; unos pertenecen ya al dominio público y emiten mensajes perfectamente claros, otros introducen una parte de libertad en el campo de las obligaciones; y otros en fin no expresan sino compromisos privados, comprensibles para uno sólo o para unos pocos elegidos: secreto provocador, acertijo, adivinanza, desde las penas de amor de un corazón vulnerado, hasta la apuesta entre amigos. Matthäus Schwarz, en su *Trachtenbuch,* se representa ataviado con el mismo atuendo que los camaradas de juventud, haciendo acto de presencia en un baile con un reloj de arena fijado a su pantorrilla: nunca podremos ya averiguar nada sobre el lenguaje de una velada.

La moda, la edad y la memoria. Cargado con todas las implicaciones culturales, económicas y sociales que se acaban de evocar, el vestido sirve también de referencia biológica al individuo que rememora su pasado. Numerosos autores de finales de la Edad Media y comienzos de los Tiempos modernos asocian la memoria de su apariencia personal con acontecimientos de la vida privada o pública; revelaciones llenas a veces de verdad psicológica, cuando el hombre maduro vuelve por distracción o con emoción sobre la silueta ingrata de su adolescencia, envarada en una vestimenta demasiado larga: tal es el caso del joven conde de Zimmern, que nos cuenta su disgusto al ver el poco caso que sus padres hacían de

Matthäus Schwarz (1497-1574), *Tractenbuch.* A la edad de veintisiete años, el joven director financiero de la casa Fugger de Augsburgo conserva aún el recuerdo de un traje con clave que usó sin duda durante una fiesta. (París, Bibl. nac.)

la moda y su tentativa por conseguir que el sastre impusiera el traje corto que él anhelaba secretamente. Sentimiento del tiempo que pasa, asociado a los comentarios poco amables sobre la vestimenta de los jóvenes, por ejemplo en la crónica de Limbourg, entre 1360 y 1370, o en la crónica doméstica de Konrad Pellikan de Ruffach, en la que el autor se acuerda de la mala impresión que dejaba por su exageración la moda traída por los lansquenetes alrededor de 1480.

El documento más novedoso sobre la manera de vestir a finales de la Edad Media y durante la época del Renacimiento es sin duda alguna el *Trachtenbuch* de Matthäus Schwarz, especie de autobiografía de la que ya se ha hablado: una historia mediante viñetas comentadas de sus propios hábitos vestimentarios; no de los públicos, que son, según él, atuendos de Carnaval, sino de los diseñados y ejercutados según sus instrucciones por su sastre para diversas ocasiones de su vida privada, tales como aniversarios, matrimonios y fiestas. Este proyecto adquiere toda su consistencia por dos razones: de una parte, por la intención manifiesta de comparar la evolución de la moda actual con las vestimentas de generaciones pasadas, de suerte que Matthäus Schwarz es sin duda el primer historiador del vestido, atento a los cambios y a los ciclos; y de otra, por el doble propósito de transformar en crónica de la vida privada lo que no era más que un catálogo de prendas de lujo, y remontar el curso del tiempo hasta los primeros recuerdos perceptibles, «como en medio de una nebulosa» a la edad de cuatro años, y luego, más atrás aún, alcanzar la verdad de los comienzos, en los pañales, «el primer vestido» de este mundo, y el vientre materno —«donde me hallaba escondido». Como indicador del tiempo privado, la vestimenta de los inicios se corresponde con el atuendo doméstico del anciano, debilitado por un infarto («la mano de Dios») y que deambula por su casa a pasitos, embutido en una hopalanda negruzca, con su cachaba y su bonete.

Urs Graf, *El lansquenete empenachado,* 1523. No se puede llevar más lejos la extravagancia: las plumas de la apariencia hacen desvanecerse la realidad del lansquenete. (Museo de Basilea.)

Llegados a este grado de resonancia intimista, ya no falta más que el cuerpo desnudo, el mismo que aproxima, en la confusión de todas las clases sociales, al enfermo en su lecho, al comerciante solícito, al pordiosero que tirita de frío y al príncipe vestido de seda. En virtud de una pirueta que no carece de profundidad, Matthäus Schwarz propone, en medio de su libro, su propio cuerpo bajo sus dos aspectos, «con la gordura que había adquirido», dice de sí mismo con humor.

El cuerpo desnudo

La desnudez

Protección u ornato, el vestido es la última envoltura de la vida social antes de los puros misterios del cuerpo. Volvamos por un instante al maestro peletero de Lucca puesto en escena por Sercambi y a su temor de perder en el baño su identidad al mismo tiempo que se despojaba de sus hábitos: siglos de vigilancia cristiana y de prohibiciones moralizantes le impiden reconocerse en su cuerpo opaco.

Pisanello, *Alegoría de la lujuria.* (Viena, Albertina.)

La desnudez es el signo de una regresión con respecto al orden colectivo, de una ruptura con los círculos de la sociabilidad medieval; hasta en los tímpanos de las catedrales, elegidos y precitos aparecen todavía vestidos. La desnudez femenina es la lujuria, malsana y pelirroja, tal como la ve Pisanello; es también la exhibición forzosa de las prisioneras cautivas entre las que un emperador de novela escoge una mujer, o son escenas de violencia al resplandor de las antorchas. En cuanto a la desnudez masculina, se asocia, en las representaciones literarias, a los fantasmas de la locura o la vida salvaje: el niño-lobo, el caballero enajenado carecen de memoria y de gestos controlados, y se hallan recubiertos de una nueva piel; en la catástrofe del baile de los Ardientes, que franqueaba los límites de lo conveniente al introducir en la corte de Carlos VI al hombre salvaje, la opinión común vio la sanción de lo prohibido. Finalmente, en el ceremonial de las ejecuciones públicas, los condenados que se presenta a la contemplación de la muchedumbre se ven privados de sus vestiduras: los ahorcados de Pisanello, los de Villon, los dibujos de Andrea del Sarto para las pinturas infamantes de los capitanes florentinos de 1530, son otros tantos espantosos y grotescos títeres en camisa.

Gloria y suplicio. Estas imágenes y escenificaciones nos ofrecen sin duda ciertos paroxismos obsesivos del cuerpo; lo que tienen en común unos con otros es la privación violenta, escandalosa, degradante, del vestido que hace sentirse seguro y distingue. Pero tampoco faltan otras imágenes que hacen de la desnudez una invención de la cultura cristiana: Adán el glorioso y Jesús el supliciado imponen al pueblo fiel los dos extremos de la historia de la Creación y de la Redención, esplendor del cuerpo virgen y dolor del cuerpo martirizado. A finales de la Edad Media, este espectáculo simbólico se encarna: la lengua alemana no dispone más que de un solo vocablo para la carne del cuerpo viviente y la carne de comer, *Fleisch,* y semejante ambigüedad expresa a la perfección el peso humano, en la pintura del norte de Europa, que habita a partir de comienzos del siglo XV la desnudez triunfante de Adán y Eva, y la desnudez de Cristo torturado hasta la muerte. Se ha retenido a veces del realismo las lecciones tenebrosas: el virtuosismo de los artistas y las expresiones de una piedad morbosa han multiplicado las representaciones de la carne muerta. De la *Pietà* de Enguerrand Quarton a los *Vesperbilder* germánicos y al *Cristo muerto* de Mantegna y, para concluir, a la predela de Holbein, del museo de Basilea, que ofrece el tamaño del ataúd para este cadáver solitario, hay un impresionante recorrido por el camino de la salvación.

Pisanello, *Ahorcados.* (Londres, col. Oppenheimer.)

Pero el nuevo Adán cumple las promesas hechas al cuerpo glorioso del primer hombre. Adán y Eva, en los paneles del *Cordero místico* de Van Eyck, presentan por primera vez en la historia de la pintura occidental la tez, el vello, las redondeces o los repliegues que sugieren la circulación de la sangre y el aliento de la vida; o se estremecen en su desnudez ejemplar bajo el cincel de Rizzo, en Venecia; pintados o grabados por Durero, adquieren toda la elegancia que la Antigüedad recobrada imprime sobre sus ademanes armoniosos. Son imágenes sosegadas y nobles que amansan el cuerpo de la juventud y que pregonan la belleza del mundo, en el que el hombre se ha convertido en la medida de todas las cosas.

Es posible que el primer estudio de un desnudo posando ante un pintor sea el dibujo de Durero, fechado en 1493, y que representa a una joven desnuda de pie. Ha dejado caer sus ropas pero conserva sus babuchas de casa, que la aíslan del suelo frío mientras posa. Este detalle de la vida privada le otorga su nueva fuerza al estudio de este cuerpo expuesto sin pretexto alguno ni segundas intenciones a la mirada que lo escruta lo mismo que escrutaría una flor o un fruto. Ahora se puede medir el camino recorrido desde la Eva metafísica de Autun, que no dejó ninguna huella de su gestación; la joven alemana de 1493 es uno de los innumerables retratos posibles de Eva en el siglo XV y ni siquiera se la toma como su modelo.

El diálogo entre el hombre y su imagen, tal como se la remiten los artistas, participa de la nueva conciencia que los hombres y las mujeres de finales de la Edad Media tuvieron de la revelación de su cuerpo. Y ello aunque no se hicieran ilusiones sobre el cuerpo delicioso y pecador, del que el alma habría de escapar con el último

Altar doméstico, siglo XV. El cuerpo martirizado de Cristo atado a la columna, ofrecido a la compasión de los fieles. Se trata en este caso de un retablo de piedad privada, que su formato permitía colocar en la propia alcoba. (París, museo de Cluny.)

suspiro para ir a habitar en la sombra el cuerpo doliente del purgatorio.

Frente al desnudo reconciliado del otoño de la Edad Media, que nadie espere que va a poder conocer por fin la intimidad. Lo privado se nos escaparía, si creyéramos encontrarlo dispuesto a revelársenos bajo la capa de las convenciones y los signos. No se alcanza lo íntimo igual que se pela una cebolla. La intimidad es ciertamente el último círculo de lo privado, ¿pero pasa necesariamente por el cuerpo ofrecido, despojado, asediado? Si levantara los edredones de los lechos «bien arreglados», linterna en mano, el medievalista no hallaría sino cuerpos desnudos y dormidos. La desnudez supone una mirada, una mirada percibida, y luego la

Alberto Durero, *Joven posando desnuda.* (Bayona, museo Bonnat.)

Matthäus Schwarz (1497-1574). *Tractenbuch.* Uno de los retratos más antiguos que se conocen de un hombre que posa desnudo ante el pintor. (París, Bibl. nac.)

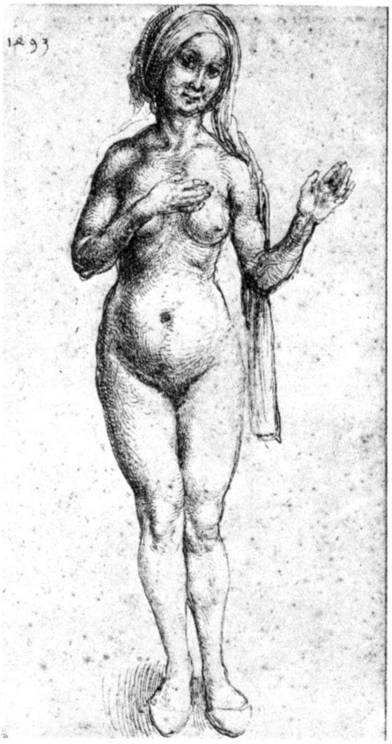

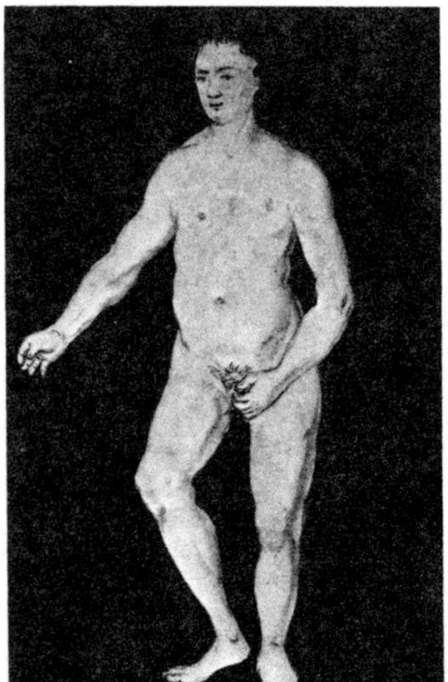

llamada que resonó en el paraíso de los primeros días. Tratemos al menos de sorprender, en esta etapa, la mirada que los hombres y las mujeres del final de la Edad Media dirigieron a su propio cuerpo.

Las funciones naturales. Si la salud del cuerpo es un elemento determinante de la vida privada de los individuos, la única forma de aproximarse a semejante verdad tendrá que apoyarse en el análisis de los hechos estadísticos.

Puesto que se posee sobre los individuos, a partir del último tercio del siglo XIV, una documentación iconográfica mucho más amplia y fiable que para las generaciones anteriores, valdría la pena considerar como una población estadística el conjunto de los retratos conservados por clases de edad y por regiones, a fin de intentar, mediante fotografías de grupo, una aproximación a su salud física. A través del filtro de la pintura, extraeríamos sin duda de este examen la impresión de que los notables urbanos estaban bien alimentados, si bien ciertos detalles no dejarían de revelar, tal vez, complexiones o afecciones esclarecedoras para la historia fisiológica de un medio social. O por lo menos una clasificación por temperamentos, del sanguíneo al melancólico, ya que los secretos del carácter se desenmascaran, según el *Calentario de los pastores,* gracias al semblante. La tez, fruto de decocciones internas, es esencial en la Edad Media para la percepción de la identidad personal hasta el punto de que las heroínas de novela se tiñen simplemente el rostro a fin de pasar inadvertidas. Bajo la piel y la tez, el esqueleto. La osatura es también una señal, cuya medida estadística merece la pena de emprenderse: tamaño de las piedras sepulcrales y de las estatuas yacentes, gálibo de las armaduras, cuyas colecciones se hallan dispersas por toda Europa, y que no dan la impresión de que los guerreros que intervenían en las justas y los jefes fueran de talla reducida. Pero son sobre todo las investigaciones sistemáticas emprendidas a partir de las sepulturas rurales las que están enriqueciendo desde no hace mucho tiempo el conocimiento histórico sobre la parte más numerosa de la población europea de finales de la Edad Media. Los campesinos, que no disponían de tiempo para discurrir sobre los temperamentos, tenían, a buen seguro, la tez curtida o tostada. Así es como los describen los textos literarios que los sacan a escena. Los escasos retratos que los captan como personas y no como estereotipos ponen de relieve el vigor y la salud del modelo, como la de la mujer eslovena que posó tan sonriente para Durero, o la del barbudo con gorro de piel de cordero que se prestó al juego antes Lucas Cranach el Viejo.

Las apasionantes averiguaciones que se están desarrollando a partir del examen de los esqueletos, como las llevadas a cabo en Saint-Jean-le-Froid por F. Piponnier y R. Bucaille, han aportado nuevas conclusiones sobre la constitución física, el régimen alimentario, y hasta los grupos sanguíneos de ciertas poblaciones rurales. A diferencia de los mineros, como los del villorrio de montaña de Brandes en Oisans, expuestos al saturnismo y a las deformaciones óseas debidas a sus condiciones de trabajo, los campesinos de Borgoña han dejado señales irrefutables de su buen estado de salud:

bien plantados, poseían una excelente dentición, y sus huesos no presentan huellas de enfermedades crónicas. No hemos de extender a toda Europa el resultado de unas encuestas iniciales, pero sí cabe comprobar, con M.-Th. Lorcin, que la arqueología confirma en este caso la imagen que nos ofrecen del hombre del campo textos como los *Fabliaux,* y las *Novelliere* de Sercambi, o miniaturas como las de *Las muy ricas Horas del duque de Berry*. Los personajes representados aparecen en la plenitud de sus fuerzas; poseen la frescura inocente y brutal que Emmanuel Le Roy Ladurie advierte en la población de Montaillou; cumplen con toda su energía las funciones naturales del cuerpo, comer y beber, evacuar y hacer el amor.

Lucas Cranach el Viejo, *Retrato de un campesino*. (Londres, British Museum.)

Alimentarse. Un cuerpo como éste en buen estado se halla sin duda mejor alimentado a finales de la Edad Media que en siglos pasados. Los supervivientes de la peste negra y sus descendientes conocieron, al menos en algunas regiones, condiciones materiales de vida bastante mejores, si se tienen en cuenta índices como la elevación de la productividad cerealista, el fuerte consumo de carne en todos los medios urbanos que las fuentes permiten entrever y el aumento considerable del consumo de vino y cerveza, desde Gascuña hasta el Báltico y Europa Central entre los siglos XIII y XVI. Los salarios en especie entregados en las mismas obras en construcción, la comida habitual de los enfermos hospitalizados, o el régimen equilibrado de calorías que ha estudiado L. Stouff en Arles correspondiente a mediados del siglo XV, dan la impresión de presupuestos menos apretados y de una atención mayor prestada al valor nutritivo de los alimentos; impresión de conjunto que no debe hacer olvidar ni las cortes de los Milagros, ni el vagabundaje de la miseria entre las tierras baldías y las ciudades superpobladas, ni las víctimas de las incursiones armadas y de la guerrilla, ni la falta de resistencia incluso de los mejor alimentados ante el contagio epidémico. Comer bien sigue siendo para muchos, como para Till Eulenspiegel, una realidad intermitente que suplen olores y aromas de la cocina de los ricos; el país de Cucaña es el territorio onírico de los placeres insaciados, donde hay de todo (el país de Jauja de los proverbios españoles); y las francachelas rabelesianas se inscriben en una tradición que celebra ciertos ritos de sociabilidad comunes a todos los grupos sociales, por más que sean ocasionales. Entre las funciones naturales del cuerpo, comer y beber, en casa o fuera de ella, en la posada, suponen compañía: beber del mismo jarro basta para base de la buena educación, porque. ¿quién beberá el primero? Emmanuel Le Roy Ladurie ha hablado de una «cultura de la promiscuidad».

Las restantes funciones son más discretas, y ello en todas las sociedades; la relativa riqueza de la documentación de los siglos XIV y XV ha dejado textos sobreentendidos, pero no imágenes, sobre la evacuación y el coito, dos funciones que la anatomía ha aproximado en su localización corporal. Hay textos médicos y quirúrgicos, pero M.-Ch. Pouchelle ha puesto de manifiesto que la imaginación de sus contemporáneas situaba a sus autores entre los basureros y los carniceros.

Jörg Breu el Viejo (h. 1475-1537). *Albergue.* Los unos se regodean, los otros juegan al chaquete, y hay quien se calienta ante la estufa de porcelana. (París, Escuela de bellas artes.)

Evacuar. El cirujano Mondeville, autor de la primera obra consagrada en francés al cuerpo entreabierto y demostrado, fue quien embalsamó a Felipe el Hermoso y a Luis X el Testarudo, y pudo observar también las partes menos nobles del cuerpo, situadas bajo el diafragma, allí donde, después de haber sido elaborados los humores nutritivos, se acumulan y se purgan los desechos.

Son bien conocidos los problemas edilicios con los que se encontraron al final de la Edad Media organismos urbanos de todos los calibres, al tratar de controlar la evacuación de los desechos. Comisiones de notables y arquitectos jefes de los municipios deliberaron sobre problemas cotidianos que no son otra cosa que la multiplicación de problemas familiares e individuales. Una mirada a la vida privada, desde este punto de vista, es una mirada a los retretes. Escapar a la promiscuidad quiere decir tener *retretes y excusados* donde uno puede aislarse un instante. Los castillos y las ciudades rodeadas de murallas cuentan con sus letrinas públicas, que dan a los fosos y las zanjas; se las encuentra dispuestas aún en la sala de guardia del castillo de los condes de Gante. La ciudad de Nuremberg disponía en el siglo XV de sentinas abiertas, paralelas a la parte de atrás de las casas y perpendiculares al río; los residuos que se acumulaban allí, por falta de agua corriente, tenían que acarrearse periódicamente y sacarse fuera de las murallas. Las cuentas de reparaciones en los castillos de los duques de Borgoña y los procesos por problemas de vecindad estudiados por S. Roux en la montaña de Santa Genoveva muestran los gastos del confort privado; cuando Durero entra en la fonda, en Venecia, en 1506, no deja de indicar los retretes que hay, en el plano, piso por piso, que dibuja de la casa.

Hay ocasiones en que la inevitable promiscuidad ultraja el pudor; por ejemplo, el largo viaje en galera que impone a los peregrinos que navegan hacia Jerusalén, mezclados todos ellos, la mirada mutua e involuntaria sobre sus respectivas posturas íntimas. El fraile dominico Félix Faber de Ulm, que viajó en dos ocasiones a Tierra Santa, en 1480 y en 1483, redactó un texto de un crudo realismo para uso de sus sucesores: el aventurero, una vez vuelto a la celda íntima de su convento suavio, narra sus aventuras y da públicamente algunos consejos de conducta privada:

«Como dice el poeta: mierda a punto es carga insoportable *(ut dicitur metrice: maturum stercus est importabile pondus)*. Algunas palabras sobre la manera de orinar y de cagar a bordo.

»Cada peregrino tiene junto a sí sobre su yacija un orinal —recipiente de barro, o frasco— en el que orina y vomita. Pero como aquellos lugares resultan estrechos para la muchedumbre que albergan, además de oscuros, y con tantas idas y venidas, es raro que los dichos recipientes no se viertan antes de la madrugada. Por lo regular en efecto, impulsado por una necesidad apremiante que lo obliga a levantarse, un desgraciado derriba a su paso cinco o seis orinales, extendiendo así un hedor intolerable.

»Por la mañana, cuando los peregrinos se levantan y les pide gracia su vientre, suben al puente y se dirigen a proa donde, de un lado y otro del espolón, hay dispuestos distintos retretes. No es raro que se forme delante de estos lugares una cola de trece o más personas que aguardan a tener sitio en el asiento, y no es apuro sino irritación lo que se manifiesta *(nec est ibi verecundia sed potius iracundia)* cuando alguien se retrasa más de la cuenta. Yo comparaba de buena gana esta espera con la de las gentes que se confiesan en tiempo de Cuaresma, cuando, de pie, se irritan a causa de las confesiones interminables y aguardan su vez de mal humor.

»De noche, es una ruda empresa la de acercarse a los retretes en razón de la muchedumbre acostada y dormida de un extremo al otro de la galera. El que quiera acudir a ellos ha de pasar por encima de más de cuarenta personas, y a cada paso saltar de una zancada sobre alguien; entre un paso y otro, corre el riesgo de dar un puntapie a un pasajero o de resbalarse entre dos peldaños y caer hacia atrás sobre un durmiente. Con sólo que roce a alguien, no tardan en oírse las injurias. Los que no tienen miedo ni sufren vértigo pueden subir a proa trepando por los costados del navío y propulsándose de cuerda en cuerda, cosa que hice algunas veces a pesar del riesgo. También se puede, saliendo por las escotillas de los remos, pasar asiéndose de un remo a otro; pero este procedimiento no es para gente medrosa, porque sentarse a horcajadas sobre los remos es peligroso, y los mismos marineros no suelen hacerlo.

»Pero las dificultades aumentan con el mal tiempo, porque los retretes se hallan entonces batidos constantemente por golpes de mar y los remos colocados encima de los bancos. Ir al excusado en plena tormenta, es exponerse a quedar completamente empapado, hasta el punto de que hay viajeros que se quitan las ropas y van al retrete totalmente desnudos. En este recorrido, el pudor *(verecundia)* tiene no poco que sufrir y no dejan de sobresaltarse las partes pudendas *(veremunda)*. Los que no están dispuestos a hacerse notar de esta manera van a agacharse en otros lugares que no dejan de ensuciar, lo que da lugar a escándalos, grescas y desconsideración a las personas honorables. Los hay en fin que utilizan sus bacinillas al lado de su camastro, cosa infecta que envenena a los vecinos y que sólo se les puede tolerar a los enfermos, con los que hay que tener consideración: las palabras no son capaces de encarecer lo que tuve que soportar de un vecino de cama que estaba enfermo.

»El peregrino ha de poner cuidado en no aguantarse las ganas, llevado por un falso pudor, y en no dejar tampoco libre el vientre: las dos actitudes son perjudiciales para el viajero embarcado. En la mar, se estriñe uno con facilidad. Yo le daría al peregrino un buen consejo higiénico, y es que fuera cada día dos o tres veces a los retretes, aun cuando no sienta una necesidad espontánea, a fin de contribuir con discretos esfuerzos a favorecer la evacuación; no tiene porqué desesperar si a la tercera o cuarta vez no se ha producido aún. Que vaya con frecuencia, que se desate el cinturón y todos los nudos de sus vestidos sobre pecho y vientre, y conseguirá evacuar aunque tenga piedras en el intestino. Este consejo me lo dio un viejo marinero, una vez en que yo me encontraba terriblemente estreñido desde hacía varios días; mientras que en la mar no es nada seguro tomar píldoras o supositorios *(pilulas aut suppositoria accipere)*, porque si uno se excede en la purga los inconvenientes pueden ser más graves que el estreñimiento.»

El enorme interés de este texto, basado en una experiencia personal, radica sobre todo en inscribirse como un jalón precursor en la descripción de la intimidad corporal. Con más humor que Samuel Pepys y menos narcisismo perverso que James Joyce, el dominico de Ulm hace entrar en el dominio público las funciones naturales menos brillantes. Embarque obliga: conveniencias y pudor se dejan entre paréntesis, y todo el mundo queda expuesto a su vez a las miradas de los otros. Mediante juegos de palabras, una comparación irreverente y el análisis razonado de situaciones digno de un *Kriegspiel,* la buena salud de fray Félix ofrece sobre un capítulo delicado una serie de variaciones propias de un moralista que se precia de saber escribir. La información que proporciona sobre la existencia de supositorios merece también subrayarse, lo mismo que la transmisión oral de prácticas de salud —en este caso de hombre a hombre— que economiza prescripciones médicas. La imaginación del autor disculpa incluso los movimientos incontrolados que suscita la mirada sobre el sexo de los demás: al contrario que lo escrito tres siglos antes por Guibert de Nogent en su autobiografía, tales movimientos no revelan malos pensamien-

Miguel Ángel, *El rapto de Ganimedes*. (París, Bibl. nac.)

tos, sino la existencia de complejos mecanismos que la mirada pone en marcha: todos los movimientos del cuerpo radican en el espíritu.

Hacer el amor. «Felix conjunctio...», exclaman con regocijo los *Carmina Burana*. Entre las voluptuosidades físicas dejadas en el pergamino por los monjes de Ottobeuren y las canciones de amor del Renacimiento, corre una fresca tradición del placer físico que atraviesa, enriqueciéndose a cada paso, el final de la Edad Media. Paseos galantes, discursos amorosos, escarceos que retrasan las caricias y avivan su espera, aquellos siglos fueron sin duda menos reservados que los precedentes a este propósito: ¿pero cuál es la separación entre las canciones y los actos?

Perfectamente privada por naturaleza, la unión carnal se vio rodeada por la sociedad medieval de ritos publicitarios, cuando se trataba del acto que fundaba una familia, hasta extremos como el del lecho nupcial en que se acuestan los recién casados bajo la mirada de sus allegados, o la jubilosa exposición de las sábanas al día siguiente de la consumación del matrimonio. Pero no se deja al desnudo a la recién casada, ni la posesión, ni el placer. El acto sexual, lo mismo el primero que los siguientes, el legítimo como el furtivo, necesita la sombra y el retraimiento. Entre los ricos, el sentimiento de las conveniencias ha expurgado con todo cuidado en los textos concernientes todo aquello que pudiera tener que ver con los preliminares del amor físico: sólo escaparon algunas imágenes, como por ejemplo la del rey Luis el Bávaro, solo en su

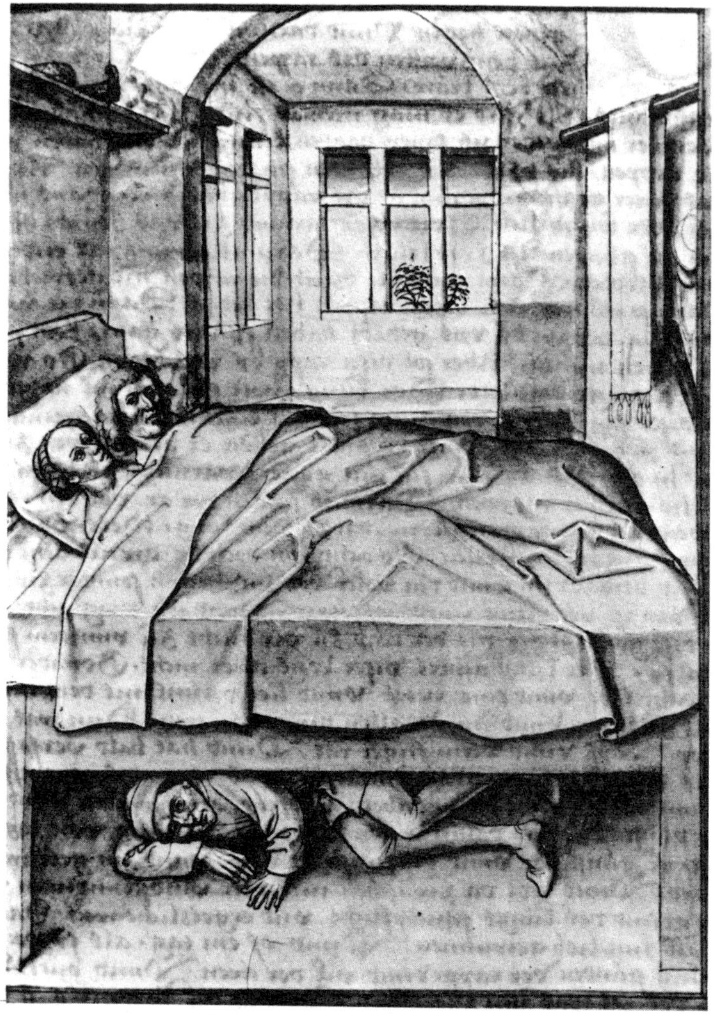

Las Fábulas de Bidpaï, siglo XV. (Chantilly, museo Condé.)

palacio, con la excepción de los familiares necesarios para su servicio, muy atareado en acoger en su lecho a su segunda mujer, Margarita de Holanda, de la que se hallaba muy enamorado.

Pero las únicas imágenes autorizadas de la cópula son monstruosas o fabulosas; de un lado, los demonios que poseen a una de sus víctimas, que aparece perdida en un bestiario; del otro, Leda, perfecta mujer de mundo acosada por su cisne, o Ganimedes, extrañamente trastornado por el águila de Miguel Ángel. Entre ambos, la banalidad que no hay por qué mostrar.

Disponemos, para el final de la Edad Media, de algunos tipos de textos que nos permiten imaginar los comportamientos sexuales a partir de ciertos discursos amorosos, de algunos gestos descritos, de códigos normativos y de procesos que designan, juzgan y condenan. ¿Es posible reconstruir la normalidad con casos singulares y reglas generales? Cuando san Antonio de Florencia exhorta a las madres a que acudan al sermón con sus hijas a fin de que estas últimas se instruyan en las prácticas contra natura que, en su ignorancia, corren el riesgo de aceptar en su vida de mujeres casadas, podemos advertir, de una parte, una sorprendente libertad de expresión pública sobre la sodomía en la pareja y, de otra, un reflejo evidente de la práctica: ¿pero decidió el santo arzobispo intervenir públicamente tras algunas confesiones inquietantes, o porque la mayoría de sus ovejas le había llevado, a fuerza de revelaciones concordantes, a sentirse alarmado?

En las deposiciones bajo juramento —que tanto nos han enseñado sobre los feligreses de Montaillou y su cura—, el acto sexual aparecía como la satisfacción de una necesidad elemental de los hombres, que encuentran siempre, de grado o por fuerza, su pareja. La violencia forma a veces parte del juego: la castellana de Montaillou tiene que ceder ante el deseo del primo del cura. La situación se invierte en algunas ocasiones; el vicario Barthélemy Amilhac refiere la conversación siguiente: «Ella me dijo: "Ven esta noche a mi casa"; cosa que hice. "¿Para qué me quieres?" Y ella me dijo: "Te quiero. Quiero acostarme contigo" Y yo le dije: "De acuerdo".» *Sancta simplicitas*... En Montaillou, el placer garantiza la inocencia de una unión, sobre todo cuando la diferencia de edad entre esposos le proporciona una oportunidad al ambicioso que codicia a una «mal maridada»; es el tema por excelencia de la literatura de la lengua de *oc,* ilustrado en el siglo XIII por la novela de *Flamenca.*

El mismo apresuramiento y los mismos jadeos nos trasmite la lectura de las actas judiciales, cuando hay de por medio violencia, y el placer es algo que se arranca al cuerpo sometido; pero entre ambos elementos de la pareja es muy frecuente la diferencia de condición. Se trata de mujeres honestas de las que se ha abusado, de muchachos y chicas jóvenes víctimas de trastornados. Mientras su maestro se retrasa un día de 1412 por jugar al ajedrez en un albergue de Venecia a dos pasos de la casa de ellos, los dos hijos de un rico sedero, Amado di Amadi, son arrastrados a la trastienda y violados. No es cierto que la homosexualidad, horriblemente sancionada entre adultos, fuera solamente un fenómeno urbano, como parece creerlo Jacques Fournier a lo largo de sus pesquisas entre los cátaros meridionales. Es más bien un hecho que tiene que ver con un tipo de edad y que se da en todos los ambientes. Los hábitos de promiscuidad en el lecho y los contactos consiguientes —Arnaud de Verniolles, uno de los personajes de Montaillou, fue iniciado en Pamiers, a la edad de doce años, por uno de sus camaradas nocturnos—, la costumbre de vivir entre muchachos durante diez o quince años antes de establecerse bastarían para hacer comunes, hasta el tiempo del matrimonio, juegos más o menos atrevidos con el cuerpo de los propios compañeros. Todavía es más escasa la información sobre las muchachas entre ellas, si se tiene en cuenta que la vida del gineceo les resulta sospechosa a los misóginos —«Las mujeres tienen conversaciones torpes cuando están solas entre ellas», escribe en 1340 Jean Dupin—, y que las mujeres se bañan juntas en el *Roman de la Rose;* la pintura aristocrática difunde precisamente, durante el primer tercio del siglo XVI, el tema de las amigas que intercambian durante su *toilette* medio desnudas, con un tranquilo impudor de diosas, caricias y pellizcos fuertemente sensuales.

Gobernar el cuerpo

Jost Amman, 1574. (París, Bibl. nac.)

De movimientos más libres en las representaciones, ya que no en la vida cotidiana, el cuerpo es objeto, al final de la Edad Media, de cuidados más solícitos. Las diferentes corrientes del conocimiento y la sensibilidad convergen en una moral práctica, que aspira a mantener lo mejor posible la mecánica corporal. Sin duda que las formas nuevas de la devoción, a partir del siglo XIV, siguen conservando de la tradición ascética la preocupación por mantener el cuerpo en su lugar; pero, si la santidad extrema pasa siempre por el abandono y el desdén de nuestra condición mortal, si el movimiento penitencial hace de los flagelantes unos especialistas en la tortura y la humillación del cuerpo, la masa de los fieles se ve incitada a la imitación de Cristo, que no era un ermitaño, sino un hombre que vivía en medio del pueblo. La predicación de san Antonio, o de Geiler von Kaisersberg, no truena contra el cuerpo, sino contra ciertos excesos de atención al cuerpo que distraen de lo esencial, que es la vida espiritual. En este terreno, no contradice la curiosidad naturalista, fortalecida por el Nuevo Aristóteles que trata de comprender mejor las funciones del cuerpo a fin de ayudar al individuo a equilibrar su comportamiento: medicina y moral resultan ser indisociables, porque hacen triunfar a la vez la idea de mesura. Ésta es la idea central del magno tratado de Konrad von Megenberg, *Das Buch der Natur,* fechado en 1349, que recomienda un estilo de vida corporal perfectamente compatible con la interioridad. Dieta, movimiento, aire libre, baños frecuentes, *mens sana in corpore sano.* Aunque no deja de aprobar las hazañas físicas de los caballeros en los torneos, no hay nada que vaya en contra de las virtudes espirituales de los atletas de Cristo, que deberían ser todos los cristianos: es conocido el fervor con que al final de la Edad Media toda Europa celebró a san Jorge y a san Miguel.

Recetas de vida. Se han conservado numerosas recetas, copiadas en los diarios domésticos, entre las cuentas y las plegarias, o reunidas en fascículos, que atestiguan el valor que los individuos atribuían a las reglas de salud que sirven para mantener el cuerpo y lo defienden; breviario del saber y las experiencias, corpus europeo de la higiene racional —donde evidentemente no dejan de deslizarse algunas solemnes o vulgares tonterías—, formada por tradiciones familiares, entre las que el conocimiento de la gente sencilla es transmitido por las mujeres, y el de la práctica culta de la medicina difundido por los universitarios vinculados al servicio de los príncipes y las colectividades. Vemos así cómo se desarrolla durante el siglo XV un discurso sobre el niño en sus primeros años que propone a las madres un plan educativo completo. Un tratado

M. Albir, *Tractatus de pestilentia,* siglo XV (Praga, Bibl. nac. de la universidad.)

Durante el siglo XVI, entre los profesionales de la salud figuran el barbero y el maestro-sangrador; el primero lava la cabeza de sus clientes, les corta la barba y el pelo, y hace emplastos y curas; además de practicar la sangría. El segundo aplica las ventosas, da masaje a sus pacientes y reduce sus dislocaduras. Los límites entre ambas profesiones están aún menos definidas un siglo antes; en todo caso desbordan ampliamente los dominios del placer y de la higiene.

del Dr. Bartholomeus Metlinger de Augsburgo, fechado en 1475, consagra amplios desarrollos a la lactancia y al destete, a la dentición, al niño en la cuna y al paseo, al régimen alimentario y a los primeros pasos.

Al desarrollo y mantenimiento del cuerpo contribuyen por otra parte determinados hábitos profilácticos basados en la observancia de algunos consejos y remedios: fumigaciones, collares y bolitas de ámbar, triaca veneciana, que lo cura todo. Los signos se multiplican a lo largo de los siglos XIV y XV a propósito de la vigilancia preventiva. Los viajeros han de precaverse —ya se ha visto a propósito de la galeras— contra los riesgos que van a correr, lejos de su medio habitual, expuestos a los cambios de clima propicios a los gérmenes infecciosos y al ataque inopinado de la pestilencia; algunos tratados venecianos reúnen para uso de los embajadores las informaciones

Benedetto San Moro, *La Novela de Troya en verso y otras historias,* manuscrito veneciano del siglo XIV. El médico sangrador. (Venecia, Bibl. Marciana.)

sobre las rutas de Europa central y las precauciones que tomar, cuando se cabalga y cuando se detiene uno en una posada.

Príncipes o gente interesada, como el médico nuremburgués Hartmann Schedel, reúnen colecciones de tratados en que la materia médica recoge la ciencia antigua y le agrega otros saberes: conocimiento de las piedras preciosas, anatomía, signos del zodiaco, farmacopea, fórmulas propiciatorias, tan vasto es el campo que ocupa el cuerpo humano, entre las estrellas y el alambique. Empleadas en condiciones precisas, hay numerosas recetas que procuran ofrecer garantías contra todas las sorpresas del enemigo. El libro de recetas del emperador Maximiliano, redactadas en su entorno *contra pestilentiam,* aspira a prevenir la enfermedad: «No se conoce ningún caso de muerte por envenenamiento ni de ataque grave por pestilencia de nadie que haya bebido esta *aquavita* todos los días mañana y noche. Quien haya contraído este hábito eliminará cualquier veneno que intente atacarlo.» La búsqueda de la inmunidad, la noción de régimen habían penetrado en la conciencia del público, que buscaba armas para defenderse.

El mal acecha. El enemigo no es desdeñable y, mientras se analizan sus síntomas, el contagio avanza. Una vez que el mal merodea por la alcoba del enfermo, hay que reunir las propias fuerzas para poner en regla sus negocios de acá abajo e impedir la victoria del demonio. La vida privada concluye con esta batalla pública en la que se empeñan los poderes sobrenaturales; codicilos febriles añadidos a toda prisa a un testamento, última carta a sus familiares si se va a morir lejos de ellos. Los organismos mejor constituidos sucumben con rapidez; la resignación ante ello es unánime. Los últimos momentos en que el cuerpo sostiene aún la vida del espíritu resultan, en las fuentes escritas de la Edad Media tardía, particularmente conmovedores. He aquí algunos ejemplos, que nos permiten asistir a la desaparición de determinadas personas privadas.

1478. Una pestilencia asola Venecia. Un rico comerciante del Norte, Heinrich von den Chaldenherbergen, comprende que está perdido. Acostado en su habitación del Fondaco, donde los alemanes viven entre ellos, hace venir a unos compañeros de fatigas para que le ayuden a poner en regla una compleja situación, muy cambiada desde su testamento romano de 1476:

«Yo, Heinrich Kufuss de Amberes, testifico por mi alma y conciencia que Heinrich von den Chaldenherbergen, agente del señor Andolph von Burg, me ha hecho acudir a su habitación. Yo he acudido y comprobado que se hallaba muy mal. Y el dicho Heinrich me ha pedido que vaya a la banca Soranzo y haga allí redactar un trato por cuenta del señor Piero Grimani, lo que hice que se hiciera en su nombre. Le he dicho además que debía confesarse y hacer su testamento, y continuar viviendo como un cristiano, que no por esto iba a morir antes. Y me ha respondido que sería en efecto cosa buena y que él quería hacerlo. Y yo le he respondido y dicho: "Cuando estabas en Roma, a lo que yo sé, hace alrededor de dos años, has hecho un testamento y adoptado tus disposiciones", y le he añadido: "¿Quieres que se mantenga el testamento redactado en Roma?" y le he dicho: "¿Quiénes son tus albaceas?" Y él me ha respondido que había desde luego un testamento, pero que en lo demás ya no sabía nada (...).»

Ese mismo año, una noble dama, Anna von Zimmern, se siente mal, se derrumba, escribe y muere.

«Mientras tenía en la mano un racimo de uvas sin prestarle especial atención, salió de él un pequeño gusano amarillo, parecido a una lombriz, se deslizó a lo largo de su dedo pequeño, ése que se llama el dedo de oro, en la mano izquierda, se enroscó en él y a él se pegó. Cuando ella se dio cuenta, llamó al señor Sixt von Hausen para que le quitara el gusano del dedo. Pero apenas hecho esto, se sintió ella mal, abandonó la mesa, y las jóvenes y otras personas que la acompañaban la llevaron a su lecho. Y a toda prisa, por su mandato, fueron a Zurich, que apenas dista una milla alemana, en busca de un médico.

»E inmediatamente, con toda presteza, acertó a escribir a su hijo, el señor Johan Wernher, y a su esposa, una misiva cuyo contenido es el siguiente:

"Mi afecto materno y mis mejores pensamientos, queridísimo hijo y queridísima hija. Sabed que un pequeño gusano, salido de un racimo de uvas, me ha infectado un dedo, y que se ha agravado, de suerte que estoy en cama y, en definitiva, más bien mal y muy débil, y que apenas si puedo escribiros y suplicaros una cosa. Queridísimos hijos, no dejéis de enviarme constantemente algún mensajero y de hacerme saber por él cómo se portan mis muy queridos nietos, los pequeños, porque siento terriblemente vuestra ausencia, la suya y la vuestra. Pero no os inquietéis demasiado, y ante todo,

John Ardenne de Nawark, *De arte phisicali et de cirurgia,* manuscrito inglés, 1412. La enferma. (Estocolmo, Bibl. real.)

Sebastián Brant, *Stultifera navis Parisiis*, 1498. (París, Bibl nac.)

La gente se hace despiojar por los de su confianza; Sansón le reveló su secreto a Dalila mientras ponía en manos de ésta su cabellera.

dadme noticias de los chicos. Dado en Baden, en la noche del lunes de la Natividad de Nuestra Señora, 1478."

»No puedo por menos de insertar aquí una segunda carta cuyo contenido era el siguiente:

"Queridísimo hijo, has de saber que mi situación empeora, hasta el punto de que no tengo ya muchas esperanzas, fuera de encomendarme a Dios Todopoderoso; me siento ahora prisionera de su Voluntad, y Él obrará respecto de mí según su Voluntad divina; y me he hecho fortalecer cristianamente con todos los sacramentos, con toda premura antes de esta noche, porque ignoro cómo irán mis cosas de hoy a mañana. Por eso no dejes tus ocupaciones, pero envíame en seguida mi carta de indulgencia, a fin de tenerla cerca de mí. Asegúrame este favor lo mejor posible, y manifiéstame mientras viva y después de mi fallecimiento todo el afecto de que seas capaz. Muy querido hijo, la carta de indulgencia se encuentra arriba de todo del armario, cuyas llaves están en el cajón. Dado el día de la Natividad de Nuestra Señora del año 1478."

»Pero antes de que esta carta llegara a Mösskirch, había muerto ella.»

En uno de los dos fragmentos de su diario, redactado en 1503, cuenta Durero la dura muerte de su padre, y luego la de su madre. Despertado demasiado tarde para poder asistir a su padre, que transpira terriblemente antes de expirar, el artista conserva de la muerte de su madre la imagen de un combate espantosamente desigual: «Ha conocido una muerte cruel, escribe Durero, y yo me daba cuenta de que ella estaba viendo algo horrible (...) entregó su alma entre dolores.» Semejante combate prefigura el que sostiene el propio artista, cuyas fuerzas físicas le están abandonando. Sabe perfectamente en qué punto es irremediable el ataque a partir del dibujo en el que se representa desnudo, con el dedo fijado sobre su costado y esta inscripción: «Aquí está mi mal» *(Do ist mir weh)*.

Pero si la agonía es, desde siempre, un combate solitario, una persona pública se debe a sí misma y a los que la rodean el ejemplo de una dignidad impasible. Margarita de Austria escribe a su querido sobrino Carlos Quinto una carta que sella su vida como un acto oficial:

Malinas, último día de noviembre de 1530

A Carlos Quinto.

Monseñor,

Ha llegado la hora en que ya no os puedo escribir por mi propia mano, porque me siento tan mal que pienso que mi vida sólo durará muy poco tiempo más. Tranquila en mis pensamientos, y resuelta a recibir cuanto Dios me envíe, sin otro sufrimiento que el de verme privada de vuestra presencia, y no poder ya veros ni poderos hablar antes de mi fin, es preciso que reemplace un poco esas palabras por esta carta que os remito, y que, como deseo, será la última que habréis de recibir de mí.

Os he nombrado mi legatario universal, y os devuelvo vuestros Estados, que durante vuestra ausencia no me he limitado a conservar tal como me los habíais confiado a vuestra partida, sino que he acrecentado considerablemente, y os retorno vuestro señorío de tal suerte que no sólo creo haber merecido vuestra satisfacción, Monseñor, sino también el agradecimiento de vuestros súbditos y la recompensa del Cielo. Por encima de todas las cosas os recomiendo la paz, y os ruego, Monseñor, en nombre del amor que habéis testimoniado a este pobre cuerpo, que conservéis también la memoria de mi alma. Recomiendo a vuestra gracia a mis pobres servidores y servidoras, y os dirijo un último saludo, rogando a Dios que os conceda, Monseñor, prosperidad y larga vida.

Vuestra muy devota tía Margarita.

Purificarse

El cuerpo exaltado en razón de su misma fragilidad es el cuerpo encantador de la juventud: Julián de Médicis ofreció su rubicundez y su prestancia como un estandarte para las fiestas que glorificaban el resurgimiento florentino. En cambio, la vejez, que es físicamente un naufragio —Petrarca estaba convencido de ello y así se lo explica en una carta a Guido Sette—, no merece una solicitud que sería ridícula: Geiler von Kaisersberg se burla desde el púlpito de la vieja arrugada de Estrasburgo que pretendió hacerse reparar *(ausputzen*, pr. «limpiar») y vino a quedar peor de lo que estaba. Hay una edad para embellecerse, y a la juventud, que no tiene nada que restaurar, se le disculpa que quiera darles todo su valor a sus cualidades naturales, con la condición de que no pierda la mesura. La «toilette» tiene virtudes terapéuticas, y en los tratados más austeros de medicina no faltan capítulos dedicados al cuidado de la belleza. La «toilette» nos lleva al baño, en el que nos encontramos con el cuerpo desnudo, aunque no necesariamente con su intimidad, como habremos de darnos cuenta en seguida. Pero antes de lavarlo, hay que desembarazarse de su fauna.

Parásitos. Fauna ordinaria, que aproxima entre sí a los individuos, ya que despiojarse es algo que se hace en familia; en Montaillou, lo hacen al sol sobre los tejados, en el umbral, y es quehacer de mujeres, de amas de casa o de amantes. Pierre Clergue, mientras charla, se hace despiojar por Béatrice de Planissoles. Volvamos a aquel microcosmos que era la galera de peregrinos; el fraile Félix Faber nos narra su experiencia, en este punto como en otros. Los parásitos proliferan si no se hace nada para defenderse de ellos: «Cuando tantas gentes viven en una embarcación, como no se provean de ropa de recambio, vivirán entre el sudor y los malos olores y así es como pulula la miseria, lo mismo en la vestimenta que en las barbas y la pelambre. Por todo ello el peregrino no puede descuidarse, sino al contrario lavarse todos los días: de lo contrario, el mismo que ahora no tiene ni un solo piojo puede llegar a tener un millar dentro de una hora con sólo que tenga el menor contacto con un peregrino o un marinero piojosos. Que cuide por tanto todos los días su barba y sus cabellos, porque si a los piojos les da por proliferar tendrá que raparse la barba, con lo que perderá su dignidad, porque resulta escandaloso no llevar barba en la mar. En

Johannes de Cuba, *Hortus sanitatis*, 1491. (París, Bibl. nac.)

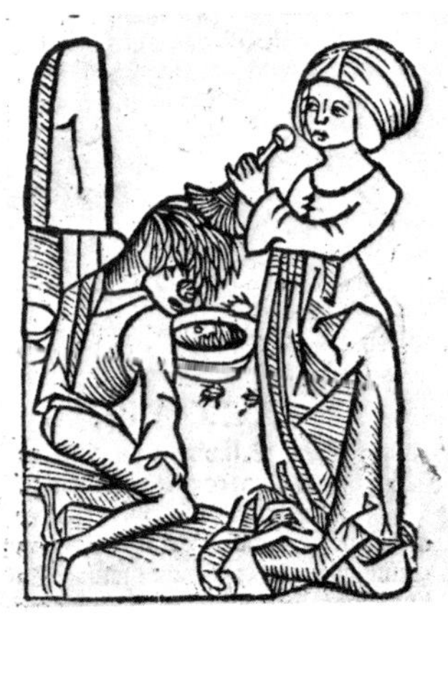

G. D. Platzi, *La bruja*, siglo XVI. Cualquiera que sea el tema de este cuadro, espejo, lebrillos, fuente, flores esparcidas por el suelo, hacen pensar que esta joven en su aposento privado, los cabellos sueltos, los pies desnudos en sus sandalias, se toma mucho tiempo en el cuidado de su cuerpo. (Museo de Leipzig.)

cambio es inútil tratar de cuidar una larga cabellera, como algunos nobles que se niegan a sacrificarla, y a los que he visto tan plagados de piojos que tenían para repartir a todos sus amigos y fastidiar a todos sus vecinos. Un peregrino no debe sentir vergüenza de pedir que le busquen piojos en la barba.»

Hay que hacer retroceder lo inmundo, que sirve de vehículo a los azotes epidémicos; el buen sentido privado está de acuerdo con el interés general. El cuidado del cuerpo es una tarea de salubridad que lleva además consigo su parte de distracción; los héroes y heroínas de hermosas cabelleras y tez blanca y encendida saben el tiempo que dedican a su «toilette»; lo mismo hombres que mujeres, al final de la Edad Media, se lavan y se hacen dar masaje con más frecuencia que sus descendientes. Al menos ésa es la impresión que produce la abundancia de fuentes relativas al embellecimiento y a los cuidados del cuerpo.

Embellecimiento. Los hombres limitan tales cuidados a las grandes sudadas deportivas, a las abluciones y al masaje que las siguen, al uso del peine y de la navaja para los cabellos y la barba de acuerdo con los cánones de la moda —que cambian con tanta rapidez como el atuendo, ahí están los retratos para convencernos de ello. Y eso es todo lo que soporta la virilidad, si se le añaden algunas lociones. Ovidio, que sigue siendo durante el siglo XV el árbitro de la elegancia, recuerda que el cuerpo masculino no exige demasiado, y hay que concluir por tanto que los presumidos tan rizados de Venecia y Florencia, de Brujas y de París, exageran lo suyo. Las mujeres se toman muchas más molestias para seducir, cuando se dedican a ello, y como un buen médico según Hipócrates ha de poder responder a todas las preguntas sobre el cuerpo, los tratados de cirugía incluyen un cierto número de recetas cosméticas, se trate de colorete, de depilatorios, de ungüentos para la tersura de los senos, o de tintes para los cabellos, o sea de pomadas a base de vidrio molido, de astringentes y colorantes que permiten simular la virginidad.

Así, lejos de las sólidas campesinas de las *Muy ricas Horas,* de las devanadoras e hilanderas de las ciudades textiles, de las lavadoras y desbrozadoras de mineral de la región de los Vosgos a las que dibujó Heinrich Gross, o de la región de Bohemia retratadas por Mathias *Illuminator,* se estaba construyendo, insensible a las críticas de la Iglesia, la imagen de una mujer artificial, una Agnès Sorel de tez pálida y cejas depiladas que osaba posar, con los senos desnudos, como modelo para la Virgen con el Niño, o, más tarde, por las épocas de la guerra de los Campesinos, la sorprendente muñeca pintada por Baldung Grien, blanca de albayalde bajo su gran sombrero negro.

Mientras que lo hirsuto expresa el luto, la negra melancolía de Carlos el Temerario que se deja crecer las uñas como si fuera una bestia salvaje, los cuidados del cuerpo aspiran a ordenar, a podar la frondosa naturaleza. Como construcción que es de la cultura, la mujer ha de estar perfectamente alisada y pulida para ser agradable. Los tratados de medicina explican que el vello es la condensación de los vapores groseros, y que el exceso de humedad femenina que no se vierte naturalmente se transforma en espuma que es preciso eliminar. Se procede a la depilación con ayuda de tiras de tela impregnadas de resina, se destruyen los bulbos pilosos con agujas al rojo, y se emplean también horribles depilatorios. En un *Misterio de la Pasión* que fustiga la relajación parisiense, Magdalena es apostrofada en estos términos por su fiel doncella Pasiphaé: «He aquí vuestros ricos emplastos para conservar la piel hermosa y fresca. —¿Estoy así bastante reluciente?, pregunta tras algunos instantes la bella. —Más reluciente que una imagen.»

Pisanello, *Muchacho desvistiéndose.* (París, Louvre, col. Rothschild.)

Lavarse. La piel limpia, lisa, brillante, y todo el cuerpo en proporción, es el resultado de repetidos baños y de un prolongado esfuerzo, que los ungüentos se ocupan de perfeccionar.

Piero de Éboli, *Los baños de Pouzzoles,* siglo XIV. (París, Bibl. nac.)

El lavado del cuerpo ha dejado ya de provocar a finales de la Edad Media las reservas del moralismo monacal; o cuando menos, la práctica del baño y de las estufas parece tan general, y en todos los ambientes, que las prevenciones sobre el lavado completo y frecuente del cuerpo no parecen ya admisibles. El dominico Félix Faber, como ya se ha visto, recomienda enérgicamente la limpieza corporal e insiste además sobre el cambio regular de la ropa interior. Tendremos incluso ocasión de preguntarnos si el lavado frecuente no acabó por adquirir en las representaciones colectivas el mismo valor espiritual que la confesión frecuente. Pero volvamos a la práctica y a la bañera.

La gente suele lavarse de dos maneras, en el agua del baño o en el vapor de la estufa, sola o por grupos. Cuando uno se baña a domicilio, el baño se prepara en la alcoba, cerca del fuego que sirve para calentar el agua; es uno de los primeros deberes de la hospitalidad. Cuando el señor Barnabà Visconti, en el relato de Petro Azario, cumple las promesas que le había hecho *incognito* al campesino que le ayudó a encontrar de nuevo su camino, lo hace lavar con agua tibia antes de ofrecerle el lecho más suntuoso que el desgraciado hubiera visto jamás. En la rica mansión burguesa de finales de la Edad Media, cada uno se desnuda o se baña en su cuarto privado. En la casa de Anton Tucher de Nuremberg, hacia 1500, el amo pasa de su habitación a una pequeña pieza en la que se desnuda, donde se ha instalado un balde cerca de una estufa de latón sobre un suelo enlosado cubierto de listones de madera. Se echan en el agua plantas olorosas, según una receta de Galeno, y se rocía al bañista con pétalos de rosa: «Se arrojaron tantos pétalos sobre mí, dice el héroe cortés de una epopeya austríaca escrita a finales del siglo XIII por Ulrich von Lichtenstein, que ya no se veía siquiera el agua del baño.» En el campo, si se ha de dar crédito a los *Flabliaux,* la práctica del baño no se halla menos extendida que en la ciudad; dentro de casa o fuera de ella, uno se encoge en un balde de agua caliente, bajo una sábana extendida que conserva el calor y convierte el baño en baño de vapor. También pueden bañarse a la vez dos personas, o varias: la hospitalidad y la sociabilidad favorecen los rituales, por ejemplo el del baño de los vendimiadores o el del que toman juntos, la víspera de las bodas, el novio con sus compañeros de juventud, y la novia con sus amigas.

Fuera de casa, en la ciudad o en el campo, se acudía con frecuencia a los establecimientos, a veces administrados por la comunidad. Entre ellos los había que añadían a las abluciones la cura termal; la antigua tradición de las termas se perpetuaba en lugares naturales privilegiados. En el siglo XV, la cura se convirtió en un fenómeno mundano, por ejemplo en Bad Teinach, en la Selva Negra, cuyo *wildbad* (el «baño salvaje», o sea que brota a chorro) atrajo en 1476 al duque Guillermo de Sajonia acompañado de su médico, o en Halla, en el Tirol, cuyas sofisticadas instalaciones describe el embajador Agostino Patrizi, que se dirige en 1471 a Ratisbona.

Los placeres del agua se ven ampliamente compartidos a finales de la Edad Media. Al norte de los Alpes, la práctica de la estufa es muy antigua y está muy difundida; el tratado italiano *De ornatu,* sobre la «toilette» femenina, precisa que el baño de vapor, o *stuphis,* era una receta germánica *(sic faciunt mulieres ultramontanae).* Efectivamente, la sauna —una de cuyas más antiguas descripciones es la trasmitida por el geógrafo y diplomático Ibrahim ben Yacub, que visitaba Sajonia y Bohemia en 973— es una institución muy divulgada en el mundo eslavo y germánico; en la mayor parte de las aldeas, la estufa, señalada por la muestra de un haz de ramas frondosas, funcionaba algunos días por semana.

Un poema épico de finales del siglo XIII, atribuido al austríaco Siegfrid Helbling, describe con gran lujo de detalles todas las fases del baño de vapor que toman juntos, entre otros, un caballero y su criado. En cuanto el encargado del baño hace sonar la trompa, la gente afluye, descalza y desceñida, con la camisa de baño o la bata al brazo; se acuesta sobre los bancos de madera, en la penumbra del vapor, alrededor de las piedras calientes que se rocían con agua cada cierto tiempo, al tiempo que las masajistas llevan a cabo su labor sobre la espalda, los brazos y las piernas, y cada uno se frota el cuerpo con cenizas y jabón o activa la sudación a fuerza de ramalazos. Luego viene el peluquero, que arregla la barba y el pelo; y finalmente se pone todo el mundo su bata para tenderse en un lecho en una pieza vecina. La descripción concuerda con las ilustraciones de la Biblia del rey Wenceslao de Bohemia y con el *Calendario de los pastores* de 1491: el baño y la estufa son sitios de esparcimiento, en que se atiende a la higiene del cuerpo, y donde se puede también discutir, reparar fuerzas y divertirse. ¿Qué mejor lugar para entrevistas galantes de todos los pelajes? La mala reputación de ciertos establecimientos recayó sobre la profesión de bañista y desacreditó el menester de la masajista; el erotismo del agua colorea los encuentros furtivos narrados por *Flamenca,* el poema occitano del amor culpable, en los baños de Bourbon-l'Archambault. Cuerpos impúdicos o cuerpos inocentes, todos ellos se cruzan y se ofrecen en espectáculo; el individuo se ve allí escrutado, tasado, deseado o seducido. Puede imaginarse el encuentro de las miradas; se puede ir más lejos en la pesquisa de lo íntimo, gracias a un texto que nos ha conservado determinados comportamientos así como su propia opinión de contemporáneo. Los ojos de un extranjero —se trata del Poggio cuando visitaba Suiza— hacen caer los estereotipos como si fueran escamas.

Gozos del cuerpo, baño del alma. Habiendo acompañado, en 1414, al papa Juan XXIII al concilio de Constanza en calidad de secretario apostólico, el Poggio, autor de moda, amigo de los humanistas florentinos de primera fila, gran coleccionista de manuscritos antiguos que rebusca por toda Europa, se halla de repente privado de funciones y empleo tras la deposición de su protector, Baldassare Cossa. Entonces, como espectador desocupado, se dirige, en 1416, a los baños de Baden, cerca de Zurich, y el espectáculo resulta verdaderamente sorprendente:

«La ciudad de Baden —la palabra significa «baño» en alemán— está bastante floreciente, situada en un valle dominado por montañas muy altas, cerca de un caudaloso río de rápido curso que desemboca en el Rin a seis mil pasos de la ciudad. Cerca de ella,

Mujer del barreño. (París, Bibl. nac.)

Baños colectivos de agua corriente canalizada, o baño de valor solitario, en que se activa la exudación.

a cuatro estadios, hay un soberbio establecimiento construido sobre el río para los baños. En el centro del establecimiento se extiende una inmensa plaza y, todo alrededor, se levantan magníficas edificaciones capaces para miles de personas. Cada edificio tiene dentro sus baños que sólo pueden usar quienes han sido admitidos. De estos baños, unos son públicos, y otros privados, alrededor de treinta en total.

»Entre los baños públicos hay dos a los que se accede libremente desde uno y otro lado de la plaza, y son estanques para el pueblo y la muchedumbre vulgar, en los que se meten mujeres, hombres, niños y muchachas, y en definitiva la hez de toda aquella masa.

»En estos estanques se ha construido una especie de empalizada entre gentes pacíficas: separa a hombres y mujeres. De verdad que da risa ver a viejas decrépitas, mezcladas entre la juventud, que se meten en el agua completamente desnudas bajo la mirada de los hombres, mostrándoles sus partes naturales y sus nalgas; no he podido por menos de reírme a veces de este género de espectáculo pintoresco, evocando por contraste los juegos florales, mientras admiraba para mis adentros la inocencia de estas gentes, que no se fijan en detalles y no imaginan ni dicen nada malo.

»En cuanto a los baños que hay en las casas privadas, son muy elegantes y comunes también para hombres y mujeres. Los separan unas simples celosías en las que se abren numerosas ventanillas, gracias a las cuales se puede beber allí en grupo, conversar, verse desde uno y otro lado y hasta tocarse, como es costumbre. Por encima de los estanques corren unas galerías donde se instalan los hombres para observar y discutir. Porque cualquiera puede acudir a los baños de los demás, para contemplar, charlar, jugar, relajarse y estar allí sentados de suerte que cuando ellas salen o entran, las

Johannes Stumpf, *Schweitzer Chronik*, 1586. Diferentes maneras de bañarse: en una gran cuba para varios, con colación; en los célebres baños de Baden, cerca de Zurich, jóvenes y viejos, hombres y mujeres, sanos y enfermos descienden a la vez a la piscina pública, bajo las miradas de algunos espectadores; en fin, en una alberca en pleno campo; es la cura termal, llamada natural o salvaje *(Wildbad)*. (París, Bibl. nac.)

mujeres se ven sometidas a las miradas masculinas, casi enteramente desnudas.

»No hay ningún vigilante que observe las entradas, ni ninguna puerta que las impida, porque no hay sospecha alguna de picardía. En la mayoría de los casos, la entrada que sirve para hombres y mujeres es la misma, y los hombres se encuentran con mujeres medio desnudas, y las mujeres con hombres desnudos del todo. Los varones utilizan a lo más una especie de calzones, y las mujeres se visten unas túnicas de lienzo, abiertas por arriba o por los costados, que no cubren el cuello, ni el pecho, ni los brazos, ni las espaldas. Es muy frecuente que se tome un almuerzo dentro del agua, pagando con el ticket de entrada; las mesas están dispuestas sobre el agua, y los espectadores acostumbran a asistir a estas comidas (...).

»Por mi parte, desde la galería lo devoraba todo con los ojos, costumbres, usos, placeres de la sociabilidad, aquella libertad, por no decir licencia, de modos de vida. Resulta verdaderamente sorprendente ver con qué inocencia, con qué veracidad viven. Había maridos que veían sin inmutarse a su propia mujer tocada por extraños; simplemente, no reparaban en ello, hasta tal punto lo toman todo por el lado bueno. No hay nada tan delicado que no se vuelva fácil gracias a sus hábitos de vida. Se habrían adaptado con toda facilidad a la *Política* de Platón, teniéndolo todo en común con los demás, puesto que, sin pensar para nada en tales teorías, se alinearían inmediatamente entre sus seguidores. En algunos baños, los varones se mezclan directamente con las mujeres, lo mismo si son sus allegados por la sangre o por cualesquiera otras complicidades; cada día, se meten en el baño tres o cuatro veces, pasándose así la mayor parte de la jornada, cantando, bebiendo o danzando. Cantan en efecto dentro del agua al son de la cítara, agachándose un poco; y es un espectáculo encantador ver a unas muchachas, ya maduras para el matrimonio, en la plenitud de sus formas núbiles, con el rostro deslumbrante de nobleza, estar y moverse como diosas; mientras cantan, sus vestidos les hacen una cola flotante sobre la superficie del agua, hasta el punto de que se las tomaría por Venus aladas.»

Konrad Kyeser, *Bellifortis*, manuscrito de Göttingen, 1405. El baño caliente: por obra de un célebre inventor de artilugios mecánicos y de máquinas, he aquí un establecimiento con dos salas de baño, una para hombres, otra para mujeres, cuya agua se calienta en un enorme recipiente. (París, Bibl. nac.)

Describiendo a continuación los juegos que se practican, durante las tardes, en una gran pradera plantada de árboles a la orilla del río, en particular los concursos de dardos y la presentación de danzas, prosigue el Poggio: «Estoy convencido de que estos parajes han visto nacer al primer hombre, lo que los judíos llaman el Edén; porque se trata efectivamente del jardín de las delicias. Y si el placer puede hacer hermosa la vida, no veo que aquí falte nada para alcanzar la perfección de un placer consumado en todos sus aspectos.»

¿Es posible que el cuerpo sea a la vez ofrecido y puro? El hombre de cultura, el hombre de mundo pierde como en un sueño despierto todas sus referencias literarias, nacionales y morales. Su sentido de las conveniencias se siente profundamente trastornado por el jovial espectáculo que confunde las edades y los sexos: no, la vieja decrépita no disimula sus formas marchitas y no suscita ninguna hilaridad; no, los jóvenes que se miran casi desnudos no tienen las miradas encendidas por el deseo. Las fronteras del bien y del mal

han desaparecido disimuladamente, y aunque los cuerpos se toquen, y aunque las mujeres no oculten su cuello, ni sus senos, ni sus espaldas, ni sus brazos *(neque... neque... neque...)*, es el Poggio quien las desnuda con la mirada, en sus labios es donde aparecen palabras como impudor y lubricidad; del espectáculo se exhalan la simplicidad y la salud mental, mientras que la inconveniencia no existe más que en el vocabulario del humanista. Lo único que le hace falta es desnudarse a su vez para tomar un baño de juventud que purifique su espíritu; ¿o acaso teme verse desnudado por la mirada de los otros? Se acuerda entonces de que la buena conversación es su profesión; ¿es que un intelectual es capaz de tomar asiento junto a unas damas en el baño sin tratar de deslumbrarlas? ¿No sabe alemán? Qué importa, lo que hace es transformarse en «voyeur» ante aquella comunidad de cuerpos reconciliados, jubilosos y sin deseos, ya que nada les falta; doloroso sentimiento de una plenitud de la que no se participa. Un último elemento de su turbación: ese jardín de las delicias, este Edén se encuentra al norte

Das Mittelalterliche Hausbuch, manuscrito de finales del siglo XV (col. de los príncipes Waldburg-Wolfegg). Este dibujo a pluma reúne en torno a un baño voluptuoso, en «petit comité», todos los ingredientes del placer: la música de diversión, el vino puesto a refrescar, y el jardín cerrado poblado de animales por el que la gente se pasea mientras se distrae.

Thomas Murner, *Die Badenfahrt,* 1514. Tres momentos de la vida del cristiano. (París, Bibl. nac.)

de los Alpes. Un nuevo contrato social basado en las costumbres, en cumplimiento de la Ciudad de Platón, parece hallarse realizado aquí, armoniosamente, sin violencia, sin celos: no hay vigilancia a la puerta, ni maridos celosos como los italianos. Sin embargo, Zurich está al norte de la civilización, de la civilización de la que procede el Poggio. El cuerpo y la intimidad de que se compone se hallan apasionadamente del lado de su madre mediterránea. Del lado del Norte, lo que él hace es repatriar los manuscritos antiguos que lo nutren: de Cluny, de Colonia, de Saint-Gall, se lleva los textos a carretadas, algunos de ellos totalmente desconocidos: trece nuevos discursos de Cicerón, y la *Institución oratoria* de Quintiliano, y todo Lucrecio. Frente a esta patria que es la suya, ¿cuál es el peso de la dolorosa visión de un paraíso nórdico? Alcanzado por un instante de gracia, que tal vez explique esta vacilación en su carrera, el Poggio se recobrará. Se cerró de nuevo aquel paréntesis enigmático, sobre las asambleas de cuerpos dichosos, que anuncian el Renacimiento, los atletas de Miguel Ángel tras la Virgen musculosa y las fiestas de desnudos, desde el Primaticcio hasta Cranach.

Pero el cuerpo en el baño despierta también otras resonancias en el otoño de la Edad Media. El Renacimiento no se reduce a una visión espacial de la felicidad, es también la visión profunda de un camino interior. Junto a la fuente de juventud de un estío eterno, la fontana de vida, de la vida eterna. El cuerpo iluminado por el placer de los sentidos inspira también los ademanes y el proceso de una reforma espiritual. El agua de la salvación es la que inspira precisamente al poeta de Estrasburgo Thomas Murner su *Badenfahrt,* publicado en 1514, alegoría de la conversión ante la llamada de Cristo, que emboca la trompeta del bañista: «Entonces, Dios, movido a piedad por nosotros / Ha comenzado a enseñarnos / Cómo ha de acudirse al baño / Lavarse, purificarse, perder toda vergüenza / Por la fuerza y poder de su Santo Nombre. / Lo ha hecho tan públicamente / Que el mundo entero lo ha visto: / Nadie podrá sostener en verdad, / Ni afirmar ni quejarse / De no haber visto / Cómo hay que bañarse y purificarse, / Purificarse de nuevo en Dios / Incorporándose como un nuevo Adán / Al que el bautismo resucita. / Porque Dios nos otorga en su Gracia / Que ningún pecado original nos destruya de nuevo. / Todo esto ha sido llevado a cabo por Dios / tan abiertamente / Que el mundo entero lo ha presenciado: / Dios mismo es quien nos ha llamado al baño al son de la trompeta.»

Sobre estas premisas, corroborado por unas xilografías admirables cuya difusión en forma de imágenes volantes puede imaginarse, se desarrolla un vocabulario que suscita las imágenes más corrientes del baño en las estufas; como si la generación de los simples gestos hiciera germinar la palabra divina. La vida del cuerpo es una perfecta homotecia, una demostración de la vida espiritual. La conversión no es una búsqueda lejana, una peregrinación a los extremos; es un recorrido cotidiano iluminado por el sentido: cada vez que haces este ademán, Cristo se aproxima a ti. Déjate invitar al baño, abandona tus vicios, desembarázate de tus pecados, despierta de nuevo tu ardor por el bien, dale las gracias al bañista...

EL BAÑO DEL ALMA		
die badecur	la cura termal	la purificación
in das bad laden	invitar al baño	la revelación
sich selbst unrein erkennen	reconocerse sucio	la confesión
sich abziehen	desnudarse	despojarse de los vicios
vor Gott nackent stehen	presentarse desnudo ante Dios	la vergüenza
die füs weschen	lavarse los pies	la humildad
den leib reiben	frotar su cuerpo	escuchar la confesión
die haut kratzen	raspar la piel	la penitencia
in bad lecken	azotarse con ramas	despertar el fervor
der badmantel	el peinador	la mortaja
das ölbad	el baño de aceite	bautismo y extremaunción
das täglich bad	el baño cotidiano	la misa
das wildbad	el baño termal	la conversión antes de la muerte
dem bader dancken	dar las gracias al bañista	la acción de gracias

Amor sagrado, amor profano: el cuerpo y el agua son símbolo y receptáculo del espíritu. ¿Qué otra cosa es el humanismo, sino la voluntad de reconciliar la apariencia y la intimidad?

Entre ambos, la mirada y todas las percepciones del mundo. Antes de aproximarnos al sentimiento de reserva, tratemos de comprender, en lo que ellos nos han dicho de ella, los instrumentos del conocimiento sensible.

Sensaciones, sentimientos

En nuestra aproximación a la intimidad, somos tributarios de las formas de la expresión, y, aunque nada parezca más constante que las funciones perceptivas, la notación, con más o menos lagunas, de los hábitos sensibles traza una red variable de las maneras de vivir, de sentir y de pensar. Sólo si se insiste en las discordancias con las maneras contemporáneas puede llegarse a captar la medida de lo que fue la intimidad de los tiempos pasados, o mejor aún, de lo que son las dificultades para abordarla.

La vista

Más que el olfato y que el gusto, la vista se halla implícitamente reconocida como el sentido más indispensable para el testigo al que la historia pretende interrogar. La medida del espacio, necesaria para su utilización, parte de la visión más cercana, la que el hombre tiene de su propio cuerpo: la pelota, la braza, el pie y hasta la cureña de la ballesta y la legua tienen que ver directamente con lo íntimo, o sea con la relación que mantiene consigo mismo el hombre occidental, labriego, industrial o guerrero. Más allá del campo visual familiar, del trigo segado a la altura de la hoz, del límite de los bosques, de las empalizadas, de los fosos y de las murallas, se extienden otros espacios difíciles de dominar, desiertos, montañas, malos pasos. Como las deficiencias de visión no se hallan comúnmente corregidas por el uso de anteojos, se entiende muy bien que el paisaje panorámico sólo haga una aparición tardía, y en primer lugar simbólica, en la literatura descriptiva. Esta visión de lo próximo se acomodó muy bien a la prioridad de lo simbólico en las representaciones, y a una discordancia duradera entre el ilusionismo pictórico y la descripción de lo real mediante la escritura.

Volvamos al ejemplo del espacio. Es cosa bien sabida cómo la la pedagogía ilustrada del cristianismo difundió ampliamente desde el principio determinados signos cuya riqueza de sentido resultaba accesible a todos sin que hubiera que suponer la organización lógica de un espacio: la imaginación y la memoria permitían a la mayoría de los fieles descomponer, aislar y reunir los elementos de una escena pintada o esculpida. A partir del siglo XIV, se abre paso otro tipo de representación figurada, basada en la sugestión de una libertad de movimiento de las figuras en el espacio: los ademanes, los muros ficticios, la profundidad de los supuestos planos, en una palabra el «trompe-l'œil» o ilusionismo, hacían de la perspectiva una nueva categoría de las formas simbólicas. Lo que nosotros sentimos la tentación de considerar como una evolución hacia el realismo de la representación a finales de la Edad Media es una elegante simulación de lo real, que satisfacía a una clientela para

Fresco de Venceslas, *La cosecha*, siglo XV. (Trento, castillo del Buen Consejo, torre del Águila.)

Alberto Altdorfer, *Paisaje*. Una elegante simulación de lo real (Munich, Pinacoteca.)

la que la riqueza radicaba en los objetos, y el pensamiento, en el espacio que los unía. Los verdaderos devotos, aunque fuesen los pobres y los ignorantes por los que se preocupaba tanto Gerson, siguen apegados a las imágenes sensibles, cuya contemplación —ya volveremos sobre ello— renueva incesantemente su poder mediante el símbolo. Aquí radica la verdadera clave del debate entablado por la imagen del Renacimiento entre lo sagrado y lo profano, y que tiene su fundamento en los caracteres físicos y culturales de la percepción.

La notación de los colores no tiene menos que ver con una aproximación a lo íntimo que la percepción del pasado. Desde este punto de vista, la heráldica, la moda vestimentaria, la pintura de interior, nos persuadirían inmediatamente de que los hombres del siglo XV sentían la misma inclinación por los contrastes y tenían el mismo sentido de los matices que nosotros. Pero olvidamos a menudo lo que el valor simbólico de los colores añadía al encanto de una obra gracias a intenciones entonces percibidas y ahora ocultas. Más extraño aún es el contraste entre el aparente realismo de la pintura y la escultura de los siglos XIV y XV y la pobreza del vocabulario descriptivo en los textos contemporáneos.

Cuando describe Froissart las campiñas de Ariège, mientras vivía en la corte del conde de Foix, Gaston Phébus, la decoración que nos pone delante es la de «rientes» alcores y «claras» riberas; bien lejos del pintoresquismo o del naturalismo, el cronista no tiene otra pretensión que la de poner de manifiesto el poder de su huésped, basada en sus ricas posesiones. En cambio cuando describe la entrada en París de la reina Isabel de Baviera, se detiene junto con el cortejo real delante de todas las tribunas de honor, y su pluma flamea de rojo, de azul y de oro; pero el color no tiene otra misión que la de atestiguar con su carácter simbólico el homenaje tributado por la burguesía parisiense a la monarquía.

Resultaría poco menos que inútil buscar en la literatura histórica de finales de la Edad Media una calidad descriptiva comparable a la de las acuarelas alpinas de Alberto Durero, que son los primeros paisajes de la historia del arte occidental liberados de cualquier significación o utilidad. La convención simbólica, aunque esté coloreada como la rosa púrpura, sólo cede el lugar a la realidad vivida en los escasos textos emotivos en que el paisaje aparece como el marco de una aventura rememorada, como la fontana de Vaucluse que inspira en plena noche a Petrarca la fascinación inquietante de sus aguas negras, o los bosques de Cadore, solitarios y salvajes, donde Carlos IV está a punto de perderse con su ejército, o el desierto del Sinaí, en medio del cual por poco perece fray Félix Faber, tentado por lo inconmensurable.

Como se ve, algunas escenas nocturnas y angustiosas valen tanto para nosotros como el esbozo de una descripción. Nada que sea comparable a los diarios de viaje del siglo XIX: incluso los peregrinos de Oriente más abiertos a las impresiones exóticas, y que llegaron a descubrir, a veces entre lágrimas, los lugares bíblicos tantas veces evocados por la imaginación, se limitan a subrayar para sus lectores la veracidad de las informaciones que habían recibido antes de su partida. No concluyamos por ello que fuesen insensibles al color local, sino que no disponían del vocabulario requerido para la descripción, y que, de los cinco sentidos, tal vez no sea la vista el más sensible.

Los otros sentidos

En efecto, los mismos textos turísticos se detienen de buena gana en los jardines de Tierra Santa, donde para aquellos europeos aparecían reunidas todas las condiciones de la delectación, primicias del paraíso. El canto de los pájaros, el murmullo de los juegos de agua, los olores que emanan de las especies vegetales allí reunidas encantan los sentidos de los caballeros, burgueses y hombres de Iglesia llegados a degustar las delicias de Oriente. En la misma Europa, el jardín cerrado ofrece a la intimidad de los grandes, de los enamorados, de los refinados, la ocasión de fiestas de los sentidos que conviene poner en relación con el placer de la polifonía o con la combinación de los sabores culinarios, lo agrio y lo dulce. En los ambientes menos acomodados, la descripción de los manjares reunidos, la variedad de los condimentos, el gusto por los ramos de flores, la presencia de pájaros enjaulados, son otros tantos signos

Alberto Durero, *Castillo fortificado*. Esta acuarela data del primer viaje del artista a Italia en 1495, durante la travesía del Trentino. (París, Louvre.)

del placer de vivir. En un mundo menos aséptico y menos uniforme que el actual, el olfato, el oído y el gusto jugaban sin duda un papel esencial en la definición de la dicha sensible, tanto en la realidad como en la imaginación: descripciones y pinturas de la felicidad que recurren de mucha mejor gana a los sonidos armoniosos y a los perfumes imperceptibles que a las visiones seráficas cuando quieren expresar un estado de gracia. Así por ejemplo, para la mística Margaretha Ebner, que describe transportes indecibles, la presencia divina en el coro de su iglesia se manifestaba mediante dulces soplos de aire y una fragancia maravillosa.

A la inversa, hay olores insoportables como los que definen ciertos límites sociales y los contornos de la xenofobia: el hedor se asocia duraderamente a ciertas profesiones, delimita sectores urbanos, y encierra a ciertos grupos de población en su singularidad. El fraile Félix Faber, que sufre, como hemos visto, a causa de la promiscuidad en la galera de Tierra Santa, distingue con mucho cuidado a musulmanes y judíos por su olor respectivo en los baños de Gaza, mientras que los cristianos, según él, no huelen mal. Entre los lugares comunes que se aplican comúnmente a los alemanes,

Maestro E. S., *El jardín de amor con jugadores de ajedrez,* siglo XV. (París, Bibl. nac.)

bajo la pluma de los italianos, figura el mal olor que según ellos reinaba en las tierras del Imperio y que los imperiales, cualquiera que fuese su status, transportaban consigo. Campano, un humanista enviado con una misión al Reichstag de Ratisbona en 1471, habla de un olor fétido y persistente que obliga al extranjero de regreso en su patria a lavarse cinco, y hasta siete veces, para librarse de él. Al margen de la exageración polémica o fabuladora, es muy posible que ciertos hábitos alimentarios hayan definido duraderamente gracias a los olores cotidianos las fronteras naturales. La geografía de los olores de André Siegfried no era solamente la invención divertida de un serio economista.

No tiene por tanto nada de sorprendente que la diversidad de los ruidos resultante de la promiscuidad se convirtiera en una calamidad insoportable para un fraile acostumbrado al silencio de su convento; Félix Faber analizó con toda veracidad por separado todas y cada una de las desazones del viaje en masa al que se hallaban condenados los peregrinos, y el ruido es uno de ellos. Mas por lo común, los ruidos naturales violentos —sólo en reflexiones urbanas se tropieza uno con la referencia a los perjuicios industriales— acompañan a sucesos de mal presagio, como la muerte de un tirano o la llegada del diablo: la noche en que murió Gian Galeazzo Visconti, según el historiador florentino Goro Dati, un huracán y trombas de agua dejaron constancia del descenso de su alma al infierno. Y en los relatos de viaje al pozo de san Patricio, boca irlandesa del mundo infernal, el caballero valiente ha de soportar vientos impetuosos, gritos abominables y una barahúnda de todos los diablos, tan tremebunda «que todos los torrentes del mundo reunidos no la hubiesen hecho mayor»...

De este modo, lo mismo si se trata de la felicidad que de las situaciones más insoportables, es el conjunto de los sentidos el que se siente afectado por las impresiones invasoras del mundo exterior, mundo en el que las almas andan metiendo ruido en torno de los seres vivos, en el que los ángeles de Fouquet —rojos y azules—, asedian a la Virgen con el Niño, y en el que los mismos desiertos están infestados de demonios que buscan a quien devorar.

La expresión de los sentimientos

Frente al poder de lo real, el individuo trata de dominar la expresión de sus sentimientos. Los preceptos de educación, el modelo de las canciones de gesta, o los espejos de príncipes, distinguen entre lo que pertenece al dominio público y lo que sólo se expresa en privado.

El pudor prohíbe hablar demasiado de la propia dicha o extenderse a propósito de la propia tristeza. Luis de Diesbach, que relata la muerte de su mujer, advierte que despidió a la servidumbre a fin de quedarse solo para abanicar y velar a la moribunda; Ana de Bretaña, al enterarse a las once de la noche de la muerte en Amboise de Carlos VIII, se retiró a su alcoba y no quiso tolerar ninguna compañía; al día siguiente, recibió las condolencias del cardenal Briçonnet, pero no le respondió ni una sola palabra y se encerró durante cerca de veinticuatro horas. Resulta evidentemente imposible distinguir en este retiro entre el dolor, el repliegue en sí mismo y la meditación política. Pero atestigua al menos un anhelo de contención que sólo se remite a uno mismo y tal vez a Dios.

Mathis Grünewald, *El retablo de Isenheim* (detalle), 1511-1516. La Magdalena. El colmo del dolor. (Colmar, museo de Unterlinden.)

Hubo sin embargo algunos padres que confiaron a la escritura la expresión trastornada de sus sentimientos, tras la muerte de sus hijos. Lucas Rem de Augsburgo anota en su diario la letanía de las muertes familiares, los rasgos físicos de unos hijos prematuramente muertos a los que ya estaba habituado: por ejemplo, aquel chiquillo de ojos negros, muerto de consunción tras veinte semanas de caquexia, «el espectáculo más desolador que he visto en mi vida». Giovanni Conversini de Ravena declara que el pudor «le impide manifestar el dolor que le aprieta el corazón». Más prolijo, y también más conmovedor, Giovanni di Pagolo Morelli de Florencia, después de haber referido la muerte de su hijo Alberto, añade: «Han pasado ya varios meses desde la hora de su muerte, pero ni yo, ni su madre, podemos olvidarla. Tenemos sin cesar su imagen ante nosotros, trayéndonos a la memoria todas las circunstancias y situaciones, sus palabras y sus gestos, viéndolo de día y de noche, desayunando, comiendo, en casa y fuera de ella, durmiendo o despiertos, en nuestra villa o en Florencia; hagamos lo que hagamos, es un cuchillo que nos está atravesando el corazón.» Y, más adelante: «Durante más de un año no he podido entrar en esta habitación, sin otra razón que mi extremo dolor.»

El sentimiento de reserva

El retraimiento

La «cámara de los pensamientos». Al margen de las cartujas y los lugares de reclusión voluntaria, hay un buen uso civil de la soledad que supone voluntad y capacidad de retraimiento. La «trastienda» de Montaigne se sitúa en la línea de las «habitaciones privadas» en las que se encierran de buena gana poetas, humanistas y devotos al final de la Edad Media.

Se trata en efecto ante todo de un lugar dispuesto para el trabajo y la meditación, el *studiolo* a la italiana que Ghirlandaio y Durero imaginaron como marco íntimo y solitario de las actividades de san Jerónimo. Ya se ha hablado de cómo el uso de esta pieza había entrado en las costumbres de la vida privada al norte de los Alpes. El *studiolo* designaba incluso la habitación de juego cerrada con llave adonde el pequeño Conrad von Weinsberg de Colonia había transportado sus tesoros y jugaba a decir misa ante un altar improvisado.

Según la *Vita nuova,* era también en su alcoba donde Dante se recluía para lamentarse sin que nadie le escuchara. Y Petrarca, leyendo las *Confesiones* de san Agustín en su cuarto, dejaba correr sus lágrimas, se golpeaba la frente, se retorcía las manos, hasta tal extremo tomaba parte, a través de su lectura expresiva, en los tormentos de su modelo; no podía tolerar en semejante circunstancia verse estorbado por testigos. Con mucha más razón el retiro espiritual se ve favorecido por el silencio de un lugar apartado: la constitución de los hermanos de la Vida común, los canónigos de Windesheim, recomendaba «separarse del mundo para dirigir con mayor intensidad el corazón hacia Dios».

Alberto Durero, *San Jerónimo,* 1514. (París, Bibl. nac.)

En las dos obras, la descripción detallada del gabinete de trabajo de un erudito y los hitos de una iconografía cristiana, señalados con más nitidez por Durero: el león, el capelo, el crucifijo. El santo doctor de Ghirlandaio interrumpe su tarea de traductor de las Escrituras para fijarse en el pintor y en los indiscretos espectadores que somos nosotros. Se ha pretendido llevar más allá el análisis del grabado de Durero y se ha buscado, a partir de algunos indicios dispuestos en la habitación, una interpretación «cardinal», es decir cosmogónica: el perro insólito (Sirio), el león y los zarcillos de la cucúrbita (Osa Menor) proyectarían la meditación del sabio hacia el espacio infinito de la bóveda celeste...

El retiro puede también designar a la vez un lugar de soledad y una voluntad de renuncia del mundo. A diferencia de Datini, el comerciante de Prato, que vacila en atender a las amonestaciones de su mujer y sus amigos y pensar por fin en su alma, el «perfecto comerciante» tal como lo ve Benedetto Cotrugli en su tratado de moral práctica, cierra sus libros de cuentas y, retirado a su casa de campo, dedica el tiempo que le queda de vida a preparar su salvación.

En sentido espiritual, el retiro se define como un movimiento ascensional, para ir a parar en un lugar elevado, simbólico e íntimo. Cuando ascendió a la cumbre del monte Ventoso, Petrarca se sintió penetrado por el valor demostrativo de su excursión que le permitió al mismo tiempo contemplar el panorama de su vida pasada y acercarse a lo esencial. Como escribe Ludolph von Sudheim: «Al elevarse por los aires es cuando el hombre cambia de verdad». El retraimiento se convierte entonces en aquella «fortaleza del silencio» en la que el hombre, habiendo hecho el vacío, puede acoger a Jesucristo. Entre todas las definiciones del alma que el Maestro Eckhart propone en sus *Sermones,* una de las más llamativas es la de la fortaleza: «Esta reducida fortaleza se halla tan elevada por encima de toda ponderación y de todo poder que sólo Dios es capaz de penetrar en ella con su mirada. Y como Él es Uno y Simple, sólo Él puede entrar en esa unicidad que yo llamo un pequeño castillo espiritual.»

En la última etapa del recogimiento en uno mismo, la alcoba aislada, la habitación alta de la Escritura, no ha de buscarse en un lugar ideal; está en cada uno de nosotros, si sabemos aderezarla y retirarnos a ella. Ascender hacia dentro de sí mismo y cerrar las puertas al mundo, es lo mismo que crear ese «íntimo silencio del

Domenico Ghirlandaio, *San Jerónimo en su estudio,* 1480. (Florencia, iglesia de Todos los Santos.)

alma», como decía la mística Mechtilde de Magdeburgo. Entonces, «lo mismo si se vela que si se duerme, si se está sentado, se come o se bebe, se puede estar solo incluso en medio de los demás, solo con Cristo» (J. Mombaer).

Sin lugar a dudas, esta forma suprema del retraimiento se hallaba en el siglo XV, ni más ni menos que en cualquier otra época, al alcance de todos los corazones. Carlos de Orléans, que poseía una vasta biblioteca filosófica y teológica, no había logrado franquear la etapa del inventario de sí mismo en la «cámara de su pensamiento» donde hacía moler el molino de la melancolía. Pero la introspección, cuyo ejemplo nos dejaron tantos autores de los siglos XIV y XV, incluso cuando se limita a fórmulas testamentarias, se inscribe en un horizonte de inquietudes sinceras y fervientes. Nos lo demuestran el favor renovado en el siglo XV de las órdenes ascéticas,

Alberto Durero, *San Antonio leyendo,* 1519. Silencio penitencial en el corazón de la ciudad. (París, Bibl. nac.)

el éxito de las cofradías devotas, los aspectos más espectaculares de la predicación de los Mendicantes, y sobre todo la riqueza de las manifestaciones personales de piedad.

La disciplina de la memoria. Con toda evidencia, estas disposiciones de espíritu se fortalecieron gracias a un adiestramiento en el dominio de sí mismo. El aprendizaje de la disciplina comienza por el silencio inculcado a los escolares, considerado como un elemento formativo por las mismas razones que el abecedario: un orfebre de Franconia de comienzos del siglo XVI sitúa en el mismo plano, en sus recuerdos de niñez, el *stille stizen* (estar sentado en silencio) y el *buchstabieren* (aprender las letras). El silencio es un generador de estructuras mentales si pone en movimiento la memoria. Una memoria desarrollada mediante técnicas visuales, y un hábito de la recapitulación.

Abundan los ejemplos del poder y la precisión de la memoria de los hombres y mujeres del milenio medieval, durante el que la escasez del libro hace de la imagen, y de la imagen religiosa en particular, el documento de referencia obligada. Y no solamente en los ambientes cultivados en los que la memoria es uno de los elementos de una cultura acumulativa, sino también en los medios populares, como lo atestigua la práctica judicial del testimonio. La vida privada, en los aspectos más personales que componen al individuo, se basa en círculos de memoria donde los elementos adquiridos, frutos del estudio y la experiencia, vienen a añadirse a la transmisión oral del grupo; y si la memoria familiar no parece remontarse a más de tres generaciones, más allá de las cuales, archivos, tradiciones y leyendas son ya los componentes del pasado

Maestro alemán del siglo XV, *La Resurrección de Lázaro* (detalle). Del estanque decorativo al río imaginario, y desde el pavo real a los corderos convencionales, la naturaleza ofrece una brecha en el decorado urbano, y se establece una corriente continua entre interior y exterior, lo privado y lo universal. (México, museo San Carlos.)

de los grandes, la memoria individual de sucesos concretos, y hasta de palabras pronunciadas, devuelve a la luz con una fuerza sorprendente el cuarto de siglo cumplido. Petrarca, al hacer en sus *Rerum vulgarium fragmenta* la crónica diaria de su obra, puede escribir: «En este viernes 19 de mayo de 1368, en mi insomnio, me levanto, porque acabo de acordarme de este recuerdo muy antiguo, de hace más de veinticinco años (...).» Más sorprendentes aún resultan las declaraciones ante el juez inquisidor de Béatrice de Planissoles, la castellana de Montaillou, que evoca un acontecimiento que se remonta a veintiséis años atrás, al mes de agosto, o las de aquella pobre obrera de Douai, capaz de citar, tras la muerte del poderoso y temible pañero Jehan Boinebroke, las burlonas palabras dirigidas por el hombre de negocios a su joven esposa treinta años antes.

El mundo del espíritu

Esta práctica de la memoria era una necesidad en sociedades en las que el escrito seguía siendo el sistema de referencia sólo para una élite del poder y del conocimiento. Las técnicas de la impresión contribuyen, a partir de comienzos del siglo XIV, a la difusión de imágenes, acompañadas a veces de textos, que hacen circular por toda Europa estos auxiliares de la memoria. La imagen contribuye en efecto a fortalecer la rememoración, cuyo empleo más juicioso supo hacer precisamente la pedagogía religiosa.

Técnicas de la emoción devota. Ya se ha visto cómo utilizaba Petrarca los márgenes de sus libros predilectos para anotaciones capaces de suscitar, como señales, el mecanismo del recuerdo, reavivando así las heridas y las lágrimas. Estos simples trazos atestiguan hábitos de pensamiento muy ampliamente difundidos en la Edad Media: así, una hoja impresa italiana de alrededor de 1300 representa a la Virgen, que medita a su vez, después de la Ascensión, en los misterios de la salvación que acababa de vivir. La hoja recapitula, en torno de la Virgen dolorosa, los episodios de aquella historia por orden cronológico, utilizando unos signos análogos a los ideogramas y a los jeroglíficos y acompañándolos de leyendas sumarias. El nacimiento está evocado por el asno y el buey; el huerto de Getsemaní, por una espada y una lanza enhiestas entre árboles; y la Ascensión, por la huella de dos pies impresos sobre la forma de una colina. Meditar en la vida de Cristo es hacer como María, que «repasaba todas estas cosas en su corazón», hacer memoria en el orden indicado por la falsilla gráfica de un cierto número de episodios muy conocidos del Nuevo Testamento, y, al tiempo que se aplica a ellos la atención, reavivar sentimientos piadosos.

Estimulada por la memoria inmediata, la expresión de los sentimientos íntimos se veía por otra parte aguzada por el tono monótono y enajenante de la lectura en voz baja, el mismo murmullo de la oración o de la confesión, la «voz del alma», recomendada por el concilio de Letrán en 1214. Lo estaba también por la técnica de la repetición contable, que pertenece a las formas más antiguas de la práctica religiosa —puesto que el cordón de perlas, antepasado del rosario, está ya atestiguado en el siglo IV. La inserción de un *Pater* cada diez *Avemarías,* invención de un cartujo de Colonia a

Benedetto Bonfigli, *El cuerpo de san Ercolano es enterrado fuera de las murallas de Perusa* (detalle), 1461-1496, fresco del Palacio público. Fachadas abruptas y cerradas de la ciudad-fortaleza, decorado público insensible al sufrimiento humano. (Perusa, galería nacional de Umbría.)

Hugo Van der Goes, *La Muerte de María.* La emoción contenida, canalizada por los gestos y la meditación. En primer plano, los dos objetos usuales de la piedad privada del final de la Edad Media: el libro de horas y el rosario. (Berlín Staatliche Museen Preussischer Kulturbesitz.)

comienzos del siglo XV, es una etapa en el complejo proceso que vincula estrechamente el *Ave María* a los quince misterios de la salvación: las fórmulas condensadas, *clausulae,* que se proponen encerrar la meditación en el círculo de cuentas en el que se extiende, en lugar de dejarla vagabundear, y tal vez perderse, desarrollan al final de la Edad Media una piadosa contabilidad, cuya automatismo se ha ridiculizado a veces sin tener en cuenta su intención ascética. Se ha visto en ello una exacerbación ritualista, por analogía con las elevadas cifras, que llegaban hasta el millar, de misas encargadas por disposiciones testamentarias. En realidad, con su formalismo repetitivo, el recuento de las 5.500 heridas de Cristo o de los 1.000 pasos ensangrentados del camino de la cruz permite desgranar el tiempo inconmensurable del sufrimiento y multiplicar y demultiplicar hasta el vértigo las miradas instantáneas del devoto al misterio de la Pasión.

Del mismo modo que los sentimientos personales expresados por algunos cronistas de la Edad Media se refieren con frecuencia a lugares o recuerdos amables o trágicos evocados por ellos, la pedagogía de las órdenes mendicantes, deseosa de la salvación del mayor número de almas, puso el acento sobre esos objetos mediadores que son el rosario, popularizado por el éxito europeo de la confraternidad creada en Colonia en 1474, las reliquias, cuyas colecciones privadas se multiplican en ocasiones hasta la manía, las imágenes piadosas, que cada uno contempla en su intimidad, y las plegarias manuscritas, que todo el mundo lleva consigo. A este respecto, los descubrimientos arqueológicos llevados a cabo bajo el maderaje del coro de Wienhausen, iglesia cisterciense de la landa de Luneburg, aclaran de la manera más chocante los hábitos de la devoción desde finales del siglo XIII. Junto a los alfileres, los cuchillos, los anteojos con montura de madera o de cuero encontrados bajo los sitiales de los canónigos, han salido a relucir las imágenes caídas de los misales o de las vestiduras, los grabados en madera coloreados, los trozos de papel prensados en moldes de plomo, así como pequeños paquetes de huesos y restos de seda, que demuestran el uso de reliquias ocultas. A este registro pertenecía la crucifixión esquemática, dibujada con tinta, que Durero llevaba sobre sí, y que no presenta ninguna pretensión artística.

¿Cuáles son los signos o las imágenes reproducidos con más frecuencia? No cabe la menor duda de que a finales de la Edad Media las formas de la piedad privilegian representaciones o alusiones a la humanidad de Cristo así como a sus sufrimientos, más que a su divina realeza. Dado el carácter tan elíptico del signo, la contemplación de los sufrimientos de Cristo y la compasión del fiel se despiertan mediante la alusión a instrumentos (los azotes) o a objetos (las antorchas del monte de los Olivos) colocados por el relato bíblico en el recorrido que conduce a la «locura» de la cruz.

A este dominio instrumental pertenece la representación de las cinco llagas de Cristo que, en una sociedad sensible a las armas y a las divisas, constituyen el blasón místico del Hijo del Hombre; o, en el centro de un conjunto de objetos triviales y sagrados a la vez, azotes, clavos, esponja, escala..., la herida abierta del costado de Nuestro Señor —grandeza pura, precisa el comentario— que se destaca como una mandorla.

El «inmenso apetito de lo divino» del que hablaba Lucien Febvre y que Emmanuel Le Roy Ladurie resume en una fórmula brutal: «Cristo, al que aman sangrante», nos remite al realismo corporal de la Imitación de Cristo: imitar no significa adoptar una línea general de conducta que reproduzca imperfectamente el comportamiento de un modelo perfecto; quiere decir, para los cristianos más fervientes, asociados en piadosas cofradías o aislados en sus ejercicios espirituales, revivir de la manera más sensible para el cuerpo y para el espíritu cada episodio de la Pasión. «Tener sin cesar en el espíritu» *(frequenter in mente...,* dice G. Groote), prepararse «mediante piadosas efusiones» *(per pias affectiones...,* dice el capítulo sobre la misa de la constitución de los Hermanos de la vida cristiana), considerar «lentamente y con lágrimas» (san Buenaventura en su tratado de enseñanza a los novicios); éstas son las disposiciones en las que ha de sumirse el devoto.

«Contempla, escribe Buenaventura, el sudor de sangre, los golpes en pleno rostro, el encarnizamiento de los azotes, la corona de espinas, la irrisión y los salivazos, los clavos que se hunden en las manos y pies, la erección de la cruz, el extravío de la mirada, la boca demudada, la amargura de la esponja, la cabeza que cuelga con todo su peso, la muerte atroz (...).» Se invita al devoto a

Maestro de Westfalia, *La misa de san Gregorio,* h. 1473. La pasión tan significativa por los objetos de meditación. (Soest, iglesia de Santa María des Prés.)

Retablo procedente de la abadía de Everborn, siglo XV. La devoción privada es una incitación al encargo de obras de arte. Se ha podido estudiar la importancia adquirida en el mercado europeo de objetos de piedad del siglo XV por los talleres de Flandes y de Brabante, así como por la producción en serie de retablos pintados o tallados. (París, museo de Cluny.)

detallar todas las etapas de un suplicio, a escrutar con morosidad los signos y los efectos de la condena a muerte, a reproducir mediante el pensamiento y en su misma carne la abyecta agonía infligida al Salvador del mundo.

Formada en las técnicas de la memoria y la emoción, la mirada que los contemporáneos fijaban en los lienzos que hoy nos parecen sobre todo soberbios fragmentos de pintura nos recuerda la ambigüedad que el arte religioso del siglo XV conserva desde sus orígenes. Así por ejemplo, *El descendimiento de la cruz,* de Rogier Van der Weyden, pintado para los alguaciles de Lovaina que colocaron la tela sobre el altar de su cofradía, se detiene en un instante de la historia de la Pasión, recreado por la ilusión de las actitudes. Este suntuoso relato interrumpido lanza al mismo tiempo el doble signo que difundían por aquella misma época las humildes hojas impresas de una piedad más discreta: el cuerpo pálido y doliente de Cristo muerto, la compasión de la Virgen desvanecida. Otro ejemplo, más sutil aún, es el de la *Madona* de Giovanni Bellini conservada en la Academia de Venecia, en el que la Virgen en adoración no puede ignorar el destino futuro del Niño Dios con el brazo pendiente y tenso. Ejemplos como éstos prueban que la imagen de altar y la imagen de piedad personal no están necesariamente separadas, que liturgia e intimismo no siempre se oponen. Hay grados en la percepción de lo sagrado y en la eficacia de los signos; la más honda interioridad puede adaptarse a la plaza pública.

La plegaria. Todo es oración, según la teología mística del canciller Gerson, cuando el fiel más humilde, el espíritu más simple *(etiansi sit muliercula vel ydiota)* practica sin deliberación la elevación espiritual. El cristiano puede convertir en materia de su plegaria cualquier espectáculo que se le ofrezca. La devoción personal, arraigada en una actitud de permanente humildad equivale a disponibilidad al advenimiento del Espíritu Santo. La oración, escribe Gerson, es «la cadena que permite que el navío se aproxime a la orilla, sin que la orilla se acerque a él». La meditación, fundada en un aprendizaje de la memoria y en un entrenamiento de la sensibilidad más ampliamente difundidos en la Edad Media de lo que nuestras categorías intelectuales nos permitirían suponer, conduce a la contemplación. Si se ha de juzgar por los miles de plegarias manuscritas de toda especie y de todos los niveles conservadas en los archivos europeos, y que, en centenares de casos, presentan las señales de una llamativa espontaneidad, cabe estimar que el hábito de la oración, es decir de una conversación íntima del ser con un poder superior, marcó profundamente los aspectos más secretos de la vida privada durante los siglos XIV y XV.

Como en el caso de las imágenes, no se trata de oponer radicalmente una plegaria oficial, litúrgica, y una plegaria personal e íntima: junto a los grandes textos del salterio, a las célebres oraciones atribuidas a Padres de la Iglesia y a místicos, difundidas en innumerables copias y mediante la imprenta, no puede dejarse de constatar la extremada diversidad de plegarias redactadas, recogidas y pronunciadas en todas las ocasiones de la vida cotidiana. Se advierte evidentemente la inflación de las plegarias marianas, o los fenómenos de la moda, que sustituyen, de una generación a otra, de una a otra región, invocaciones e intercesores, sin modificar el texto. Pero escritas como lo están para fiestas, para los días de la semana, para acompañar decisiones, para acciones de gracias tras una prueba, las oraciones conservadas han dejado con frecuencia libre curso a la expresión de una efusión personal. Junto a los libros de horas hojeados día tras día y a las colecciones de copias manuscritas en las que las plegarias aparecen en la vecindad de recetas y fórmulas, se han conservado también oraciones escritas en pergaminos enrollados, cosidos a la ropa, encerrados en pequeñas cajitas, y que dan prueba del papel profiláctico que podían llegar a jugar estos testimonios materiales de una vinculación entre el hombre y lo invisible.

Bicci di Lorenzo, *Anunciación.* Tema capital de la pintura a finales de la Edad Media, la salutación del ángel, que está en todos los labios. (París, Louvre.)

El éxtasis. De la meditación a la plegaria, no están claramente marcadas las distancias; una y otra son medios de acceso a una realidad más vasta, más alta, más iluminadora: el mundo del espí-

Sano di Pietro, *La anunciación a los pastores* (detalle), siglo XV. ¿Ver para creer, o creer para ver? (Siena, Pinacoteca.)

Virgen con el Niño, comienzos del siglo XIV. (Orvieto, museo de la Obra del Duomo.)

ritu se entreabre al mundo de los espíritus gracias a la visión. Aun cuando no se trate sino de una manifestación límite de la vida espiritual, el misticismo de finales de la Edad Media conoció, a través de toda Europa, una repercusión que sobrepasa los límites de lo marginal. Si se lo define como la aniquilación de sí mismo dando lugar a Dios (el cielo sobre la tierra), hay relatos autobiográficos o «revelaciones» que testifican, a través de experiencias asumidas y descritas hasta lo indecible, de la existencia de encuentros íntimos vividos por hombres y sobre todo por mujeres con el más allá. De sus diálogos con Cristo, la monja Margaretha Ebner declara haber recibido no pocas respuestas, «imposibles de transcribir de acuerdo con la verdad de este mundo: porque cuanto más abunda la gracia, menos posible es expresarlo con pensamientos humanos».

Estas manifestaciones extáticas, designadas desde el siglo XIII en el mundo germánico mediante el término *kunst,* o sea algo que es un saber hacer —técnica y disponibilidad— más que un estado, han sido objeto de análisis psicológicos, psicoanalíticos y clínicos que insisten con razón en los aspectos corporales de las experiencias vividas; pero ninguna interpretación reductora de las íntimas conmociones descritas por los místicos ha sido capaz de empañar la pura y dolorosa verdad del amor descrito como un amor divino.

Las visiones de Margaretha Ebner, monja de Medingen, muerta tras largos años de sufrimientos, en 1351, se acompañan de una excitación o de una parálisis sensorial y motriz. La excitación se traducía en un transporte musical y luminoso y una suerte de júbilo del cuerpo que se manifestaba por un balbuceo automático y un idioma desconocido: «Cuando comenzaba mi *Pater,* mi corazón se sentía traspasado por la gracia y no podía saber hacia dónde ésta lo llevaba; incapaz a veces de orar, permanecía sumida en una alegría divina desde maitines hasta prima; otras veces se me abría el camino por el que venía la palabra *(Rede);* a veces me sentía levantada en vilo hasta el punto de no tocar ya el suelo (...).»

La parálisis provocada por la evocación de los dolores de la Pasión, y más tarde por el solo enunciado del nombre de Jesús, se traducía, a intervalos cada vez más cortos, en una pérdida del uso de los miembros y de la palabra: catalepsia, que Margaretha Ebner llama *swige,* es decir el silencio. Nos hallamos aquí en los últimos confines de la vida devota, con la admirable constancia del sujeto que anota las etapas de un fuego devorador. El encarnizamiento en dejar testimonio de una aventura que domina toda su vida nos ha valido las páginas más libres y las más sorprendentes de la literatura afectiva o amorosa escrita por mujeres en la Edad Media.

Cristo es ese divino niño que se pasea a fines del siglo XIV por los claustros de los monasterios femeninos. «¿Quién es tu padre? —*¡Pater Noster!»,* responde la criatura, y desaparece. Una monja de Adelshausen no cesó de gemir de día y de noche durante años, inconsolable por no haber encontrado nunca más al niño que había visto una vez. Más afortunada, Umiliana dei Cerchi conserva durante largo tiempo el recuerdo alucinado de la visita del *bambino.* E Inés de Montepulciano se niega por las buenas a devolverle a la Virgen el recién nacido que ésta le ha confiado durante una hora; conservará de la aventura una crucecita que el niño llevaba al cuello. La identificación con la Virgen, gracias a los solícitos cuidados prestados a simulacros reales, muñecos de madera o de estuco, o a criaturas de ensueño, halla su fuente en una enseñanza devocional basada en la participación en la historia bíblica. El contacto visual con las imágenes sagradas transmuta, mediante una manipulación imaginaria, las frustraciones de algunas jóvenes monjas. Margaretha Ebner tenía en su celda una cuna, imaginando a un Niño Jesús que se negaba a dormir a fin de que ella lo tomara en sus brazos.

Cristo es también, y con mayor frecuencia, el prometido divino. Adèle de Brisach habla de una «unión con Dios que la viene a besar»; Christina Ebner se abraza con Cristo «como se imprime el sello en la cera»; Adèle Langmann ve cómo Cristo penetra en su celda y le da de comer un trozo de carne («Esto es mi cuerpo...»); Margaretha Ebner ve al Crucificado inclinarse sobre ella, con los brazos dispuestos a abrazarla; y ella reposa sobre su seno como el apóstol Juan y se nutre de él. Estas escenas ardientes se hallan muy alejadas de las elegantes y castas pinturas del matrimonio místico de santa Catalina, ejecutadas por Rafael o el Perugino para un

Tilman Riemenschneider (1460-1531). *Cristo,* salvador del mundo, esposo divino. (Heidelberg, tríptico de Windsheim.)

público que no habría sido capaz de admitir representaciones tan turbadoras.

Los impulsos, las visiones de los místicos no dejaban de plantear la cuestión de su origen. Margaretha Ebner sabe perfectamente que el diablo acostumbra a aparecerse como ángel de luz: «De súbito, escribe, todo se oscureció en mí, hasta el punto de que acabé por dudar, en contra de mi voluntad de creer.» Sólo el recrudecimiento de sus dolores físicos le devuelve la esperanza de salvación. Para Robert de Uzès, la duda no es posible; como que ha sufrido realmente, al crepúsculo, el asalto de la melancolía: «Satán pretendió engañarme, apareciéndoseme bajo la forma de Nuestro Señor Jesucristo.»

El aire enrarecido en que se mueven los místicos da forma a la presencia real de lo divino y les permite identificar mediante signos íntimos la veracidad de sus visiones.

Ver lo invisible

Famosos o anónimos, otros individuos han transmitido también mediante impresiones o relatos su actitud para alcanzar a ver en determinados instantes lo invisible bajo todas sus formas: sombrías o luminosas visiones de los sueños, pesadillas, encuentros enigmáticos, breves relaciones con fantasmas o con muertos, que prolongan o desdoblan la realidad.

Visión y angustia. Algunas de estas visiones se inscriben en la tradición antigua de los sueños proféticos, y su carácter literario y político les sustrae el valor de un testimonio sobre lo íntimo; pero no obstante su forma es rica en enseñanzas sobre las imágenes mentales y las representaciones que era usual hacerse sobre los espíritus. Para el futuro emperador Carlos IV, despertado en plena noche en su tienda cerca de Parma por un ángel de Dios, la identidad del enviado, al que llama «señor» *(Herr),* no ofrece la menor duda, no más que el hecho de sobrevolar vastos paisajes, suspendido por los pelos, o su agotamiento real al despertar, después de haber recorrido por los aires tan enormes distancias.

El conde de Zimmern fue, según la crónica familiar, testigo y actor de una escena fantástica emparentada con las leyendas piadosas. Perdido en pleno bosque, vio surgir ante sí una figura humana silenciosa, encargada de hacerle una revelación. «Como hablaba de Dios, el conde aceptó cabalgar detrás de él.» La visión de un castillo encantado, cuyos habitantes remedan en silencio un interminable festín, es un fragmento excepcional de la literatura de encantamiento, hasta la desaparición del paisaje y de la figura iniciática, en medio de un olor de azufre y de gritos, que hace emerger súbitamente el infierno. El conde de Zimmern, espantado de haber asistido al castigo eterno infligido a su tío difunto, decidió inmediatamente fundar una capilla expiatoria, pero sus amigos le reconocieron con dificultad, «hasta tal punto habían blanqueado su barba y sus cabellos». ¿Literatura? Desde luego. El terror del conde fue probablemente, junto con las construcciones subsistentes, el punto de partida del relato.

Otro relato, extraído de la autobiografía de Burkard Zink, burgués de Augsburgo, registra una angustia comparable, pero aún más insólita, ya que carece de función moral y de propósito literario. Habiendo seguido a través de un bosque de Hungría que no conocía a dos caballeros que le precedían en el camino, el autor los ve desaparecer y se encuentra de súbito, a la caída de la tarde, detenido por dos jabalíes amenazantes ante un lúgubre castillo. Apenas había invocado a Dios en su ayuda cuando el castillo se desvaneció y se dibujó un sendero que le permitió salir del mal trance: «Comprendí entonces que había sido engañado y que había seguido a dos fantasmas al cabalgar tras los dos personajes por el bosque (...). Al implorar a Dios y hacer la señal de la cruz, todo aquel simulacro desapareció ante mis ojos.»

La presencia del Enemigo se manifiesta inclusive en un lugar cerrado y guardado. Prueba de ello es la insólita anécdota que Carlos IV tuvo a bien incluir en el relato político y militar de sus años de juventud, en la que el espíritu maligno se da a conocer por el golpe de un vaso de vino sobre el pavimento y un ruido de pasos. Con la pieza de convicción encontrada en el suelo con las primeras luces del día, el relato entra en la categoría de los terrores inexplicados. El diablo, jamás nombrado, es esa oleada de sangre en el rostro, ese redoble del corazón en medio del pánico que, en la soledad y los parajes hostiles, o en los lugares cerrados bruscamente invadidos, hace surgir la ilusión y lo incomprensible.

Esa difusa inquietud, que a veces toca lo espantoso, ayuda a comprender la doble figura del diablo medieval: la precisión irrealista de su apariencia para aquellos que no se lo han encontrado, y la opresora imprecisión de su presencia real para aquellos a los que asedia. Si se consideran de cerca los textos que describen su intervención en la vida cotidiana de los hombres y mujeres de finales de la Edad Media, se comprueba que el demonio adopta cada vez que se le reconoce —o sea una vez que ha desaparecido—, la apariencia más común; y que las alteraciones físicas (envejecimiento prematuro, letargia, manifestaciones histéricas) que provoca su presencia son reales. Se da, sin duda alguna, una experiencia subjetiva de la presencia del mal, pero, como ha podido escribirse, los demonios más terribles son los demonios interiores.

Lo real y lo verdadero. Rodeados por las potestades de lo alto y de lo profundo, que, con el permiso divino, se les aparecen a veces y los engañan, solicitados hasta su último suspiro a decidirse entre el bien y el mal, cuyas cohortes apretadas ocupan la alcoba de los moribundos, los hombres y las mujeres tienen, en las postrimerías de la Edad Media, los ojos abiertos a lo invisible.

Clérigos e ignorantes, separados por todo menos por la angustia, nobles y villanos, a los que la muerte socarrona estrecha con la misma energía, atraviesan juntos un mundo todavía rebosante y ruidoso, en el que las fronteras entre lo que es real y lo que es verdadero siguen siendo indecisas para los mejores anteojos.

Armande Rives, de Montaillou, estaba persuadida, por habérselas encontrado, de que «las almas tienen un cuerpo carnal, huesos y todos los miembros». Algunas generaciones más tarde, el caballero Jorge el Húngaro le pregunta al ángel que le hace visitar el purgatorio si los santos que está viendo tienen cuerpo. Lo invisible

El Triunfo de la muerte (detalle), siglo XV. Un mundo atestado y ruidoso, atravesado por sueños y visiones. (Palermo, palacio Sclafani.)

mismo se halla enraizado en lo corporal, ya que la comunidad de los muertos y de los espíritus prolonga su existencia terrena rozando a veces a los vivos. Todos los elegidos se reunirán un día en la gloriosa inmovilidad de la mansión del Padre: *domus* espiritual del paraíso sobre la que se proyectan las estructuras de una sociedad humana jerarquizada.

Pero a partir del siglo XIV se preparan tiempos nuevos, con la afirmación de sí de unos individuos deseosos de perpetuar su imagen y su memoria en este bajo mundo. Un gran movimiento surgido de las sociedades urbanas de Occidente hace recular sin tregua los límites del mundo conocido y los pilares del Cielo, creando en torno de la figura humana un espacio geométrico e insensible, abandonando a los humildes el valor de las lágrimas, de la credulidad y el asombro.

Lancemos una última mirada sobre esos objetos tan materiales, documentos y representaciones, cartas y crónicas, imágenes humildes o sublimes, libros de horas usados, registros notariales interrumpidos por la muerte, restos de ropas, huellas frágiles e inciertas abandonadas sin comentarios. No hay ninguna lectura ni ninguna conclusión que sean irrefutables y definitivas, porque dista mucho de haber concluido la pesquisa de los vestigios de lo íntimo.

Ph. B.

Bibliografía
Índices

Bibliografía

1. SIGLOS XI-XIII

FUENTES ACCESIBLES

La Chanson de Roland, ed. y trad. P. Jonin, París, Gallimard, col. «Folio», 1979.

Chrétien de Troyes, *Perceval ou le Roman du Graal,* París, Gallimard, col. «Folio», 1974.

Galbert de Bruges, *Le Meurtre de Charles le Bon,* trad. J. Gengoux, Amberes, Fonds Mercator, 1978.

Guibert de Nogent, *Autobiographie,* ed. y trad. E.-R. Labande, París, Les Belles Lettres, col. «Les Classiques de l'histoire de France», 1981.

Joinville, *Histoire de Saint Louis,* ed. N. de Wailly, París, Firmin Didot, 1874.

La Mort du roi Arthur, trad. G. Jeanneau, París, col. «10/18», 1983.

Le Roman de Renart, París, Garnier-Flammarion, 1985, 2 vols.

Romans de la Table ronde, París, Gallimard, col. «Folio», 1975.

Suger, *Vie de Louis VI le Gros,* ed. y trad. H. Waquet, París, Les Belles Lettres, col. «Les Classiques de l'histoire de France», 1964.

HISTORIA, DERECHO Y ANTROPOLOGÍA (cf. parte 2, vol. 3)

Barthélemy D., *Les Doux Ages de la seignerie banale. Coucy (milieu XIe-milieu XIIIe siècle),* París, Publications de la Sorbonne, 1984.

Bloch M., *La Société féodale,* París, Albin Michel, 1968, 2.ª edic.

Bonassie P., *La Catalogne du milieu du Xe à la fin du XIe siècle. Croissance et mutation d'une societé,* Toulouse, univ. de Toulouse-Le Mirail, 1975, 2 vols.

Bouchard C. B., «Consanguinity and noble marriages in the tenth and eleventh centuries», *Speculum,* 56-2, 1981, pp. 268-287.

Dauvillier F., *Le Mariage dans le droit classique de l'Église, depuis le décret de Gratien (1140), jusqu'à la mort de Clément V (1314),* París, 1933.

Duby G., *Le Chevalier, la Femme et le Prêtre,* París, Hachette, 1981.

— *Guillaume le Maréchal ou le Meilleur Chevalier du monde,* París, Fayard, 1984.

— *Hommes et Structures du Moyen Âge,* París, Mouton-De Gruyter, 1973 (serie de artículos, muchos de los cuales están dedicados a las estructuras de parentesco aristocráticas y a la literatura genealógica).

— *Saint Bernard. L'art cistercien,* París, AMG, 1976, y Flammarion, col. «Champs 77», 1979.

— *La Societé aux XIe et XIIe siècles dans la region mâconnaise,* París, Mouton, 1971, 2.ª edic.

— *Famille et Parenté dans l'Occident médiéval,* dir. G. Duby y J. Le Goff, París-Roma, EFR, 1978.

Fossier R., *Enfance de l'Europe,* París, PUF, 1982, 2 vols.

— *La Terre et les Hommes en Picardie jusqu'à la fin du XIIIe siècle,* París-Lovaina, Nauwelaerts, 1968, 2 vol.

Guademet J., *Église et Societé en Occident au Moyen Âge,* Londres, Variorum reprints, 1984 (colección de artículos uno de los cuales se dedica a la definición romano-canónica del matrimonio, y otro al celibato eclesiástico).

Génicot L, *Les Généalogies (Typologie des sources du Moyen Âge occidental, 15),* Turnhout, Brepols, 1975.

— *La Noblesse dans l'Occident médiéval,* Londres, Variorum reprints, 1982 (colección de artículos, bastantes de los cuales se dedican a las estructuras aristocráticas).

Goody J., *L'Évolution de la famille et du mariage en Europe,* trad. fr., París, Armand Colin, 1985.

Grisward J. H., *Archéologie de l'epopée médiévale,* París, Payot, 1981.

Guerreau-Jalabert A., «Sur les structures de parenté dans l'Europe médiévale», Annales ESC, 36, 1981, pp. 1028-1049.

Héritier F., *L'Exercice de la parenté,* París, Ed. du Seuil, 1981.

«La Femme dans les civilisations des Xe-XIIIe siècles (Actes du colloque de Poitiers, 23-25 septiembre, 1976)», *Cahiers de civilisation médiévale,* XX, 1977, pp. 93-263.

Le Goff J., *La Civilisation de l'Occident médiéval,* París, Arthaud, 1972, 2° edic.

Les Domaines de la parenté, dir. M. Augé, París, Maspéro, 1975.

Lévi-Strauss C., *Les Structures élémentaires de la parenté,* París, Mouton-De Gruyter, 1967, 2.° edic.

Molin J.-B. y Mutembé P., *Le Rituel du mariage en France du XIIe au XVIe siècle,* París, Beauchesne, 1974.

Musset L., «L'Aristocratie normande au XIe siècle», *La Noblesse au Moyen Âge,* dr. Ph. Contamine, París, PUF, 1976, pp. 71-86.

Poly J.-P. y Bournazel E., *La Mutation féodale,* París, PUF, 1980.

Toubert P., *Les Structures du Latium médiévale,* París-Roma, EFR, 1974, 2 vols.

— «La théorie du mariage chez les moralistes carolingiens», *Settimane di studio del Centro italiano di studi sull'alto medioevo,* XXIV, 1976: il matrimonio nella società altomedievale, Spoleto, 1977, pp. 233-285.

Valous G. de, *Le Monachisme clunisien des origines au XVe siècle,* París, Picard, 1935, 2 vols.

Vauchez A., *La Spiritualité du Moyen Âge occidental,* París, PUF, 1975.

Vercauteren F., «Une parentèle dans la France du Nord au XIe et XIIe siècle», *Le Moyen Âge,* 4.° s., XIX, 1963.

Warlop E., *The Flemish Nobility before 1300,* trad. ing., Courtrai, 1975.

ARQUEOLOGÍA (cf. parte 2, vol. 4)

Boüard M. de, *Manuel d'archéologie médiévale,* París, SEDES, 1976.

— «De *l'aula* au donjon. Les fouilles de la motte de la Chapelle à Doué-la-Fontaine (X^e^-XIe)», *Archéologie médiévale,* III, Caen, 1973, pp. 5-110.

— «La salle dite de l'Échiquier, au château de Caen», *Medieval Archeology,* IX, Londres, 1965, pp. 64-81.

Callebaut D., «Le château des comtes à Grand», *Château-Gaillard,* XI, Caen, 1983, pp. 45-54.

Colardelle M., «L'Habitat médiévale immergé de Colletière à Charavines, Premier bilan des fouilles», *Archéologie médiévale,* X, 1980, pp. 167-203.

Debord A., «Fouille du *castrum* d'Andone à Ville-Joubert (Charente)», *Château-Gaillard,* VII, Caen, 1975, pp. 35-48.

— «Motte castrale et habitat chevaleresque», *Mélanges d'archéologie et d'histoire médiévales en l'honneur du doyen M. de Boüard (Mémoires et documents publiés par la Societé de l'École de chartes,* XXVII), Ginebra-París, 1982, pp. 83-90.

Decaëns J., «La motte d'Olivet à Grimbosq (Calvados), résidence seigneuriale du XIe siècle», *Archéologie médiévale,* IX, p. 167 s.

Fournier, G., *Le Château dans la France médiévale,* París, Aubier-Montaigne, 1978.

Héliot P., «Sur les résidences princières bâties en France du Xe au XIIe siècle», *Le Moyen Âge,* 4.º s., X, 1955, pp. 27-61, 291 *sq.*

— «Les origines du donjon résidentiel et les donjons-palais romans de France et d'Angleterre», *Cahiers de civilisation médiévale,* XVII, Poitiers, 1974, pp. 217-234.

— «Nouvelles remarques sur les palais épiscopaux et princiers de l'époque romane en France», *Francia,* IV, 1976, p. 139 *sq.*

— «Les Fortifications de terre en Europe occidentale du Xe au XIIe siècle» (coloquio de Caen, 2-5 octubre de 1980)», *Archéologie médiévale,* XI, 1981, pp. 5-123.

Lorren C., «La demeure seigneuriale de Rubercy (milieu XIIe-début XIIe)», *Château-Gaillard,* VIII, Caen, 1977, pp. 185-192.

Mortet V., *Recueil de textes relatifs à l'histoire de l'architecture et à la condition des architectes en France au Moyen Âge (Collection de textes pour servir à l'étude et à l'enseignement de l'histoire),* París, Picard, 1911.

Pesez J.-M. y Piponnier F., «Les maisons fortes bourguignonnes», *Château-Gaillard,* V, Caen, 1972, pp. 143-164.

Van de Walle A., «Le château des comtes de Flandre à Gand; quelques problèmes archéologiques», *Château-Gaillard,* I, Caen, 1962, pp. 163-169.

2. TESTIMONIOS DE LA LITERATURA

FUENTES

Los textos evocados en la parte «Ficciones» son numerosos: en lo esencial se han explorado las novelas de *Tristán e Iseo,* las de Chrétien de Troyes *(Cligès, Erec y Enide, El caballero de la carreta, El caballero del león),* los *Lais* de María de Francia, algunos relatos artúricos en prosa como *La demanda del Santo Graal,* el *Roman de la Rose, Flamenca,* algúnos *Fabliaux,* y finalmente ciertas canciones de rueca. Otros textos, tal vez menos conocidos, se han revelado como fuentes particularmente generosas: así ciertas novelas como *Guillaume de Dole, L'Escoufle* o *La Manekine,* pero también unas cuantas novelas cortas como *La castellana de Vergi, La hija del conde de Pontieu,* el *Lai del caballero blanco* y el *Dictado del ciruelo.* Algunos textos normativos, por ejemplo el *Escarmiento de las damas* de Robert de Blois y el *Libro para la enseñanza de sus hijas* del caballero de La Tour Landry han venido a añadirse a los *Quince gozos del matrimonio* y a los *Evangelios de las ruecas.*

Para cualquier precisión concerniente a los textos citados, *cf.* Robert Bossuat, *Manuel bibliographique de la littérature française* (obras inventariadas hasta 1960), Libreirie d'Argences, o también, aunque más sucinto, el *Dictionnaire des lettres françaises,* vol. sobre la Edad Media, Fayard, 1964.

OBRAS Y ARTÍCULOS

Baumgartner E., *L'Arbre et le Pain, essai sur la Queste del Saint Graal,* París, Sedes, 1981.

Bezzola R., «Les neveux», *Mélanges Frappier,* Ginebra, Droz, 1970.

Dragonetti R., «Pygmalion ou les pièges de la fiction dans el *Roman de la Rose», Mélanges Bezzola,* Berna, Francke, 1978.

Hasenohr G., «La vie quotidienne de la femme vue par l'Église: l'enseignement des "journées chrétiennes" de la fin du Moyen Âge» (aparecerá en las Actas del Congreso de Krems, 2-5 de octubre de 1984, *Frau und spätmittelalterliger Alltag).*

Laurioux B., «De l'usage des épices dans l'alimentation médiévale», *Médiévales,* 5, noviembre de 1983.

Lorcin M.-Th., «Le corps a ses raisons dans les fabliaux: corps féminin, corps masculin, corps de vilain», *Le Moyen Âge,* 3-4, 1984.

Marchello-Nizia Ch., «L'historien et son prologue: forme littéraire et stratégies discursives», *La Chronique et l'Histoire au Moyen Âge,* textos reunidos por D. Poirion, Presses Universitaires de París-Sorbonne, 1984.

— «Le Roman du Châtelain de Coucy et de la Dame de Fayel», *Perspectives médiévales,* 3, 1977.

— «La rhétorique des songes et le songe comme rhétorique dans la littérature française médiévale», *Actes du colloque «Les songes au Moyen Âge»,* Roma, octubre, 1983.

— «Entre l'histoire et la poétique, le " songe politique"», *Revue des sciences humaines, Moyen Âge flamboyant,* 1981-3.

Ménard Ph., *Les Fabliaux. Contes à rire du Moyen Âge,* París, PUF, 1983.

Monfrin J., «Joinville et la prise de Damiette», *Académie des inscriptions et belles lettres,* memoria de las sesiones del año 1976, París, Klincksieck, 1976.

Pastoureau M., «Et puis vint le bleu...», *Europe, Le Moyen Âge maintenant,* octubre, 1983.

Perret M., «... A la fin de sa vie ne fuz-je mie» (Joinville) en *Revue des sciences humaines, Moyen Âge flamboyant,* 1981-3.

Poirion D., *Le Poète et le Prince. L'Évolution du lyrisme courtois de Guillaume de Machaut à Charles d'Orléans,* París, PUF, 1965.

— «Le temps perdu et retrouvé... au XVe siècle», *Revue des sciences humaines, Moyen Âge flamboyant,* 1981-3.

Pouchelle M.-Ch., *Corps et Chirurgie à l'apogée du Moyen Âge,* París, Flammarion, 1983.

Zink M., «Musique et subjectivité: Le passage de la chanson d'amour à la poésie personnelle au XIIIe siècle». *Cahiers de civilisation médiévale,* julio-septiembre, 1982.

— *La Subjectivité littéraire autour du siècle de Saint Louis,* París, PUF, 1985.

3. SIGLOS XIV-XV

A. LA TOSCANA

Además de los documentos inéditos conservados en los archivos de Florencia, se han utilizado las fuentes impresas siguientes:

Acta Sanctorum, febrero III, pp. 298-357 (Margarita de Cortona); abril II, pp. 792-812 (Inés de Montepulciano); abril III, p. 851 *sq.* (Catalina de Siena).

Alberti L. B., *Libri della famiglia*, Ruggero Romano y Alberto Tenenti ed., Turín, 1969.

— *De re aedificatoria*, trad. it., Cosimo Bartoli, Florencia, 1550.

Antonino de Florencia (san), *Opera a ben vivere*, «Biblioteca dei santi», Milán, 1926, t. XI.

Barbaro F., *De re uxoria*, en *Prosatori latini del Quattrocento, La Letteratura italiana, storia e testi*, E. Garin ed., Milán-Nápoles, 1952, t. XIII, pp. 101-137.

Bernardino de Siena (san), *Le Prediche volgari*, Piero Bargellini ed., Milán-Roma, 1936.

Boccaccio, *Decameron*, en *Letteratura italiana* (...), *op. cit.*, t. VIII, pp. 3-764.

— *L'Elegia di madonna Fiammetta*, *ibíd.*, pp. 1060-1217.

Brucker G., *Firenze nel Rinascimento*, Florencia, «Documenti», 1980, pp. 233-399.

Dallari U., «Lo statuto suntuario bolognese del 1401 e il registro delle vesti bollate», *Atti e Memorie della R. deputazione di storia patria per le provincie di Romagna*, serie III, v. IV (1889), pp. 1-44.

Dominici G., *Regola del governo di cura familiare*, D. Salvi ed., Florencia, 1860.

Francesco da Barberino, *Reggimento e Costumi di donna*, edición crítica, G. E. Sansone ed., Turín, 1957.

Giordano da Pisa, *Prediche del beato fra G. da Rivalto dell'ordine de predicatori, recitate in Firenze dal MCCCII al MCCCVI*, D. Moreni ed., Florencia, 1831, 2 vols.

Giovanni (ser), *Il Pecorone*, «Classici italiani minori», Ravena, 1974.

Lenzi M. L., *Donne e Madonne, l'educazione femminile nel primo Rinascimento italiano*, Turín, 1982.

Le Lettere di Margherita Datini a Francesco di Marco (1384-1410), Valeria Rosati ed., Prato, 1977.

Masuccio Salernitano, *Il Novellino*, Alfredo Mauro ed., Bari, 1940.

Mazzei L., *Lettere di un notaro a un mercante del secolo XIV, con altre lettere e documenti*, Cesare Guasti ed., Florencia, 1880, 2 vols.

Morelli G. di P., *Ricordi*, Vittorio Branca ed., Florencia, 1956.

Motti e Facezie del Piovano Arlotto, Gianfranco Folena ed., Milán-Nápoles, 1953.

Palmieri M., *Della vita civile*, «Scrittori politici italiani», 14, Bolonia, 1944.

Paolino Minorita (fra), *Del reggimento della casa* (...), Perusa, 1860.

Paolo da Certaldo, *Libro di buoni costumi*, Alfredo Schiaffini ed., Florencia, 1945.

Paradiso degli Alberti, ritrovi e ragionamenti del 1389, romanzo di Giovanni da Patro, A. Wesselofsky ed., Bolonia, 1867.

Platina B., *L'Ottimo Cittadino*, F. Battaglia ed., Bolonia, 1940.

Perosa A., *Giovanni Rucellai e il suo zibaldone*, I: *Il Zibaldone quaresimale*, Londres, The Warburg Institute, 1960.

Sacchetti F., *Il Trecentonovelle*, V. Pernicone ed., Florencia, 1946.

Sercambi G., *Novelle*, «Scrittori d'Italia» (250-251), Giovanni Sinicropi ed., Bari, 1972.

Statuta communis Parmae, ab anno 1266 ad annum circiter 1304, Parma, 1867.

Statuti della Repubblica fiorentina, R. Caggese ed., Florencia, 1910-1921, 2 vols.: *Capitano del popolo 1322-1325; Podestà, 1325*.

Strozzi A. Macinghi, en *Lettere di una gentildonna fiorentina del secolo XV ai figliuoli esuli*, Cesare Guasti ed., Florencia, 1877.

Verde A., *Lo Studio fiorentino (1473-1503), ricerche e documenti*, III, 2, *Studenti «fanciulli a scuola», 1480*, Pistoya, 1977; p. 659 *sq. Michael ser Ugolini Vieri*; p. 759 *sq.*, *Orsinus Johannis Lanfredini*.

Zoli A., *Statuto del secolo XIII del comune di Ravenna*, Ravena, 1904.

OBRAS

Archeologia medievale, VII (1980), «Per una storia delle dimore rurale», Actas del coloquio de Cuneo, 8-9 diciembre, 1979.

Balestracci D. y Piccinni G., *Siena nel Trecento, assetto urbano e strutture edilizie*, Florencia, 1977.

Belgrano L. T., *Vita privata dei Genovesi*, Génova, 1875 (reimpr., Roma, 1970).

Bellomo M., *Profili della famiglia italiana nell'età dei comuni*, Catania, 1975, 2º edic.

Cherubini G., *Signori, Contadini, Borghesi, Ricerche sulla società italiana del Basso Moedioevo*, Florencia, 1974.

Cognasso F., *L'Italia nel Rinascimento, Società e Costume*, V, 1, *Vita privata*, Turín, UTET, 1965.

Davidsohn R., *Storia di Firenze*, trad. it., Florencia, 1956-1968, 8 vols.

Daffis-Felicelli C., *Le "popolo San Lorenzo", un quartier florentin au XIVe siècle (structures, patrimoines, société), 1318-1378*, diss. Aix-Marsella-I, I, 1983.

Delort R., *La Vie au Moyen Âge*, París, Ed. du Seuil, col. «Points Histoire», 1982.

— *Le Moyen Âge. Histoire illustrée de la vie quotidienne*, París, Éd. du Seuil, 1983.

Frati L., *La Vida privata di Bologna*, Bolonia, 1900.

Heers J., *Le Clan familial au Moyen Âge*, París, PUF, 1974.

— *Esclaves et Domestiques au Moyen Âge dans le monde méditterranéen*, París, Fayard, 1981.

Herlihy D. y Klapisch-Zuber C., *Les Toscans et leurs familles. Une étude sur le «catasto» florentin de 1427*, París, Fondation nationale des Sciences politiques, 1978.

Kent F. W., *Household and Lineage in Renaissance Florence, the Family Life of the Capponi, Ginori and Rucellai*, Princeton, 1978.

Mazzi M. S. y Raveggi S., *Gli Uomini e le Cose nelle campagne fiorentine del Quattrocento*, Florencia, 1983.

Molmenti P., *La Storia di Venezia nella vita privata*, I: *La Grandezza*, Bérgamo, 1905.

Schiaparelli A., *La Casa fiorentina e i suoi arredi nei secoli XIV e XV*, Florencia, Sansoni, 1908.

Strutture familiari, epidemie, migrazioni nell'Italie medievale, Rinaldo Comba, Gabriella Piccinni y Giuliano Pinto eds., Nápoles, 1984.

Tamassia N., *La Famiglia italiana nei secoli Decimoquinto e Decimosesto*, Milán-Palermo-Nápoles, 1910 (reimpr. Roma, 1971).

Zdekauer L., *La Vita privata dei Senesi nel Dugento*, Siena, 1896.

B. EL ESPACIO PRIVADO

Bardet J.-P., Chaunu P., Désert P., Gouhier P., Neveux H., *Le Bâtiment. Enquête d'histoire économique, XIVe-XIXe siècle,* I: *Maisons rurales et urbaines dans la France traditionnelle,* París-La Haya, Mouton, 1971. Artículo *Bauernhaus* en *Lexikon des Mittelalters,* I, Munich, 1980.

Boüard M. de, *op. cit.*

Chapelot J. y Fossier R., *Le Village et la Maison au Moyen Âge,* París, Hachette, col. «Bibliothèque d'archéologie», 1979.

Chevalier B., *Les Bonnes Villes de France du XIVe au XVIe siècle,* París, Aubier-Montaigne, 1982.

Contamine Ph., *La Vie quotidienne pendant la guerre de Cent Ans, France et Anglaterre, XIVe siècle,* París, Hachette, col. «Vies quotidiennes», 1978, 2.ª edic.

Demians d'Archimbaud G., *Les Fouilles de Rougiers (Var),* París, CNRS, 1982.

Eames P., *Furniture in England, France and the Netherlands from the Twelfth to the Fifteenth Century,* Londres, 1977.

Gonon M., *La Vie familiale en Forez au XIVe siècle et son vocabulaire d'après les testaments,* Universidad de Lyon, 1961.

Herlihy D. y Klapisch-Zuber C., *op. cit.,*

Hervier D., *Une famille parisienne à l'aube de la Renaissance. Pierre le Gendre et son inventaire après décès. Étude historique et méthodologique,* París, Champion, 1977.

Leguay J.-P., *La Rue au Moyen Âge,* Rennes, Ouest-France, col. «De mémoire d'homme», 1984.

Lehoux F., *Le Cadre de vie des médecins parisiens aux XVIe et XVIIe siècles,* París, Picard, 1976.

Le Roy Ladurie E., *Montaillou, village occitane de 1294 a 1324,* París Gallimard, col. «Bibliothèque des Histoires», nueva edic., 1982.

Colectivo, bajo la dir. de J. Guillaume, *La Maison de ville,* París, 1984.

Pesez J.-M., «Une maison villageoise au XIVe siècle: les structures», *Rotterdam Papers,* 2, Rotterdam, 1975, pp. 139-150.

Piponnier F., «Une maison villageoise au XIVe siècle: le mobilier», *Rotterdam Papers,* 2, Rotterdam, 1975, pp. 151-170.

Quenedey R., *L'Habitation rouennaise. Études d'histoire, de géographie et dárchéologie urbaines,* Ruán, 1926.

Roux S., *La Maison dans l'histoire,* París, Albin Michel, 1976.

Wood M., *The English Mediaeval House,* Londres, 1965.

C. EMERGENCIA DEL INDIVIDUO
(especialmente en el ámbito germánico)

Appuhn H., «Das private Andachtsbild im Mittelalter am Hande der Funde des Klosters Wienhausen», *Leben in der Stadt des Spätmittelalters,* Viena, 1977, pp. 159-169.

Baudrillart H., *Histoire du luxe public et privé de l'Antiquité à nos jours,* París, 1880.

Beyer-Fröhlich M., *Die Entwickelung der deutschen Selbstzeugnisse,* Munich, 1930.

Buchner E., *Das deutsche Bildnis der Spätgotik und der frühen Dürerzeit,* Berlín, 1953.

Cohen K., *Metamorphosis of the Death Symbol,* Londres, 1973.

Le Diable au Moyen Âge, serie «Sénéfiance», n.º 6, CUERMA, Aix-en-Provence, 1979.

Dinfelbacher P., *Vision und Visionsliteratur im Mittelalter,* Stuttgart, 181.

Eisenbart L. C., *Kleiderordnungen der deutschen Städte zwischen 1350 und 1700,* Göttingen, 1962.

Erickson C., *The Medieval Vision. Essays in History and Perception,* Oxford, 1976.

Études sur la sensibilité au Moyen Âge, Actas del 102.º Congreso nacional de las sociedades sabias (Limoges, 1977), París, 1980.

Faire croire, EFR*, 51, 1981.

Fink A., M. und K. V., *Schwarzsche Tractenbücher,* Berlín, 1963.

Frey D., *Kunstwissenschaftliche Grundfragen,* 1946 (reed. Darmstadt, 1972).

Gmelin H., «Personendarstellungen bei den florentinischen Geschichtschreibern der Renacissance», *Beiträge zur Kulturgeschichte des Mittelalters und der Renaissance,* 31, 1927 (reed. 1973).

Guglielminetti M., *Memoria e Scrittura. L'Autobiografia da Dante a Cellini,* Milán, col. «Piccola Biblioteca Einaudi», 199, 1977.

Heyne M., *Fünf Bücher deutscher Hausaltertümer, III, Körperpflege und Kleidung,* Leipzig, 1903.

Hinz B., *Das Ehepaarbildnis. Seine Geschichte vom 15. bis zum 17. Jahr. hundert,* Dis. Münster, 1969.

Imhof A.-E., *Der Mensch und sein Körper von der Antike bis Heute,* Munich, 1983.

Kriegk G.-L., *Deutsches Bürgertum im Mittelalter,* Francfort del Main, 1868-1871.

Le Roy Ladurie E., *op. cit.*

Misch G., *Geschichte der Autobiographie,* Francfort del Main, 1949-1955.

Murner Th., *Die Badefahrt, mit Erläuterungen über das altdeutsche Bade wesen,* E. Mart ed., Estrasburgo, 1887.

Payen J.-Ch., *Littérature française, le Moyen Âge,* París, Arthaud, 1970, t. I.

Poirion R., *Littérature française, le Moyen Âge,* París, Arthaud, 1970, t. II.

Post P., *Die französich-niederländische Männertracht 1350-1475,* Dis. Halle, 1910.

La Prière au Moyen Âge, serie «Sénéfiance», n.º 10, CUERMA, Aix-en-Provence, 1981.

500 Jahre Rosenkranz: Kunst und Frömmigkeit im Spätmittelalter, Colonia, 1976.

Scheffler W., «Die Porträts der deutschen Kaiser und Könige im späteren Mittelalter (1292-1519)», *Repertorium für Kunstwissenschaft,* 33, 1910.

Schultz A., *Deutsches Leben im 14. und 15. Jahrhundert,* Viena, 1892.

Suckale R., Arma Christi, «Uberlegungen zur Zeichenhaftigkeit mittelalterlicher Andachabilder», *Städelsches Jahrbuch,* 6, 1977, pp. 177-200.

Vogt K., *Italienische Berichte aus dem spätmittelalterlicher Deutschland, von Francesco Petrarca zu Andrea de'Franceschi (1333-1492).* «Kieler Historische Studien», t. XVII, 1973.

Vogt M., «Beiträge sur Geschichte der Visionenliteratur im Mittelalter», *Palaestra,* 146, 1924.

Zoepf L., «Die Mystikerin Margaretha Ebner (1291-1351)», *Beiträge zur Kulturgeschichte des Mittelalters und der Renaissance,* 16, 1914.

Waas A., *Der Mensch im deutschen Mittelalter,* Colonia, 1964.

* La abreviatura EFR significa École Française de Rome.

Índice onomástico

Índice temático

Ilustraciones

Aerofilms, Londres: 92.—Bildarchiv Preussischer Kulturbesitz, Berlín (photos J. P. Anders): 229, 235, 308.—Bulloz: 65, 129, 159, 182, 261, 279, 303.—A. Chatelain: 98b, 99, 103, 114ab.—G. Dagli Orti: 23, 25b, 35b, 37, 58, 77, 117, 118, 215, 226ab, 227, 230, 232a, 243b, 247ab, 254, 255, 262, 264, 283, 284, 285, 298, 312ab.—F. Garnier: 184, 189a, 223.—Giraudon: 18, 21, 29, 35a, 39; CFL: 44, 74, 81, 157, 189b, 190, 195, 200, 212, 213, 216, 217, 219, 240ab, 250a, 251a, 252ab, 258, 271, 272, 276, 280, 299, 301; Alinari-Giraudon: 222, 231, 250b, 251b, 305; Anderson-Giraudon: 232b, 242, 243a, 275, 316; Bridgeman-Giraudon: 288; Bruckmann-Giraudon: 233, 253, 309; Hanfstaengl-Giraudon: 233: Lauros-Giraudon: 274a, 313.—R. Goguey, Dijon: 109.—Rapho/J.- M. Charles: 105.—Reunión de los Museos nacionales, París: 2, 112, 202, 238, 267, 273, 310, 311.—Roger-Viollet: 154, 155, 156, 189; Anderson-Viollet: 259.—J. Roubier: 101, 107a, 204, 218.—G. Saint-Yrieix: 108.—Studio M. Delcroix: 32.—J. Vigne: 87, 85.—YAN: 133.—Zodiaque: 178.

Archivos de la Drôme: 120ab, 121.—Archivos departamentales de l'Oise: 139.—Archivos de Poitiers (fotos A. Maulny): 173.—Archivos nacionales/Seuil: 130.—Biblioteca municipal, Avignon: 170.—Biblioteca municipal, Carcassonne: 31.—Biblioteca nacional, París: 12, 13, 16, 19, 22, 24, 25a, 27, 43, 45, 47, 49, 51, 54, 59, 61, 62, 63, 66, 69, 70, 71, 75, 76, 78, 79ab, 80, 82, 88, 89, 90, 122, 123, 127, 128, 131ab, 132, 135, 137, 141, 158, 160, 162, 174, 187, 191ab, 193, 196, 197, 199, 208, 209, 210, 211, 214, 221, 236, 244, 260, 263, 266, 268, 269, 274b, 282, 286, 287, 290, 291, 302, 304, 306.—Biblioteca nacional/Seuil: 166, 167, 168, 169, 177, 292, 293, 294, 295, 296, 297. (CNMH-SPADEM): 98a, 205.—CRAM, Caen: 94, 96, 97, 202.—EHESS: 150, 151, 203a.—Laboratorio de arqueología medieval mediterránea, Aix-en-Provence: 110.—Archivos autores: 107b, 180.—Archivos Seuil: 134, 234, 248, 249.

Biblioteca de la universidad, Gande: 246.—Biblioteca de la universidad, Lieja: 61.—Bayerische Staatsbibliothek, Munich: 30.—Pierpont Morgan Library, Nueva York: 152.—Bildarchiv Osterreichische Nationalbibliothek, Viena: 198.—Offentliche Kunstsammlung, Basilea: 239, 270.—Galerie Thyssen Lugano: 265.—Museo cívico, Turín: 228.—Museo del castillo, Weimar (foto E. Renno): 257.

Láminas en color, fuera de texto, frente a las páginas siguientes: 177, Edimédia © Archives Snark.—48, 176, 240, 241, 304, 305, G. Dagli Orti.—49, Giraudon.—Scala.

Los autores y los editores quieren darles sus más expresivas gracias a los Sres. Michel de Boüard Fixot y Jean-Marie Pesez, que generosamente han puesto a su disposición los valiosos documentos.

Índice

ESTE LIBRO SE TERMINÓ DE IMPRIMIR EN LOS
TALLERES GRÁFICOS DE UNIGRAF, S. A., EN
MÓSTOLES (MADRID), EN EL MES DE
MARZO DE 1992